"十四五"国家重点出版物出版规划项目

湖北省公益学术著作
Hubei Special Funds 出版专项资金
for Academic and Public-interest
Publications

"一带一路"倡议与中国国家权益问题研究丛书

总主编／杨泽伟

《联合国海洋法公约》在法国的
实施问题研究

付琴雯　著

WUHAN UNIVERSITY PRESS
武汉大学出版社

图书在版编目(CIP)数据

《联合国海洋法公约》在法国的实施问题研究/付琴雯著.—武汉:武汉大学出版社,2022.9

"一带一路"倡议与中国国家权益问题研究丛书/杨泽伟总主编

湖北省公益学术著作出版专项资金项目 "十四五"国家重点出版物出版规划项目

ISBN 978-7-307-23076-7

Ⅰ.联… Ⅱ.付… Ⅲ.《联合国海洋法公约》—法的实施—研究—法国 Ⅳ.D993.5

中国版本图书馆 CIP 数据核字(2022)第 074421 号

责任编辑:张 欣 责任校对:李孟潇 版式设计:马 佳

出版发行：**武汉大学出版社** (430072 武昌 珞珈山)

(电子邮箱：cbs22@whu.edu.cn 网址：www.wdp.com.cn)

印刷：武汉精一佳印刷有限公司

开本:720×1000 1/16 印张:30.25 字数:433 千字 插页:2

版次:2022 年 9 月第 1 版 2022 年 9 月第 1 次印刷

ISBN 978-7-307-23076-7 定价:88.00 元

本书系杨泽伟教授主持的 2018 年度国家社科基金重大研究专项项目""一带一路"倡议与国际规则体系研究"（项目批准号：18VDL002）阶段性成果之一

"'一带一路'倡议与中国国家权益问题研究丛书"总序

"一带一路"倡议自 2013 年提出以来,迄今已取得了举世瞩目的成就,并产生了广泛的国际影响。截至 2021 年 1 月中国已累计同 138 个国家、31 个国际组织签署了 203 份政府间共建"一带一路"合作文件。可以说,"一带一路"倡议顺应了进入 21 世纪以来国际合作发展的新趋势,昭示了新一轮的国际政治新秩序的变革进程,并且是增强中国国际话语权的有益尝试;共建"一带一路"正在成为中国参与全球开放合作、改善全球经济治理体系、促进全球共同发展繁荣、推动构建人类命运共同体的中国方案。况且,作为现代国际法上一种国际合作的新形态、全球治理的新平台和跨区域国际合作的新维度,"一带一路"倡议对现代国际法的发展产生了多方面的影响。

同时,中国已成为世界第二大经济体、第一大制造国、第一大外汇储备国、第一大债权国、第一大货物贸易国、第一大石油进口国、第一大造船大国、全球最大的投资者,经济对外依存度长期保持在 60% 左右;中国有 3 万多家企业遍布世界各地,几百万中国公民工作学习生活在全球各个角落,2019 年中国公民出境旅游人数高达 1.55 亿人次,且呈逐年上升趋势。可见,中国国家权益涉及的范围越来越广,特别是海外利益已成为中国国家利益的重要组成部分。因此,在这一背景下出版"'一带一路'倡议与中国国家权益问题研究丛书",具有重要意义。

首先,它将为落实"十四五"规划和实现 2035 年远景目标提供理论支撑。习近平总书记在 2020 年 11 月中央全面依法治国工作会议上强调,"要坚持统筹推进国内法治和涉外法治。"《中共中央关于制定国民经济和社会发展第十四个五年规划和 2035 年远景目标的建议》提出要"加强涉外法治体系建设,加强国际法运用"。中国 2035 年的远景目标包括"基本实现国家治理体系和治理能力现代化""基本建成法治国家、法治政府、法治社会"。涉外法治体系是实现国家治理体系和治理能力现代化,基本建成法治国家、法治政府、法治社会的重要方面。本丛书重点研究"中西法律文化冲突与中国国际法实践及价值认同""全球海洋治理法律问题""海上共同开发争端解决机制的国际法问题"以及"直线基线适用的法律问题"等,将有助于统筹运用国际法完善中国涉外立法体系,从而与国内法治形成一个相辅相成且运行良好的系统,以助力实现"十四五"规划和 2035 年远景目标。

其次,它将为推动共建"一带一路"高质量发展提供国际法方面的智力支持。十九届五中全会明确提出继续扩大开放,坚持多边主义和共商共建共享原则,推动全球治理变革,推动构建人类命运共同体。本丛书涉及"'一带一路'倡议与中国国际法治话语权问题""'数字丝绸之路'建设的国际法问题""'一带一路'倡议在南太平洋地区推进的法律问题""'一带一路'背景下油气管道过境法律问题"等。深入研究这些问题,既是对中国国际法学界重大关切的回应,又将为推动共建"一带一路"高质量发展提供国际法方面的智力支持。

再次,它将为中国国家权益的维护提供国际法律保障。如何有效维护中国的国家主权、安全与发展利益,切实保障国家权益,共同应对全球性风险和挑战,这是"十四五"规划的重要任务之一。习近平总书记特别指出"要强化法治思维,运用法治方式,有效应对挑战、防范风险,综合利用立法、执法、司法等手段开展斗争,坚决维护国家主权、尊严和核心利益"。有鉴于此,本丛书涵盖了"中国国家身份变动与利益保护的协调性问题""国际法中有效控制规则研究"等内容,能为积极运用国际法有效回应外部挑战、维护中国国家权益找到答案。

最后,它还有助于进一步完善中国特色的对外关系法律体系。对外关系法是中国特色社会主义法律体系的重要组成部分,也是处理各类涉外争议的法律依据。涉外法治是全面依法治国的重要内容，是维护中国国家权益的"巧势力"。然而，新中国成立以来，中国对外关系法律体系不断发展，但依然存在不足。随着"一带一路"倡议的深入推进，中国对外关系法律体系有待进一步完善。而本丛书探讨的"'一带一路'倡议与中国国际法治话语权问题""全球海洋治理法律问题""'一带一路'背景下油气管道过境法律问题""海上共同开发争端解决机制的国际法问题"等，既有利于中国对外关系法律体系的完善，也将为中国积极参与全球治理体系变革、推动构建人类命运共同体提供国际法律保障。

总之，"'一带一路'倡议与中国国家权益问题研究丛书"的出版，既有助于深化国际法相关理论问题的研究，也有利于进一步提升中国在国际法律秩序发展和完善过程中的话语权、有益于更好地维护和保障中国的国家权益。

作为享誉海内外的出版社，武汉大学出版社一直对学术著作鼎力支持；张欣老师是一位充满学术情怀的责任编辑。这些得天独厚的优势，保证了本丛书的顺利出版。趁此机会，本丛书的所有作者向出版社的领导和张欣老师表示衷心的感谢！另外，"'一带一路'倡议与中国国家权益问题研究丛书"，议题新颖、涉及面广，且大部分作者为学术新秀，因此，该丛书难免会存在不足和错漏，敬请读者斧正。

杨泽伟 ①

2021 年 2 月 1 日

武汉大学国际法研究所

---

① 武汉大学珞珈杰出学者、二级教授、法学博士、国家高端智库武汉大学国际法研究所博士生导师，国家社科基金重大招标项目、国家社科基金重大研究专项和教育部哲学社会科学研究重大课题攻关项目首席专家。

目　　录

引　言

经历了成文编纂的海洋法产生出根本性的变化,《联合国海洋法公约》(以下简称《公约》)的达成使得国际海洋活动"有法可依"。《公约》作为国际海洋法律制度形成的体现,其制定过程体现了国际社会多种力量的利益博弈,是世界各国围绕自身海洋权益进行斗争和妥协的产物。法国是国际海洋法律制度构建过程中的重要参与者,在许多国际海洋法规则中,都可以找到法国为自身海洋权益博弈的影子。作为海洋大国和强国,法国在参与国际海洋法律制度的立场上"不卑不亢",既承认新海洋法是不同国家利益的调和,又绝不忽视捍卫本国利益。自 1996 年《公约》对法国生效以来,法国积极开展海洋法实践,灵活运用《公约》条款维护自身海洋权益。

一、本书的理论价值和现实意义

《公约》的诞生迈出了建立新海洋法律秩序的第一步。《公约》的缔约过程总共九年,历经九年的谈判,《公约》不仅反映出各种利益的复杂斗争,也深刻地影响着世界各国的海洋实践。作为新海洋法的重要构建者和积极践行者,法国参与和实施《公约》的方式较为典型,具备研究价值。对《公约》制度构建过程中法国所持立场及背后意图进行分析,对法国海洋法实践中存在的挑战以及化解挑战的成效进行评价,有助于加深我们对海洋法规则的理解,可以让我们更好地反思和总结缔约国在《公约》嗣后实践中面对的问题。

首先,从法律角度开展对新海洋法的法国国别研究,有助于进一步厘清《公约》的制定背景和缔约过程。在达成《公约》后,对缔约方嗣后实践①的考察也极为重要。在这方面,法国扮演着重要的

---

① 参见《维也纳条约法公约》第 31 条。

角色，具有重要的理论研究意义。① 同时，从《公约》1982 年签署
到 1994 年生效的 12 年间，《公约》对国家通过实践创造法律的过
程产生了重要影响。② 法国是传统海洋强国，也力争成为 21 世纪
全球海洋事务中的领军国家。在新海洋法形成和发展的不同阶段
中，法国的涉海实践都具有一定的代表性和突破性，是考察《公
约》嗣后实践情况的良好研究对象。聚焦新海洋法编纂以来法国的
立场、立法及嗣后实践，提出法国在新海洋法制定过程中的利益标
准及影响动因，梳理法国在新海洋法各部门规则中遇到的法律问
题，并对其进行分析检视，有助于探究法国海洋立法和以《公约》
为代表的新海洋法制定过程中的互动关系。

　　其次，以《公约》为标志的新海洋法诞生刚有三十余载，对于
法国嗣后实践的真实样态进行研究，有助于探究《公约》规则解释
和适用的问题，考察《公约》规则实践情况的法律效果，为《公约》
的进一步修订和补充提供启示。③ 有学者指出，在解释特定条约

---

　　①　值得注意的是，法国并不是《维也纳条约法公约》缔约国。不过，《维
也纳条约法公约》第 3 条规定："本公约不适用于国家与其他国际法主体间所
缔结之国际协定或此种其他国际法主体间之国际协定或非书面国际协定，此
一事实并不影响：（a）这些其他协定之法律效力；（b）那些虽然包含于本公约
之中、但同时独立存在于本公约之外、可以适用于这些协议的国际习惯法规
则；对于这些协议来说，国际习惯法仍然使用；（c）当某些条约的缔约方，包
括国家和其他国际法主体时，本公约对这些国家之间建立在该条约之下的条
约关系的适用。"《维也纳条约法公约》的大部分规则已构成习惯国际法，特别
是条约解释规则。因此，法国未通过《维也纳条约法公约》，并不影响到法国
在《公约》嗣后实践研究中的重要作用和意义。

　　②　参见 John R. Stevenson & Bernard H. Oxman., The Future of UN
Convention on the Law of the Sea. American Journal of International Law, Vol. 88,
No. 3, 1994, p. 488。

　　③　在 2008 年国际法委员会第 60 届会议报告中，乔治·诺特（Georg
Nolte）指出："条约不是干枯的文稿。它们是为缔约方提供稳定性的工具，使
缔约方完成条约所表达之目的。因此，久而久之条约可以变化，它必须适应
新形势，根据国际社会的社会需求而演进或淘汰。"参见 Annexe A. Treaties
over time in particular: Subsequent Agreement and Practice, Report of the
International Law Commission, Sixtieth session, 5 May-6 June and 7 July-8 August
2008, p. 365。

时，除了对其缔约历史、文本含义进行研究解读外，还需特别关注条约缔结后相关实践的具体发展趋势，从而更准确地把握条约在当前环境中的合理解释。① 同时，对一国参与海洋法规则构建的成效，也需要从该国海洋法实践中进行评价。《公约》缔约方的嗣后实践，包括海洋立法实践和海洋执法实践。作为海洋强国，法国对于《公约》嗣后实践的情况，不仅能够反映其海洋战略导向及核心利益侧重，同时，也能够检视缔约方的嗣后实践情况，考察缔约方是否实践出与《公约》不一致之处。如果缔约方形成了较为一致的嗣后实践，② 那么将有利于推动对现有条约规则的进一步修订或修改。③ 因此，梳理法国近年来的主要涉海实践活动及挑战，全面分析法国在实施《公约》过程中的尺度，有助于我们深入探讨缔约方对于《公约》的解释和适用情况，为探讨《公约》进一步修订或修改

---

①　韩燕煦：《论条约解释中的嗣后实践》，载《国际法研究》2014 年第 1 期，第 58 页。

②　《公约》作为"伞状制度"，截至目前已发展出 1994 年《关于执行〈联合国海洋法公约〉第十一部分的协定》（《执行协定》）以及《1995 年执行 1982 年 12 月 10 日〈联合国海洋法公约〉有关养护和管理跨界鱼类种群和高度洄游鱼类种群的规定的协定》（《渔业协定》）两个补充协定，目前正在发展有关"国家管辖海域外生物多样性（BBNJ）养护与可持续利用"的第三个补充协定，作为对《公约》的补充与完善。

③　需要指出的是，条约的缔约方嗣后实践可以在事实上推动条约的修订或修改，但这仍未具有法律上的必然性。根据 2018 年国际法委员会《与条约解释相关的嗣后协定与嗣后实践结论草案》，对于嗣后协定和嗣后实践的解释的可能效力问题，国际法委员会认为："在《维也纳条约法公约》第 32 条第 3 款下作出的对条约的嗣后协定或嗣后实践，可能导致缩小、扩大或以其他方式确定可能的解释范围，包括条约赋予各缔约方行使自由裁量权的任何范围。根据第 32 条进行的后续做法也可能有助于澄清条约的含义。可以推定缔约方在条约适用中产生的协议或实践是为了解释条约，而不是为了修订或修改条约。通过当事方的嗣后实践而修定或修改条约的可能性尚未得到普遍承认。本结论草案不妨碍根据《维也纳条约法公约》和习惯国际法修订或修改条约的规则。"参见 International Law Commission, Draft Conclusions on Subsequent Agreements and Subsequent Practice in Relation to the Interpretation of Treaties, Adopted by the International Law Commission at its Seventieth Session, 2018。

的研究奠定知识基础。

再次，从现实角度看，中国现如今正面临着诸多海洋议题和挑战，法国对《公约》的实施和挑战对于中国海洋法实践具有重要的借鉴作用。法国是新海洋法的受益者，在《公约》的专属经济区和大陆架制度下，法国可主张主权和主权权利的海域面积急剧增加，成为仅次于美国的、世界上拥有专属经济区面积第二大的国家。在批准《公约》后，法国政府审时度势，及时调整海洋管理体制，重新制定面向 21 世纪的海洋战略。相较之下，我国的海洋事务发展处于起步阶段。《公约》中存在许多模糊性条款，是各国海洋互动中的不稳定因素，容易引起争端和冲突。我国管辖海域面积达 300 万平方千米，① 而我国与周边国家之间在海域划界、岛屿归属、海洋资源利用等问题上还存在争议，光是在南海国界线内的争议面积就占到总争议海域面积的一半。② 但是，这些问题并非"中国特色"，世界上许多海洋国家也存在着类似的问题、面临着同样的考验。通过认识其他海洋大国在新海洋法构建中的利益权衡，以及它们对《公约》嗣后实践的做法，有助于厘清目前各国对新海洋法规则的践行尺度及实施方式，从中吸取有益经验，为我国走向"海洋强国"之路提供指引和方法。

罗斯科·庞德(Roscoe Pound)指出："法律的生命在于它的实施。针对大量立法产出的有效解释的科学研究是非常迫切的。"③ 聚焦法国对《公约》的实施，对其参与构建新海洋法规则的立场、背后意图进行解读，梳理法国如何实践《公约》机制下的有关规则，

① 参见国家海洋局网站，http://www.soa.gov.cn/zmhd/hfhz/201707/t20170713_56947.html。

② 在 2011 年世界海洋日暨全国海洋宣传日上，国家海洋局南海分局局长李立新指出："在南海断续国界线内，东盟国家与我国有争议的海域面积达 150 余万平方千米，留给我国无争议海域仅有 44 万平方千米，维护南海海洋权益，任重道远。"参见《羊城晚报》2011 年 6 月 8 日报道。

③ 参见 Roscoe Pound, The Scope and Purpose of Sociological Jurisprudence [Concluded]. III. Sociological Jurisprudence, Harvard Law Review, Vol. 25, No. 6 (Apr., 1912), p. 513。

有助于我们更进一步认识《公约》规则的内涵、存在的问题与对国家的挑战。同时，借鉴法国海洋法实践的有益经验也符合中国的现实需要，本书为探索中国海洋法的理论构建提供比较研究基础，为我国完善国内海洋法制、提高全球海洋事务话语权、促进我国与别国海洋合作提供理论依据和经验参考。

二、国内外研究现状综述

(一)国内研究现状

国内学界针对法国海洋法问题取得了一定的研究成果，但研究范围和角度较为零散，整体关注度低。总体来看，国内有关研究可归纳为以下三类。

第一，世界主要海洋国家的海洋战略、政策或海权的概述性研究，多散见于论文或著作章节之中。例如，李景光、阎季惠编著的《主要国家和地区海洋战略与政策》①中包含了法国的海洋战略考察。该书主要对 2009 年 12 月法国颁布的《法国海洋政策蓝皮书》以及 2006 年 12 月法国政府颁布的由海洋国务秘书总局和法国战略分析研究中心编写的《法国的海洋抱负》的海洋政策报告进行了编译。张锦涛、王华丹编著的《世界大国海洋战略概览》②一书主要是美国、英国、法国等海洋大国的海洋战略、政策规划、法律法规的相关文献汇编。在法国部分，该书主要汇编了《法国南印度洋蓝皮书》。《法国南印度洋蓝皮书》是法国在南印度洋地区制定大量中长期规划的基础，包括海洋管理、渔业经济发展和能源产业、教育、海洋环境保护、海洋科学研究和创新以及保护法国在该地区利益的政府行为。由于 2009 年 7 月时任法国总统宣布南印度洋海域将成为推动法国海洋战略的重点地区，因此对该蓝皮书的认识十分重

---

① 参见李景光、阎季惠编著：《主要国家和地区海洋战略与政策》，海洋出版社 2015 年版。

② 参见张锦涛、王华丹编著：《世界大国海洋战略概览》，南京大学出版社 2015 年版。

要。此外，薛桂芳教授编著的《〈联合国海洋法公约〉与国家实践》一书①，选取了美国、加拿大、俄罗斯、英国、法国、日本、韩国、澳大利亚等国作为研究对象进行考察。该书认为法国对于《公约》的实践主要表现在完善海洋开发与管理政策、不断调整海洋法立场与实践两方面，对法国的海洋法实践作出了简要论述。

第二，国内有些学者对法国的海权历史、演变及挑战进行了探讨。例如，胡德坤、李想的《黎塞留的海权思想与法国近代海权的形成》《科尔贝改革与近代法国海权的崛起》的论文，通过对法国海权形成过程中的两个关键性人物进行研究，来检视法国海权崛起的动机、方法和影响。② 冯传禄的《法国海权研究综述》③一文梳理了国内外学术界对法国海权问题的研究现状，指出国外学术界对法国海权史和海权思想的研究均比较深入，但是国内学界对该领域尚缺乏关注，也未出现有关法国海权的系统性研究和成果。陈新丽、冯传禄的《法国海权兴衰及战略研究述略》④一文对法国海权的研究意义、国内成果进行了概览梳理。该文认为，法国海权兴衰的经验与教训并存，并也因此而成为诸多国外研究者思考海权理论、海军战略的重要历史素材。法国作为陆海复合型国家最具代表性者之一，其海权思想对世界海权理论发展也有自身独特贡献。李源的《法德重启海洋战略的逻辑——化解"陆海复合型"困局》一文⑤，从地缘战略的角度对法德两国得以突破地缘困局重新建设成为世界海洋强国的原因进行了探析。

---

①　参见薛桂芳编著：《〈联合国海洋法公约〉与国家实践》，海洋出版社2011年版。

②　参见胡德坤、李想：《黎塞留的海权思想与法国近代海权的形成》，载《太平洋学报》2018年第1期；胡德坤、李想：《科尔贝改革与近代法国海权的崛起》，载《武汉大学学报（哲学社会科学版）》2018年第5期。

③　参见冯传禄：《法国海权研究综述》，载《法国研究》2014年第3期。

④　参见陈新丽、冯传禄：《法国海权兴衰及战略研究述略》，载《太平洋学报》2016年第9期。

⑤　参见李源：《法德重启海洋战略的逻辑——化解"陆海复合型"困局》，载《欧洲研究》2014年第2期。

第三，国内学者对海洋法具体规则或案例研究中零散提及了法国海洋实践内容。例如，黄瑶、黄靖文的《无人居住岛屿主张专属经济区和大陆架的新近国家实践——兼论对我国主张南沙岛礁海域权利的启示》一文①中提到了法国的岛屿主张情况。该文指出，法国主张的专属经济区中有不少是无人居住的远洋岛礁，然而，法国向 200 海里以外大陆架界限委员会提交的有关申请遭到了日本、澳大利亚、荷兰、墨西哥等国的反对。该文认为，当岛礁本身牵涉主权争议且有关谈判未能达成协议时，他国对相关岛礁在《公约》第121(3)条下的立场显得隐晦。徐晶在《国际海洋法法庭管辖权研究》一文②中对国际海洋法法庭审理的"大王子号"案(伯利兹诉法国)进行了评析。该文认为"大王子号"案在海洋法法庭迄今审理的案件中占有重要的地位，因为它是唯一一个海洋法法庭否定其管理权的案件，而该书作者也认为法庭对于管辖权的裁决比较合理。陈德恭教授编著的《国际海底资源与海洋法》一书③也包含了一些法国对待海底区域问题的态度和实践，可以帮助了解法国在第三次海洋法会议中有关"区域"问题的立场。金永明教授在《专属经济区内军事活动问题与国家实践》一文④中评述了法国的海洋科学研究实践。金教授指出，法国并没有对纯科学研究活动和非纯科学研究活动的判定予以具体标准，法国自己具有裁量权。

目前国内学界尚无针对"法国对海洋法有关规则制定的立场及国家实践"问题进行专门性、系统性的研究，也尚无对近十年来法国海洋法实践的系统梳理与深入分析的学术成果。国内学者对有关法国的海洋法实践的研究内容也较为宽泛，缺乏针对性。国内学者

---

① 参见黄瑶、黄靖文：《无人居住岛屿主张专属经济区和大陆架的新近国家实践——兼论对我国主张南沙岛礁海域权利的启示》，载《武大国际法评论》2015 年第 2 期。

② 参见徐晶：《国际海洋法法庭管辖权研究》，华东政法大学 2013 年硕士学位论文。

③ 参见陈德恭：《国际海底资源与海洋法》，海洋出版社 1986 年版。

④ 参见金永明：《专属经济区内军事活动问题与国家实践》，载《法学》2008 年第 3 期。

倾向于以"问题导向"来进行研究,而国别性质的专题综合性梳理还不是很多。在研究方法上,国内学者倾向于采用多学科交叉的研究路径,从海权、海洋战略等视角进行探讨,注重理论的创新,但从实证角度进行国际海洋法上的研究则不足。此外,对法国在联合国海洋法会议中的立场及其对《公约》制度下的国内立法活动与国家实践研究很少,这使一些研究缺少坚实的现实基础。

(二)国外研究现状

国外学者(尤其是法国学者)对法国海洋法理论与实践的探讨成果较为丰富。通过梳理,国外相关研究可分为以下三种类型。

第一,对法国参与制定海洋法规则的综合性梳理,例如 1974年法国海洋开发研究院出版的《法国与海洋法》[①]的经济与法律报告。该报告是了解法国在海洋法规则制定初期的重要参考资料,涵盖了法国海域划界问题(包括法国对于国家管辖范围内海域、国家管辖范围外海域的看法和立场)、和平利用海洋问题(包括法国对国际渔业制度的看法、法国进行海洋科学研究的认识)、海底区域、海洋区域裁军问题、海洋污染等问题的研究。不过,由于出版时间较早,该资料存在一定的内容滞后性。在第三次海洋法会议即将结束之前,该研究院再次对法国与海洋法作出了新的《海洋法法律汇编》报告。[②] 这份报告的主编人吉奥吉特·玛利亚尼女士(Georgette Mariani)是 1968 年至 1973 年海底委员会会议、第三次海洋法会议的法国代表团代表之一,该报告的内容包括探讨海洋间国际合作、国家管辖范围外海域的国际海底区域资源的勘探与开发、海洋学数据获取系统及其法律地位、第三次联合国海洋法会议之前的海洋法现状以及海洋污染等问题。由于该报告是在第三次海洋法

---

①　参见 La France et le Droit de la mer, Ouvrage collectif de la RCP no. 258, Centre National de la Recherche Scientifique. Série：Rapports économiques et juridiques. 1974。

②　参见 Georgette Mariani, Mélanges juridiques, Centre National de la Recherche Scientifique. Série：Rapports économiques et juridiques, 1981。

会议即将结束时发表，里面包含了较为翔实的有关法国在会议中的
立场和态度等内容。

　　在《公约》正式通过后，法国海洋领土科学研究院发表《法国海
外领土与海洋开发》报告。① 该报告认为法国应该重视在其海外领
土的开发潜力，尤其是对法国海外领土所可主张海域的海洋生物资
源、海洋矿产资源、能源资源的经济开发潜力评估，同时还包括了
法国海外省和海外领土的海域监管和保全问题。报告认为，法国海
外领土就是法国海洋重新起航的"明天"。在法国批准《公约》后，
法国学者对于海洋法理论和实践的研究更加细化。1997 年，意大
利米兰大学图里奥·特雷弗斯教授（Tullio Treves）主编了两本著作：
《海洋法、欧盟与其成员国》②以及《国际法编纂和国家在海洋法上
的实践》，③ 涵盖了主要海洋国家海洋法规则的立场与实践内容，
其中法国的部分由巴黎一大与西布列塔尼大学海洋法的让·皮埃
尔·科内德克教授（Jean-Pierre Quéneudec）编写。科内德克教授是
法国海洋法领域较权威的专家之一。可以说，这两本著作中有关法
国海洋法实践的内容以及科内德克教授的有关学术著作，都是研究
法国在三次海洋法会议中角色与利益考量的重要文献。

　　法国经济、社会与环境理事会发表的《大陆架扩展至 200 海里
以外：法国的王牌》④意见报告认为，海洋法的专属经济区和大陆
架制度给予了法国极为广阔的海洋发展空间，法国需要认清目前
的现状和不足，妥善利用法国海外领土的海洋优势，通过建立
"EXTRAPLAC"国家项目，进一步推进法国对海洋的勘探和开发。

　　① 参见 Académie des Sciences D'outre-mer et Office de la Recherche
Scientifique et Technique Outre-mer，Outre-mer Français et Exploitation des Océans，
1981。

　　② 参见 Tullio Treves & Laura Pineschi，The Law of the Sea：The European
Union and its Member States，Martinus Nijhoff Publishers，1997。

　　③ 参见 Tullio Treves，Codification du Droit International et Pratique des
États dans le Droit de La Mer. The Hague Academy of International Law，1997。

　　④ 参见 M. Gérard Grignon，L'extension du Plateau Continental Au-delà des
200 Milles Marins：un Atout Pour la France. La délégation à l'Outre-mer，2013。

法国海域保护局公布的《法国海域划界》①综述，通过具体绘图的方式对法国在全球范围内海域主张的领土及其海域情况进行了规整。

第二，对法国海洋战略、法国海权方面等不同角度的探讨。由于法国海上行动历史悠久，因此，法国有许多有关法国海权历史、海洋战略形成及考察等不同角度的论著。例如，著名地缘政治学者马汉（A. T. Mahan）的海权论对于法国海权观塑造以及外界看待法国的海权形象影响颇深，马汉认为法国是典型的海权运用失败者或者陆海复合因素的受限者；由于深受"决定性战役"的思维影响，法国海军的战前力量并不能得到有效领导和管理，同时，马汉也认为该时期法兰西的辉煌与富有主要是在其思想、精神和政治上，而不是在其实体力量。② 埃尔提安·泰勒米特（Etienne Taillemite）在《被忽视的法国海洋历史》③一书中认为，作为海域边境最长的欧洲国家，法国仍未真正意识到其未来也建立在海上，错过了建立海洋战略抱负的好时机。另外，正如法国年鉴派历史学家费尔南·布罗代尔（Fernand Braudel）在《法兰西的特性：空间与历史》④一书中也作出的精确描述："法国在海上曾屡建奇功，可是，除了这些插曲以外，其扩张成果与在陆上从事的冒险却不可同日而语。二者甚至很不相称。"进入 21 世纪以来，法国学者对于法国海权、新世纪海洋政策的转型与构建的探讨呈雨后春笋之势。2007 年，法国战略分析中心的波塞冬团队（Poséidon）出版了《法国的海洋雄心：法国

---

① 参见 Agence des Aires Marines Protégées, Délimitations de l'espace Maritime Français Notice Synthétique, Production du Groupe de Travail Géoinformations Pour la Mer et le Littoral, Novembre 2014。

② 参见 Alfred Thayer Mahan, Influence of Sea Power upon the French Revolution and Empire 1793-1812, Edition Forgotten Books, 2012。

③ 参见 Etienne Taillemite：Histoire Ignorée de la Marine Française, Édition Perrin, 2010。

④ 参见[法]费尔南·布罗代尔：《法兰西的特性：空间与历史》，顾良、张泽乾译，商务印书馆 1994 年版。

海洋政策》①的战略报告，报告对全球主要海洋战略演进、法国的海洋战略制胜要素进行了详细分析，包括法国海洋交通、海洋金融配套、法国海上建造技术、法国海域管理主要担忧、海洋旅游业、法国融入欧盟共同渔业政策的相互依赖性与冲突、海洋能源与原材料的勘探与开发、海洋环境保护以及海外领土等方面。另外，报告也指出了建构新海洋战略的必要性。赫贝尔·罗辛斯基（Herbert Rosinski）于 2008 年发表在法国《战略》杂志上的《海权的演进》，② 从时间顺序上对包括法国在内的世界主要海洋大国的海权演进特点进行了检视，并指出了法国在海权发展初期就并未予以其真正重视。米歇尔·夏龙（Micheal Scialom）基于新现实环境发表《法国是个海洋国家吗?》③一文，认为法国必须综合平衡海权和陆权的发展。若泽·曼努埃尔·索波瑞农（José Manuel Sobrino）的著作《海上安全与海上暴力》④则聚焦于法国海上安全和海外利益拓展。

第三，对海洋法各部门规则研究中援引的法国实践案例的研究。例如，对法国海洋区域划界等议题的研究。早在第一次海洋法会议结束之后，就有法国学者评价了法国在日内瓦会议中对待大陆架问题的立场。例如，弗兰兹·哈尔丁教授（France de Hartingh）在《在日内瓦会议中法国对待大陆架的立场》一文⑤指出，虽然法国于 1965 年 6 月 14 日加入了 1958 年《大陆架公约》，并使得其控制面

---

① 参见 Poséidon, Une Ambition Maritime Pour la France：Rapport du Groupe Poséidon, La Documentation Française, 12 février 2007。

② 参见 Herbert Rosinski, L'évolution de la Puissance Maritime, Stratégique 1, N° 89-90, 2008。

③ 参见 Michel Scialom, la France Nation Maritime? Economica, 1 Septembre, 2006。

④ 参见 Jose Manuel Sobrino Heredia, Sûreté Maritime et Violence en Mer, Éditions Juridiques Bruylant, 26 avril, 2011。

⑤ 参见 France de Hartingh, La Position Française à l'égard de la Convention de Genève Sur le Plateau Continental, Annuaire Français de Droit International, 1965。

积增加了 20450 平方千米（海外省及领土不包括在内），但同时也对该公约进行了不同的解释性声明和保留。总体而言，法国对于大陆架的理论是谨慎甚至"消极"的，一方面，该理论触及了海洋自由原则，另一方面，法国当时的认知是在该区域还没有产生勘探和开发的经济利益。荷兰乌特勒支大学海洋法研究中心教授艾利克斯·艾尔福里克（Alex G. Oude Elferink）和塔斯马尼亚大学教授康斯坦斯·强森（Constance Johnson）发表的《"争议海域"大陆架外部界限划定的国家实践》①一文也提到了法国大陆架外部界线的有关主张与澳大利亚、日本、荷兰、西班牙等国存在争议，法国的划定立场不光是考虑到了《公约》的有关规定，同时也是参考了其与有关国家签订的特别协定。也有许多学者单独对涉及法国的国际司法判例进行深入分析。例如，法国地理学家安德雷·路易（Sanguin André-Louis）的《圣皮埃尔和密克隆群岛的 200 海里专属经济区》一文，② 指出法国的这个远洋岛屿的专属经济区主张与加拿大的解释存在不同，《公约》的通过更加复杂化了两国关于该岛屿的矛盾，因为想要在渔业和油气资源存在激烈竞争的情况下划分一个功能性的专属经济区是很难的，在这两个方面加拿大采取的是不妥协的政治立场。巴黎二大教授佐乐·伊丽莎白（Zoller Elisabeth）在《法国-加拿大有关圣皮埃尔和密克隆群岛的判决》一文中③认为，该群岛的仲裁证明了公平原则和方法在国家间争端中的运用困难。因为这个方法推崇最为极端的主张请求，容易导致仲裁员或法官在一些特别案例中难以得出公平的结果。

又如，对法国海洋渔业管理问题上的具体分析。法国自第一次

① 参见 Alex G. Oude Elferink & Constance Johnson, Outer Limits of the Continental Shelf and "Disputed Areas": State Practice concerning Article 76(10) of the LOS Convention, The International Journal of Marine and Costal law, 2014。

② 参见 Sanguin André-Louis, Un litige franco-canadien actuel: la zone Économique des 200 Milles à Saint-Pierre-et-Miquelon, Norois, n° 137, Janvier-Mars, 1988。

③ 参见 Zoller Elisabeth, La Sentence Franco-Canadienne Concernant St Pierre et Miquelon, Annuaire Français de Droit International, 1992。

海洋法会议以来就非常重视渔业管理问题。巴黎二大政治哲学系教授弗朗索瓦·蒙恭杜教授（François Monconduit）发表在《法国国际法年鉴》上的《法国扩大海洋渔业保护区域》一文①指出，法令废除了1888 年 3 月 1 日立法的第 1 条的外国船只在 3 海里内禁止捕鱼条款，1967 年法令禁止外国船只在自领海基线测起的 12 海里范围内捕鱼。与 1964《伦敦渔业协定》确定的有关原则相对应，法令考虑到了一些例外的可能性，但规定即使是例外情况的外国船只也必须接受法国渔业规章制度的约束。70 年代开始，法国逐步推进欧洲共同渔业政策框架的建立。比利时布鲁塞尔大学的海洋法教授丹尼尔·亨利（Vignes Daniel-Henri）在《欧盟渔业会议与海洋法》一文②指出，这主要是由于各国对"共同体法律是否可以保障各国领水范围以外的渔业区部分"存在疑问。另外，由于法国渔业活动越来越融入欧盟共同渔业政策，法国政府也并未忘记对其海外领土渔业制度进行调整。原巴黎一大法学院教授雅克·兹乐（Jacques Ziller）在《欧盟与法国海外领土》一文③中指出，由于属于欧盟"边远地区"的法国五大海外省同样是欧盟内部市场的一部分，其渔业活动也受制于欧盟委员会制定的有关政策和制度安排。例如，地处南美洲的法属圭亚那省地方政府和法国中央政府都无权与巴西签订渔业协定。也就是说，有关双边渔业协定的谈判和缔结更是共同体机构的专属权利，而海外省无权自己签订协定。④

　　还有对法国海洋环境的保护和保全议题的探讨。例如，《法国

　　①　参见 F. Monconduit, Extension des Zones de Pêches Réservées Aux Pêcheurs Français, Annuaire Français de Droit International, 1967。

　　②　参见 Vignes Daniel-Henri, La Conférence Européenne Sur la Pêche et le Droit de la Mer, Annuaire Français de Droit International, 1964。

　　③　参见 Jacques Ziller, L'Union Européenne et l'outre-mer, Pouvoirs 2. n° 113, 2005。

　　④　付琴雯：《法国海域合理利用与保护的立法与实践评析》，载《法国研究》2017 年第 3 期，第 35 页。

环境发杂志》发表了法国"POLMAR"海上溢油应急计划①的详细信息，该计划确立了对法国本土和海外省份海洋环境污染的救援框架。法国里尔大学教授拉莉-舍瓦李（Laly-Chevalier Caroline）在《海洋事故与法国沿岸带保护》一文②中指出，目前海洋环境保全的有关法律措施具有零散性，尤其是在应对海洋事故问题上。在《公约》的体制下，一定要特别强调航行自由原则和船旗国优先权。但是，强调航行自由权也有可能产生适得其反的效果。应该更加加强国际海事组织框架下的合作以及区域性合作事务。

国外学者发表了一定数量的法国海洋法理论与实践的研究成果。然而，目前国外学界尚未对法国海洋立法和实践的内容进行新一轮的考察或比较分析，尤其是未结合新时期的全球化背景以及法国最新的海洋实践活动，来探究法国对于有关规定的立场或态度是否产生了变化，又或者保持了一致性。国外学者对于海洋法各部门规则的研究也较为分散，针对法国进行专门研究的文献不是很多。另外，国外学者对法国海洋法的研究中也没有对中国有启示的内容。在对海洋法进行法国国别研究的基础上，对法-中两国进行海洋法的比较研究的数量寥寥。不过，这也给予了笔者深入探究法国在海洋法实践中的立场演变、国家嗣后实践、实践中的挑战及其应对的进一步研究空间。

三、本书的基本思路与研究方法

（一）基本思路

本书聚焦1958年联合国第一次海洋法会议以来法国的海洋法实践，考察法国在三次海洋法会议中的态度和立场，结合在同区间

---

① 参见 Instruction du 12 Octobre 1978 Relative à la lutte Contre les Pollutions Marines Accidentelles（Plan Polmar）（J. O.，14 Octobre 1978），Revue Juridique de l'Environnement，Volume 4，Numéro. 1，1978。

② 参见 Laly-Chevalier Caroline，Les Catastrophes Maritimes et la Protection des Côtes Françaises，Annuaire Français de Droit International，2004。

内法国相应的立法制定与调整，探寻新海洋法构建过程与法国海洋法律治理体系建设过程的互动关系与共进模式。为此，本书对有关第一手资料进行大量基础性研究，对这些文件进行梳理，基本可以揭示半个世纪以来法国海洋法立场和实践的全貌。在此基础上，本书根据近年来法国海洋实践的客观情况，侧重选取了法国海域划界活动、法国海洋渔业养护活动、法国海洋污染防治活动、法国海洋科学研究活动、法国国际海底区域活动、法国海上执法活动这六大法国海洋实践领域作为研究问题域，同时，对法国在这几个问题域的海洋争端解决情况进行梳理和分析，并通过分析法国对《公约》的实施情况，试图凝练该国海洋治理思想之要义，以期更好地为中国实施《公约》提供思路和启示。本书研究思路层次分明，核心部分主要探讨以《联合国海洋法公约》为代表的国际海洋法律制度与法国当代海洋立法及实践之间的互动关系和影响。

（二）研究方法

1. 历史回溯

对于《公约》的国别研究，海洋法谈判与缔约、海洋规则国内立法、国家海洋实践以及实践评价四个环节缺一不可。本书从历史回溯与发展的角度，对法国海洋法律制度的历史演变以及对法国参与国际海洋法律规则构建进行回溯和溯因。

2. 规范分析

对法国参与形成的国际海洋法律规范开展研究，阐释法国参与《公约》的立场考量、探明法国实践《公约》的手段及尺度，这都使得归纳国家海洋法实践中的某些规律性经验变得可能。

3. 实证检验

通过实证对法律规范进行验证，可以明晰法国在《公约》制度下海洋实践的效果和影响，对法国海洋法实践的变革及其背后利益进行深入剖析。

第一章 法国海洋法律制度的历史 发展及主要特点

法国具有认识、利用和管理海洋的悠久历史，法国传统海洋法是法国海权发展伴生的产物。在以《公约》为代表的新海洋法系统建立之前，法国海洋治理经历了一个深受传统习惯法支配的演进过程。对海洋法在法国形成和发展进行检视，有助于理解法国在新海洋法规则构建中的态度和立场。

第一节 法国海洋法律制度的历史发展

法国本土坐陆望海，是拥有本土海岸线最长的西欧国家；法国海外领土散布于各大洲大洋，海陆面积极为广阔。海洋地缘情况得天独厚的法国，在历史上就有着开发海洋、利用海洋的传统。随着世界大航海时代的到来，法国开始海外殖民拓张，海上力量得到加强，法国海洋法律治理的理念也初步形成，这都为其日后"全面走向海洋"提供了坚实的基础。

一、近代法国海洋法律制度的形成

(一)法国近代海洋治理观的形成

法国是世界传统海洋强国之一，最早的法国海上活动可以追溯到 13 世纪。1203 年，法国国王菲利普·奥古斯丁（Philippe Auguste）率军与英国军队展开战争。这场战争最终为法国赢得了诺曼底地区，法兰西自此打开西侧海洋大门。在腓力四世（Philippe le Bel）和查理五世（Charles V）时期，法国海军得以建立。不过，在之后的很长一段时间，法国都未继续将其发展成为常设海军力量。在那段时期，海洋被"海难""海盗""坏血病"等消极形象所代表，是人死后的"苦役之地"。① 同时，作为传统农业大国，法国丰富的农产量吸引着大量外国商船入港开展贸易。然而，法国自身却感到没有派出商船的必要。

整个 17 世纪，法国的政治、经济和王权根基都主要来自陆上，法国居民生活和职业直接与海洋有关的仅占少数。② 长期以来，法国王权专注于陆上的疆域拓展和权利巩固，海洋的角色被严重低估。据统计，当时从事渔业活动的法国人在 2.5 万至 3 万人之间，占当时法国总人口不到 0.5%。③ 直到其他欧洲列强走上海上拓张与殖民掠夺之路，法国才开启了追赶的脚步。

在这个时期，枢机主教黎塞留(Richelieu)是第一个阐述海洋战略重要性的政客，他认为需要用海洋战略来保护法国的大西洋和地中海沿岸，使其免受他国攻击。④ 1624 年，黎塞留进入法国御前会议，并很快成为"首席大臣"。在意识到海军力量是法国重要的政治和外交手段后，黎塞留开始推进现代海军政策，法国皇家海军(Marine Royale)也由此创立。在三十年战争的重要时期，法国皇家海军亦为法国海外殖民地的拓张作出了重要贡献。为支持法国的对外殖民扩张、提高法国的国防实力，黎塞留进一步加强法国海军建设。到了 1636 年，法国的大西洋舰队已配备 38 艘军舰，地中海舰队配备 25 艘军舰，国家海军规模已不可同日而语。⑤ 不过，即使

---

① 参见 Michel Vergé-Franceschi (dir.), Dictionnaire d'histoire Maritime, Paris, Éditions Robert Laffont, Coll. «Bouquins», 2002, pp. 626-630。

② Nicolas Siméon, Louis XIV et la mer, Paris, Édition Conti, 2007, p. 8.

③ Michel Vergé-Franceschi (dir.), Dictionnaire D'histoire Maritime, Paris, Éditions Robert Laffont, Colloques «Bouquins», 2002, p. 1155.

④ [美]安德鲁·S. 埃里克森、[美]莱尔·J. 戈尔茨坦、[美]卡恩斯·洛德:《中国走向海洋》，董绍峰、姜代超译，海洋出版社 2015 年版，第 134 页。

⑤ 参见 Jean Meyer & Martine Acerra, Histoire de la Marine Française: des Origines à Nos Jours, Rennes, Éditions Ouest-France, 1994, p. 29。

深刻认识到海军力量的重要性,黎塞留的现代海军政策还是无疾而终。有学者指出,由于黎塞留错误判断了当时国家对海洋事务的实质推行力和军事优先级,其推行的海洋政策也最终化为泡影。①

1669年,路易十四(Louis XIV)任命让-巴普蒂斯特·科尔贝尔(Jean-Baptiste Colbert)为海军国务大臣。在科尔贝尔的领导下,法国建立了运河和道路系统,加固了海港防御工事,法国舰队的威力亦得到加强。自1671年起,科尔贝尔就开始启动海事立法方面的工作。1681年,科尔贝尔颁布了著名的《海军条例》(Grande ordonnance de la marine)和《殖民地法典》(Code noir,亦称"黑奴法案")。1681年《海军条例》共分为"海军法庭的权力与职责""海军人员与海船""海事合同、租船合同、水手租金、保险""港口和海岸警务""海上捕鱼"五个部分。总体来看,《海军条例》对当时海事活动的所有习惯规则进行了编纂,几乎涵盖了海洋事务的各个方面。当今的法国海事法也正是在该条例的基础上形成的。② 此外,《海军条例》还涉及"公职人员外国行为"的立法部分,对法国驻外领事的行为合法化问题作出了规定。有学者评价道,科尔贝尔时期的法国立法到达了"黄金时代"。③

在科尔贝尔的推动下,法国海上力量得到了规模化的建设和发展,法国海军在战场上胜利无数,法国的海洋法治理也才开始真正深入和有计划地实现。然而,这些胜利只是法国海洋观逐渐形成的印证,并未撼动法国根深蒂固的"陆上至霸"理念。也正是在这个时期,法国海权开始衰落。由于深受"决定性战役"的思维影响,

---

① 参见 Henri Legohérel, Histoire de la Marine Française, Paris, Presse Universitaire de France, 1999, p. 25。

② 1681年法国《海军条例》亦称《海军法典》(Code de la Marine),该条例一直到2006年4月21日才由法国第2006-460号条例废除。参见 Article 7 de l'Ordonnance n° 2006-460 du 21 Avril 2006 Relative à la Partie législative du Code Général de la Propriété des Personnes Publiques。

③ 参见 Marguerite Boulet-Sautel, Colbert et la législation, in Roland Mousnier, ed, Un Nouveau Colbert, Actes du Colloque pour le Tricentenaire de la Mort de Colbert, Paris SEDES, 1983, p. 130。

法国海军的战前力量无法得到有效管理。马汉（A. T. Mahan）也认为这个时期的法兰西，其辉煌与富有主要体现在其思想、精神和政治上，而不是其实体力量。[①] 作为海域边境最长的欧洲国家，法国仍未真正意识到海洋对本国未来发展的重要性，错过了建立海洋战略抱负的好时机。[②]

1683 年，科尔贝尔去世后，路易十四开始对欧洲大陆进行侵略扩张。与此同时，法国对海外殖民地的关注明显减弱，法国海军开始走向下坡路。1756 至 1763 年，在经历了与英国的"七年战争"后，法国丧失了大部分海外殖民地，法国海军力量也被消灭殆尽。有学者认为，法国海权衰落的原因之一是法国的对外战略重点一直在"海外扩张"与"欧陆称霸"这两个方向之间摇摆，以致顾此失彼。[③] 另外，当时的法国财政状况时好时坏，陆军与海军之间的军费分配严重失衡，海军未受到足够重视。有学者认为，这也使得路易十五（Louis XV）统治时期的海军状况极其悲惨，军官们的大胆进取心遭到挫伤，不能从事成功的战斗，丧失了光辉灿烂的前程。[④]

总体来看，在 1665 至 1815 年的一个半世纪里，法国实施了三个总体性海洋战略，即穿越拉芒什海峡打击英国、向全球其他地方（如西印度、北美、印度或埃及）派遣军队以及打击敌方商船。然而，这些战略在很大程度上失败了，最主要的原因是它们未能与法国对外政策正常结合，实际上都是独立实施的。[⑤]

---

① 参见 Alfred Thayer Mahan, Influence of Sea Power upon the French Revolution and Empire 1793-1812, Edition Forgotten Books, 2012, p. 4。

② 参见 Etienne Taillemite, Histoire Ignorée de la Marine Française, Édition Perrin, 2010。

③ 沈洋：《十八世纪法国海权衰落原因探析》，载《法国研究》2011 年第 2 期，第 98 页。

④ ［美］阿尔弗雷德·马汉：《海权对历史的影响（1660—1783）》，安常容、成忠勤译，解放军出版社 2008 年版，第 98 页。

⑤ ［美］阿尔弗雷德·马汉：《海权对历史的影响（1660—1783）》，安常容、成忠勤译，解放军出版社 2008 年版，第 135 页。

(二)法国海外领土的拓张与海上力量的拓展

虽然法国对于海洋的兴趣一直都是间断的、偶发性的，缺少一个持续的过程，不过，从两次海外领土拓张的结果上看，法国获得了实实在在的利益。当今的法国海外领土就是法兰西漫长殖民历史的产物，它包括法属海外省及法属海外行政区域，广阔地分布在大西洋、印度洋、太平洋、加勒比海地区以及南极与亚南极地区。这些海外领土对于法国领土主权和海洋权益的维护具有至关重要的意义。

法国海外领土扩张与占领主要经历了两个阶段。第一阶段是从1536年到1664年，由弗朗索瓦一世(François I)开启了法兰西第一殖民帝国的进程，占领了今天的法属海外省以及位于西北大西洋的圣皮埃尔和密克隆群岛(Saint-Pierre et Miquelon)；第二次殖民拓张从1830年一直持续到20世纪初，吞并了除南极洲阿黛利地(Terre Adélie)之外其余的法属海外领土部分。

在第一阶段，最早表现出殖民拓张思想的，是当时的法国海军上将科利尼(Gaspard de Coligny)。值得注意的是，法国征服海外领土的初衷，并不是寻求经济利益，而是出于宗教因素。16世纪初，法国天主教徒和新教徒之间产生了激烈冲突，进行了长达几十年的斗争。作为新教重要领袖，科利尼认为需要为新教徒建立一些海外避难地。然而，在16世纪的50至60年代，法国在南美洲里约热内卢和弗罗里达地区开辟领土的尝试都遭到了失败。

直到1626年，枢机主教黎塞留成为法国航海及贸易总管大臣，法兰西第一殖民征服时期才得以正式开启。黎塞留的殖民政策目标首先是为了削弱西班牙、英国和荷兰的海外力量，保持各欧洲列强间的"均势"。为了削弱这些海上列强的力量，法国逐步搭建起海外领土的拓张版图，并将贸易作为扩大海权的附属品。同时，受到英国和荷兰殖民活动的启发，亨利四世(Henri IV)和黎塞留还萌生了建立海外殖民公司的想法。黎塞留希望通过建立殖民地公司，将法国的贸易主导权从外国人的手中夺回来。① 法国海外贸易市场的开辟，印证了黎塞留海洋政策推行的阶段性成功。有历史学家这样描述道："1643 年的法国比 1610 年的法国强大百倍，比 1624 年路易十三决心起用红衣主教时的法国也强大得多，在不满二十年的时间里，法国版图已达空前辽阔的地步。"②当然，法国海外扩张的道路也并非一帆风顺。例如，从这个时期起法国拥有了常规海军，但法国始终没有投入足够的财力和人力夯实其海上力量。在黎塞留时期所确立的海洋政策及管理机制的基础上，科尔贝尔通过《殖民地法典》等立法性改革，进一步推动了法国的海外殖民地拓张活动，为法国近代海权的建立奠定了基础。对此，有学者批判道，近代法国海权的本质就是利用海权占有大量殖民地，再通过殖民地的剥削来发展自己。③

在海外扩张过程中，法国主要面临着两个问题。第一，法国侵占的部分海外领土，在几个世纪以来已经拥有人类定居，且已建立起带有等级制度却又团结和睦的原始文明。法国殖民者需要对西方文明与当地文明之间的冲突作出应对。第二，法国侵占的海外领土，其社会绝大多数领域的发展都处于空白状态。法国殖民者也亟须考虑对这些地区的发展重心和方式问题。正如法国年鉴学派泰斗费尔南·布罗代尔(Fernand Braudel)描述的那样："法国在海上曾屡建奇功，可是，除了这些插曲以外，其扩张成果与在陆上从事的冒险却不可同日而语，二者甚至很不相称……夹在大海和大陆之间的法兰西偏向陆地的一边。"④

拿破仑战争后，法国的殖民地受到重创。根据 1814 年《巴黎和

---

① 参见 Victor L. Tapie, France in the Age of Louis XIII and Richelieu, First American Edition, 1974。

② ［法］米歇尔·卡尔莫纳：《黎塞留传》，曹松豪、唐伯新译，商务印书馆 1996 年版，第 796 页。

③ 胡德坤、李想：《科尔贝改革与近代法国海权的崛起》，载《武汉大学学报(哲学社会科学版)》2018 年第 5 期，第 108 页。

④ ［法］费尔南·布罗代尔：《法兰西的特性：空间与历史》，顾良、张泽乾译，商务印书馆 1994 版，第 266 页。

约》，法国将美洲、非洲和亚洲的许多殖民地割让给了英国，自身仅保留零星岛屿，以及在安地列斯群岛、印度、塞内加尔和圭亚那等地的商行。① 与当时的英国、西班牙、葡萄牙和荷兰相比，法国的海上及海外地位都一落千丈。1830 年，随着入侵阿尔及利亚首都阿尔及尔，法国拉开了第二次大规模侵略扩张的序幕。法兰西第二殖民帝国在拿破仑三世（Napoléon III）时期达到顶峰，法国占领了非洲 1/3 以上的土地。

在拿破仑三世的命令下，法国对印度支那和非洲地区进行了大举侵略：在西非，包括任命法国海军部军官亨利-布罗萨德·费德尔贝（Henri Brosselard Faidherbe）为塞内加尔总督，1859 年成立南河贸易站及 1862 年吞并加蓬海岸；在东非，1862 年法国与马达加斯加签署贸易条约，并在该地建立法国领事馆；在马格里布地区，法国则是加强了突尼斯军队中法国军事顾问的存在；在亚洲和太平洋地区，除了对交趾支那的侵略外，法国还吞并了太平洋海域的新喀里多尼亚和波利尼西亚，这两个太平洋的海外领地，也成为今天法国海洋权益主张的重要地区之一。同时，在拿破仑三世的命令下，当时的法国海军部长夏瑟芦浦·楼拜（Chasseloup-Laubat）推进法国海军的现代化建设工作，并进一步提高法国殖民军队的活动能力。② 总体来看，这个时期的法国帝国主义及伴生的海洋变革，也反映出当时资本主义的扩张理念，即从重商主义转变为全球领土竞争。此外，殖民地开始被看成产业经济发展的组成部分，殖民地人口的军事化也是帝国主义的一个新特征。③ 据数据统计，1914 年，法兰西第二世界殖民帝国面积达到 1060 万平方千米，殖民地居民

---

① 参见 Ministère de la Marine et des Colonies, Notices Statistiques sur Les Colonies Françaises, Imprimerie Royale, 1 Janvier 1839, p. 7。

② 参见 Jean-Philippe Zanco, Le Ministère de la Marine sous le Second Empire, Service Historique de la Marine, Vincennes, 2003。

③ ［荷］H. L. 韦瑟林：《欧洲殖民帝国》，夏岩译，中国社会科学出版社 2012 年版，第 139 页。

人口达到 5500 万。① 在"一战"期间，有 80 万以上的殖民地居民应征作为士兵和房屋工作者为法国服务。此外，19 世纪末、20 世纪初的法国海军对新材料和新武器的挑战也作出了很好的反应。②

二、现代法国海洋法律制度的转型

长期以来，法国都以陆上强国自居。除了在法国大革命之中的一次海上力量发展高潮外，"海洋"在整个法兰西第二帝国时期都没有受到重视。一直到两次世界大战期间，法国的"重陆轻海"意识才有所改变。在法兰西第三共和国海军部部长乔治·莱格（Georges Leygues）的带领下，法国重振旗鼓，将目光投向海洋。

（一）法国由"重陆轻海"到"全面走向海洋"的转型

随着法兰西第五共和国的诞生，"海洋"重新成为法国的战略关切。20 世纪 50 年代，法国海洋战略作出重大转型，时任法国总统夏尔·戴高乐（Charles de Gaulle）提出"法兰西从陆地走向海洋"的口号。法国海洋战略调整是出于对国家战略和国际形势的种种考量：一方面，"二战"后非殖民地浪潮迅速兴起，各国在原殖民地的利益支离破碎；另一方面，戴高乐在提出"重塑法兰西伟大"的抱负时指出，法国的战略王牌在于航空航天、核力量、高速列车、信息技术发展和海外领土治理五个方面。③ 诚然，戴高乐强调法国海外领土重要性的背后，具有深层的战略意图：由于法国原殖民地领土强烈的岛屿属性，法国通过海外领土收获的海洋利益巨大，尤其是海洋渔业、海洋资源以及海外力量部署等方面。

"二战"后，法国"由陆向海"转型的第一步，就是推行保留在

---

① 参见 Meyer J. Thobie et al, Histoire de la France Coloniale, Paris, Armand Colin, 1991, p. 319。

② ［荷］H. L. 韦瑟林：《欧洲殖民帝国》，夏岩译，中国社会科学出版社 2012 年版，第 140 页。

③ 参见 Alexandre Mandil, La Maritimisation Comme Outil D'accroissement de Puissance de la France au XXIème Siècle, Rapport du Mandil Publications, Avril 2014, p. 35。

共和国体制内的海外领土"法国化"（La francisation）。为了维持法国与其海外殖民地的特殊联系，1946 年，《法兰西第四共和国宪法》规定，成立"法兰西联盟"（Union française）代替第二殖民帝国。① 同时，"海外省"（Les départements d'outre-mer）的概念也随之应运而生。其中，瓜德鲁普、马提尼克、留尼旺和圭亚那这四个传统老殖民地将逐步转为法国的"海外省"，而法属波利尼西亚、圣皮埃尔和密克隆群岛、新喀里多尼亚群岛等未独立出去的领土，则成为法国的"海外领地"（Les territoires d'outre-mer）。② 可以说，正是法国早期的海权塑造和海外疆域扩张，塑造了当今法国独特的领土地理特征，也造就了当今分散而又多样的国家利益诉求。为此，法国政府必须通过调整其海洋立场，以灵活适应法国不同地域的海洋情况。

当时特殊的国际环境，也迫使法国充分利用自身陆海优势，重振国家防务主权。"二战"结束后，戴高乐坚持独立自主的国家防务政策，奉行独立自主的外交举措。例如，1966 年 2 月 21 日，戴高乐宣布法国退出北约军事一体化机构。在当时，戴高乐的系列举措，使得法国在国际事务中得以保持独立姿态，不惧被美苏两个超级大国边缘化的威胁。不过，法国的这种自主性，在很大程度上是建立在其核威慑力量基础之上的。法国在南太平洋的一些海外领地，正是法国进行核试验、落实军事部署的重要场所。1960 年到1996 年间，法国分别在阿尔及利亚和法属波利尼西亚等地进行了

---

① 参见 Préambule de Constitution de 1946，IVe République，27 Octobre 1946， http：//www. conseil-constitutionnel. fr/conseil-constitutionnel/francais/la-constitution/les-constitutions-de-la-france/constitution-de-1946-ive-republique. 5109. html。

② 参见 Loi n° 46-451 du 19 Mars 1946 Tendant au Classement Comme Départements Français de la Guadeloupe，de la Martinique，de la Réunion et de la Guyane française。

共 210 次核试验，导致约 15 万名平民和军人承受着核辐射的风险。① 在这三十年间，联合国的人类环境会议、日内瓦裁军会议、第三次海洋法会议都针对法国核试验问题发出反对声音。面对国际社会的种种质疑和反对，法国仍然保持强硬态度，坚决捍卫自身立场。

（二）法国对新海洋法规则构建的积极参与

法国开启海洋活动的脚步较早。在早期海洋活动中，法国积累了丰富的海洋管理和实践经验。例如，1710 年以来，法国殖民署隶属于其海运管理部门管辖，到了 19 世纪，殖民署调至海运部秘书处管理。② 又如，1807 年，拿破仑颁布《法国商法典》，在其中，可以找到诸多法国海商法的习惯规则。然而，长期以来，法国都没有制定有关海洋活动的专门性立法，对于法国传统海洋规则的探寻，只能从一些政府颁布的概要性条款中找到依据。可以说，法国对于海洋活动的管理具有零碎性特征。

实际上，不仅仅是法国，很长一段时期以来，国际社会的海洋法规则都是由习惯法统治。在联合国第一次海洋法会议之前，法国对海洋活动的管理就主要依据传统习惯法。例如，法国 3 海里领海

---

① 2009 年 6 月，法国国民议会以绝对多数通过一项赔偿法案，同意对 20 世纪 60 年代法国核试验中的受害老兵进行赔偿。2010 年 1 月 5 日，法国颁布第 2010-2 号"对核试验中受害老兵的赔偿"立法。2013 年，法国参议会针对赔偿问题的进展情况公布信息报告。参见 Mme Corinne Bouchoux et M. Jean-Claude Lenoir, Rapport D'information Fait au nom de la Commission Sénatoriale Pour le Contrôle de L'application des lois（1）sur la Mise en Œuvre de la loi n° 2010-2 du 5 Janvier 2010 Relative à la Reconnaissance et L'indemnisation des Victimes des Essais Nucléaires Français, Sénat, N° 856。

② 参见 François Berge, Le Sous-secrétariat et Les Sous-secrétaires d'État aux Colonies. Histoire de L'émancipation de L'administration Coloniale, Revue Française D'histoire D'outre-mer, N°168-169, 1960, pp. 301-386。

基线的传统主张，便由 19 世纪形成的习惯规则发展而来。[1] 然而，1928 年 4 月 25 日，法国众议院强调"该法并不旨在确定法国的领海宽度以及在该宽度之间法国可以行使的主权权利。"[2]也就是说，法国实践的 3 海里传统主张并没有被法律明文确认。1927 年，国际联盟召开海牙国际法编纂会议，对领海规则进行了一次编纂尝试。在会上，包括法国在内的海洋大国都极力推崇海洋自由原则，主张 3 海里的领海宽度。由于与会各国在领海宽度问题上存在分歧，国际社会第一次建立海洋法律秩序的尝试并未取得成功。

　　"二战"结束后，为了结束国际海洋规则的无序状态，海洋法的成文化编纂成为国际社会的重要议题。同世界许多其他国家一样，法国也积极参与海洋法各领域的内容议定。然而，由于受到海洋习惯规则的思维约束，在最初海洋法会议的诸多议题上，法国都表现出了较为强硬的反对态度。在 1958 年日内瓦海洋法四会议中，法国仅通过了"日内瓦四公约"[3]中的两个：首先，由于恪守 3 海里领海基线的传统主张，法国与参会各国在领海最大宽度上并未达成一致意见，因此在当时拒绝签署《领海及毗连区公约》；其次，由

---

　　①　例如，在法国和英国关于格兰维尔湾的捕鱼协定中，阐明了以前管理该海湾捕鱼活动的法律文本。关于格兰维尔湾的法律地位依据，已由 1839 年法国和英国之间缔结的协定所规定。该协定的达成基础是为法-英双方建立 3 海里的专属区域，以及位于这些专属区域之间的公共海域。参见 M. Jean-Guy Branger, Rapport au nom de la Commission des Affaires Étrangères, de la Défense et des Forces Armées Sur le Projet de Loi Autorisant la Ratification d'un accord Entre la République Française et Le Royaume-Uni de Grande-Bretagne et D'Irlande du Nord Relatif à L'établissement d'une Ligne de Délimitation Maritime Entre la France et Jersey, et le Projet de loi Autorisant la Ratification de L'accord Relatif à la Pêche Dans la Baie de Granville entre la République Française et le Royaume-Uni de Grande-Bretagne et D'Irlande du Nord（Ensemble Quatre Échanges de Notes）, Sénat, 2002, p. 12。

　　②　Gilbert Gidel, Le Droit International Public de la mer, Tome III, La mer Territoriale et la Zone Contigue, Paris, Sirey, 1934, p. 466.

　　③　1958 年日内瓦海洋法会议上制定并通过了《领海及毗连区公约》《公海公约》《公海捕鱼和生物资源养护公约》《大陆架公约》四项公约。

于对大陆架定义中的"开发性"(exploitabilité)持有异议,法国在当时也未签署《大陆架公约》,直到 1965 年法国才加入该公约,同时作出数项保留和解释性声明。① 不过,由于意识到拥有更宽阔领海宽度的好处,并且考虑到各国海洋态度的普遍趋势,法国在此后放弃了 3 海里主张,同意将领海范围扩大至 12 海里。

在第三次海洋法会议中,法国在许多议题(尤其是国际海底区域问题)上展开激烈博弈。法国一直坚持的海洋自由原则,也囿于更大的利益权衡而有所妥协。总体来看,在三次海洋法会议进程中,法国的传统海洋立场产生了重大转变。究其原因,主要有两个方面,一是法国对于海洋及海洋权益重要性的认识度急剧加强,二是法国希望通过制定海洋条约来更大程度地维护自身权益。

第二节　法国海洋法律制度的主要内容
(1958 年至今)

"海洋自由原则"理念贯穿了整个 19 世纪的法国。20 世纪初,国际社会逐步意识到海洋是人类生存和国家安全的重要空间,法国的态度才发生转变。有争夺产生就会有规则出现。至 20 世纪 80 年代,国际海洋法律制度不断发展,标志性事件就是 1958 年联合国第一次海洋法会议的召开和 1982 年《公约》的通过。当代法国海洋法律制度的形成与发展,与国际海洋法律制度的发展过程和内容有着密切关系。

一、法国国家管辖范围以内的海洋立法

《公约》将世界海域分为国家管辖海域和国际共管海域。国家管辖海域包括沿海国的内水、领海、毗连区、专属经济区、大陆架以及国家管辖的其他海域;国际共管海域,即国家管辖范围以外海

---

① 参见 France de Hartingh, La Position Française à L'égard de la Convention de Genève sur le Plateau Continental, Annuaire Français de Droit International, 1965。

域，是指不处于任何国家管辖下的海洋区域，如公海及其水体、海床、洋底和底土。在传统上，法国的步骤一般是先讨论、达成一项国际公约，再将这项公约中的有关内容转化为国内法。然而，在第三次海洋法会议期间，法国政府有意将这种步骤区别开来：法国采取了一种将国际法谈判和国内法制定混合起来的"共进模式"，这两者之间具有一种辩证性的互动关系。

（一）法国有关领海与毗连区问题的立场与立法

1. 领海问题

领海是国家防护带的重要组成部分，在这一区域，国内法和国际法形成了微妙的共存。虽然直到 19 世纪，与当今"领海"相似的法律概念才在法国诞生，不过，法国海岸防卫意识的萌芽则最早可以追溯到 17 世纪。1681 年，科尔贝尔的《海军条例》规定，海岸线是指在最高和最低潮汐之间的平衡地带。虽然这样的界定并不科学，例如大西洋的潮汐比地中海的潮汐更为明显，但这仍是 18 世纪法国海洋法中所规定的内容。[①] 长期以来，法国海岸线都为法国港口管理、捕鱼活动、军事据点之用，海岸带防卫意识也逐渐产生。然而，法国过去对海岸带的治理多具有临时性，海岸防卫理念并不成熟。

1703 年，宾刻舒克提出"陆上国家的权力以其炮火射程所及的范围为限"的"大炮射程说"。根据当时实射经验，大炮射程普遍为 3 海里左右。在 18 世纪大部分时间里，"大炮射程说"都为法国、荷兰等国家所执行。[②] 1888 年 3 月 1 日，法国颁布立法禁止外国船

---

① 参见 Renaud Morieux, Le Littoral Comme Frontière. Les Représentations Historiques de la Profondeur Soatiale du Rivage Dans la France de L'équipe Moderne. L'exemple de la Garde-Côte, in Un littoral Sans Nature? L'avenir de la Méditeranée Face à L'urbanisation, Études Réunies par Coline Perrin, Collection de l'École Française de Rome, 2013, p. 16。

② 参见 W. L. Walker, Territorial Waters: the Cannon Shot Rule, The British Yearbook of International Law, Volume 22, 1945, p. 211。

只在法国 3 海里以内海域进行捕鱼活动。① 这条习惯规则,也在之后法国的海洋实践和法律声明中多次确认。法国 3 海里领海基线的传统主张也由此发展而来。然而,尽管法国支持航行自由原则,并实践 3 海里习惯规则,但法国国内法中却从未对领海宽度作出明文规定,仅能在有关涉海活动法律中找到一些笼统的、侧面的规定。②

由于 3 海里传统习惯法的存在,在联合国第一次海洋法会议之初,法国反对扩大领海宽度界限。法国反对的原因不外乎两点:第一,法国一直以"陆上强国"自居,对海洋没有予以足够的重视;第二,法国希望通过限制各国领海宽度来保护自身的航行自由权。在当时,3 海里习惯规则也符合英、美等海洋大国的立场。在第一委员会会议上,法国代表格罗斯(Gros)先生提出:"领海是'陆地'的附属物,在这个前提下,'陆地'需要与国家之所以作为一个国家而保持常规力量所做的努力相匹配,这只需要一片狭窄的区域。因此,必须对领海宽度进行限制。"并且"当前武器技术的发展,也可以为 3 海里的古老原则提供足够的理由。"③

对于确定领海界限的问题,主要有"通过国内立法的单边途径占有"或"通过国际协商的多边途径占有"两种观点。④ 对于一些南美国家而言,领海的扩大是保全国家领土疆域的必然做法。然而,法国不赞成该立场,并多次强调"法国政府不认可通过单边方式、

---

① 参见 Michel Voelckel. Aperçu de Quelques Problèmes Techniques Concernant la Détermination des Frontières Maritimes, Annuaire Français de Droit International, 1979, p. 695。

② 付琴雯:《法国海域划界问题的立法、实践及挑战》,载《武大国际法评论》2017 年第 3 期,第 130 页。

③ 参见 United Nations Conference on the Law of the Sea, Official Record, Volume III: First Committee, p. 19。

④ 参见"les Appropriations Nationales sur les Espaces Maritimes", Rapport Colloque Société Française Pour le Droit International, Présenté par R. J. Dupuy, Montpellier 1972。

或通过其未加入的协定，而改变普遍认可的界线决议之有效性。"①
法国代表团还指出："领海划界问题不属于沿海国的排他性权利，
没有任何国家可以通过单方面声明来向公海拓展其主权疆域，这种
吞并与不正式承认其权利的国家意志相违背。"②

　　在第一次海洋法会议第 37 次会议上，法国代表鲁德尔
(Ruedel)先生在法国国际法学家吉尔伯特·吉德尔(Gilbert Gidel)
的授权下，对后者在自己 1934 年出版的《国际海洋公法》一书当中
有关领海宽度的某些不准确表述进行了修正。③ 鲁德尔先生指出，
吉德尔教授在该著作中的意思是："鉴于一国向 3 海里领海以外扩
大宽度是非法的，那么它的国际有效性将取决于其他国家的同意。
因此，值得明确的是，对于扩大 3 海里领海的主张并不具有拘束
力，除非这些(声称扩大宽度)中的每个国家都特别表示接受(其他
国家扩大宽度)。"④同时，吉德尔教授也认为："毗连区不能通过
沿海国的单边决定而建立。不过，在缺乏相关条约条款的情况下，
沿海国对毗连区的主张，对于其他国家具有法律拘束力。只有这
样，国际法才允许沿海国在领海以外，对某些利益进行单边性保
护。不过，对渔业的保护并不在毗连区可涵盖的利益范围内。"⑤

　　在第一次海洋法会议上，参会国始终未能就领海宽度问题达成
共识。无法达成共识的原因，除了客观因素外，还出于一些政治考
量中的矛盾因素。时任法国外交部法律事务部官员的雅克·帕蒂
(Jacques Patey)认为，一旦达成一项对所有国家实行领海最大宽度

---

　　① 参见 Déclaration Ministre des Affaires Etrangères, 12 IX 1958, Revue
Générale de Droit International Public, 1959。

　　② 参见 United Nations Conference on the Law of the Sea, Official Record,
Volume III: First Committee, p. 19。

　　③ 参见 Gilbert Gidel, Le Droit International Public de la mer, Vol. III, La
mer Territoriale et la Zone Contiguë, Paris, Librairie du Recueil Sirey, 1937。

　　④ 参见 United Nations Conference on the Law of the Sea, Official Record,
Volume III: First Committee, p. 111。

　　⑤ 参见 Gilbert Gidel, Le Droit International Public de la mer, Vol. III, La
mer Territoriale et la Zone Contiguë, Paris, Librairie du Recueil Sirey, 1937, p. 372。

的国际协议,那么,在该宽度内的国家海洋实践不尽如人意之时,一些国家或会借口认为,国际社会制定领海界限的最终实施效果,还不如他们已经通过或建议通过的内部立法那样。同时,如果因为这些国家的反对,而导致国际社会对领海界限的妥协遭到破坏,那么这些国家多少都会背负一些道德责任压力。①

在意识到无法单方面将领海宽度规定在 3 海里后,法国又联合一些国家提出了 6 海里的领海宽度。在会议结束时,法国也未签署《领海及毗连区公约》。然而,随着 12 海里的领海宽度被越来越多的国家所认可,国际海上活动的负面影响越来越多,法国的态度也逐渐产生了变化。1967 年 6 月 7 日,法国颁布第 67-451 号法令,规定自领海基线起 12 海里内禁止外国船只捕鱼。该范围同时也成为法国沿海渔业保护区和海关区的界限。②

法国领海立场的转变,有着国内和国际层面的双重考量。从国内层面看,12 海里的区域扩大同样也意味着海关区域有相同半径,这使得法国可以调和越来越多的海域职能。当时的法国意识到,国际海上航行已经出现了新的情况,尤其是防止载有原油的超大吨位船只通行带来的潜在影响。在第 67-451 号法令颁布前的三个月,"托尼·卡尼翁"号油轮触礁事件给法国沿海造成了严重污染。为此,法国意识到沿海国必须行使更大的海务治理权利,如在渔业活动领域业已存在的那样。另外,海洋污染事件也引起了法国民众对于污染危险的注意。因此,扩大领海界限的方案,有利于国家对近岸活动进行更为有效的监管。从国际层面看,法国的态度转变也有着深层的地缘战略思考,对 12 海里的领海宽度的认可,正好合情合理地给予了法国扩大和增强海外行动的机会。例如,在立法将领海扩大至 12 海里后,法国潜水艇一般可以在离开领海前就进入下潜航行,使其不易被识别。另外,考虑到领海基线的定义,法国采

① 参见 Jacques Patey, Aspects Actuels du Problème de la Fixation de la Largeur de la Mer Territorial, Politique Étrangère, n°6, 1958, p. 568。

② 参见 Décret n° 67-451 du 7 Juin 1967 Portant Extension de la Zone de Pêche Interdite aux Navires Étrangers。

用直线基线法，在位于法国布列塔尼的伊鲁瓦兹海地区按该领海基线安装了雷达设施。[1]

值得注意的是，法国还强调领海对保障主权安全的重要性，并指出不应将"领水"概念与"国家保留渔区"概念相混淆。1971年，法国参议院报告指出："水域的领土权制度，不应也不能设定成一个以'经济目标'为主的制度。领水组成一条'国家防护带'。在这条防护带中，也许存在广阔的生物资源价值，但并不可能因此授予该区域特别的经济权利。"[2]可以说，法国希望通过在其海岸邻接区扩大主权的意图已极为明显。当然，这也就意味着，法国需要通过构建一个法律制度来维持在延伸海域的权利。

1971年12月24日，法国颁布第71-1060号《法国领水划界法》，对法国领海外部界限作出了定义。通过该立法，法国废除了3海里领海的传统主张，并宣布法国领海宽度为12海里。第71-1060号立法表明，法国正式认可并确立了12海里领海宽度。法国12海里领海宽度的确定，实际上带有一定军事色彩，因为该宽度充分考虑到了法国设立海上安全防务措施的需要，使"政府在太平洋地区进行核试验之时，可以采取相关的安全措施。这些措施是建立在令人满意的法律基础之上的"。[3] 在第三次海洋法会议中，法国也表达了对12海里领海宽度的支持立场。

2. 基线问题

在第一次海洋法会议上，法国对"领海及毗连区"条款草案第5条表示整体反对。法国代表格罗斯（Gros）认为："不应删除对直线基线长度的具体规定。"[4]1967年10月19日，法国颁布法令将确定

---

① 参见 Jean-Pierre Quéneudec, Chronique du Droit de la mer, Annuaire Français de Droit International, 1971, p. 767。

② 参见 Rapport Sénat, 14 XII 1971, n. 97, p. 16。

③ 参见 Jean-Pierre Quéneudec, Chronique du Droit de la mer, Annuaire Français de Droit International, 1971, p. 766。

④ 参见 Summary Records of the 19th Plenary Meeting, United Nations Conference on the Law of the Sea, Geneva, Switzerland, 24 February to 27 April 1958, p. 63。

法国海岸低潮线和海湾闭口线,以便确定基线、测量领海宽度。[①]
1971年,法国颁布第71-1060号立法,正式规定了法国领海划界情况。该法第1条规定:"法国领水范围扩大为自基线量起的12海里,领海基线是法令规定的沿岸低潮线、直线基线以及海湾闭口线。"[②]

直线基线法主要运用法国本土的拉芒什海峡、大西洋和地中海沿岸,之后被运用到了法属海外领土的领海测量中,包括法属圭亚那、马约特、圣皮埃尔和密克隆群岛、凯尔盖朗群岛、圣保罗岛等。在法国适用基线的实践中,其远洋群岛的基线适用问题是其面临的一道挑战。虽然法国为其许多海外岛屿或群岛适用直线基线法,但却因在实践中未严格遵循《公约》的规定而受到诟病。例如,有学者认为凯尔盖朗群岛北部有一些岛屿稍偏离主岛,很难成为主岛的沿岸群岛,但法国却在其上划定基点并与主岛的基点连接了起来,因而有补充适用群岛制度的嫌疑。[③] 实际上,这是由于作为拥有大量远洋群岛的大陆国家,法国对于"岛屿"地位和制度的立场本身就存在一定内部利益冲突。

在第三次海洋法会议的准备性讨论上,法属波利尼西亚代表提出"所有波利尼西亚岛屿的领水界线以外即是公海,最外侧的岛屿群界限或可超过12海里"。[④] 换句话说,该地区强调岛屿的"统一性"概念,暗示环绕岛屿水域应被看做内水,因此希望适用群岛基线法。然而,该概念被认为易造成滥用,法国本身也不愿意开先

---

①　参见 Décret du 19 Octobre 1967 Définissant Les Lignes de Base Droites et Les Lignes de Fermeture des Baies Servant à la Détermination des Lignes de Base à Partir Desquelles est Mesurée la Largeur des Eaux Territoriales。

②　参见 Loi n° 71-1060 du 24 Décembre 1971 Relative à la Délimitation des Eaux Territoriales Françaises。

③　郭静、刘丹:《论群岛制度与大陆国家远洋群岛的实践》,载《南海学刊》2016年第2期,第73页。

④　参见 Débats Assemblée Nationale, 1ère Séance du 8 XII 1971, JORF 1971-1972, p. 6515;转引自 Annick Bermes, Les Espaces Maritimes Sous Juridiction Nationale, in R. J. Dupuy, Rapports Économique et Juridique «La France et le Droit de la Mer», Ouvrage Collectif de la RCP n. 258 du Centre National de la Recherche Scientifique 1974, p. 56。

河。外事委员会报告人贾莫（Jamot）认为，由于法属波利尼西亚一些岛屿间距离已超过 200 海里，如接受提议将造成一种"不可接受"的结果，尤其是对世界上的闭海或半闭海地区。另外，对于一些国家试图将适用于陆地的制度和适用于岛屿的制度进行区分，法国代表让内尔（Jeannel）指出："这样的区分违背了国际法的基本原则，因为不仅导致了国家主权的分裂，也使海洋法'特殊化'。该问题只涉及数量有限的国家，应通过双边协定来进行调和。"①

总体来看，在第三次海洋法会议中，对于群岛基线的主流定义是其不能脱离对群岛政治地位的考量而仅仅独立考虑其地理含义。最终《公约》中"群岛国"的定义不包括拥有海外群岛的大陆国家，第四部分条款也只适用于群岛国，对拥有远洋岛屿的大陆国的适用问题并不明确。另外，法属波利尼西亚和新喀里多尼亚地理上特征突出、政治上高度自治，具有"准群岛国"属性，但由于不是独立国家，因此无法适用群岛基线，《公约》对这类特殊国际法主体的规定仍是模糊区域。

此外，国际社会对沿海国领海主张的认识，主要通过该国根据海洋地理情况而自行划定并绘制的海岸线地图。在 12 海里领海宽度被普遍接受后，许多国家相继开展基线划定工作。对于有关海岸线地图，则主要有完全公开、部分公开和不公开三种情况。根据 1973 年国际水文组织年鉴，包括法国在内的一些西欧国家选择制定并公布全球标记海岸线地图，还有相当一部分国家选择不公布。②

---

① 参见 UN, Documents Officiels de l'ONU, A/AC/138/SC II/SR.75。

② 有学者指出，1958 年日内瓦《领海与毗连区公约》的某些条款，对于一些新兴国家而言不利。《领海与毗连区公约》第 3 条规定："除本公约另有规定外，测算领海宽度的正常基线是沿海国官方承认的大比例尺海图所标明的沿岸低潮线。"然而，第 3 条中"官方承认"一词具有争议。在那段时期，国际社会正处于去殖民地化的进程当中。选择不制定、不公布海岸线官方地图的国家，很大一部分都是法国、英国这些宗主国的原殖民地。这些国家的海岸线划定和公布往往存在国际法上的争议。参见 Michel Voelckel, Les Lignes de Base Dans la Convention de Genève Sur la Mer Territoriale, Annuaire Français de Droit International, 1973, p. 831。

在批准《公约》后,法国进一步落实了其本土及海外领土的海域基线划定工作:2012年,法国宣布确定法属波利尼西亚地区的法国领海宽度基线;① 2013年,法国宣布确定马约特省的法国领海宽度基线;② 2015年,法国相继颁布法令宣布确定克利伯顿岛、法国本土及科西嘉岛以及圣皮埃尔和密克隆群岛的领海宽度基线。③

3. 毗连区问题

根据《公约》的规定,毗连区是指从测算领海宽度的基线量起不超过24海里的、可以对海关、财政、移民、卫生实施法律管制的海洋区域。④ 在法国,对现今毗连区"海关职能"的立法规范,则可以追溯到18世纪。法国大革命后,按照1791年8月的6-22法令,法国建立了海关监管区,最长可达2古里(约6海里)。1794年3月24日,法国颁布法令将监管区扩大至4古里(约12海里)。1817年3月27日,法国进一步颁布法令,将监管区限制在20千米宽度(约10.8海里)。⑤ 1968年,法国对《海关法典》中"海关监管

① 参见 Décret n° 2012-1068 du 18 Septembre 2012 Définissant les Lignes de Base à Partir Desquelles est Mesurée la Largeur de la Mer Territoriale Française Adjacente à la Polynésie Française。

② 参见 Décret n° 2013-1177 du 17 Décembre 2013 Définissant les Lignes de Base à Partir Desquelles est Mesurée la Largeur de la Mer Territoriale Française Adjacente au Département de Mayotte。

③ 参见 Décret n° 2015-550 du 18 Mai 2015 Définissant les Lignes de Base à Partir Desquelles est Mesurée la Largeur de la Mer Territoriale Française Adjacente aux Côtes de L'île de Clipperton; Décret n° 2015-958 du 31 Juillet 2015 Définissant Les Lignes de Base à Partir Desquelles est Mesurée la Largeur de la Mer Territoriale Française Adjacente au Territoire de la France Métropolitaine et de la Corse; Décret n° 2015-1528 du 24 Novembre 2015 Définissant les Lignes de Base à Partir Desquelles est Mesurée la Largeur de la Mer Territoriale Adjacente à Saint-Pierre-et-Miquelon。

④ 参见《公约》第33条。

⑤ 参见 Jean-Pierre Quéneudec, Chronique du Droit de la Mer, Annuaire Français de Droit International, 1970, p.741。

区"的部分进行了修改，将该区域范围最终确定在 12 海里。①

1971 年，法国通过立法将领水宽度扩大至 12 海里，海关毗连区不再属于 12 海里领海范围，而是作为单独一部分区域。② 1987 年 12 月 31 日，法国颁布第 87-1157 号"强化打击毒品贩卖"立法，对法国毗连区作出了正式规定。根据第 87-1157 号立法第 9 条的规定，法国海关监管海域扩大至 24 海里，海关部门也被赋予相应职能，对疑似载有毒品的船只进行登临检查。③ 在创设海关毗连区后，法国《海关法典》也随之进行了修改。《海关法典》新的第 62 条规定："在毗连区最大范围内，海关部门对所有总吨位在 1000 吨以下的船只具有登临权。"④

法国海关部门在海上干预权利的扩大，主要表现在它的威慑特征。法国政府指出："海关部门的介入与参与仅是出于法国在国际

---

① 法国《海关法典》第 44 条规定："在从领海基线测量的 12 到 24 海里之间的连续区域，可以与邻国签订划界协议，海关也可以行使必要的控制措施：a）防止违反海关当局负责申请的法律法规关税区；b）起诉在海关领土内违反这些法律法规的行为。"参见 Article 44 Bis du Code des Douanes，Version Consolidée au 1 Janvier 2018。

② 参见 Article 1 du Loi n° 71-1060 du 24 Décembre 1971 Relative à la Délimitation des Eaux Territoriales Françaises。

③ 法国第 87-1157 号立法第 9 条规定："从领海基线起 12 至 24 海里的毗连区及与邻国签有划界协定的情况下，海关部门可以行使必要的检查，以便 a）在海关领土内海关部门实施和防治有关犯罪活动。b）在同样的法律规定下，对在海关领土内已实施的犯罪活动进行诉究。"参见 Loi n° 87-1157 du 31 Décembre 1987 Relative à la Lutte Contre le Trafic de Stupéfiants et Modifiant Certaines Dispositions du Code Pénal。

④ 法国《海关法典》原 62 条则是规定在毗连区最大范围内，海关部门对净重 100 吨、总重 500 吨以下的船只具有登临权。参见 Article 11a Modifié les Dispositions Suivantes：Modifie Code des Douanes-art. 62（M），Loi n° 87-1157 du 31 Décembre 1987 Relative à la Lutte Contre le Trafic de Stupéfiants et Modifiant Certaines Dispositions du Code Penal。

事务中的预防属性。"①不过，有学者针对"海关部门是否真的仅仅行使预防职能"这一点还存在疑问。因为如果在登临检查时发现了违禁物品(尤其是毒品)，相关行动部门有权立刻追究刑事责任。②从法国海关的做法来看，针对在"毗连区违法行为"的措施则不是很符合国际法的规定。究其原因，主要是由于毗连区位于领海之外，沿海国对毗连区的权利受到国际法的严格规制。根据1958年《领海与毗连区公约》第24条的规定，沿海国对其领土或领海内违反其海关、财政、移民和卫生规章的行为，可以行使管制权。最后，在1982年达成的《公约》中，基本保留了《领海与毗连区公约》第24条的内容。

然而，"毗连区管制权"究竟是一种什么性质的权利、管制权是否等于管辖权等问题，国际法并没有明确说明。法国政府认为，惩罚措施并不一定需要在海关管辖领土范围(沿海国领土或领海)内实施，而只需通过对船只运载物品实际的或推测的送达目的地进行确认，以证明在毗连区中沿海国和船只之间存在一种关系。③换句话说，法国认为在毗连区中应该行使更为严格的管辖权。

"毗连区海底文物管理"也是毗连区制度中的一个重要问题。早在20世纪40年代，法国就对"考古化石的挖掘和研究"作出了立法规定。④1961年12月26日，法国颁布适用于"在海洋发现的考古和历史文物"的法令，对具有考古、历史和艺术价值的海洋无

---

① 参见 Sénat, 2ᵉ Session Ordinaire 1986-1987, Projet de Loi No. 228, in Quéneudec Jean-Pierre. Chronique de Droit de la Mer. In: Annuaire Français de Droit International, Volume 33, 1987, p. 646。

② 参见 Gilbet Gidel, Le Droit International Public de la Mer, Tome III, pp. 450-453；转引自 Quéneudec Jean-Pierre. Chronique de Droit de la Mer, Annuaire Français de Droit International, Volume 33, 1987, p. 646。

③ 参见 Quéneudec Jean-Pierre. Chronique de Droit de la Mer, Annuaire Français de Droit International, Volume 33, 1987, p. 646。

④ 参见 Loi n° 41-4011 du 27 Septembre 1941 Relative à la Réglementation des Fouilles Archéologiques。

主物作出了一系列规定。① 不过，有学者认为 1961 年法令中的一些措施间接鼓励了对这些海底残骸的营救和开采，忽视了"海底考古挖掘"这一概念，与海底文化遗迹的保护相违背。因此，该法令具有一定局限性。②

在第三次海洋法会议期间，在讨论"国家管辖以外海床和海底的海底文物"议题时，各国又提出"国家管辖以内海域的海底文物"问题。究其原因，主要是从海底文物的分布情况和打捞可能性来看，对毗连区、专属经济区和大陆架海底文物进行挖掘和保护的可能性，远比在深海海底文物进行保护的可能性大。③ 在会议上，希腊代表团提出对 200 海里海底文物实行"排他性管辖"的主张。对此，美国代表团认为这是一种"延伸管辖"，是任意扩大沿海国在该区域的权利，因此加以反对。最终，参会各国达成妥协，将沿海国对领海以外、国家管辖范围海域以内海底文物的管辖权限制在毗连区内，从而形成了《公约》第 303 条。④

随着海洋勘探技术的不断发展，法国进一步制定立法，保护历史文化足迹免受"珍宝猎奇者"盗采。1989 年 12 月 1 日，法国颁布第 89-874 号有关海洋文物的法律，对 1941 年"考古化石的挖掘和研究"的法律作出修订。根据第 89-874 号的规定，国家有义务保护在海洋发现的、具有考古或历史特征之物品。同时，第 89-874 号立法明确规定："对处于公共海域的海洋文化物品，也就是在海底、领海底土或海岸边的文物，当无法找到该物品所属人或当发掘

---

① 参见 Décret n°61-1547 du 26 Décembre 1961 Fixant le Régime des Épaves Maritimes。

② 参见 Quéneudec Jean-Pierre, Beurier Jean-Pierre, Le Morvan Didier, Prat Jean-Louis. Chronique de Droit International de la Mer, Annuaire Français de Droit International, Volume 28, 1982, pp. 900-903。

③ 参见 Anthony Clark Arend, Archaeological and Historical Objects: The International Legal Implications of UNCLOS III, Virginia Journal of International Law, 22(4), Summer, 1982, p. 793。

④ 赵红野：《论沿海国对毗连区海底文物的管辖权》，载《法学研究》1992 年第 3 期，第 78 页。

工作公开之日起三年内无法找到所属人之时，这些物品归国家所有。"①

此外，在《公约》第 303 条第 2 款的基础上，第 89-874 号立法依照《公约》第 33 条毗连区的定义，对有关文物保护规则进行了延伸规定。然而，这种延伸只涉及该区域文化物品保存的规定，并不旨在确定国家对该区域文物具有归属权之可能性。换句话说，沿海国在该区域只持有不完全的、最终的管辖权。可见，法国赋予了毗连考古区之文化保护职能，使得该区域与毗连海关区一样，都受到国家职能管辖。总体来看，在 1996 年《公约》对法国生效之前，后者就已经通过国内法对毗连区问题进行了规定。这些规定都是基于《公约》第 303 条"在海洋发现的考古和历史文物"规则的转化与扩展。

(二)法国有关无害通过与过境通行问题的立场与立法

1. 在法国领海的无害通过问题

对于"领海的外国船只通行制度"问题，法国深受国际习惯法的影响。在早期，法国主要通过参考国际习惯作出一些外国战船逗留的特殊条款，并将此视为"船只在领海内过境"的附带性请求。1929 年 9 月 29 日，法国颁布法令，提出了和平时期的外国船只在锚泊地和海洋港口的进入条件和逗留条件，包括法国本土、法国的保护国及托管属地。② 该法令并不旨在对外国船只的过境作出明确规定，但它仍然对后续立法产生了一些效用和影响。例如，1929 年法令中规定"潜水艇只能在海面航行，禁止在领土管辖水域内潜行"；第 10 款规定："在领水内，外国军舰可免除做船只记录或调查(除非有特别规定)，且禁止从事任何军事活动，包括发射鱼雷、

---

① 参见 Loi n° 89-874 du 1 Décembre 1989 Relative aux Biens Culturels Maritimes et Modifiant la loi du 27 Septembre 1941 Portant Réglementation des Fouilles Archéologiques。

② 参见 C. Baldoni, Navires de Guerres Étrangères, Academie de Droit International de la Haye, Recueil des Cours, 1938, Volume 65, Martinus Nijhoff Publishers, p. 191。

布雷等。"①

1930 年 6 月 1 日，法国颁布法令，除了再次确认 1929 年法令的有关规则外，还加入了"在法国殖民地领水区域和港口逗留"的规定。② 1966 年 4 月 29 日，法国颁布有关"在内水和领海区域航行及在海外省、海外领地的港口、锚地中转停留"的指令。该指令进一步细化了先前法律文本中的某些规定，尤其是指出了在领海范围内剥夺外国船只无害通过权的几种情况。值得注意的是，1966 年立法只适用于法国海外省和海外领地。③ 总体来看，在《公约》通过前的法国国内法中，都还不存在针对"外国船只在领土管辖范围内水域航行"的明文规定。

在第一次海洋法会议中，法国对"外国船舶在沿海国领海的无害通过"问题非常重视。鲁德尔（Ruedel）代表认为，有关"无害通过"草案条款的措辞过于模棱两可。④ 他认为，第一，只有当船只不产生损害到沿海国安全的行为，或者该船只不违反现有规定以及国际法中有关规定的时候，这种通过才是"无害"的；第二，具有核动力的船只会带来许多新的问题，在传统上，对船只装载易爆、有毒或其他危险物品的安全管理规定已不再合适，并有待进一步修订，例如，在允许船员下船或卸货之前，甚至在该船只进入管理港口之前，当地部门就应采取一系列特别预防措施。⑤

---

① 参见 C. Baldoni, Navires de Guerres Étrangères, Academie de Droit International de la Haye, Recueil des Cours, 1938, Volume 65, Martinus Nijhoff Publishers, p. 192。

② 参见 Jean-Pierre Quéneudec, Chronique du Droit de la Mer. La Réglementation du Passage des Navires Étrangers Dans les Eaux Territoriales Française, Annuaire Français de Droit International, Volume 31, 1985, p. 784。

③ 参见 Journal Officiel, 14 Mai 1966, p. 8387. In Tullio Treves & Laura Pineschi, The Law of the Sea: The European Union and Its Member States, 1st ed. Martinus Nijhoff Publishers, 1997, p. 158。

④ 参见 United Nations Conference on the Law of the Sea, Official Record, Volume III: First Committee, p. 77。

⑤ 参见 United Nations Conference on the Law of the Sea, Official Record, Volume III: First Committee, p. 79。

随着20世纪60年代近岸油船事故的频发，法国政府决定制定更为严格的领海船只航行制度。值得一提的是1978年利比里亚籍油轮"卡迪兹号"(Amoco Cadiz)号触礁事件。[1] 就在该悲剧发生前的11天，法国颁布法令，要求所有装载碳氢化合物船只的船长，在进入法国领水时应向海域当局通知相关信息，包括进入领海的日期、时间、位置、航运路线、船只速度以及装载物品属性等。同时，对违反"指示"义务的船只进行刑事处罚。[2] 1979年1月2日，法国进一步扩大了该项义务的适用领域。[3]

在第三次海洋法会议结束前的最后时刻，许多国家仍就"无害通过"的条款进行激烈争论，或选择之后对《公约》作出有关声明。由于无害通过的问题极为复杂，各方意见无法统一，《公约》最后达成的条款内容，也反映出各方利益折中的影子。《公约》对无害通过问题作出的模糊处理，使得法国认为有必要通过国内立法，对无害通过权作出更为详细的规定。

1985年2月6日，法国颁布第85-185号关于"外国船只在法国领海通行"的法令。第85-185号法令成为法国领海无害通过制度的主要法律条文。[4] 该法令除了将《公约》第19条转化为国内法以外，还作出了一些补充规定，并明确了法律适用范围。例如，对于"外国船只在领海不具备无害通过权之行为"的判定处理，该法令并未照搬《公约》第19条第2款，而是加上了"尤其"一词，以强调该行为枚举的非穷尽性。此外，法令也没有照搬《公约》"与通过没有直

---

① 1978年3月16日，利比里亚籍超大型油轮卡迪兹号(Amoco Cadiz)在英吉利海峡靠法国一侧航行时遇强风偏航导致触礁沉没，泄漏出23万吨石油并且污染了附近整个海面和法国海岸。

② 参见 Décret n°78-272 du 9 Mars 1978 Relatif à L'organisation des Actions de l'Etat en Mer。

③ 参见 Loi n° 79-1 du 2 Janvier 1979 Relative à Certaines Infractions en Matière de Circulation Maritime et Complétant la Loi du 17 Décembre 1926 Portant Code Disciplinaire et Pénal de la Marine Marchande。

④ 参见 Décret n° 85-185 du 6 Février 1985 Portant Réglementation du Passage des Navires Étrangers Dans les Eaux Territoriales Françaises。

接关系的任何其他活动"的规定,① 而是把这一条放在了"不属于无害通过"情况的枚举清单的前面,并规定:"如果外国船只在国家领海内行使与其通过没有任何直接联系的活动,其通过就被视为对国家和平、良好秩序和安全造成损害。"②有学者指出,此举目的,是法国希望强调"应注意外国船只在通过时不具备'无害'性质之目的"。③ 另外,第 85-185 号法令规定:"在通过不是'无害'的情况下,法国海事机关可以采取必要的武警措施,制止或中断该通过。"④相较之下,《公约》第 25 条并未明确指出在这种情况下中断该通过的可能性。⑤

1985 年 5 月 23 日,就在第 85-185 号法令颁布的三个月后,共和国驻法属波利尼西亚高级总督宣布:"禁止所有国籍的外国船只在穆鲁罗瓦和方加陶法环礁领海海域的无害通过,直到在这两个环礁进行的地下武器试验结束。"⑥1985 年 10 月 13 日,法属波利尼西亚高级总督宣布,禁止绿色和平组织(Greenpeace) 的船只在该地区

---

① 参见《公约》第 19 条第 3 款(I)项。

② 参见 Article 3 du Décret n° 85-185 du 6 Février 1985 Portant Réglementation du Passage des Navires Étrangers Dans les Eaux Territoriales Françaises。

③ 参见 Jean-Pierre Quéneudec, Chronique du Droit de la Mer. La Réglementation du Passage des Navires Étrangers Dans les Eaux Territoriales Française, Annuaire Français de Droit International, Volume 31, 1985, p. 788。

④ 参见 Article 5 du Décret n° 85-185 du 6 Février 1985 Portant Réglementation du Passage des Navires Étrangers Dans les Eaux Territoriales Françaises。

⑤ 《公约》第 25 条规定了在领海无害通过时沿海国的保护权,包括:"1. 沿海国可在其领海内采取必要的步骤以防止非无害的通过。2. 在船舶驶往内水或停靠内水外的港口设备的情形下,沿海国也有权采取必要的步骤,以防止对准许这种船舶驶往内水或停靠港口的条件的任何破坏。3. 如为保护国家安全包括武器演习在内而有必要,沿海国可在对外国船舶之间在形式上或事实上不加歧视的条件,在其领海的特定区域内暂时停止外国船舶的无害通过。这种停止仅应在正式公布后发生效力。"

⑥ 参见 Yves Leenhardt, La Polynésie Française Vue et Revue par un Ancien Commandant du C. E. P., Journal de la Société des Océanistes, 97, 1993-2, p. 211。

领海的无害通过,因为"该船只在通行时所进行的煽动活动,旨在破坏国家的国防安全"。① 可见,该法令不仅是为法国管控领海船只的通行建立法律保障,也是在实质上服务于法国的战略野心。

在批准《公约》后,法国也受到诸多无害通过问题的挑战。例如,许多沿海国家声称,对于载有高度危险货物的船只,国家有权拒绝该船只在其领海甚至专属经济区内的通行。这一问题在太平洋的航行活动中尤为突出。近年来,法国、英国、日本在太平洋开展核燃料回收计划,一些太平洋岛国颁布法令,禁止这些船只在其管辖海域内的通行。② 作为拥有世界最大乏燃料后处理能力设施的国家,法国由于受到别国无害通过权的规制,其活动开展受到了一定阻碍。实际上,从《公约》谈判以来,许多国家已经表达了类似的主张,如要求特定船只的通过进行"初步通知""事先授权"等。法国认为,这些做法限制了军事性船只的航行自由。2016年12月8日,法国颁布"共和国主权或管辖范围内海域"的法令细则。该细则规定,法国领海的无害通过权问题,由《交通法典》进行规制和调整。③ 高度法典化的法国,对涉海条法作出了越来越细致的调整,可见法国对海洋权益的重视及维护程度。

2. 在法国国际海峡的过境通行问题

1856年,英国、法国、土耳其、俄国等国签订《巴黎和约》,结束克里米亚战争。在《巴黎和约》中,英、法两国单独签署了海

---

① 参见 J. O. de la Polynésie française, no. Spécial, 14 Octobre 1985, in Jean-Pierre Quéneudec, Chronique du Droit de la Mer. La Réglementation du Passage des Navires Étrangers Dans les Eaux Territoriales Française, Annuaire Français de Droit International, 1985, p. 788。

② 参见 Miguel Sousa Ferrro, Droit de Passage Inoffensif des Navires Transportant des Chargements Hautement Dangereux, Bulletin de Droit Nucléaire, No. 2, Vol. 2006, p. 13。

③ 参见 Article 7 de l'Ordonnance n° 2016-1687 Du 8 Décembre 2016 Relative aux Espaces Maritimes Relevant de la Souveraineté ou de la Juridiction de la République Française。

商法宣言，宣言中首次确认了"和平时期的海峡间航行自由原则"。①

在第三次海洋法会议上，各国对于海峡两岸分属两国的海峡航行制度问题存在两种主张。广大发展中国家认为，沿海国领海范围内的海峡，无论是否用于国际航行，都是领海范围的一部分，因此应适用无害通过制度；美苏两国则认为，在领海海峡应适用自由通过制度。为了调和两种主张，"过境通行制度"作为一种既不同于领海的无害通过制又不同于公海自由航行原则的新制度而被提出来。过境通行制度，一方面保留了海峡沿海国对所属海峡的主权和管辖权，另一方面又给予所有船舶以及飞机更多的航行和飞越权。②

法国本土海域有两个用于国际航行的海峡，即法国和英国之间的拉芒什海峡（L'espace Manche）③、法国和意大利之间的博尼法乔海峡（Les bouches de Bonifacio）。

（1）拉芒什海峡的最窄处称为加莱海峡（Le Détroit du Pas-de-Calais）。④ 加莱海峡连接北海和大西洋，是世界上最繁忙国际海峡之一。在1971年法国颁布《领海与毗连区法》、1987年英国颁布《领海界限规则》之后，加莱海峡便不再存在连续的公海区域。1971年法国《领海与毗连区法》第3条规定："当法国的海岸基线和其他国家的海岸基线之间的距离等于或小于24海里、或不存在足够的公海区域以供航行时，需在遵守有关国际条约或在与有关国家签订的协定基础上，采取法律措施保证航行和飞越自由。"

在第三次海洋法会议上，法、英两国都是过境通行制度的支持

---

① 参见 Le Traité de Paris du 30 Mars 1856 Met Fin à la Guerre de Crimée（1853-1856）。
② 李红云：《国际海峡的通行制度》，载《海洋与海岸带开发》第8卷第1期，第64页。
③ 英称"英吉利海峡"。
④ 英称"多佛尔海峡"。

者。① 拉芒什海峡也实质适用《公约》的过境通行制度。② 另外，作为《国际海上避碰规则公约》的缔约国，法国于 1977 年颁布"防止海上碰撞"的法令，并宣布适用《国际海上避碰规则公约》第 10 条中规定的分道通航规则。③ 据此，在加莱海峡，来自北海、需要穿越拉芒什海峡的船只需通过位于英国领海范围内的西南方向航道；而来自拉芒什海峡、需要通往北海方向的船只则需取道位于法国领海范围内的东北方向航道。最终，《公约》第 41 条也对"国际海峡内的海道和分道通航制"作出了规定。

1982 年 6 月 24 日，法英两国在伦敦签订协定，划定格林尼治子午线以西 30 分的东大陆架界限。④ 不过，在 1987 年英国宣布将领海扩大至 12 海里以后，两国决定达成一项针对加莱海峡过境通行问题的协定。1988 年 11 月 2 日，两国在巴黎签署了关于加莱海峡领海划界的双边协定，将两国此前划定的部分界限转化为两国在加莱海峡的领海分界线。同时，两国也发表了一份《共同声明》，以"承认在航行正常模式下商船、国有船只尤其是军舰，以及飞机在加莱海峡毫不延迟地通过和飞越权。"⑤

相较于《公约》"过境通行"部分的表述，1988 年法英《共同声明》中的用词更加明确。例如，《共同声明》中并未采用《公约》第38 条中"所有船舶和飞机"的笼统表述，而是对享有过境通行权船只的不同类别作出了具体规定，尤其是军舰的通行问题。《共同声

---

① 参见 Jean-Pierre Quéneudec, Chronique de Droit de la Mer, Annuaire Français de Droit International, Vol. 33, 1987, p. 643。

② 根据《公约》第 38 条第 2 款的规定，拉芒什海峡适用于"专为在公海或专属经济区的一个部分、和公海或专属经济区的另一部分之间的海峡，为继续不停和迅速过境的目的，而行使航行和飞越自由"的过境通行制度。

③ 参见 Décret n° 77-778 du 7 Juillet 1977 Relatif au Règlement Pour Prevenir Les Abordages en Mer。

④ 参见 Traité de Delimitation Maritime Conclupar la France le 24 Juin 1982 avec la Grande-Bretagne, Revue Générale de Droit Intertnational Public, 1983, pp. 726-729。

⑤ 参见 Jean-Pierre Quéneudec, Chronique du Droit de la Mer, Annuaire Français de Droit International, Vol. 34, 1988, p. 729。

明》还指出，加莱海峡海岸线以外的平均深度，在 20 至 36 米之间，因此，潜水艇可以在水下航行。比起《公约》对过境通行船只的义务界定，① "共同声明"则明确指出，船只通行是"按照航行的正常模式"。② 原则上，在加莱海峡的航道规则，只适用于水面上的船只。然而，英国政府在其领海草案中，特意提及过境通行权中"潜水器在通过这些海峡时有不必浮出水面的权利"。③ 不过，《共同声明》没有进一步规定航空器飞越权的适用范围。有学者指出，对于外国航空器，是拥有在整个海峡范围上空的飞越权，还是仅限于加莱海峡中在沿海国领海上空的飞越权，这一点还不是很明确。④ 实际上，《公约》对于该问题也没有作出明确的回答。

最后，《共同声明》还是作出了对于航行安全问题、污染防治问题的双重承诺。首先，《共同声明》指出无论是在双边关系下还是在国际海事组织的框架下，两国都共同致力于推进合作，确保在加莱海峡、北海、拉芒什海峡南面海域的航行安全。其次，两国也将采取必要措施，根据有关国际条约，以及普遍接受的规则和规范，在妥善考虑两国利益的情况下，防止、减少和控制由船只引起的海洋环境污染。⑤ 可见，英法这份《共同声明》有关海洋污染防治

---

① 参见《公约》第 39 条。

② 《公约》第 20 条规定："在领海内，潜水艇和其他潜水器，须在海面上航行并展示其旗帜。"而《公约》第 39 条"船舶和飞机在过境通行时的义务"中却未作此要求。因此，一般默认《公约》中国际海峡过境通行和群岛海道通过权的"正常模式"，是指潜水艇在通过这些水域时可以不浮出水面。

③ 参见 la Déclaration Faite Par le Ministre D'Etat Auprès du Secrétaire au Foreign Office Devant la Chambre des Lords, le 5 Février 1987, Nations Unies, Bulletin du Droit de la Mer, n°10, Novembre 1987, p. 10。

④ 参见 Jean-Pierre Quéneudec, Les Tendances Dominantes du Système Juridique Issued la Convention, dans Société Française Pour le Droit International (Colloque de Rouen), Perspectives du Droit de la Mer à L'issue de la 3ème Conférence des Nations Unies, Pédone, Paris, 1984, pp. 152-153。

⑤ 《公约》第 42 条第 1 款 b 项中则规定："海峡沿岸国可以制定在过境通行中使有关在海峡内排放油类、油污废物和其他有毒物质的适用的国际规章有效，以防止、减少和控制污染的法律和规定。"

问题的规定，明显比《公约》的规定更为详细和谨慎。

(2)博尼法乔海峡，是法国科西嘉岛和意大利撒丁岛之间的海峡。分属法国、意大利两国的博尼法乔海峡，是用于国际航行的海峡，适用《公约》的过境通行制度而非无害通过制度。

博尼法乔海峡最窄处仅有 3.4 海里宽度，且存在许多小岛和礁石，对船只航行构成诸多阻碍。由于海峡地理情况较为特殊，船只过境时携带的污染物质或危险物品，可能对沿岸海洋环境造成严重后果。1979 年和 1989 年，国际海事组织(IMO)大会两次向成员国建议，悬挂成员国船旗的船只，如果类别属于游船、或载有危险化学物质、或载有可能在发生事故时造成污染的物质，则不应穿行博尼法乔海峡。同时，国际海事组织的海洋环境保护委员会(MEPC)认定，博尼法乔海峡及其邻接海域为特别敏感海域(PSSA)。[1]

不过，由于国际海事组织大会的建议不具法律约束力，载有原油或其他有害物质通过该海峡的船只数量仍在不断增长。因此，法、意两国决定，针对博尼法乔海峡的船只通行问题，采取更为严格的限制措施。为了快速、有效地应对海峡航行区域的保护问题，法、意两国颁布了两个并行国家条例，旨在禁止悬挂各自旗帜和装运危险物品的船只通行：1993 年 2 月 15 日，法国地中海地区海军司令部司令指出："悬挂法国国旗、载有碳氢化合物及附件中所列危险物品之船只，不允许通过博尼法乔海峡。除非是法律特殊批准的船只，以及在不可抗力情况下的航程"；1993 年 2 月 26 日，意大利海商部颁布了与法方内容几乎一样的法令，旨在对悬挂意大利国旗的船只作出调整。[2]

然而，当船只悬挂第三国旗帜时，按照该种海峡所适用的国际法，无论是法国还是意大利，都不能禁止船只在博尼法乔海峡的通

---

[1]　参见 Marine Environment Protection Committee (MEPC), 62nd Session: 11 to 15 July 2011, http://www.imo.org/fr/MediaCentre/MeetingSummaries/MEPC/Pages/MEPC-62nd-session.aspx。

[2]　参见 Our Oceans, Seas and Coasts, EU Coastal and Marine Policy, http://www.europeanstraits.eu/content/download/41701/533916/file/fiches%20detroit-hd.pdf。

行。为此，两国向国际海事组织提交了一项联合提案，建议该组织成员国制定规则以"禁止本国载有危险物品的船只取道博尼法乔海峡"。1993 年 11 月 4 日，国际海事组织采纳了该提案，并对第三国规定："……对于油船或载有危险化学品的船只或在事故发生时有可能造成海洋污染的本国国籍船只，禁止或至少坚决阻止该船只在博尼法乔海峡的通行。"[1]1998 年 11 月 3 日，法国海军司令部颁布第 84/98 号法令，对"博尼法乔海峡海洋事故污染的防治问题"作出规定。[2] 21 世纪以来，在博尼法乔海峡海域，法、意两国展开了更为积极的合作。例如，自 2000 年起，在欧盟"区域间项目发展资金"（Interreg）的资助下，博尼法乔海峡有关管辖机构开展了关于航运通行、经济发展和环境保护等多个领域的共同项目。[3]

（三）法国有关专属经济区问题的立场与立法

1. 法国对"专属经济区"概念界定的立场

"专属经济区"是第三次海洋法会议中确立的一项新制度。在该会议之初，法国认为"专属经济区"概念不明确，因此持保留态度。随着会议的进程，法国的立场发生了 180 度的转变。法国立场转变的原因，一是注意到越来越多的国家都通过立法确信和国家实践逐步认可该概念；二是意识到专属经济区的设立有助于维护和扩大法国的海洋权益。

在第三次海洋法会议上，法国与美国、苏联、英国、日本组成

---

① 参见 B. Sorgente et al., Effects of Protection Rules and Measures in an Important International Strait Area: the Bonifacio Strait, Journal of Operational Oceanography, Volume 5, 2012, p. 38。

② 参见 204(62) Strait of Bonifacio Particularly Sensitive Sea Area, Human Environment and Transport Inspectorate-Ministry of Infrastructure and the Environment, https://puc. overheid. nl/PUC/Handlers/DownloadDocument. ashx? identifier = PUC _ 1557 _ 14&versienummer = 2&type = pdf&ValChk = 5YwIxXH2 gzQYFp6YX2MrHzUaR8ItR2CHkmeb1fKvw5g1。

③ 参见 Strait of Bonifacio, http://www. europeanstraits. eu/content/ download/41701/533916/file/fiches%20detroit-hd. pdf。

"海洋强国"特别利益集团。"海洋强国"集团认为,未来达成的条约应确保海上航运和航行自由。① 然而,与会各国对于"专属经济区"的法律性质争论不定,在海上污染防治、船只航行、海上科学研究等提案中,都并未明确"适用海域"的准确定义。"海洋强国"集团认为,"专属经济区"只有作为公海的一部分,才能更好地确保经济区内的活动自由。

不过,从之后形成的专属经济区的法律地位或性质来看,作出最重要贡献的是拉美国家和非洲国家。对于这个既不是领海也不是公海的"自成一类"的海域,这些国家通过实践提出过不同界定,其主要内核与当今的专属经济区性质类似,但也因各国的政治地理差异而有所不同。以"承袭海"概念为例,1971年4月,国际社会提出"承袭海"的新概念。智利代表团指出:"承袭海是包括领海和领海以外的、由沿海国单方地(但非专横地)决定扩展的海域。"随后,许多拉美国家对"承袭海"的概念表示支持。1972年6月9日,加勒比海沿岸的14个国家通过《圣多明各宣言》,该宣言对承袭海的概念和沿海国的权利作出了详细规定。②

在第三次海洋法会议上,法国代表团提出,希望了解这些国家冒着侵犯海上自由原则将主权扩大至200海里的特别动机。法国认为,沿海国尤其是发展中沿海国,都希望获得该海域可主张的经济性质的权利。拉美国家扩张管辖海域的做法,尤其说明了这个问

---

① 参见 Koh & Jayakumar, The Negotiating Process of the Third United Nations Conference on the Law of the Sea., in Robert Beckman & Tara Davenport, The EEZ Regime: Reflections after 30 Years, Law of the Sea Institute, UC Berkeley-Korea Institute of Ocean Science and Technology Conference 2012, pp. 79-80。

② 《圣多明各宣言》规定:"第一,沿海国对邻接领海的承袭海域内水域、海床底土中可再生和不可再生的自然资源享有主权;第二,沿海国有义务规定及促进承袭海区域内的海洋科学研究,并有权采取必要措施防止海洋污染和保证其资源主权;第三,承袭海的宽度应由世界范围内国际协定作出规定,考虑到地理情况,承袭海和领海的整个区域不应超过200海里;第四,两个或两个国家以上的承袭海的划分应遵照《联合国宪章》所规定的和平程序;第五,在承袭海内所有沿海国的船只和无沿海国家的船只都应享有自由航行的权利,除了沿海国对承袭海的权利行使加以限制以外,不受其他限制。"

题。这些国家的经济收入，主要依靠秘鲁寒流带来的鱼群，这些鱼群一般聚集于距离其海岸线 200 海里以外的海域。为了应对这种情况，一些政府创设渔业保护区，并将其扩大至 200 海里。对于这些国家希望保护渔业资源、防止外国危害本国渔业生态的行为，法国表示可以理解。

不过，法国认为，渔业资源尚可以以这种方式处理，但对于海床洋底矿物资源而言，这样的处理方式行不通。在第三次海洋法会议中，法国代表团指出，宽大陆架国家并不需要采取极端措施，因为在其大陆架水域，就已经蕴藏许多生物资源。因此，宽大陆架国家只需建立包含在大陆架在内的渔业管制区即可。[①] 实际上，许多国家也都采取了这种措施。然而，有些国家则通过扩大领海的方式，确保有关矿物资源的权利。很明显，扩大主权海域的做法，就是出于经济利益的动机。

法国代表团认为，许多国家都接受并认可了《大陆架公约》的有关原则。通过对《大陆架公约》规则的考察，可以证明，绝不需要通过扩大主权管辖海域的方式，来达到保护经济利益的目的。国家管辖范围以内海域，应该被确定在一个合理的宽度。在该范围外，沿海国行使经济性质的特别权利才能被界定。不过，由于一些国家地理上天然缺乏大陆架，《大陆架公约》中的一些条款，对这些国家并没有太多好处。随着科学技术的不断进步，大陆架以外更深海域的矿物资源开发，已经越来越成为可能。因此，总体上，对于有关国家希望扩大主权管辖海域的行为，法国持理解态度。不过，法国也强调扩大管辖海域的方式和做法应该更为审慎。

"承袭海"的理论，本身是基于所有权的概念。然而，"承袭海"内的规则构建，更多是从经济利益角度出发的。法国认为这种矛盾会导致几种消极结果。

---

① 参见 Francis Rigaldies, La Cinquième Session de la Troisième Conférence sur le Droit de la Mer, Annuaire Canadien de Droit International, Volume 18, 1981, p. 463。

第一，海洋资源属于沿海国。① 属于沿海国的海洋资源，包括海床底土的矿物资源和生物资源。由于生物资源具有移动性，因此，最好仿照国家对狩猎活动的法律规制，对海洋捕鱼活动进行管制。② 通过对陆地情况的比较考察，法国认为，在"所有权"背景下探讨该区域的规则并不妥当。第二，"承袭海"概念暗含的所有权，并不仅仅包括生物资源和矿物资源，同时还包括其他可能的资源。然而，人们并不能预见科学技术的进步，以及这些进步是否会导致新资源的发现或开发。③ 可见，法国认为，不应忽视这些风险，或提前承认可能会损害到国际社会利益的权利。此外，"承袭海"仅是指对水域的所有权(right of ownership)，该概念不适用于上空。由于"所有权"和"主权"是两个完全不同的概念，因此，需要考虑当"所有权"被国家行使而非个人行使的时候，这种区分是否具有实际意义。④ 第三，"人类共同继承财产"概念虽被广泛接受，但国际社会仍不能确定是否将该概念适用于更大范围的海域。法国认

---

① 参见 A/conf. 62/C. 2/SR. 23, Summary Records of Meetings of the Second Committee 23rd Meeting, Third United Nations Conference on the Law of the Sea, para. 33。

② 在法国国内法中，与其他国家并没有多大不同的是，捕获一个狩猎动物是获得对其所有权的唯一方式。在一个陆地上的动物在另一片陆地上被捕获，那么所有权是归捕猎者而不是地区所有者。在海上，不同国家管辖划界问题比起陆地来说更为理论化。而狩猎动物以及鸟类，就像海里的生物资源一样，如果不采取措施管制捕猎行为以保证它们的繁殖的话，那么将有可能遭遇灭绝。然而，这些养护措施并不是由每一个土地所有者、而是由区域性当局根据每个区域不同的情况来进行管理。当然，法国代表强调，这并不是说这种制度就应该被运用到海洋中，但他认为从捕猎活动管制中得到的经验可以对海洋管理提供一定借鉴，因为海洋生物资源养护的需求和国家扩大管辖海域两者提出的问题，实际上跟早前国家解决陆地问题的是差不多的。

③ 参见 A/conf. 62/C. 2/SR. 23, Summary Records of Meetings of the Second Committee 23rd Meeting, Third United Nations Conference on the Law of the Sea, para. 32。

④ 因此，在第三次海洋法会议中，各国普遍认为，"承袭海"可能仅仅成为一个法律术语。而在"承袭海"范围内，则可以主张一些"主权"权利。在这种情况下，其他的权利只能被看成维护沿海国总体权利之外的一些例外。

为，在涉及自身利益时，国家援引的理论往往是矛盾的。因此，未来达成的条约并不需要过于迎合沿海国的要求。

相较于"承袭海"概念的问题，"专属经济区"概念所面临的难点有很多不同。在"专属经济区"的概念设定中，国家只能在确定的海域享有和行使一些经济性质的特别权利。"专属"一词，可指区域本身，也可指代不是在这个地理空间中的另一个区域。实际上，"专属"一词，是为强调只有一个国家可以享有这些权利，也就是说，赋予沿海国的权利应该具有"专属性"。然而，"专属性"权利的总体特性，可能会引起一些海洋资源方面的争议问题。不过，国际社会可以通过达成一些规范性准则去克服这些争议和障碍。

在专属经济区的规则方面，法国尤为强调专属经济区内的"海洋科学研究"问题。法国代表团认为，对于该区域内的海洋科学研究活动，不能仅仅在经济权利视阈下进行讨论。在该区域内的基本科学研究活动，应该受到 1958 年《大陆架公约》的规制。① 此外，法国不认同"主权权利"这种说法。法国认为《大陆架公约》中使用"主权"权利的措辞及其合理性已受到质疑。② 这种资格的赋予完全是多余的，因为很显然，这种强调并不是赋予个人权利。"主权"作为形容词并不合适，因为"主权"的描述意义，是其权利不能被他者行使。然而，"主权权利"能同时被一个以上的实体所行使，比如一些在国际议会或组织中行使投票的权利。因此，法国认为应

---

① 《大陆架公约》第 5 条第 8 款规定："对大陆架从事实地研究必须征得沿海国之同意。倘有适当机构提出请求而目的系在对大陆架之物理或生物特征作纯粹科学性之研究者，沿海国通常不得拒不同意，但沿海国有意时，有权加入或参与研究，研究之结果不论在何情形下均应发表。"

② 参见 A/conf. 62/C. 2/SR. 23, Summary Records of Meetings of the Second Committee 23rd Meeting, Third United Nations Conference on the Law of the Sea, para. 41。

改用"专属性权利"的措辞更为合适。①

不过，法国特别指出，对于渔业捕捞的"专属性权利"，则应进一步规范成为一种限制性权利。对于沿海国而言，不仅需要遵守有关渔业活动的法律法规，还需要遵守有关区域性、部门性的渔业合作协定。对于船只在专属经济区内的污染问题，法国认为应允许船旗国在其管辖海域内行使管辖权。未来的缔约国，几乎都是实质或者潜在的船旗国，在《公约》制度下，应更加确保沿海国可以对海上违法行为行使管辖权，并有权提交到沿海国法院。换句话说，法国非常看重海上违法行为的管辖和追责问题。在刑事追责的时候，如果船旗国没有对侵害行为的犯罪者进行起诉，那么沿海国有权替代船旗国行使相应权利。②

2. 法国有关专属经济区的立法

由于专属经济区权利是一种沿海国需要主张的权利，国家专属经济区主张大多明确规定在其相关的国家立法或外交声明中。③1976年7月16日，法国颁布第76-655号《大陆架、专属经济区和共和国领土沿岸生态保护区法》(以下简称《大陆架和专属经济区法》)，自此成为欧共体第一个拥有200海里专属经济区的成员国。

同时，法国也成为第一个通过国内立法对专属经济区进行主张的西方海洋强国。实际上，在法国之前，只有三个国家通过了与该问题有关的国内立法(印度、墨西哥、塞内加尔)，还有其他五个国家在1976年下半年也通过了经济区立法(马尔代夫、莫桑比克、挪威、巴基斯坦、斯里兰卡)。同样，在1976年第三次海洋法会议第五次会议中，法国代表团对专属经济区的习惯制度作出了着重阐

---

① 参见 A/conf. 62/C. 2/SR. 23, Summary Records of Meetings of the Second Committee 23rd Meeting, Third United Nations Conference on the Law of the Sea, para. 50。

② 参见 A/conf. 62/C. 2/SR. 23, Summary Records of Meetings of the Second Committee 23rd Meeting, Third United Nations Conference on the Law of the Sea, paras. 46-47。

③ 黄伟:《单一海洋划界的法律问题研究》，社会科学文献出版社2011年版，第89页。

述。

　　法国认为，正在进行的海洋法会议或能创造 200 海里经济区海域。在该区域内，沿海国可以行使一定经济性权利。专属经济区的合法性，不仅被第三次海洋法会议中达成的合意所确认，同时也被数个国家通过国内立法所确认。可见，当时法国政府的意图，是希望表明经济区的设立是一种国际习惯法的演进。此外，1972 年，由于对《法国-加拿大捕鱼协定》相关条款解释不同，法国、加拿大两国产生争议，并将该争议提交国际仲裁。这起著名的仲裁案，也推动了第三次海洋法会议对新习惯规则的探讨和凝结。可见，法国希望顺应不断演进的国际海洋政治形势，并依据这种形势，采取相应的法律手段，而不是等待第三次海洋法会议的最终结果。

　　不过，由于领土海域地理情况复杂多样，法国采用类似于"授权"的方式，针对本国不同海域情况，颁布不同的法令，以尽可能照顾不同领土地域的海岸边界情况。① 值得注意的是，在后续"授权式立法"的措辞中，法国立法者使用的是"经济区"（zone économique），并未加上"专属"（exclusive）的字样。笔者认为，这也反映了法国在第三次海洋法会议上的有关立场，即"经济区"不应该被各国"私有"，而属于"公海"的一部分。最终，《公约》将专

---

　　① 1977 年 2 月 11 日，法国颁布第 77-130 号法令，规定在适用第 76-655 号立法的基础上，创立共和国在北海、拉芒什海峡和大西洋沿岸的经济区，该经济区由法国-比利时边界一直延伸到法国-西班牙边界。又如，同年 2 月 25 日第 77-169、第 77-170 号法令创立了法属圣皮埃尔和密克隆群岛、法属圭亚那的经济区，以维护法国在其海外领土的渔业利益。随后，1978 年 2 月 3 日，法国连续颁布 8 条法令，规定了法国在新喀里多尼亚、法属波利尼西亚、法属南极领土、瓦利斯和富图纳群岛、特罗姆兰岛、格洛里厄斯群岛、新胡安岛、印度礁、克利伯顿岛、留尼旺及马约特的经济区，以及同年 3 月份有关瓜德鲁普和马提尼克的部分。通过 1977、1978 两年颁布的法令，法国建立了除地中海沿岸和南极洲阿黛利地沿岸外的经济区。参见 Exploration et Exploitation des Ressources Naturelles et Minérales des Fonds Marins et du Plateau Continental et des eaux Surjacents，https：//www. legifrance. gouv. fr/affichSarde. do? reprise = true&page = 1&idSarde = SARDOBJT000007105204&ordre = CROISS ANT&nature = &g = ls。

属经济区归为既不属于沿海国也不属于公海的"自成一类"的海洋区块。当然,这也正是西方海洋强国与发展中国家利益斗争的折中结果。

法国专属经济区制度的一个特别之处在于它的定义方式。为了明确法国在该区域的权利,1976 年的《大陆架和专属经济区法》,针对国家在大陆架活动的适用问题作出了规定,并规定"国际法认可国家在海洋环境保护上"的权利。[①] 不过,该立法没有任何针对"海洋科学研究活动"的规定。1986 年 7 月 11 日,法国颁布第 86-826 号有关"海洋科学研究"的法令,对第 76-655 号立法进行了修改。第 86-826 号法令明确规定,在专属经济区内,法国政府"有权行使国际法所认可的保护海洋区域、海洋科学研究、人工岛屿建设和使用、海上设施和作业的权利"。[②]

然而,针对"第三国在经济区内的权利"问题,法国没有作出任何规定。在 1982 年《公约》即将通过的前夕,法国向联合国安理会秘书长提交照会,指出:"沿海国不享有经济区的主权,只享有从事经济活动的主权性权利,以及有关保护海洋、海洋科学研究、人工岛屿建设与使用、海上设施和作业进行管辖的权利,并赋予了经济区航行、飞越、铺设管道和海底电缆的自由,以及同样适用于公海的海洋利用的权利。"[③]

值得注意的是,直到 2012 年,法国才在地中海建立专属经济区。地中海是一个拥有 24 个沿海国的半闭海,任何海岸相向国家之间的海岸距离都不超过 400 海里。如果建立专属经济区,地中海

---

① 参见 Article 2, 3, 4 du Loi n° 76-655 du 16 juillet 1976 Relative au Plateau Continental, à la Zone Économique Exclusive et à la Zone de Protection Écologique au Large des Côtes du Territoire de la République。

② 参见 Loi n° 86-826 du 11 Juillet 1986 Relative à la Recherche Scientifique Marine et Portant Modification de la Loi n° 76-655 du 16 Juillet 1976 Relative à la Zone Économique et à la Zone de Protection Écologique au Large des Côtes du Territoire de la République。

③ 参见 Letter Dated 24 September 1982 from the Representative of France to the President of the Conference, A/CONF. 62/L. 159。

海域将几乎不存在公海水域。有学者指出，在地中海海域，除了叙利亚以外，各沿海国一直不设立专属经济区的原因，是出于对《公约》有关规定的暂时妥协(modus vivendi) 。① 不过，许多沿海国都在地中海沿岸建立了"生态保护区"或"渔业保护区"。

　　2003 年 4 月 15 日，法国颁布第 2003-346 号法律，宣布建立在地中海的生态保护区。② 有学者指出，虽然没有在立法标题上表现出来，但第 2003-346 号立法实际上是对 1976 年第 76-655 号立法的修改，也是对《公约》第五部分内容的"倾斜"。③ 一开始，法国在经济区内的权利，仅限于海域资源勘探和开发、海域环境保护两个方面。其他的国际法上承认的权利，如海洋科学研究、建造和利用人工岛屿等，都没有在 1976 年立法中体现，而是在 1986 年 7 月 11 日有关"海洋科学研究"的法令中才补充进来的。可见，随着全球海域竞争性活动的增多，法国也日益重视对主权权利行使海域的立法规范或补足。

　　通过第 2003-346 号立法，法国赋予了在地中海生态保护区的更多职能。首先，法国不仅可以在该区域内开展海洋环境保护活动，还可以进行海洋科学研究、建造和使用人工岛屿、建立装置和建筑物等活动。④ 很明显，海洋科学研究活动、建造和使用岛屿及装置的活动，都不是与海洋生态保护直接相联系的。其次，2003 年立法还对第 76-655 号立法的第 4 条进行了修订。新的第 4 条规定："在 2003 年立法第 1 条划定的区域内，出于国际关系的动机考虑，该区域被命名为'生态保护区'，法国政府只行使 2003 年立法

---

① 参见 Jean-Paul Pancracio, Droit de la Mer, Édition 2010, Paris: Dalloz, p. 194。

② 参见 Loi n° 2003-346 du 15 Avril 2003 Relative à la Création d'une Zone de Protection Écologique au Large des Côtes du Territoire de la République。

③ 参见 Exposé des Motifs du Projet de Loi, JO., Documents Sénat, Session Ordinaire de 2001-2002, no. 261, 27 Février 2002。

④ 参见 Article 1, Paragraphe 2 du Loi n° 2003-346 du 15 Avril 2003 Relative à la Création d'une Zone de Protection Écologique au Large des Côtes du Territoire de la République。

第1条中规定的权利。"①2003年立法,也将第76-655号立法的全称修改为《专属经济区和生态保护区法》。有学者认为,从法国地中海生态保护区的法律性质来看,法国并不把生态保护区看做是"自成一类"的新型区域,而是赋予该区域类似专属经济区的权利,并将生态保护区的权利内容巩固到已有国内法当中。②

2004年1月8日,法国颁布《建立生态保护区法》。该立法公布了具体地理坐标,法国在地中海海域的生态保护区最终建立。③值得注意的是,《建立生态保护区法》考虑到了两项双边协定,一是1984年与摩纳哥的划界协定,二是1986年与意大利的划界协定。④ 自此,法国建立了国家管辖范围内的一个新型海域,在该海域内,国家行使国际法承认的保护和保全海域、海洋科学研究、利用人工岛屿和设备的权利。

笔者认为,法国生态保护区的建立仍然具有一定局限性。由于沿海国只能对其12海里领海范围内的渔业活动进行管辖,地中海过度捕捞和非法捕捞问题仍然很严重。换句话说,生态保护区真正的"保护"职能有限。出于对法国海域资源和海岸环境的保护需要,2009年8月24日,法国政府表示"已经决定在目前法国在地中海

①　参见 Article 1, Paragraphe 1 du Loi n° 2003-346 du 15 Avril 2003 Relative à la Création d'une Zone de Protection Écologique au Large des Côtes du Territoire de la République。

②　参见 Mitja Grbec, Extension of Coastal State Jurisdiction in Enclosed and Semi-enclosed Seas: A Mediterranean and Adriatic perspective, Routledge, 2014, p. 81。

③　参见 Article 1 du Décret n° 2004-33 du 8 Janvier 2004 Portant Création d'une Zone de Protection Écologique au Large des Côtes du Territoire de la République en Méditerranée。

④　该立法也强调,在与其他邻国进行协商之后,生态保护区的界限可能会进一步修改。参见 Préambule du Décret n° 2004-33 du 8 Janvier 2004 Portant Création d'une Zone de Protection Écologique au Large des Côtes du Territoire de la République en Méditerranée。

的生态保护区的基础上，在其周边 70 海里范围内建立专属经济区"。① 2012 年 10 月 12 日，法国颁布第 2012-1148 号法令，宣布在地中海沿岸建立专属经济区。②

（三）法国大陆架的立法与制定立场

1. 法国对"大陆架"概念界定的立场考量

法国对于大陆架的概念，实际上是客观地理情况、经济利益、政治考量三者相混合的产物。在三者的共同作用下，法国也逐渐调整立场，对新海洋法中的大陆架规则作出了一定贡献。

第一，地理特征层面考量。法国本土三面环海，海岸线长度约 3200 千米。对于大陆架的划定来说，法国本土海岸轮廓存在一些"天然不足"。在西面，法国临大西洋一侧的海岸轮廓成凹面形，这使得法国的大陆架被西班牙和英国的大陆架包围；在南面，法国临地中海一侧的狮子湾（Golfe du Lion）也成凹面形，使得法国在此处的大陆架被西班牙和意大利的大陆架所环绕。按照《大陆架公约》的 200 米等深线原则，法国本土大陆架面积约 12 万平方千米；而按照《公约》的 200 海里距离原则，法国本土大陆架面积则约 34 万平方千米。

根据第三次海洋法会议上发布的研究报告，有 68 国被列为"海洋地理不利国家"、34 国被列为"海洋地理有利国家"、15 国被列为"既无不利也无有利国家"。在其中，法国被列为"海洋地理不利国家"。③ 所幸的是，法国的海外领土，可以成为法国在全球大

---

① 参见 Réponse du Secrétariat d'État Auprès du Ministre d'État, Ministre de L'écologie, de L'énergie, du Développement Durable et de la Mer, en Charge des Technologies Vertes et des Négociations sur le Climat Publiée dans le JO Sénat du 14/10/2009, http：//www. senat. fr/questions/base/2009/qSEQ09090611S. html。

② 参见 Décret n° 2012-1148 du 12 Octobre 2012 Portant Création d'une Zone Économique Exclusive au Large des Côtes du Territoire de la République en Méditerranéeé。

③ 参见 André Reynaud, Le Plateau Continental de la France, Paris, Librairie Général de Droit et de Jurisprudence, 1984, p. 16。

陆架主张中"扳回一局"的重要筹码。受益于其极为广阔的海外领土,《公约》制度下①法国可主张的大陆架面积急剧增加。也就是说,法国海外领土及其海域,为法国大陆架权益的扩展提供了实质基础。

第二,地缘经济层面考量。在《杜鲁门公告》公布之初,法国对于大陆架概念持保留态度。从地缘经济方面看,当时的法国还未能意识到大陆架可能产生的经济利益。然而,自 20 世纪 50 年代起,法国与阿尔及利亚就独立问题纷争不断,关系持续紧张,法国石油供给开始出现困难,勘探和开发新的自然资源迫在眉睫。在 20 世纪 60 年代,受限于当时的技术条件和勘探成本,对于大陆架潜在资源的评估不够确切。不过,随着海底技术的迅速发展,各国对于大陆架资源有了更深刻的认知。1980 年 6 月 17 日,时任法国工业部部长安德雷·吉罗(André Giraud) 表示:"法国在地中海深海、加斯科涅湾②大陆堤、凯尔盖朗群岛外海、新喀里多尼亚外海地区,拥有大陆架地球物理勘探团队。"③

法国石油企业也早早开始了对法国大陆架的勘探工作。根据 1978 年法国国家海洋开发中心(简称"CNEXO")的年度报告,法国企业获得了 8% 的海洋研究许可,研究覆盖面积达到 70 万平方千米。④ 在 20 世纪 80 年代初,法国国家海洋开发中心与法国石油研究院(IFP)合作,深海石油勘探深度超过 1000 米。总体来看,虽然法国大陆架的石油储量尚未完全探定,但其潜力巨大,足以促使法国对其进行进一步的勘探。有学者指出,即便经济因素并不是国家将"大陆架理论"与"国家利益诉求"结合起来的直接因素,但经

---

① 《公约》第 76 条第 1 款规定:"沿海国的大陆架至少可以自动扩展到距离领海基线 200 海里的距离,沿海国在这片海域拥有固有权利。"

② 英国称"比斯开湾"。

③ 参见 Pétrole Informations, No. 1527, 19 Juin 1980, Rubrique Dernière Heure, p. 4。

④ 参见 Rapport annuel du CNEXO, 1978, p. 9。

济因素对促进国家扩大管辖范围的意愿有着更为积极的作用。①

第三，地缘政治层面考量。长期以来，法国都是海洋自由原则的绝对支持者，在"大陆架概念"提出之初，法国认为该概念与海洋自由原则存在冲突。据数据统计，法国有一半的海外贸易都是通过海上运输、60%的法国货物交易都是在国家水域以外进行。② 换句话说，法国开展海事活动迫切需要航行自由作为保障。

随着海洋勘探、开发活动的增多，许多发展中国家都渴望守护其海岸邻接区域的矿产和渔业资源。对大陆架概念的问题，发展中国家施加了很多压力。他们普遍要求，国家对其海岸邻接区域的资源，应该行使排他性权利。此外，还应特别强调联合国第 1803 号《关于自然资源永久主权的宣言》决议。联合国也颁布第 2158（XXI）号决议，对第 1803 号决议的内容进行了再次确认。③ 之后，法国在大陆架问题上，也加入到了"第三世界主义"的阵营。

2. 法国对大陆架问题的法律立场演变

对于法国参与制定大陆架规则的立场问题，笔者将其划分为"保守反对""大力支持""充分利用"三个阶段。法国的态度转变与当时国际形势及本国利益考量息息相关。

在第一阶段（1946—1958 年），法国的立场保守，反对"可开发性"定义。在第一次海洋法会议中，法国对大陆架的定义持反对立场。④ 在第四委员会上，法国代表团提出，条款草案中的大陆架外

---

① 参见 André Reynaud, Le Plateau Continental de la France, Paris, Librairie Général de Droit et de Jurisprudence, 1984, p. 23。

② 参见 André Reynaud, Le Plateau Continental de la France, Paris, Librairie Général de Droit et de Jurisprudence, 1984, p. 25。

③ 参见 Résolution 2158（XXI）du 25 Novembre 1966：l'exploitation des Ressources Naturelles de Chaque Pays Droit Toujours Être Conforme à ses Lois et Ses Règlements Nationaux。

④ 《大陆架公约》第 1 条规定："大陆架"是（a）邻接海岸但在领海以外之海底区域之海床及底土，其上海水深度不逾二百公尺，或虽逾此限度而其上海水深度仍使该区域天然资源有开发之可能性者；（b）邻接岛屿海岸之类似海底区域之海床及底土。

部界线定义，具有非常大的不确定性，使用"200 米水深"和"可开发性"的界定更不合适。[①] 法国认为，"可开发性"的定义，可以随着时间和空间而产生变化，大陆架的外部界线应该更为固定和明晰。因此，有必要建立一个更加详细的、确定的、不必考虑每个国家技术能力的定义。[②] 不过，法国提出"赞成固定界限"的提案，却以 12 票赞成、48 票反对和 7 票弃权而遭到失败。[③] 此外，法国代表帕迪(Patey)先生提出，拥有"可开发"权利的主体，是个人、私人团体、国家，又或是最早进行开发活动的实体？这些都不明确。因此，有必要对"开发权受益者"的问题予以界定。[④] 基于上述立场，法国虽然参加了 1958 年日内瓦会议，但并未在当时签署《大陆架公约》。

　　自 20 世纪 60 年代起，法国对于大陆架定义的立场逐渐产生变化。这种变化主要基于两个原因：第一，随着许多国家技术能力的不断提高，"200 米水深"不再是一道无法逾越的障碍；第二，法国也越来越感受到各国开展近海活动的压力。许多国家都基于《大陆架公约》的有关条款，颁布了相应国内立法，保证其海床洋底的自然资源得到勘探和开发。有学者认为，《大陆架公约》是在尊重传统法基础上引入的新的法律，是新规则和国家传统践行规则之间的

---

① 参见 Michel Voelckel, Exploitation du Fond de la Mer, Annuaire Français de Droit International, Volume 14, 1968, p. 724。

② 参见 Rapport D'information Fait au Nom de la Commission des Affaires Étrangères, de la Défense et des Forces Armées (1) au nom du Groupe de Travail sur la Maritimisation, Par M. Jeanny Lorgeoux et André Trillard, Co-présidents, M. René Beaumont, Michel Boutant, Joeül Guerriau et Philippe Paul, Sénateurs, p. 162。

③ [加]巴里·布赞:《海底政治》，时富鑫译，三联书店 1981 年版，第 51 页。

④ 参见 United Nations Conference on the Law of the Sea, Official Record, Volume Ⅵ: Fourth Committee. Continental Shelf, para. 4。

艰难平衡。① 例如，《大陆架公约》第 3 条规定，沿海国在大陆架的权利对上覆水域为公海的法律地位、海水上空的法律地位均不构成影响。

在第二阶段(20 世纪 60 年代)，法国加入《大陆架公约》，但作出数项保留。由于当时国内立法的缺位，无论是在本国还是他国，法国在大陆架上覆水域的活动，都或多或少受到《大陆架公约》的影响。自 1963 年起，法国批准了多个在法国海岸进行的研究许可。这些研究的结论指出，虽然法国主权范围内海床底土的地质结构不算太好，但其开发潜力不可忽视。② 因此，法国逐渐意识到，有必要在新海洋法制定中捍卫自身的海洋权益。

1965 年 6 月 14 日，法国加入 1958 年《大陆架公约》，成为第 28 个、也是最后一个该公约的成员国。同时，法国对《大陆架公约》第 1 条、第 2 条第 4 项作出解释性声明；对第 4 条、第 5 条第 1 项 a、b、c 三款以及第 6 条第 2、第 3 项作出了保留。通过归纳可见，法国的关切集中在两个实体问题上，一是大陆架的划界(第 1、6 条)，二是大陆架的开发(第 2 条至第 5 条)。

第一，针对大陆架划界问题。法国对第 1 条进行的解释性声明尤其针对大陆架的定义，认为："区域'邻接'的措辞是建立在地理和地质含义上的，这就排除了大陆架主张无限延伸的可能性。"③实际上，想要建立起一个仅考虑地理地质为唯一标准的大陆架定义，几乎不可能做到。有些沿海国自然缺乏大陆架，因此极力推崇"补

① 参见 Ambassadeur France de Hartingh, La Position Française à L'égard de la Convention de Genève sur le Plateau Continental, Annuaire Français de Droit International, Volume 11, 1965, p. 727。

② 参见 Ambassadeur France de Hartingh, La Position Française à L'égard de la Convention de Genève sur le Plateau Continental, Annuaire Français de Droit International, Volume 11, 1965, p. 727。

③ 参见 Treaties and International Agreements Registered or Filed and Recorded with the Secretariat of the United Nations, Volume 538, p. 337。

偿原则"。① 然而,法国认为,这样的做法使得大陆架的"邻接性"和"可开发性"定义更为模糊。为避免可能的风险,法国强调应严格遵守大陆架的"邻接"概念。

为此,法国向国际法委员会提出一份初始条文修订案,要求删除含有"可开发"标准的语句,避免因技术发展而出现大陆架扩展的可能性。② 实际上,国际法委员会同样希望避免对"大陆架定义"的扩大解释。③ 可见,"邻接"一词具有不定性和模糊性,因为它可以同时被解释成"地理性邻近"和"地质性邻近"两个概念。在 1969年"北海大陆架案"中,国际法院认为,大陆架的法律基础是陆地

---

①　例如,许多拉美国家都是无大陆架国家。这些国家对其近岸自然资源仍有着强烈的开发需求。在《杜鲁门公告》发表不久,一些拉美国家都通过国内立法、国家间协定等方式确定其邻接海域、海底及其资源主张权利。尽管主张的内容和范围都各不相同,但都是为各自争取最大的海洋权益。1952年 8 月 18 日,智利、秘鲁、厄瓜多尔三国联合签署《关于海洋区域的圣地亚哥宣言》,宣言对其邻接本国海岸延伸不少于 200 海里的海域(包括海床和底土)享有专属主权和管辖权,同时领海宽度扩大至 200 海里。又如,1956 年 3月 28 日,美洲国家组织通过《关于大陆架和海洋水域的决议》,规定在领海区域外、邻接沿海国家并深达 200 米或超过这个界限而上覆水域的深度能够开发海床和底土自然资源的大陆架、大陆和岛屿阶地,专属这个沿海国管辖和控制。决议还强调,沿海国对其邻接其领海的公海有生资源的持续生产有特殊利益。参见章叶:《拉美国家为反对超级大国海洋霸权做出贡献》,载《拉丁美洲丛刊》1982 年第 6 期;[萨]R. G. 波尔:《拉丁美洲国家在第三次海洋法会议上的作用和影响》,周忠海译,载《中外法学》1980 年第 3 期。

②　通过对《大陆架公约》第 1 条的解释性声明,法国坚持"区域邻接"的措辞表明大陆架概念与地球物理、物质和地理概念密切相关,排除了大陆架无限制延伸的情况。参见 Treaties and International Agreements Registered or Filed and Recorded with the Secretariat of the United Nations, Volume 538, p. 337。

③　国际法委员会指出:"无论用何种措辞,都不会忽视大陆架地理性。无论采用'相邻'还是'地理毗连'、无论措辞具有'从属性'还是'同一性',通过该措辞,我们可定义海底区域和不邻接领土之间的关系。"参见 A Discussion of the Legislative History and Possible Construction of the Convention on the Continental Shelf, U. N. Doc. A/AC 135/19, p. 19。

领土的自然延伸，而不是邻近性。① 另外，国际社会对《大陆架公约》第 6 条的规定存在诸多争议。② 首先，有关"等距离"的规定具有极大不确定性。有学者指出，"等距离"原则是国际法委员会非常犹豫的、在几乎毫无准备的应急情况下提出的。甚至在若干年后，委员会还对等距离的规定表示出种种怀疑。③ 其次，尽管《大陆架公约》第 6 条第 1 项和第 2 项的措辞和适用对象不同，但无论是中间线还是等距离线，都与测算各国领海宽度的基线有关，也都是通过与基线最近点距离相等的几何方法划界。④

　　有学者认为，这样会造成两方面的危险。一方面，对于该条款中同一大陆架邻接两个或两个以上相邻接国家的假设，如果分界线向公海过度延展，那么，根据法国海岸线的情况，这种延展可能在一定程度上包围住法国的大陆架区域；另一方面，如果基线的轨迹远离海岸的真实轮廓走向，则有可能以一种产生损害的方式，划出与相邻接国家的等距离线。⑤

---

　　①　参见 Affaires du Plateau Continental de la Mer du Nord（République Fédérale d'Allemagne/Danemark；République Fédérale d'Allemagne/Pays-bas），para. 19。

　　②　《大陆架公约》第 6 条规定："1. 同一大陆架邻接两个以上海岸相向国家之领土时，其分属各该国部分之界线由有关各国以协议定之。倘无协议，除因情形特殊应另定界线外，以每一点均与测算每一国领海宽度之基线上最近各点距离相等之中央线为界线。2. 同一大陆架邻接两个毗邻国家之领土时，其界线由有关两国以协议定之。倘无协议，除因情形特殊应另定界线外，其界线应适用与测算每一国领海宽度之基线上最近各点距离相等之原则定之。3. 划定大陆架之界限时，凡依本条第一项及第二项所载原则划成之界线，应根据特定期日所有之海图及地理特征订明之，并应指明陆上固定，永久而可资辨认之处。"

　　③　天南：《专属经济区和大陆架划界（三）——等距离的作用和地位》，载《海洋信息》1995 年 6 月刊，第 5 页。

　　④　袁古洁：《国际海洋划界的理论与实践》，法律出版社 2001 年版，第 7 页。

　　⑤　参见 Ambassadeur France de Hartingh, La Position Française à L'égard de la Convention de Genève sur le Plateau Continental, Annuaire Français de Droit International, Volume 11, 1965, p. 729。

为了反对滥用分界线和单方面划界行为，法国对《大陆架公约》第 6 条作出保留并指出："除另有协定外，在以下三种情况下法国将不接受采取等距离原则划定的大陆架界线：第一，如果该划界是从 1958 年 4 月 29 日之后设立的基线测起；第二，如果该划界延长至 200 米等深线之外；第三，如果该划界是位于第 6 条第 1 项和第 2 项指出的'特殊情况'的区域——即加斯科涅湾、格兰维尔湾、加莱海峡海域以及北海的法国沿岸。"①也就是说，如果没有与法国的明示协定，邻国的分界线不能超过 200 米等深线、也不能划定新的基线。另外，第 6 条并未对何为"特殊情况"给出更多解释，仅在附录中列举了三种情况，即海岸的特殊轮廓、岛屿的存在和可航行水道的存在。法国利用第 6 条所赋予的权利，列举出了几种"特殊情况"。可见，法国拿出了更加主动的姿态，应对与邻国大陆架的划界争议。

第二，针对大陆架开发问题。《大陆架公约》第 2 条规定了沿海国的权利性质以及大陆架"天然资源"的内涵。第 2 条第 2 项指出，沿海国所具有的主权权利是专属的、但仅限于探测大陆架或开发其天然资源，沿海国是对其大陆架活动进行批准的唯一主体。②虽然在加入《大陆架公约》时，法国没有对第 2 条提出反对意见，但在第一次海洋法会议上，法国赞同"专属权利"而不是"主权权利"的说法。③ 这是由于"主权权利"的说法，容易使人联想起主权

---

① 参见 Déclarations et Réserves de la France sur Le Convention sur Le Plateau Continental, https：//treaties. un. org/pages/ViewDetails. aspx？ src ＝ TREATY& mtdsg_no＝XXI-4&chapter＝21&clang＝_fr#EndDec。

② 《大陆架公约》第 5 条第 8 项规定除外。第 5 条第 8 项规定："对大陆架从事实地研究必须征得沿海国之同意。倘有适当机构提出请求而目的系在对大陆架之物理或生物特征作纯粹科学性之研究者，沿海国通常不得拒绝同意，但沿海国有意时，有权加入或参与研究，研究之结果不论在何情形下均应发表。"

③ 实际上，第 2 条是对适用公海(上覆水域)自由原则的"绝对主权论"，以及更具有限制性的、对勘探和开发大陆架进行监督和管辖的"有限主权论"之间的一种妥协。

的"领土性质"。① 不过，受限于《大陆架公约》中对"大陆架"的模糊定义，各国可主张的大陆架范围并未真正明确。也就是说，沿海国不可能在范围都没有明确的"领土"上行使主权，国家也无法在其上覆水域(即公海)行使主权。

　　总体来说，《大陆架公约》所明确的主权权利是研究权、开发权以及沿海国对大陆架活动的管辖权。此外，法国希望"天然资源"仅包含矿物资源，而不包括生物资源。② 最后，会议通过的条款采取了一种折中的方式，规定了大陆架"天然资源"的范围。③ 不过，在对第2条第4项作出的解释性声明中，法国排除了所有甲壳类为"天然资源"。④ 有学者指出，法国对该项进行解释性声明，是为了捍卫法国船只在外国大陆架上覆水域的捕鱼自由。⑤

　　对于《大陆架公约》中大陆架开发的法律规则，法国也作出了相应的保留。⑥ 对于第5条，法国的保留包括三点：第一，判断是否"妨碍"海中生物资源养护、尤其是在鱼群繁殖区域的一个关键

---

　　① 参见 United Nations Conference on the Law of the Sea, Official Record, Volume Ⅵ: Fourth Committee. Continental Shelf, paras. 25-30。

　　② 参见 United Nations Conference on the Law of the Sea, Official Record, Volume Ⅵ: Fourth Committee. Continental Shelf, para. 12。

　　③ 按照《大陆架公约》的规定，大陆架的"天然范围"包括"在海床及底土之矿物及其他无生资源以及定着类之有生机体，亦即于可予采捕时期，在海床上下固定不动，或非与海床或底土在形体上经常接触即不能移动之有机体"。

　　④ 参见 Déclarations et Réserves de la France sur la Convention sur le Plateau Continental, https://treaties. un. org/pages/ViewDetails. aspx? src = TREATY& mtdsg_no=XXⅠ-4&chapter=21&clang=_fr#EndDec。

　　⑤ 参见 Ambassadeur France de Hartingh, La Position Française à L'égard de la Convention de Genève sur le Plateau Continental, Annuaire Français de Droit International, Volume 11, 1965, p. 731。

　　⑥ 《大陆架公约》第4条规定："沿海国除为探测大陆架及开发其天然资源有权采取合理措施外，对于在大陆架上敷设或维持海底电缆或管线不得加以阻碍。"对此，法国提出保留指出："声称采取的措施是'合理'的，沿海国同意在该合理性受到争议并将争议提交仲裁时，法国才接受该条款。"

因素，就是负责指定区域生物资源养护的国际科学机构的技术报告。① 第二，任何损害到在大陆架上覆水域捕鱼活动的限制将引起补偿的权利。第三，对于大陆架的勘探和开发，无论是否与第 5 条规定的"其他活动产生不当的妨碍"，在争议产生时，都应建立起仲裁手段。可以看出，法国认为建立海洋争端解决的法律机制是非常必要的。②

在第三阶段(20 世纪 70 年代至今)，法国推动大陆架法律概念的确定，并积极实践大陆架法律规则。1975 年《单一协商案文》规定："大陆架包括海底和海底区域底土……直到大陆边或当大陆边不到 200 海里时则扩展至 200 海里的距离。"爱尔兰以《单一协商案文》为基础，提出"大陆架扩展至 200 海里以外"的提案，进一步规定了大陆边的定义，以及划定大陆边外缘的方法。该提案得到了宽大陆架国家和拉美国家的支持。法国支持爱尔兰提案，认为："在大陆架外部边缘的划定上，该提案避免了划界的不确定因素，并采用了不过分扩展的标准。"③

通过上文梳理，可以看出法国对待大陆架的法律立场经历了"由保守到支持"的态度转化。从更深层次角度来看，大陆架概念的确定是发展中国家与发达国家之间海洋权益斗争的结果。《公约》第 77 条第 1 款，也正是各方利益妥协折衷的产物。

3. 法国有关大陆架的国内立法

1968 年 12 月 30 日，法国颁布第 68-1181 号《大陆架勘探及其自然资源开发法》(以下简称《大陆架法》)，确立了在法国大陆架开

---

① 1949 年《西北大西洋渔业协定》第 1 条、1959 年《东北大西洋渔业协定》第 1 条都明确了这些区域。参见 Déclarations et Réserves de la France sur la Convention sur le Plateau Continental, https：//treaties. un. org/pages/ViewDetails. aspx? src = TREATY&mtdsg_no = XXI-4&chapter = 21&clang = _fr#EndDec。

② 1958 年 10 月 30 日，法国无保留签署并批准了《关于强制争端解决的任择议定书》，并于 1962 年 9 月 30 日正式生效。然而，有关争端解决的问题在《大陆架公约》中并未明确。

③ 参见 André Reynaud, Le Plateau Continental de la France, Paris, Librairie Général de Droit et de Jurisprudence, 1984, p. 31。

展经济活动的一系列法律原则和规定。[①] 在国家对大陆架的权利问题上,《大陆架法》直接采用了《大陆架公约》中的定义。[②] 另外,该法也没有明确有关大陆架的界限范围问题。

不过,1968 年《大陆架法》的适用范围,并没有受到《大陆架公约》的定义约束。第一,《大陆架法》第 2 条规定:"对于勘探大陆架及开发其自然资源活动,应进行事先批准。"在这一点上,《大陆架法》没有《大陆架公约》中规定的明确。[③] 第二,《大陆架法》对"大陆架安全区"的问题作出了国内法转化,并提及了"航空自由"的情况。[④] 提及"航空自由"的情况可以说是法国国内立法对《大陆架公约》有关规则的一种创新。第三,《大陆架公约》第 5 条第 6 项规定:"此项设置或位于其周围之安全区,不得建于对国际航行所必经之公认海道可能妨害其使用之地点。"然而,在 1968 年法国《大陆架法》中却没有提及此点。不过,法国管理当局通过授予大陆架研究许可,并对其进行监管,也可以看出法国对建立安全区的一些规范。第四,《大陆架法》第二部分有关"安全措施"的条款、第五部分有关"刑事处罚"的条款,都可以看出法国希望强化国家对于大陆架活动管辖的责任和义务。第五,1976 年,法国颁布《大陆架和专属经济区法》,将 1968 年《大陆架法》的适用范围,扩大

---

① 参见 Loi n° 68-1181 du 30 Décembre 1968 Relative à L'exploitation du Plateau Continental et à L'exploitation de ses Ressources Naturelles。

② 第 68-1181 号立法第 1 条规定:"根据 1958 年 4 月 29 日日内瓦大陆架公约,法兰西共和国依照 1965 年 11 月 29 日第 65-1049 号法令,在其属于领土的大陆架上行使勘探和开采自然资源的主权权利。"

③ 根据《大陆架公约》的规定,对于以经济为目的的活动,沿海国具有自由裁量的权利;而对于以纯科学为目的的活动,沿海国应在原则上予以同意。参见《大陆架公约》第 5 条。

④ 《大陆架公约》第 5 条对沿海国设立安全区以及安全区的范围作出了规定。法国《大陆架法》对《大陆架公约》第 5 条第 2 项和第 3 项进行了国内法转化。不过,《大陆架法》进一步规定:"在飞越设置与装置以及安全区时,可采取必要的限制措施,这是保护设置与装置以及航空安全而采取的必要措施。"参见 Article 4 du Loi n° 68-1181 du 30 Décembre 1968 Relative à L'exploitation du Plateau Continental et à L'exploitation de ses Ressources Naturelles。

至前者规定的专属经济区的海床洋底及其底土。① 之后，法国又相
继出台数项法令，对大陆架活动作出进一步规范。②

　　实际上，自1968年法国颁布《大陆架法》之后，国际社会对大
陆架的定义和标准出现了新的发展。1969年"北海大陆架案"确立
了"国家领土自然延伸原则"，是沿海国对大陆架的唯一权利基础。
"自然延伸原则"作为大陆架的权利基础所具有的习惯国际法地位，
也在判例法中得到不断确认。③ 对此，有学者认为："在考虑大陆
架理论演进的背景下，应建立一个新的距离标准，同时避免深度、
可开发性和邻接性的标准。然而，法国没有抓住1976年《大陆架和
专属经济区法》的机会这一点令人遗憾。"④

　　正如科内德克(J. P. Quéneudec)教授所言："我们并不能通过
1976年《大陆架和专属经济区法》的有关规定，就断言法国大陆架
采用的是距离标准，或者确定大陆架是由领海界线以外188海里的
海底区域组成。这是因为，1976年法律的第2条，已经排除了对
1968年《大陆架法》第1条的适用。然而，第1条有关大陆架的定

---

　　① 参见 Article 2 du Loi n° 76-655 du 16 Juillet 1976 Relative au Plateau
Continental, à la Zone Économique Exclusive et à la Zone de Protection Écologique
au Large des Côtes du Territoire de la République。

　　② 1971年5月6日，法国颁布法令确认生效1968年《大陆架法》，并进
一步规定了勘察许可、专属研究许可、开发许可的颁发程序；此外，该法令
也规定了违反《大陆架法》的处罚措施。随后，法国又颁布有关"大陆架底土
矿物及化石物质的事先勘察许可"的法令。参见 Décret n°71-360 du 6 Mai 1971
Portant Application de la Loi n° 68-1181 du 30 Décembre 1968 Relative à
L'exploration du Plateau Continental et à L'exploitation de ses Ressources Naturelles；
Décret n°71-362 du 6 Mai 1971 Relatif aux Autorisations de Prospections Préalables
de Substances Minérales ou Fossiles dans le Sous-sol du Plateau Continental。

　　③ 冯洁菡：《大陆架的权利基础：自然延伸与距离原则》，载《法学论
坛》2010年第5期，第23页。

　　④ 参见 Richard Meese & Jean Sylvain Ponroy, L'ultime Frontière de la
France：le Plateau Continental au Delà de 200 Milles, Annuaire du Droit de la Mer,
Tome VII, 2002, p. 98。

义，是参照的 1958 年《大陆架公约》。"①然而，《大陆架公约》对大陆架的定义，仍是 200 米水深和可开发性标准。因此，科内德克教授对法国政府提出的建议是："应该在一个较短的期限内，在法国国内法中建立一个系统阐述。这是因为在第三次海洋法会议的《非正式综合协商案文》中，已经同意将'陆地领土自然延伸原则'摆在第 76 条的显著位置，并很有可能在今后达成的公约中正式采用。"②

1977 年 5 月 11 日，法国通过了 77-485 号立法，对《大陆架法》作出修改。③ 虽然第 77-485 号立法也错过了摆脱大陆架"深度标准"和"可开发标准"的机会，不过，在其他方面，该立法仍具有重要意义。

第一，法国立法强化了打击污染的措施。有学者指出，对"大陆架上钻井活动引起的污染进行防治"是该立法的主要目标。④ 在此之前，1968 年《大陆架法》中的污染防治条款，主要是对 1954 年伦敦《国际防止海洋石油污染公约》的转化。1973 年 10 月，政府间海事协商组织在伦敦召开会议，在《国际防止海洋石油污染公约》的基础上制定了《国际防止船舶造成污染公约》(MARPOL)。《国际防止船舶造成污染公约》体现出了大陆架活动发展中的新要求。⑤

---

① 参见 Jean-Pierre Quéneudec, Chronique du Droit de la Mer, Annuaire Français de Droit International, Vol. 23, 1977, p. 743。

② 参见 Jean-Pierre Quéneudec, Chronique du Droit de la Mer, Annuaire Français de Droit International, Vol. 23, 1977, p. 744。

③ 参见 Loi n° 77-485 du 11 Mai 1977 Modifiant la Loi n° 68-1181 du 30 Décembre 1968 Relative à L'exploration du Plateau Continental et à L'exploitation de ses Ressources Naturelles。

④ 参见 André Reynaud, Le Plateau Continental de la France, Paris, Librairie Général de Droit et de Jurisprudence, 1984, p. 47。

⑤ 在《国际防止船舶造成污染公约》第 2 条有关"船舶"的定义中，添加了"固定的或浮动的工作平台"，并规定了"对钻井装置和其他工作平台的特殊要求"；第 4 条也对平台的废弃物处理作出了规定，这也促使法国国内立法的相应调整。参见 International Convention for the Prevention of Pollution from Ships, 1973, as Modified by the Protocol of 1978 Relating Thereto and by the Protocol of 1997 (MARPOL)。

此外，第 77-485 号立法不仅加强了对生产装置海上排水的监管，也加重了发生海洋污染时的刑事处罚。实际上，在很大程度上，法国的新规则是受到 1973 年《国际防止船舶造成污染公约》附则 I《防止油污规则》的启发，甚至比后者更为严格。①

第二，法国作出了适应欧共体法律的调整。在 1972 年 8 月 4 日的一份评注中，欧共体委员会提请法国政府注意：1968 年法国《大陆架法》的第 2 条，② 不仅与《罗马条约》第 2 条所规定的"禁止基于国籍的歧视"原则相违背，也与第 53 条"建立共同体居民的有关规则"不兼容。③ 因此，在第 77-485 号立法中，法国删除了可能含有歧视性措辞的条款，并将该措施扩大惠及所有共同体成员国居民。另外，1968 年《大陆架法》第 7 条④也被普遍认为带有保护主义色彩，为此，第 77-485 号法律也对该条作出了相应修改。⑤ 总体上看，1977 年的调整性立法，一方面规定了欧共体居民在法国大陆架开发资源的相关条件，适应了欧共体法律的有关要求，另一方面

---

① 例如，第 77-485 号立法规定："在从事任何开发活动前，开发许可证持有者必须制定一份'许可证覆盖海域的生物和生态状况'报告。"参见 Article 5 du Loi n° 77-485 du 11 Mai 1977 Modifiant la Loi n° 68-1181 du 30 Décembre 1968 Relative à L'exploration du Plateau Continental et à L'exploitation de ses Ressources Naturelles。

② 法国《大陆架法》第 2 条规定："只有法国居民，才可免除开发大陆架上定居生物品种的植物和动物资源的事先许可。"参见 Article 2 du Loi n° 68-1181 du 30 Décembre 1968 Relative à L'exploitation du Plateau Continental et à L'exploitation de ses Ressources Naturelles。

③ 参见 Jean-Pierre Quéneudec, Chronique du Droit de la Mer, Annuaire Français de Droit International, Vol. 23, 1977, p. 742。

④ 法国《大陆架法》第 7 条规定："从领陆到大陆架范围内的设备和装置之间的海洋运输仅保留给悬挂法国国旗的船只进行航行。"参见 Article 7 du Loi n° 68-1181 du 30 Décembre 1968 Relative à L'exploitation du Plateau Continental et à L'exploitation de ses Ressources Naturelles。

⑤ 主要是补充规定了"海洋运输需服从于欧共体条约的有关规定及其适用的有关条文。"参见 Loi n° 77-485 du 11 Mai 1977 Modifiant la Loi n° 68-1181 du 30 Décembre 1968 Relative à L'exploration du Plateau Continental et à L'exploitation de ses Ressources Naturelles。

对国内法和欧共体法两个层面的规则作出了较好地融合和调整。

1990 年 12 月 19 日，法国批准了国际海事组织于 1988 年 3 月 20 日通过的《制止危及海上航行安全非法行为公约》和《制止危及大陆架固定平台安全非法行为议定书》。① 随后，法国颁布有关"损害海洋航行和大陆架固定平台安全"的法律，对法国《刑事法典》和《刑事诉讼法典》的相关条款进行了修订。② 2006 年 7 月 6 日，法国又通过立法对"公共海底区域和本土大陆架上矿物和化石物质的勘探、研究和开发"问题作出了规定。③

二、法国国家管辖范围以外的海洋立法

国家管辖范围以外海域，主要包括公海及其水域、海床、洋底和底土。对于公海的法律原则和规则，法国强调在维护公海普遍性管辖权的基础上，应加强沿海国在公海活动中的专属管辖权。

（一）法国对公海船旗国管辖问题的立场与立法

在公海的船旗国管辖问题上，法国主要进行了建立"悬挂法国国旗船只规范"和建立"法国船舶登记制度"两方面的立法实践。

悬挂法国国旗的船只要求具有法国的船舶国籍证书。1967 年 1 月 3 日，法国颁布第 67-5 号法律，规定了海船和舰船的地位，④ 以

---

① 参见 Loi no 90-1141 du 19 Décembre 1990 Autorisant L'approbation du Protocole Pour la Répression D'actes Illicites Contre la Sécurité des Plates-formes Fixes Situées sur le Plateau Continental。

② 参见 Loi n° 90-1143 du 21 Décembre 1990 Relative aux Atteintes à la Sécurité de la Navigation Maritime et des Plates-formes Fixes Situées sur le Plateau Continental。

③ 参见 Décret n° 2006-798 du 6 Juillet 2006 Relatif à la Prospection, à la Recherche et à L'exploitation de Substances Minérales ou Fossiles Contenues dans les Fonds Marins du Domaine Public et du Plateau Continental Métropolitains。

④ 第 67-5 号立法第 2 条规定："船只法国化赋予了船只悬挂法兰西国旗的权利及享受其带来的便利。"第 3 条则规定了获得法籍证书所需的条件。此后，1975 年 4 月 29 日和 1996 年 2 月 26 日，法国两次对第 67-5 号立法进行修改，修改之后的法律第 4 条规定："所有'法籍'船只需在船上持有证书。"参见 Loi n° 67-5 du 3 Janvier 1967 Portant Statut des Navires et Autres Bâtiments de Mer。

及船只获得法国船籍所需要的条件。① 第 67-5 号立法也对船只管理人的国籍、公司资本作出了详细规定。

此外，为避免法国船只为减轻活动成本而悬挂方便旗，1987 年 3 月 20 日，法国颁布第 87-190 号法令，对在"法属南极洲和南极领地"(TAAF)登记的船只作出限制性规定。该法令仅准许部分在凯尔盖朗群岛活动的船只进行登记，原油运输轮船则不包括在内。当然，这并不代表该船只更换新船旗国或是成为"双船旗"，而是一种新的法国船只等级制度。此外，该法令与 1976 年国际劳工组织颁布的《商船最低标准公约》②相符，法国也是迅速批准了该公约。同时，悬挂法国国旗的船只，需要服从于 1969 年"涉及国家利益的海洋运输"的法律。该法规定，法国商船需保证与国家利益有关的海上运输安全，在必要情况下，这些船只可受到政府当局征用。③

法国船舶登记法律制度的形成，则是经历了一个漫长的过程。实际上，对于船舶法律登记制度的分类及规范，国际社会也并未形

---

① 船只获得法国船籍，需要达到两项条件：第一，在法兰西本土建造或缴纳应付进口税费的船只，除非该船只在敌国建造或根据法国法律因违法充公。第二，(a)船只人员至少 50% 是法国公民，如该公民在一年中生活在法兰西领土的时间在 6 个月以下，则需将法国选为与自身财产和船只状态有关的一切行政及法律事务处理的场所；(b)船只属于总部设立在法兰西领土或其他欧共体成员国内的公司，或涉及《欧洲经济区协定》国家的军船、商船、游船时，在进行开发和利用活动时需受到法国本土有关部门的指引和管理。不过，也存在总部设立在非欧共体成员国和非《欧洲经济区协定》国家的情况，因为当法国与该国签有协定时，该公司在符合法国法律的情况下可以在上述国家领土上开展活动并建立总部。参见 Loi n° 67-5 du 3 Janvier 1967 Portant Statut des Navires et Autres Bâtiments de Mer。

② 参见 Convention Concernant les Normes Minima à Observer sur les Navires Marchands (Entrée en Vigueur：28 Nov. 1981)，http：//www. ilo. org/dyn/ normlex/fr/f? p = NORMLEXPUB：12100：0：：NO：：P12100 _ ILO _ CODE：C147。

③ 参见 Loi n°69-441 du 20 Mai 1969 sur les Transports Maritimes D'intérêt National。

成统一意见。① 其中，有法国学者将船舶登记制度分为"国家性质登记""属地性质登记""国际登记"三种类别，这种分法非常适合于拥有海外属地的国家。② 总体来看，无论从何种角度将船舶登记进行划分，在实际情况中，人们都不会把一国的船舶登记制度进行简单定义。许多国家的做法往往都是适用一种以上的登记制度，并且根据现实需求进行调整。

随着国际航运市场竞争的日趋激烈，方便旗船登记制度以高效

① 例如，有学者将世界范围内的船舶登记制度做了开放登记（open register）和封闭登记（close register）的两个大类区分。开放登记又可分为国内登记（national register）和国际登记（international register），国际登记又分为通常所说的方便旗制度（flag of convenience，FOC）和准方便旗制度（quasi-FOC），而传统国家登记制度则发展演变出第二船籍登记制度（second register），如挪威、法国等。此外，对于"方便旗船"的措辞存在一定争议。在联合国，维护已经登记的船只所有者的游说组织倾向于使用"flags of necessity"或"flags of convenience"，而船只所有者倾向于使用"open registry"，因为这种登记制度实际上对全世界任何地方的船只都是开放的。参见 Toh，R. & Phang S. Y. "Quasi-Flag of Convenience Shipping：The Wave of the Future"，Transportation Journal. Vol，33. No. 2，1993，pp. 31-39。

② 具体而言，第一种是"国家"性质的登记制度。根据《公约》第 91 条第 2 款的规定，每个国家应向其给予悬挂该国旗帜权利的船舶颁发给予该权利的文件。而与之相对应的正是"开放"的登记制度，也就是不要求国家和船舶之间有真正的联系。第二种是具有"属地"性质的登记制度。当一个宗主国拥有海外领土的时候，如该海外领土拥有自治权，则船只可以直接向有关海外领土的立法机关提交登记。这并不是一种国际登记制度，因为从理论上来说，这种登记制度下的船只与该海外领土甚至宗主国是有联系的。"法属南极洲和南极领地"（TAAF）原先就是采用的这种船籍登记制度，对法籍船主的船只进行登记，也对瓦利斯和富图纳群岛的大型巡航舰艇和法属波利尼西亚、新喀里多尼亚的大型渔船注册。另一些拥有海外属地的国家，如英国对英属直布罗陀地区和英属开曼群岛、荷兰对荷属安地列斯群岛，均采用此制度。第三种则是"国际"登记制度。这种制度主要为海洋强国所支持创立，因为其去除了所有的"领土"联系。船舶国籍与第一种类型类似，不是一国远洋领土的船舶，而是介于"国内"和"属地"之间的船舶等级制度。在这种归类下，"属地登记"和"国际登记"制度的区别其实不大，属于类似的船舶登记制度，只不过第二种的典型特征是这些适用国家都拥有自己的海外领地。

率、低成本的特征，而愈来愈受到欢迎。然而，这也导致本国船舶
不断向外流失的现象愈发严重。为保持本国航运竞争力和国际航运
安全，传统海运国家借鉴并改良方便旗船模式，逐渐形成第二船籍
登记制度(Second Registry)。根据登记地是在其海外领土还是在国
内的不同，第二船籍登记制度又分为"离岸船舶登记制度"
(Offshore Registry)①和"国际船舶登记制度"(International Ship
Registry)。②

　　法国是长期适用"离岸船舶登记制度"的国家。1986 年，法国
效仿英国宣布创设"凯尔盖朗群岛船舶登记"制度(以下简称"凯尔
盖朗登记")，也就是针对"法属南极洲和南极领地"地区的船籍登
记制度。③ 比起传统国内船舶登记制，"凯尔盖朗登记"制度虽具有
严格的规范，但却更加的灵活，是针对事先确定配额且仅限于商业
活动或国际货运的船只。虽然该制度对船舶登记条件有所放宽，但
法国和英国都对船舶选择和船员配备等方面设置了一定的门槛。例
如，法国并不是像挪威或丹麦那样，在国内设立第二船舶登记制
度，而是在船舶配员方面作出了最低限制，要求所有进行"凯尔盖
朗登记"的船舶上的法籍船员必须占到 35%。同时，法国也对船舶
的维护设置了更高的要求，以确保船舶的可航性始终在良好状态。

　　即使设置这些限制，法国油轮船队仍愿意前往凯尔盖朗群岛进
行登记，因为这比在法国本土登记要便宜一半。有的船主甚至希望
"凯尔盖朗登记"能够转变成为一个真正的开放性登记制度，使其

---

　　①　"离岸船舶登记制度"，是传统海运大国将本国海外属地或非自治领
土为船舶登记地的新型登记制度，通过在远离本土的海外领地设立登记处，
在船舶种类、船员配备、税金等方面设立比起本土而言更为宽松的登记条件，
以改善本国船舶向海外移籍的情况，吸引本国船舶回国登记。采用离岸登记
制度的国家，大部分都是现今还存在海外领地的国家，如法国的凯尔盖朗群
岛、葡萄牙的马德拉群岛、英国的马恩岛、荷兰的荷属安地列斯群岛等

　　②　"国际船舶登记制度"，是指在一国本土开设的专门针对本国国际航
行船舶的国际船舶登记制度，但该制度并不同于国内航行船舶登记制度，而
是一套新型制度。

　　③　1989 年 6 月 17 日，法国颁布法令正式设立"凯尔盖朗登记"制度。

在国际海运管理中更具竞争力。① 不过，法国"凯尔盖朗登记"在可适用性和效力方面都受到了一定质疑。有学者指出："凯尔盖朗群岛并不属于法国半主权独立的领土，该群岛上常驻居民甚至少于100人。该群岛偏远、独特的性质，使得法国立法者构想出了一个方便的假说，就是将其作为一个离岸领土。但是，就像不同于荷属安地列斯群岛一样，该地区既不能够分成数个独立主权，也不能建立一个真正的主权国家。"②

1999年，时任法国交通海运部长克劳德·格雷谢尔(Claude Gressier)提出建立"第三船舶登记制度"，以取代"凯尔盖朗登记"制度。该建议受到了法国劳工联盟、尤其是法国船员工会的强烈反对。然而，格雷谢尔部长指出，"凯尔盖朗登记"制度所诞生的水域，并未被欧盟法覆盖。因此，使用该登记的船只公司，无权接近欧盟沿海航行运输部门，这将对法国船舶公司带来困难。另外，他指出"凯尔盖朗登记"并不对游轮公司适用，这也对法国游轮产业的发展带来一些限制。因此，法国应效仿德国、挪威和丹麦，建立一个以国内为基础的国际船舶登记制度。③

2005年5月3日，法国正式建立"法国国际船舶登记制度"(Le Registre International Français, RIF)以替代原先的"凯尔盖朗登记制度"，并"旨在重建法国船旗和登记的竞争力"。④ 新制度放弃了原先惯用的"第二船旗"(pavillon bis)的术语，而使用规范的"法国国际船舶登记"的用语。原则上，"法国国际船舶登记制度"属于第二船舶登记制度。不过，在某些规则上，新制度采取了更为灵活的方法，这些方法也体现出国家船舶登记制度的一些特征。比起"凯尔

① 参见 Ademini-Odeke, Bareboat Charter (Ship) Registration, Martinius-Nijogg, 1998, p. 3。

② 参见 Rodney Carlisle, Second Registers: Maritime Nations Respond to Flags of Convenience, p. 328。

③ 参见 Andrew Spurrier, French Seamen in Register Warning: Union Says State Proposal Must Not Threaten Jobs, Lloyd's List, 27 January 1999, p. 12。

④ 参见 Communiqué de Presse du Ministère des Transports, de l'Equipement, du Tourisme et de la Mer, en Date du 11 Février 2006。

盖朗"登记,新制度所规定的登记条件放宽了许多。例如,比起以前要求35%的船员为法籍,新制度只要求船长指挥官及其副手必须是法籍。①

(二)法国对公海管辖权问题的立场与立法

法国非常重视国家在公海海域的管辖权问题。这种重视程度,一方面体现在维护船旗国在公海的专属管辖权上,另一方面体现在维护各国在公海的普遍性管辖权上。实际上,在第一次海洋法会议之前,法国并未制定有关"公海活动管辖"的法律规则。有学者认为,这是由于"当时的法国认为,公海活动不在国家管辖和调整范围内"。② 法国也未签署1958年日内瓦《公海公约》。不过,法国对待公海活动的实践,在一定程度上是与《公海公约》的内容保持一致的。例如,上文提到的法国第67-5号法令对"海船和舰船的权利"问题作出了规定。③ 其中,第3条规定了船只获得法国国籍所需的条件,这是对《公海公约》第5条的实质转化。④ 经历1975年、1996年两次修订后,该规定最终被纳入法国《海关法典》第九部分。

日内瓦《公海公约》中的船旗国管辖原则,也在法国国内法中得到了体现。这些立法与《公海公约》既有一致、又有发展。究其原因,主要是因为《公海公约》本身就是对过去海上习惯法规则的成文化编纂。因此,与其说法国公海活动立法是参照相关国际条约规则而制定,更不如说,法国对于公海活动的管理是建立在已有的

---

① 参见 Article 5 du Loi n° 2005-412 du 3 Mai 2005 Relative à la Création du Registre International Français。

② 参见 Lucchini Laurent. Actes de Contrainte Exercés Par la France en Haute Mer au Cours des Opérations en Algérie (à Propos de L'arrêt du Conseil d'Etat Société Ignazio Messina et Cie). In: Annuaire Français de Droit International, Volume 12, 1966, pp. 805-821。

③ 参见 Loi n° 67-5 du 3 Janvier 1967 Portant Statut des Navires et Autres Bâtiments de Mer。

④ 《公海公约》第5条规定:"每个国家应确定对船舶给予其国籍、船舶在其领土内登记以及船舶悬挂本国旗帜的权利的条件。"

国际习惯基础之上的。

在此之后，法国签订了数个政府间海事协商组织制定的国际公约。这些公约的内容涵盖海上监管、海上航行安全、海上搜救各个方面。[①] 另外，为了确保 1988 年签署的《制止危及海上航行安全非法行为公约》及《制止危及大陆架固定平台安全非法行为议定书》的顺利实施，法国于 1992 年 7 月 22 日通过第 92-684 号立法，对"有关海上危害安全行为的刑事处罚"作出规定。第 92-684 号立法的颁布，也推动了《法国刑法典》有关"制止个人违法犯罪行为"条款部分的修订。

法国也极其重视"公海普遍性管辖权"问题。对于该问题，法国主要在保护公海渔业资源、打击公海违法行为、防治公海污染这三个方面作出调整。

1. 保护公海渔业资源

在早期，法国主要通过单边性立法，对有关区域外国船只的捕鱼行为进行规制。然而，随着全球渔业捕捞量的不断增长，为了维持渔业储量、实现渔业资源的保护和合理开发利用，法国意识到调整的必要性。法国认为，新的规范不仅要重视海洋生物资源的流动性特征，同时也要将不同国家管辖范围内海域和公海都囊括进来。[②] 例如，法国加入 1964 年《伦敦渔业协定》，该协定对协定国的捕鱼活动提出了国际监管要求，并进一步落实了东北和西北大西

---

① 1972 年，法国签署了《国际上海避碰规则公约》，并在 1977 年 7 月 7 日颁布第 77-778 号法令将其转化为国内法。1974 年和 1978 年，法国又分别批准了《国际海上人民安全公约》及其议定书，并于 1983 年 7 月 5 日颁布第 83-581 号有关"海上人命安全、船上载人定额以及防止污染"立法，将其转化为国内法。在公海航行救援方面，法国也是 1976 年《国际海事卫星组织公约》的缔约国，该公约创设了国际海事卫星组织（INMARSAT），以改善安全通信、海上公众通信、提高船舶效率和无线电定位能力，对人员海上遇险时提供更有效帮助。1992 年 8 月 6 日，法国与德国、丹麦、爱尔兰、挪威、荷兰签订了一项政府间合作协议，协议在西北欧和北大西洋地区安装和开发罗兰-C 航行定位导航系统（LORAN-C）。

② 付琴雯：《法国海域合理利用与保护的立法与实践评析》，载《法国研究》2017 年第 3 期，第 35 页。

洋渔业委员会提出的鱼类种群保护国际监管机制。① 又如,1970 年底,法国颁布立法批准了 1958 年《公海捕鱼和生物资源养护公约》。该公约对邻接沿海国领海之外的公海生物资源的养护及争端解决问题作出了规定。②

法国也支持建立常设性国际组织,以加强各国在公海渔业经济、技术和制度上的协商。2002 年,法国参议院同意《公约》有关"海洋资源"国内法转化的法律草案。草案指出:"目前公海非法捕鱼行为日益严重,法国有必要尽快进行国内法律补缺,进一步加强针对公海捕鱼的国家监管权,维护法国在公海的渔业资源利益。"③

2. 公海管辖及执法

早在 1973 年,法国就颁布第 73-247 号法令,对"在公海航行船只的特别海务管辖"问题作出规定。第 73-247 号法令规定,在必要的情况下,准许政府对法国籍船只进行检查,以保证船只在最优条件下进行航行。为了确保该规定的实施,法籍船只的船长需尽到遵守特别安全检查措施的义务,并可能规定遵守的航线及某些禁止驶入区域。④ 实际上,这些主要是为防范突发性危险而制定的措施。

此后,法国进一步完善了针对公海管辖和执法问题的法律应对。1994 年,法国颁布第 94-589 号立法,对国家在公海的普遍性

---

① 参见 Fisheries Convention, London, 9 March/10 April 1964, https://www. gov. uk/government/uploads/system/uploads/attachment _ data/file/269708/Fisheries_Conv_March-April_1964. pdf。

② 1970 年 12 月 23 日,法国颁布第 70-1264 号法令,对"国际公约的国际海洋捕鱼制度和程序"作出规定。参见 Loi n° 70-1264 du 23 Décembre 1970 Relative à la Procédure à Suivre en Matière de Contrôle International des Pêches Maritimes Prévu Par les Conventions Internationals。

③ 参见 Projet de Loi Portant Accord D'application de la Convention sur le Droit de la Mer Relatif aux Ressources Halieutiques, https://www. senat. fr/rap/l01-327/l01-327. html。

④ 参见 Article 1-5 du Décret n° 73-247 du 1 Mars 1973 Relatif à L'organisation du Contrôle Naval de la Navigation Maritime。

管辖权、尤其是打击毒品海盗问题上作出了进一步规定。① 例如，该立法第 15 条规定：“根据有关双边、多边条约及船旗国的同意，法国司法机构有权追诉和裁定在公海实施的毒品交易等行为。”②此外，该立法也对国家在打击海上非法移民的权利问题作出规定。1995 年 4 月 19 日，法国针对“海上监管的船只和航空器使用武力和强制措施”的问题，作出了进一步规定。③ 1996 年 4 月 29 日，法国颁布“有关公海毒品贩卖”的立法，将 1988 年《联合国禁止非法贩运麻醉药品和精神药物公约》转化为国内法。2009 年 7 月，为进一步将《公约》第七部分的有关规定转化为国内法，法国参议院提出法案，以推动落实法国作为沿海国在公海打击海盗、恐怖分子等不法行为上的国家权力。④

3. 公海污染防治

在这个问题上，法国主要通过国际协定、国内立法两个层面打击公海污染行为。在第三次海洋法会议召开前和召开期间，法国签署了一系列有关海洋防治污染协定。⑤ 1976 年，法国颁布第 76-599 号《预防和打击因船只及航空器倾倒引起的海洋污染和海上事故污

---

① 参见 Loi n° 2011-13 du 5 Janvier 2011 Relative à la Lutte Contre la Piraterie et à L'exercice des Pouvoirs de Police de L'Etat en Mer。

② 参见 Loi n° 94-589 du 15 Juillet 1994 Relative à la Lutte Contre la Piraterie et aux Modalités de L'exercice Par L'Etat de ses Pouvoirs de Police en Mer。

③ 参见 Décret n°95-411 du 19 Avril 1995 Relatif aux Modalités de Recours à la Coercition et de L'emploi de la Force en Mer。

④ 参见 Projet de Loi Relatif à la Lutte Contre la Piraterie et à L'exercice des Pouvoirs de Police de L'Etat en Mer. Etude D'impact, Juillet 2009. https：//www. senat. fr/leg/etudes-impact/pjl08-607-ei/pjl08-607-ei. html。

⑤ 法国签订的海洋污染防治方面的国际协定主要包括：1969 年《国际干预公海油污事故公约》、1973 年《干预公海非油类物质污染议定书》、1971 年《关于设立国际油污损害赔偿基金公约》及 1976 年《议定书》、1972 年《防止倾倒废弃物及其他物质污染海洋的公约》、1973 年《国际防止船舶造成污染公约》(MARPOL)及 1978 年议定书及 1984 年修正条款等。

染法》,将部分海上污染防治的国际条约转化为国内法。[1] 值得注意的是,在受到数次油溢事故污染打击后,法国意识到采取预防性措施(precautionary measures)的重要性。在第三次海洋法会议上,法国数次提出建议,应针对可能的污染威胁,采取和执行干预措施。同时,法国认为,实施"干预"的权源不仅应来自国际条约,也应来自国际习惯法。[2] 另外,法国认为这种干预权不应局限于事故发生后的污染或污染威胁。换句话说,即便该海洋事故并未造成实质性污染,沿海国也应该对本国利益产生直接影响的、可能造成重大有害后果的危险,采取相关预防干预措施。

(三)法国有关"海底区域和平利用"问题的法律立场

1. 法国捍卫本国海上核力量

作为核大国,海底区域的军事利用问题,一直是法国重点关注的问题。法国著名海军上将马克・德卓贝尔(Marc de Joybert)曾指出:"海洋区域既是演习得天独厚的场所,也是有别于陆地的核实力庇护所。对海洋区域的支配和控制有利于确保其所有者的经济实力,或至少——生存能力。"[3]

1959年,美、苏、英、法四国经过协商,同意成立一个多边裁军谈判机构,以便讨论在有效国际监督下"限制和裁减一切类型军备和武装部队"问题。同年,联大通过决议成立十国裁军委员会。1962年,十国裁军委员会扩大成为十八国裁军委员会。对此,法国政府认为"有效的裁军措施只需在大国间讨论"。因此,法国

---

① 参见 Loi n° 76-599 du 7 Juillet 1976 Relative à la Prévention et à la Répression de la Pollution Marine Par les Opérations D'immersion Effectuées Par les Navires et Aéronefs, et à la Lutte Contre la Pollution Marine Accidentelle。

② 参见 99th Plenary Meeting, Third United Nations Conference on the Law of the Sea, A/CONF. 62/SR. 99。

③ 参见 Contre-Amiral de Joybert, La Dissuasion Peut-elle Être Tournée? Defénse Nationale, Décembre 1969, p. 1950。

宣布不参加该委员会，仅派出观察员。① 在一封给赫鲁晓夫的信中，戴高乐指出："对该问题应启动直接谈判……而联合国混杂、偏激、纷乱的机构不能给予谈判良好的条件。……严格限定在'十国'框架内进行的谈判是必要的，因为在这个方面，拥有和生产核武器的四国有责任稳重地、明确地交换意见。"②

1967 年，联合国大会第 2340 号决议，决定成立"研究各国管辖范围以外海床洋底和平利用的特设委员会"。1968 年联合国大会第 2467(A)号决议，将上述特设委员会改为"各国管辖范围外海床洋底和平利用委员会"（简称"海底委员会"）。然而，许多西方大国认为，无须再为"海底区域和平利用"问题设立委员会，当时现行议事机制就已有足够能力应对该问题。③ 不过，该观点遭到了许多其他国家的反对。

在 20 世纪 60 年代，法国多次炮制"空椅子危机"。在海底和平利用的议题上，法国也套用"空椅子政策"，拒绝参与裁军会议。不过，对于"海底区域军事化"等对海洋有影响的普遍军事性问题，法国仍然相当关切。当时的法国舆论认为，裁军委员会把"禁止核试验"问题放在优先地位，只"禁止核试验"而不"销毁现有核武器"。这不是真正的裁军，而是使两个超级大国保持核垄断地位。时任法国总理米歇尔·德勃雷(Michel Debré)甚至批评道："日内瓦会议规定的裁军不是真正的裁军，而是一个骗人的举动。"④

---

① 参见 New York Times Chronology, March 6 1962, https：//www.jfklibrary.org/Research/Research-Aids/Ready-Reference/New-York-Times-Chronology/Browse-by-Date/New-York-Times-Chronology-March-1962. aspx。

② 参见 Jacques Foyer, Lettre du Général de Gaulle à M. Krouchtchev, Index Chronologique des Documents Intéressant le Droit International Parus à La Documentation Française, Annuaire Français de Droit International, Vol. 6, 1960, pp. 1216-1227。

③ 根据联大第 A/38/27 号决议，决定成立日内瓦裁军谈判委员会。该委员会的前身就是十国裁军委员会和十八国裁军委员会。

④ 参见 La Politique Étrangère de la France, 2ème Semestre 1968, 16 IX, p. 70。

美、苏两国提出所谓的裁军建议,实际上是为了限制别国发展军事力量。尤其是,美、苏主张首先禁止和销毁当时法国还没有的东西——核武器。在 1962 年裁军大会召开之前,戴高乐提出了自己的一套裁军措施,包括禁止生产和拥有火箭、飞机和潜艇等运载工具,以及销毁核武器储存等。法国反对美、苏以"禁止核试验"为由来束缚法国的手脚。换言之,戴高乐是认为,裁军首先应该是拥有核武器的大国间的事。只要美、苏两国继续拥有和发展核武器,法国也要放手发展自己的核力量,不受任何裁军谈判或协议的束缚。

实际上,早在与赫鲁晓夫的信中,戴高乐就已提到了"常设性、浮动性的基地""船只尤其配齐装备的船只"等字眼,这些"特殊船只"主要是指核潜艇。① 在当时,法国已配备数艘核潜艇,承担了核威慑力量的主要角色。随着海底区域的重要性逐步凸显,通过发展核力量,法国将海底区域变成了真正的"海底核兵工厂"。②

2. 法国支持国际海底区域的和平利用

有学者认为,由于法国不愿参加裁军谈判会议,错过了塑造更为积极角色的机会。③ 即便如此,法国对于"区域"和平利用的影响问题的立场也非常明确。1969 年 9 月,第五共和国第三任外长莫里斯·舒曼(Maurice Schumann)在联大发言中指出:"需要阻止在一个人类活动开放的新领域的军事化,这就是国际海底区域。"④在第三次海洋法会议上,国际海底区域的非军事化原则再次得到重申。正如第四期会议大会主席阿默拉·辛格所指出的那样,海洋的

---

① 参见 lettre du Général de Gaulle à M. Krouchtchev. V. le Texte Intégral de Cette Lettre Dans la Doc. Française, Articles et Documents, 6 IX 1960。

② 参见 Cl. Girard, Le Fond et le Sous-sol des Océans Offrent de Grandes Possibilités D'utilisation à des Fins Militaires, le Monde Diplomatique du 20 Juillet 1969。

③ 参见 Georges Fisher, Chronique du Contrôle des Armements, Annuaire Français de Droit International, 1970, p. 71。

④ 参见 Discours de M. M. Schumann Devant l'Assemblé Générale de L'ONU, La Politique Étrangère de la France, 24 Septembre 1969, p. 79。

和平利用不能与其他场合关于裁军、非热核化和海底非军事化的谈判分离。①

法国也坚定支持海底非军事化原则，尤其是禁止在该区域装设大规模杀伤性武器。但是，法国也认为不能忽视沿海国的国防需求。为此，法国将海岸防护权利范围限定在 12 海里宽度以内，即当时法国刚确立的领海宽度界限。当然，法国也考虑到了科学技术的快速发展，因此，对于"区域"的非军事化问题，应该通过达成一项法律条文，设立一个期限目标并定期修订，并制定一项在保留"区域"之外的条约。这项条约并不旨在"去核化"，而是逐步实现海底区域的"完全非军事化"。② 这也就是为什么法国代表反对"海底区域去核化"的有关草案。

1970 年 12 月 7 日，联大第 2660 号决议通过《禁止在海床洋底及其底土安置核武器和其他大规模毁灭性武器条约》（简称《海床军备控制条约》）。许多国家都对该决议表示赞成，认为此举有利于阻止两个超级大国进一步开展军备竞赛。然而，法国也对当时的有关法律规制提出担忧。法国指出："目前的条约提案并不让我们满意，因为它们都没有足够考虑到沿海国在其沿岸浅水区域的防卫权利。"③除了国家手段外，法国认为还应建立一个国际监管制度，通过第三方监管对国家在相关方面活动进行核查。法国支持在"区域"进行国际管理，主要是由于这是能确保客观公正的"核实体"的唯一手段。这一点同样在《海床军备控制条约》中有所体现。总体来说，法国认为这些条款提案并不是真正意义上的裁军措施，因为"无论条约生效与否，核威慑仍然存在"。④

---

①　周忠海：《海洋应只用于和平目的》，载《太平洋学报》2011 年第 9 期，第 3 页。

②　参见 A/AC.138/SR.18, Intervention du Représentant Français au Comité des Utilisations Pacifiques。

③　参见 La Politique Étrangère de la France, 9 Novembre 1970, p. 180。

④　参见 A/AC.138/SR.12, Summary Record of the 12th Meeting, Committee on the Peaceful Uses of the Seabed and the Ocean Floor beyond the Limits of National Jurisdiction, p. 12。

　　虽然国际社会达成了《海床军备控制条约》，但其实质是一部由美、苏主导的条约，并不能完全体现"区域"的非军事化概念。法国认为《海床军备控制条约》的有关规定不够完善。① 尤其在军备控制政策方面，不仅无法缓和现状，还有可能增加缔约国放弃核裁军的危险。② 同时，该条约也并未回应法国希望在该区域建立一个国际管理体系的问题。

　　考虑到《海床军备控制条约》的种种不完备之处，法国缺席了联大对该条约的投票。③ 不过，国际社会却普遍认为，法国的缺席行为是一种大国之间的权力博弈与制衡。值得注意的是，中国在恢复联合国合法席位后，与法国所持理由类似，也未加入《海床军备控制条约》。④ 在该条约开放签署的数日后，当时的中国舆论强调"该条约只不过是美苏两国操纵海洋资源的诡计"。⑤

　　此外，如前所述，法国将领海扩大至 12 海里也有着海上军事

---

　　①　《海床军备控制条约》第 1 条第 1 款规定："各缔约国承诺不在第二条规定的海床区外部界限以外的海床洋底及其底土埋没或安置任何核武器或任何其他类型的大规模毁灭性武器以及专为储存、试验和使用这类武器而设计的建筑物、发射装置或任何其他设备。"第 2 条规定："为了本条约的目的，第一条所指的海床区外部界限应与一九五八年四月二十九日在日内瓦签订的领海及毗连区公约第二编所指区域的十二海里外部界限相同，并应按照该公约第一编第二节的规定及按照国际法测算。"

　　②　参见 Réponse de M. M. Schumann, Ministre des Affaires Étrangères, au Cours du Débat de Politique Étrangère à l'Assemblée Nationale Française, La Politique Étrangère de la France, du 9 Juin 1971, pp. 236-237。

　　③　有学者认为，法国的缺席不仅仅是出于条约设置不够完美的考量。实际上，法国认为条约本身就不存在真正意义上的裁军措施。参见 David Ruzié, La Dénucléarisation des Fonds Marins, le Monde Diplômatique, 18 Mars 1971。

　　④　中国于 1991 年 2 月 28 日加入《海床军备控制条约》，并在加入书中申明：条约任何规定均不得解释为以任何方式损害中华人民共和国对其领海及邻接其领海的海域、海床及其底土的主权和其他权利。台湾当局以中国名义于 1971 年 11 月 2 日签署并于 1972 年 2 月 22 日批准《海床军备控制条约》是非法的、无效的。

　　⑤　参见 Georges Fischer, Chroniques des Armements, Annuaire Français de Droit International, 1970, p. 84。

层面的考量。然而，近岸防护范围的扩大会引发诸多问题。首先，在法国主要的打击力量中，潜艇占相当重要一部分。根据《领海和毗连区公约》的规定，潜艇应在海面上航行并展示其旗帜。[①] 换句话说，如果国家管辖范围内海域扩展过大，潜艇在水面航行的范围也会相应扩大。同时，20 世纪 60 年代的法国，最重要战略目标就是建立一套独立自主的国防政策。由于两个超级大国既不接受全面裁军，也不接受销毁核武器及其装卸设备、禁止核武器生产的措施，法国也同样不愿意取消或更改其核试验项目计划。另外，即便对"海床洋底军事化"持反对立场，法国仍然参与了不少所谓的"防卫性质"的海洋科研实践活动。笔者认为，海洋科学研究带来的科学价值并不能掩盖法国的潜在军事意图，而推进防卫性质的海洋科学研究意图是法国使用"软实力"来弥补自身"硬实力"不足的体现。

第三节　法国海洋法律制度的主要特点
（1958 年至今）

当代法国海洋法律制度的形成与发展，深受新海洋法形成过程的影响。本书以 1958 年联合国第一次海洋法会议的召开为节点，对法国当代海洋法律制度的形成和发展进行了检视和梳理。以 20 世纪 50 年代海洋法成文编纂为起点，直至 21 世纪的今天，笔者希望探寻法国海洋法律制度在建设过程中的主要特点。这些特点主要来自法国海洋法律制度的国际法影响、国内海洋机制建设影响、国内海洋战略政策影响这三个方面。

一、法国深受国际海洋法律制度形成过程的影响

从联合国海洋法会议召开之时，法国就开始对本国海洋立法进行了同步跟进和调整。可以说，新海洋法规则的制定过程，与法国海洋立法的演进息息相关。

---

① 参见 1958 年《领海与毗连区公约》第 14 条第 6 款。

(一)第一、第二次海洋法会议影响下的法国海洋法

1. 法国对第一次海洋法会议成果的态度谨慎

在 1958 年联合国第一次海洋法会议上,法国的态度较为特殊。在第一次海洋法会议结束后,法国仅签订了"日内瓦四公约"中的两个公约。在此之后,法国对待日内瓦有关公约的条款态度也缺乏连贯性和一致性。

具体而言,第一,法国签署了《公海公约》,但一直没有批准。① 第二,法国于 1965 年才加入《大陆架公约》,并对该公约提出了多项保留和声明。② 第三,法国直到 1970 年才批准《渔业公约》,③ 动机则是法国当时决定在法属圭亚那省建立 80 海里宽度的渔业保护区,以对抗巴西宣布建立的 200 海里领水区域。④ 第四,法国未通过或加入《领海与毗连区公约》,⑤ 法国的领海与毗连区规则,是通过后续国内立法而确立的。

此外,法国对海洋习惯规则的态度也值得考究。在 1958 年日内瓦会议上,法国对于将某些习惯规则进行编纂的问题非常敏感,

---

① 参见 Nations Unies, Dépositaire État des Traitées de la Convention sur la Haute Mer, Genève, 29 Avril 1958, https://treaties. un. org/pages/viewdetails. aspx? src = treaty&mtdsg_no = xxi-2&chapter = 21&lang = fr。

② 参见 Nations Unies, Dépositaire État des Traitées de la Convention sur le Plateau Continental, Genève, 29 Avril 1958, https: //treaties. un. org/pages/ ViewDetails. aspx? src = TREATY&mtdsg_no = XXI-4&chapter = 21&clang = _fr。

③ 参见 Nations Unies, Dépositaire État des Traitées de la Convention sur la Pêche et la Conservation des Ressources Biologiques de la Haute Mer, Genève, 29 Avril 1958, https://treaties. un. org/pages/ViewDetails. aspx? src = TREATY& mtdsg_no = XXI-3&chapter = 21&clang = _fr。

④ 法国希望援引《渔业公约》中的一些条款,来维护自身的海洋渔业权益。例如,《渔业公约》承认所有的沿海国都有维持毗连领海的公海生物资源产出的特别利益,以及可以采取相应的单边性保全措施。

⑤ 参见 Nations Unies, Dépositaire État des Traitées de la Convention sur la Mer Territoriale et la Zone Contiguë, Genève, 29 Avril 1958, https: //treaties. un. org/pages/ViewDetails. aspx? src = TREATY&mtdsg _ no = XXI-1&chapter = 21&clang = _fr。

尤其是对于渔业活动中的习惯规则。实际上，法国对海洋习惯规则的态度并不是特例，这种现象主要与当时海洋法成文编纂的客观情况有关。第一次海洋法会议的主要特点，一方面是对传统海洋习惯规则进行编纂，另一方面是推动海洋法中新概念的敲定。例如，传统习惯法并不包含"大陆架""海底区域"这些部分的概念、规则和国家权利界定问题。有学者指出，在日内瓦会议上，一些国家认为，这些规则严格意义上构成了最近实践形成的习惯规则的编纂，而另一些国家则认为，这些规则应是一种"渐进式发展"。[①] 通过对法国的实践检视，可见法国认为对于习惯规则的成文编纂应该慎之又慎，不应采用"一刀切"的做法。

2. 法国对当时国际海洋政治形势有了新认知

在第二次海洋法会议中，领海宽度界定问题仍未取得突破。不过，也正是从此时起，传统海洋法规则已经成为了新兴独立国家和老牌海洋强国之间的争论焦点。对于法国来说，也极有必要在其海洋政策中采取更为鲜明的立场。法国的态度转变主要基于两点考虑：一方面，在这个时期，海洋法的变革已经成为当时国际社会的重要问题，法国注意到，各国对待海洋法议题的姿态已经上升到了政治层面；另一方面，通过海洋法的变革，法国可以进一步利用有关规则抗击海洋污染。具体而言，法国存在三个层面的战略考量。

首先，戴高乐领导下的法兰西第五共和国，重新展露出了对海洋的雄心。戴高乐不仅革新了第四共和国时期的海军力量，并重新组建核潜艇部队；同时，在他的带领下，法国展开了在非洲的"去殖民地化"运动。作为宗主国，法国原殖民地是其留在第三世界国家中的一笔宝贵财富，法国也希望维持与原殖民地之间的一种和谐关系。因此，对于第三世界国家要求"各国公平获取海底资源"之诉求上，法国采取了一种更为理解性的姿态。法国对于发展中国家的特殊立场，使其在1971年海底委员会会议上取得了一定的胜利。

---

① 参见 Tullio Treves, Codification du Droit International et Pratique des États dans le Droit de la Mer, Nijhoff：Recueil des cours-Académie de Droit International de La Haye, 1991, p. 35。

在非洲及拉丁美洲一些国家通过"距离标准"确定大陆架、提出沿海国对海底200海里界限问题上,较其他西方海洋强国而言,法国的态度都较为温和。

其次,法国逐渐意识到新海洋法的全球性特征。新海洋法是各利益相关国采取立场和行动的反映。一方面,当时国际法仍没有确定领海的最大宽度,许多国家在其沿海创设了"渔业保护区"。例如,1964年3月9日达成的《伦敦渔业协定》,允许各缔约国建立12海里的渔业区。① 其他的一些沿海国,则开始建立更为宽广的区域,并规定外国渔船禁止在这些区域捕鱼。另一方面,根据《大陆架公约》的规定,"200米水深"②成为国际法上确定大陆架的一个标准,而"技术上能够开发"也是一个标准。换句话说,该定义使得大陆架的范围可随技术的发展而扩大,这对于技术落后的国家并不公平。直到1967年,马耳他驻联合国大使阿尔维德·帕多博士(Arvid Pardo)提出"人类共同继承财产"(common heritage of mankind)原则,联合国成员才最终达成共识,即海洋区域应该彼此相互联系并看做一个整体。

最后,自20世纪60年代起,法国开始遭受海洋溢油事故的侵害。1967年,"托尼·卡尼翁"(Torry Canyon)号的事故导致约12万吨石油泄漏,造成了法国西海岸的严重污染。法国与英国在政府间海事协商组织③提出数项提案,最终促成了1969年年底在布鲁

---

① 参见 Article 3 "Within the Belt between Six and Twelve Miles Measured from the Baseline of the Territorial Sea, the Right to Fish Shall be Exercised only by the Coastal State and by Such Other Contractin Parties, the Fishing Vessels of Which have Habitually Fished in that Belt Between 1st January, 1953 and 31st December 1962", London 1964 Fisheries Convention, https://www.elaw.org/content/fisheries-convention-london-9-march-1964。

② 《大陆架公约》第1条规定:"大陆架是邻接海岸但在领海范围以外,深度达200米,或深度超过此限度而上覆水域的深度容许开采其自然资源的海底区域的海床和底土。"

③ 1982年5月,"政府间海事协商组织"更名为"国际海事组织"(International Maritime Organization)。

塞尔举行的外交会议。布鲁塞尔会议最终达成了《国际干预公海油污事故公约》和《关于油污损害的民事责任的布鲁塞尔公约》两项国际公约。在其中,《国际干预公海油污事故公约》具有创新性意义,因为它建立了适用于公海海域的普遍性法律制度。该公约认可在出现航行事故的时候,一个沿海国有权在公海上采取它认为必要的措施,以面对可能的严重或急迫的危险。同样,沿海国的干预权避开了船旗国的法律。① 随后,1973 年《干预公海非油类物质污染议定书(草案)》进一步扩大了这种干预权。《国际干预公海油污事故公约》最终于 1975 年 5 月 6 日生效。

(二)第三次海洋法会议影响下的法国海洋法

在第三次海洋法会议前,法国认为国际法的编纂应该是一个或数个国内立法规则的反映。在《公约》仍在谈判的过程中,法国就已开始推进国内海洋立法的制定。例如,1971 年年底法国立法确定了法国 12 海里的领海宽度。② 通过国内立法,法国希望表明"领海宽度问题"没有商讨余地。除法国外,当时也有许多国家颁布国内立法确定了 12 海里领海宽度界限。通过此举,国际社会逐渐形成对该问题的法律确信。在《公约》正式通过前,法国已在很大程度上将《公约》的有关内容转化为了国内法。法国的涉海法律法规,囊括了《公约》规则下各种海洋活动法律制度的主要方面。因此,1996 年法国批准《公约》的举动,并未对其海洋立法体系造成很大影响。通过上文的梳理,有关法国对《公约》规则的国内法转化可以归结为以下主要内容。

1971 年 12 月 24 日,法国通过第 71-1060 号《领海与基线法》对领海外部界限作出了定义,废除 3 海里的传统主张,宣布领海宽度

① 参见 Article V de la Convention Internationale sur L'intervention en Haute Mer en cas D'accident Entraînant ou Pouvant Entraîner une Pollution par les Hydrocarbures, Conclue Bruxelles le 29 Novembre 1969, https://treaties. un. org/doc/Publication/UNTS/Volume%20970/volume-970-I-14049-French. pdf。

② 参见 Loi n° 71-1060 du 24 Décembre 1971 Relative à la Délimitation des eaux Territoriales Françaises。

为12海里。① 该立法是法国对1958年《领海与毗连区公约》有关12海里领海界限的国内法转化。1977年5月11日，法国对1968年《大陆架勘探及其自然资源开发法》作出调整，修改后的法律规定了欧共体居民在法国大陆架开发资源的相关条件。② 1987年12月31日，法国通过第87-1157号有关"打击毒品贩卖"的法令，对法国《刑法典》中的某些条款作出了修改。③ 另外，该法令第9条设立了毗连区，规定毗连区是"自领海基线算起的12至24海里之间的海域"。在该海域内，"海关部门可以行使必要的管制手段"，以打击毒品贩卖活动。④ 也就是说，法国通过设立毗连区，加强了海关的职能，其主要目的就是加强海上非法活动的边控管制。1989年12月1日，法国颁布《海洋文物法》，对1941年9月27日有关"考古挖掘"的法律作出了修改。1989年《海洋文物法》创设了毗连区并提及了海洋文物概念，规定"当海洋文物在毗连区海底的公共海域被找到且无法找到它的所属者时，该文物则属于国家"。⑤

1976年7月16日，法国颁布第76-655号《共和国领土海岸经济区法》，确定了法国海域经济区范围是从领水边界起的188海里。同时，该立法确认了法国在该区域行使"海床洋底及上覆水域

---

① 参见 Loi n° 71-1060 du 24 Décembre 1971 Relative à la Délimitation des Eaux Territoriales Françaises。

② 参见 Loi n° 77-485 du 11 Mai 1977 Modifiant la Loi n° 68-1181 du 30 Décembre 1968 Relative à L'exploration du Plateau Continental et à L'exploitation de ses Ressources Naturelles。

③ 参见 Loi n° 87-1157 du 31 Décembre 1987 Relative à la Lutte Contre le Trafic de Stupéfiants et Modifiant Certaines Dispositions du Code Pénal（1）。

④ 参见 Article 9 du Loi n° 87-1157 du 31 Décembre 1987 Relative à la Lutte Contre le Trafic de Stupéfiants et Modifiant Certaines Dispositions du Code Pénal（1）。

⑤ 参见 Loi n° 89-874 du 1 Décembre 1989 Relative aux Biens Culturels Maritimes et Modifiant la Loi du 27 Septembre 1941 Portant Réglementation des Fouilles Archéologiques。

自然资源、生物资源、非生物资源勘探和开发的主权权利"。① 法国此前颁布的有关"禁止外国人在法国领海水域捕鱼"法令,也将适用于法国专属经济区。同时,法国大陆架和专属经济区内的一切活动,都必须符合法国《环境法典》,法国政府在专属经济区内也具有国际法所承认的有关海域环境保护的权力。② 法国对于专属经济区的立法有两方面值得注意:一方面,法国在 2009 年才宣布设立在地中海区域的专属经济区;另一方面,法国圣皮埃尔和密克隆群岛的专属经济区是通过仲裁确立的。

从 20 世纪 80 年代开始,法国逐步确定《公约》有关海域活动的制度,主要包括深海资源勘探和开发、海洋污染防治、海洋科学研究、国家在海上行使武力等方面。在深海资源勘探和开发方面,1981 年 12 月 23 日,在《公约》即将达成前,法国颁布了有关深海区域勘探和开发活动的单方性立法;③ 1985 年 5 月 22 日,法国颁布了《公约》制度下法国渔业活动的法律;④ 1986 年 7 月 11 日,法国颁布了《公约》制度下有关海洋科学研究的法律制度,对 1976 年第 76-755 号立法进行修改并规定:"所有在法国领海、法国法律规定下的专属经济区、生态保护区、大陆架上进行的海洋科学研究,

---

① 值得注意的是,法国第 76-655 号《经济区法》没有加上"专属"(exclusive)二字。经过后面数次的修订,第 76-655 号立法全称现为《共和国专属经济区和生态保护区法》。参见 Loi n° 76-655 du 16 Juillet 1976 Relative à la Zone Économique et à la Zone de Protection Écologique au Large des Côtes du Territoire de la République。

② 参见 Section 2 Autorisation des Activités Exercées sur le Plateau Continental et Dans la Zone Économique Exclusive, Loi n° 76-655 du 16 Juillet 1976 Relative à la Zone Économique et à la Zone de Protection Écologique au Large des Côtes du Territoire de la République。

③ 参见 Loi n° 81-1135 du 23 Décembre 1981 sur L'exploration et L'exploitation des Ressources Minérales des Grands Fonds Marins。

④ 参见 Loi n° 85-542 du 22 Mai 1985 Modifiant le Décret du 9 Janvier 1852 sur L'exercice de la Pêche Maritime。

需得到最高行政法院颁布的相关法令条例规定下的相应许可。"①

在海洋污染防治方面,1983年7月5日,法国颁布《打击船舶污染法》,将《公约》第十二部分的部分内容转化为国内法。② 例如,该立法将《公约》规定的"采取针对海洋环境的一切污染来源的措施。这些措施……应包括旨在在最大可能范围内尽量减少……来自船只的污染,特别是为了防止意外事件和处理紧急情况,保证海上操作安全,防止故意和无意的排放,以及规定船只的设计、建造、装备、操作和人员配备的措施"的内容转化为国内法。③ 值得注意的是,"阿莫科·卡迪兹"(Amoco Cadiz)号油轮的倾覆事故,不仅对法国海岸造成了重大污染,也对法国在第三次海洋法会议中的立场产生了直接影响。1978年3月,"阿莫科·卡迪兹"号在法国拉芒什海峡航行时触礁沉没,造成约23万吨原油泄漏,法国布列塔尼海岸受到严重污染。自1967年"托尼·卡尼翁"(Torry Canyon)号事故后,法国再一次遭受到海洋污染的打击。自此,法国深刻意识到,即便是1969年《国际干预公海油污事故公约》的缔约国,该公约已经无法应对国际海运活动的新发展和沿海国的新需求。④ 因此,在第

---

① 参见 Loi n° 86-826 du 11 Juillet 1986 Relative à la Recherche Scientifique Marine et Portant Modification de la Loi n° 76-655 du 16 Juillet 1976 Relative à la Zone Économique et à la Zone de Protection Écologique au Large des Côtes du Territoire de la République。

② 参见 Loi n°83-583 du 5 Juillet 1983 Réprimant la Pollution par les Navires。

③ 参见《公约》第194条第3款(b)项。

④ 该事故的环境损害赔偿处理也令法方失望。"阿莫科·卡迪兹"号是在利比亚注册并由美国石油公司使用的一艘油轮。由于美国不是1969年《国际干预公海油污事故公约》的缔约国,赔偿案最关键的是确定适用的法律。正常情况下,由于事故在法国发生,可以适用法国法律,法国受害者也可以根据1969年公约向法国法院提起诉讼。然而,由于事故额定的各方赔偿总额远远超过了1969年公约的最高赔偿限额,因此,该赔偿案最终在美国的法院进行审理。最终,美国芝加哥联邦法院对该案进行了裁决,裁决赔偿额度远低于事故应有赔偿额度,也完全无法支持法国政府预计实施的生态系统恢复计划。国际社会也普遍对该事件判决结果表达失望态度。参见 Journal Officiel de la République Française, Débat Parlementaires, Sénat, Compte Rendu Intégral de 3ème Séance du Mardi 11 Avril 1978, pp. 382-421; Tomljenovié, Maritime Torts-New Conflicts Approach: Is it Necessary? In Yearbook of Private International Law, Vol. I, 1999, pp. 281-291。

三次海洋法会议中，法国极为强调扩大沿海国在公海的干预权。法国代表团指出："国家干预的权利不能仅仅来自条约，也应建立在习惯法基础之上。"①最终，法国的这种坚持在《公约》第221条中得到了体现。

　　在第三次海洋法会议结束后，法国海洋法与国际涉海条约的互动关系仍在继续。同许多国家一样，法国将《公约》中的一些条款进行了国内法转化。尤其值得注意的是，法国许多涉海法律法规在《公约》生效前就已经出台。通过对法国先行性立法进行考察，可以进一步洞悉法国在《公约》某些条款适用和解释问题上的应对方式和背后考量。

二、法国注重国家海洋综合管理机制的建设

　　当代法国已经拥有较为成熟的海洋事务综合管理机制，是国际社会中典型的采用集中统一管理体制的国家之一。法国海洋事务管理系统化、集中化的推行，经历了一个漫长的发展过程。当然，这种管理机制建设的主要动机，就是对过去法国各涉海部门之间存在管理权限分散、协作效率低下的弊端的认识。

（一）法国海洋综合管理机制的历史发展

　　法国对海洋活动的管理最早可以追溯到17世纪。1605年，法国为海军管理设立专员，1668年，法国又通过设立海上登记制度，对海上活动进行管理。不过，当时的法国政府未对军事性质和民事性质的海上活动作出区分。1789年法国大革命后，法国海洋管理系统进行重大改革。旧体制下的法国海军司令部不再存在，国家市政管理和服务部门则开始介入海上事务。② 这也成为了法国海洋管

---

　　①　参见 35th Meeting of the Third Committee, A/CONF. 62/C. 3/SR. 35, p. 145。

　　②　参见 Alain Chabrol, Rapport de L'Administration de la Mer: Mission D'étude, de Réflexion et de Propositions sur L'organisation et les Missions de L'administration Centrale de la "Mer" et de ses Services Déconcentrés, La Documentation Française, 1996, p. 3。

理系统的特点之一。在法兰西第三共和国时期，法国海军部同时负责海上军事和海上商事两种海务问题。然而，在此后很长一段时期，法国的海洋事务管理都处于缓慢发展状态。

法国现当代海洋管理结构的雏形现于20世纪初。1913年法国设立的商船队(marine marchande)已经具备与今天相似的部门和权限。1916年，法国商船部门交由公共工程及交通部管理。1945年，法国建立海商总秘书处，对海上商运活动进行管理。随着二战后全球经济的不断发展，海上活动类型和性质也不断产生变化，如贸易全球化、常备海军数量减少、渔船和商船数量减少、娱乐和水上运动船只增加等，都对法国的海洋管理提出了更高的要求。1971年，法国颁布第71-94号法令宣布设立环境部，并开始确立环境保护政策。第71-94号法令标志着法国进入了相对集中的环境管理体制阶段，是个很大的进步。

(二)法国海洋综合管理机制的初步形成

实际上，在20世纪80年代，由于法国分权制的设立和推行，法国对涉海事务部门也进行过一次分权自治的尝试。不过，在推行过程中，法国逐渐发现了该机制的重大弊端：对涉海事务的分权管理，很容易被看成一种放弃制定国家海洋政策的迹象。由于尝试的效果不尽如人意，法国于1993年正式结束对海洋事务的分权管理。

通过这次失败的实践，法国意识到通过中央政府层面统筹和协调海洋事务之重要性。1995年11月22日，法国颁布第1995-1232号立法，宣布成立"海洋国务秘书总局"(SGmer)，替代之前的"海洋部"。① 在法国海洋政策中，海洋国务秘书总局担任着相当重要的角色，因为它是法国政府统一管理、协调海洋工作的职能部门。它的职责，不仅包括对政府的海洋政策制定工作进行协调，同时也对海洋政策的实施进行监管和评估。此外，法国还成立海洋部际间

---

① 参见 Décret n°95-1232 du 22 Novembre 1995 Relatif au Comité Interministériel de la Mer et au Secrétariat Général de la Mer。

委员会(CIMER)，负责对国内和国际海洋领域中政府政策的审议工作，并确定政府在海洋活动所有领域的行动方向，包括海域空间利用、海洋环境保护、海岸资源和海床底土的可持续发展管理等。① 也就是说，法国通过设立海洋国务秘书总局、加强海洋部际间委员会的行动手段，旨在强化平行部门间的涉海行动建设，对国家各沿海地区的海洋事务网络实行更为连贯的管理。自此，法国初步形成对海洋事务的系统性管理。

值得注意的是，随着欧盟区域海洋治理机制的不断建设，法国《国家海洋战略蓝皮书》中的许多内容，都需要与欧盟的海洋战略框架相协调。为此，海洋国务秘书总局推动法国有关部门与欧盟决策机关的联系，对有关法律条款进行追踪和协调，并适时作出必要调整。此外，海洋国务秘书总局直接隶属于法国总理领导，可以直接向总理汇报工作。② 海洋国务秘书总局还享有参加法国内阁会议的权力，对海洋问题建言献策。总体来看，海洋国务秘书总局的建立，是法国海洋事务迈向集中管理的重要一步。

此外，由于一国港口吸引力取决于为其提供服务的道路网络，法国装备-交通-住房部也对法国海洋事务管理起着重要作用。装备-交通-住房部有两个与海洋事务直接关联的部门，即海上交通-港口-近海管理处以及海上人员管理处。这两个部门通过对法国海港和腹地的规划建设，对法国海事领域产生重要影响。③ 法国其他涉海部门也可或直接或间接地参与到法国海洋事务中来。

（三）法国海洋综合管理机制的高度集中化建设

虽然法国海洋综合管理机制已经形成，但想要达到各涉海部

---

① 参见 Article 1 du Décret n° 95-1232 du 22 Novembre 1995 Relatif au Comité Interministériel de la Mer et au Secrétariat Général de la Mer。

② 参见 Articile 4 du Décret n° 95-1232 du 22 Novembre 1995 Relatif au Comité Interministériel de la Mer et au Secrétariat Général de la Mer。

③ 参见 Alain Gille, Rapport à Monsieur le Ministre de L'équipement, des Transports et du Logement Sur L'organisation D'une Direction Générale de L'administration de la Mer et du Développement Maritime, 30 Octobre 2001, p. 17。

门之间高协作化、高效率化的目标,还需要一个漫长的磨合过程。法国海洋事务涉及机构众多、组织复杂,一项涉海行动往往有数个行政机构负责人参与,例如,作为国家海上行动政府代表的海军军区司令、海岸共同组织和海洋区域间指挥处(DIRM)行政长官、负责经济发展的大区区长、负责近岸城市化及海洋公共领域管理的省长等。

法国海洋事务的管理,也开始了一个不断综合化、集中化和法制化的过程。在1995年11月15日的一封任务信中,时任法国交通部长贝尔纳·彭斯(Bernard Pons)指出:"应该对'海洋'的中央管理机构及其不集中的部门进行一番研究。"①同年,雅克·希拉克(Jacques Chirac)就任总统后,法国开始了一系列国家和公共部门的转型改革。这次改革涉及四个主要方向:第一,将国家使命具体化,以进一步落实捍卫领土、人民、公共机构的国家理念。第二,将当时冗多而分散的国家管理部门重新调整并集中管理。同时,也应考虑一个事实,就是中央管理机构的最高效率并不直接导致最为经济的结果。第三,整合法国各领土职能部门,推动中央政府与各执行部门的创新关系。第四,坚持"就近管理",减少相关管理机构数量。②

---

① 参见 Alain Charbol, L'Administration de la Mer, Mission D'études, de Réflexion et de Propositions sur L'organisation et les Missions de L'administration Centrale de la "Mer" et de Ses Services Déconcentrés Raaport à Monsieur le Ministre de L'équipement, du Logement, des Transports et du Tourisme, le 29 Février 1996, p. 33。

② 参见 Loi Constitutionnelle no 95-880 du 4 Août 1995 Portant Extension du Champ D'application du Référendum, Instituant une Session Parlementaire Ordinaire Unique, Modifiant le Régime de L'inviolabilité Parlementaire et Abrogeant les Dispositions Relatives à la Communauté et les Dispositions Transitoires, https://www. senat. fr/evenement/revision/95-880. html。

总体而言，法国海洋事务各部门的基本架构是较为庞杂的。[①]（参见图 1-1）2013 年 6 月，法国环境与可持续发展委员会发布了针对法国海洋政策的阶段性评估报告。该报告指出，不同层次管理主体的不同权力，容易造成法国海洋政策的模糊性和复杂性。同时，这也加大了某些海洋计划的实施难度，因为有些计划实施过程过于复杂，也很难确定谁是最终决策者。[②]

法国各涉海部门参与海洋事务的复杂度也仍然很高。2007 年 3 月 22 日，法国颁布在北海-拉芒什海峡海域、大西洋、地中海、安地列斯群岛、圭亚那、南印度洋和法属南极洲和南极领地海域的国家海洋任务清单。[③] 在该任务清单中，国家在海洋方面的任务多达 45 种，涉及国防、交通、预算、工业、内政、环境、渔业等 15 个部门。不过，海洋国务秘书总局在一定程度上解决了各部际间对海洋事务的协调问题。有学者认为，法国通过建立高度集中的海洋管理机制，克服了过去部门之间利益相互竞争、责任相互推诿的状

---

① 在法国本土层面，负责海洋事务的机关是各省领土和海洋指挥处（DDTM）以及海洋区域间指挥处（DIRM）。近岸海域治理问题则由住房及环境整治区域指挥处（DREAL）负责，该处与海洋区域间指挥处共同协作处理海陆问题。在法国的海外领土层面，国家在海上的行动主要由政府代表（省区长或高级总督）行使，当地军区司令进行辅助工作。海外领土的海洋事务管理则由原先的省级海务指挥处（DDAM）和大区级海务指挥处（DRAM）负责。在法国地方行政层面，地方行政单位机关也同样可以行使海洋方面的权力，如在一些港口和渔业活动的管理上。虽然无论是从技术的角度还是从财政的角度，地方行政单位在海洋领域的参与都很难实现统一化，但是它们的许多举措，都吸引到了不少公共资金的投入。

② 参见 Yves Morin & Marianne Bondaz & Jean-Michel Suche, Évaluation de la Politique Maritime. Phase de Diagnostic. Rapport D'analyse Annexe, Conseil Général de L'environnement et du Développement Durable, Juin 2013。

③ 参见 Arrêté du 22 Mars 2007 Établissant la Liste des Missions en Mer Incombant à l'Etat Dans les Zones Maritimes de la Manche-mer du Nord, de L'Atlantique, de la Méditerranée, des Antilles, de Guyane, du sud de l'océan Indien et Dans les Eaux Bordant les Terres Australes et Antarctiques Françaises。

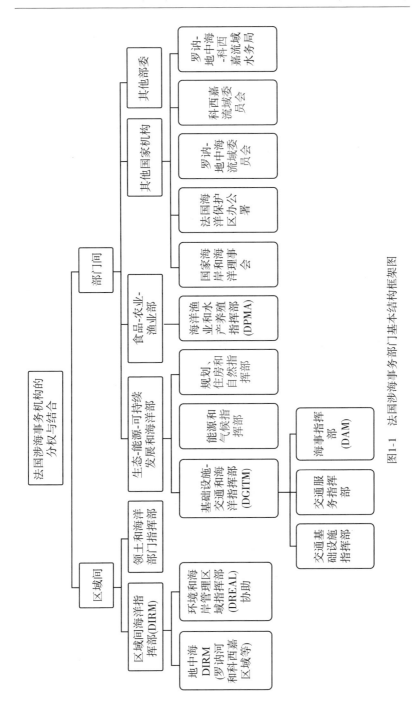

图1-1 法国涉海事务部门基本结构框架图

况。① 笔者认为，即便法国海洋综合管理机制选择了一条高度集中化的道路，但由于国家海洋利益攸关方众多，想要平衡分配各利益攸关方的"蛋糕"，真正做到海洋管理的有效协作，法国还有很长一段路要走。

三、法国注重 21 世纪国家海洋综合性政策的制定

从历史和政策的角度来说，综合海洋政策是法国的软肋之一。历史上的法国是陆上强国，但法国在可被誉为"海上强国"的时候，却处于一种时断时续的、短暂的状态。② 不过，经过数十年来参与新海洋法的构建，尤其是在批准《公约》后，21 世纪的法国海洋政策也在不断调整，并有借助欧盟综合海洋框架强化自身海洋话语权之势。

1. 法国海洋综合政策的制定背景

进入 21 世纪来，法国国内相关智库团队相继出版海洋战略报告，对全球化形势下法国海洋政策进行了详细分析并作出调整建议。在其中，较为具有代表性的是 2006 年法国"波塞冬"团队发表的《波塞冬报告》。《波塞冬报告》系统阐述了法国重新制定新海洋政策的必要性。首先，报告认为法国缺乏一个具有雄心的国家海洋政策。法国经济位列世界第 7 位，但悬挂法国国旗的船只总量仅列世界第 27 位。③ 同时，相较于所拥有的专属经济区面积来说，法国对于海洋的监管和介入还非常不足。④ 其次，报告指出，无论在国内层面还是国际层面，无论是政府动议还是公众舆论，法国都没

① 李林、吕吉海等：《中国海上行政法学探究》，浙江大学出版社 2013 年版，第 77 页。

② 参见 L Nicolas, P. Belot et A. Reussner, La Puissance Navale dans L'histoire, 3 Vol, Paris, Editions Maritimes et D'outre-mer, 1958-1971；H. Legohebel, Histoire de la Marine Française, Paris, PUF, 1999。

③ 参见 Rapport du Groupe Poséidon, Une Ambition Maritime Pour la France, «Politique Maritime de la France», 2006, p. 7。

④ 参见 Rapport du Groupe Poséidon, Une Ambition Maritime Pour la France, «Politique Maritime de la France», 2006, p. 14。

有对海洋及海洋法予以足够的重视。例如，法国每年为海洋科学研
究投入约 4 亿欧元，而通过海洋可以带来的贸易额则超过 190 亿欧
元。① 可以说，法国海洋经济的发展给相关产业带来了诸多机会，
这些机会也有利于法国进一步强化其海洋综合性政策。

从欧盟层面看，法国也有革新海洋政策的必要性。《欧盟
2005—2009 年战略目标》指出："需要制定一体化的海洋政策，在
保护海洋环境的同时，保持欧盟经济的可持续发展。"②2006 年 6
月，欧盟委员会公布了名为《向欧盟的海洋政策迈进：一种欧洲海
洋的展望》绿皮书。时任欧委会主席乔赛·玛努尔·巴罗索(José
Manuel Barroso)及负责渔业和海事的委员乔·波格(Joe Borg)指出，
发展一个综合性的海洋政策的原因主要在于三点：第一，海洋的经
济意义重大，海洋经济产业直接或间接地创造了约 300 万个就业岗
位，包括海上交通、港口、渔业、水产、造船、能源、旅游等行业
岗位；第二，一项海洋综合性政策需要解决的问题，往往与陆地活
动之间具有强烈的关联性，这些陆地活动包括污染、恐怖主义、毒
品运输、海盗、过度捕鱼等；第三，需要将欧盟海洋政策融入
2002 年约翰内斯堡的"世界可持续发展峰会"框架中。③

2. 法国海洋综合政策的主要内容

在此背景下，2009 年 12 月 7 日，法国政府正式颁布《国家海
洋战略蓝皮书》(以下简称《蓝皮书》)，对新时期法国的海洋政策作
出了全面阐述。通过国家海洋综合性政策的制定，法国表明了希望

---

① 参见 Rapport du Groupe Poséidon, Une Ambition Maritime Pour la
France, 《Politique Maritime de la France》, 2006, p. 69。

② 参见 Strategic Objectives 2005-2009-Europe 2010: A Partnership for
European Renewal Prosperity, Solidarity and Security, https://eur-lex. europa. eu/
legal-content/EN/TXT/? uri=celex%3A52005DC0012。

③ 参见 Lawrence Juda, The European Union and the Marine Strategy
Framework Directive: Continuing the Development of European Ocean Use
Management, Ocean Development and International Law, Vol. 41, 2010。

重新处理好"陆与海之间的微妙碰撞"的战略意愿。①《蓝皮书》是21世纪以来法国最主要的海洋战略与立场文件。《蓝皮书》指出，海洋不仅是地缘政治财富，也是法国国防战略的基础；② 海洋自由原则不应该被绝对化，而应受到许多国际公约和决议的制约；法国下决心保护海洋环境，并建立海洋保护区和用生态系统方法管理海域与资源。③（参见图1-2）

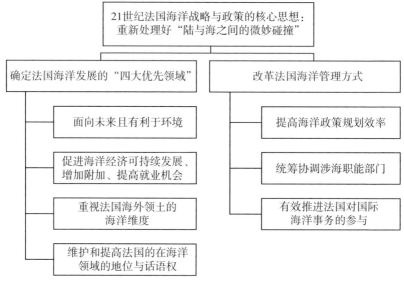

图1-2　21世纪法国海洋政策核心思想结构图

资料来源：根据《蓝皮书》内容绘制。

---

① 参见 Secrétariat Général de la Mer, Livre Bleu：Stratégie Nationale Pour la Mer et les Océans, Décembre 2009。

② 参见 Livre Blanc sur la Défense et la Sécurité Nationale, Direction de L'information Légale et Administrative, Paris, 2013, Juin 2008。

③ 2008年6月，欧盟通过《海洋战略框架指令》，指令目的在于加强对海洋行动和环境的监察，争取在2020年使法国本土海域达到良好的环境质量标准。

《蓝皮书》的主要内容概述如下。①

(1)确定法国海洋政策"四大优先领域"。②《蓝皮书》第二部分阐述了法国海洋政策的四大优先领域。

第一,面向未来且有利于环境。"面向未来"是指法国对海洋进行深入探索和认识之目的,是维护国家对其管辖海域的主权,加强对海洋资源的管理与可持续开发利用。现阶段,法国的重点工作是开展海洋资源的测绘与编制。③ 值得注意的是,《蓝皮书》指出,国家的海洋研究与创新政策,应该与法国在与欧盟层面做出的"发展性海洋研究"的承诺保持一致。为此,法国应尽可能地考察国际和欧盟层面的行动依据。④ 值得注意的是,法国也提及针对法国海外领土的相关法律条款,特别是与海外领土海洋区域有关的特别条款。"保护海洋环境"是法国和欧盟海洋政策的重要目标。因此,在海洋活动中,应坚持预防原则、减少环境损害原则和谁污染谁赔偿原则。"保护生态系统"与"保护生物多样性"是法国海洋政策的优先领域之一,减少海外领土和法国本土的陆上活动造成的污染是国家海洋政策的重点目标,也是欧盟《水框架指令》确定的目标。同时,为防范海洋污染风险,法国将制定有效的预防和治理海岸侵蚀的国家战略。除了确定海洋生态脆弱区域外,法国还将它们纳入"风险预防计划",并以《巴塞罗那公约》中的《海岸带综合管理议定书》为依据。此外,《蓝皮书》还指出,必须为当前和未来涉海职业

---

① 李景光等人主编的《世界主要国家和地区海洋战略与政策选编》一书中,对 2009 年法国《国家海洋战略蓝皮书》进行了部分内容编译。参见李景光、张士洋、阎季惠:《世界主要国家和地区海洋战略与政策选编》,海洋出版社 2016 年版。

② 参见 Secrétariat Général de la Mer, Livre Bleu: Stratégie Nationale Pour la Mer et les Océans, Décembre 2009, pp. 7-29.

③ 法国海洋资源的全面梳理,将从法国本土和海外领土的敏感海域和具有资源开发潜力的海域开始,逐步覆盖至整个法国管辖海域。法国将采用生态系统方法,加深对主要环境问题有关区域和过程的认识与了解,同时也需了解人类活动产生的影响。

④ 例如,以欧盟研究与技术发展框架为依据,与《欧盟海洋综合政策》的指导方针保持一致。

的教育工作制定综合战略，并鼓励法国国民注重和关爱海洋生态。

第二，促进海洋经济的可持续发展，增加附加值，为沿海地区居民提高就业机会。《蓝皮书》指出，可持续地利用自然资源极为重要，这些自然资源包括生物资源、矿物资源、能源资源等。首先，应优先摸清海洋碳氢化合物资源①的储量情况，以便在需要时对其进行有效开发。同时，应制定国家战略，明确对深海碳氢化合物资源的管理与开发程序。其次，应促进海洋渔业和水产养殖的可持续发展，在法国本土海域推进《共同渔业政策》的深入改革，并与各海外领土政府一道。在不受《共同渔业政策》管理的海域，继续推行可持续渔业政策。再次，建立创新型和具有竞争力的船舶制造业，改革海洋运输，加强国家船队建设，建设具有国际影响力的港口，制定游艇运动与海洋休闲国家战略。

第三，强化法国海外领土（Outre-mers français）的海洋维度。《蓝皮书》指出，法国的影响不局限于欧洲，法国在四大洋都拥有海域，其中多数位于太平洋②和印度洋③。通过面积辽阔且地域分散的海外领土的依托，法国在几乎所有全球海域的涉海活动议题中都具有话语权。法国在海洋领域的诸多财富，都源自海外领土辽阔的专属经济区。国家研究与创新政策将包含与海外领土的有关内容，国家也将针对这些海域提出相关方案。法国海外领土政府与国家海洋政策密切相关，"海洋"不仅是海外领土的财富，也使法国肩负着巨大的责任。因此，应在兼顾环境（特别是当地环境）的基础上，对这些资源进行合理开发利用。在各海外领土的海洋政策中，海洋资源的开发利用是重要的战略推手。

第四，维护和提高法国在欧洲乃至在全球的地位。法国积极参与国际管理活动，并以"全人类的福祉而保护全球海洋及其资源"以及"维护法国和欧盟的利益"为两大行动目标。为实现这两大目

---

① 海洋碳氢化合物资源主要指石油和天然气资源。

② 法国在太平洋的海域基本位于法属波利尼西亚和新喀里多尼亚附近。

③ 法国在印度洋的海域主要位于非洲西南部的印度洋海域和法属凯尔盖朗群岛附近。

标，法国将模范地行使在管辖海域的权利和履行相关义务，并在其他海域的活动中遵守有关国际条约、公约和决定。同时，欧盟各成员国已将部分国家管辖权移交欧盟。法国海洋政策不仅应从国家层面呼应欧盟海洋综合政策，更应成为欧盟海洋综合政策的积极推动力量。另外，法国将继续推进管辖海域的划界工作，包括对存在主权争议海域的划界。为此，法国将努力推进批准有关国际公约的工作，将国际义务转化为国内法规。最后，为了提升法国海域划界能力、规避海洋划界的冲突和风险，《蓝皮书》也特别强调了提升法国防务与安全能力的必要性。

(2)改革法国海洋管理方式。① 《蓝皮书》第三部分阐述了法国海洋管理方式新的变革。第一，加强海洋管理，提高海洋规划效率。《蓝皮书》指出，所有的利益攸关方，都应参与海洋政策的制定、实施及评估工作。海洋综合政策必须体现在各行业、跨行业和领地的政策中，这需要中央政府和地方政府之间、各地政府之间的紧密合作。② 另外，由于海洋的特殊性，海洋事务往往涉及多个部门，因此，法国中央政府需要加强内部管理、提高统筹规划效率。③ 法国各级海洋管理部门，必须以一致同意的战略文件方式，

---

① 参见 Secrétariat Général de la Mer, Livre Bleu: Stratégie Nationale Pour la Mer et les Océans, Décembre 2009, pp. 30-38。

② 在国家层面，负责磋商的部门是国家海洋与近海委员会，全称为"法国国家群岛委员会"(Conseil National de l'Archipel France)，任务是负责将海洋与近海管理工作落实到基层，并负责确定和评估法国海洋政策的各组成部分。法国海洋事务部长负责组织制定政府的海洋政策、推进海洋政策的实施。在这其中，需要特别注意的是"保护海洋生物多样性"和"保持生态平衡"问题。

③ 法国负责中央政府涉海事务内部协调工作的是总理，具体实施单位为直属总理领导的海洋国务秘书总局。海域使用者在各地的代表是地方海洋管理部门、土地管理部门或涉外政府代表，他们采取的任何行动，均应考虑海洋政策各个方面的问题，包括战略、法规管理或业务等方面的问题，并照顾到各类海洋问题。次国家层面的涉海磋商工作，由各区域(海域、海盆、岛屿、群岛等)肩负生态管理职能的区域海洋委员会负责。

将"战略规划"用文字固定下来。①

　　第二，统筹协调法国涉海职能部门。法国海洋政策能否得到有效实施，关键在于政府履行涉海职能的能力。在法国，肩负涉海管理职能的部门较多，如法国海军、海事部门、海关、司法部门和应急管理部门等，各机构根据职能开展相应工作。同时，海洋各利益攸关方具有多样性和互补性。这些机构都参与了其他国家对应管理机构组成的网络，有着共同的利益和统一的认识，关系十分密切，这都是确保管理工作效率的重要保障。此外，从目前欧盟的建设情况看，法国不打算将自己的涉海设施与能力永久地交给欧盟有关机构。不过，对于那些由欧盟或欧盟机构负责协调的行动，法国将继续提供支持。法国将根据需要，选择适当的设施和资源，为欧盟提供有一定时段限制的服务，为欧盟的具体行动提供支持。法国认为，区域机制内的统一领导将有助于对涉海事务作出迅速反应。为此，法国将努力促进欧盟各成员国的统一管理程序，保证统一指挥，避免职能分散。

　　第三，推进法国积极参与国际事务。首先，由于海洋事务和地缘政治的复杂性，在采取国际行动时，或采取涉及每一项国家政策的国际行动时，各层面和各级政府都必须相互呼应，保持一致。其次，法国也必须在有关海外领地的支持下，积极参与地区性公约和组织活动。再次，在北极问题上，法国必须利用在北极理事会的观察员地位，与欧盟伙伴一道，表达对北极环境问题的立场并应对北极文化面临的挑战。通过任命"极地大使"，可以明确阐明法国的立场，即法国准备参与与推进制定北极可持续发展综合计划的工作，特别是制定保护北极脆弱生态系统的可持续发展计划。最后，法国将与地中海联盟和欧盟一道，积极推动制定地中海海洋综合政

---

　　①　在国家层面，主要涉及国家海洋与海岸带战略，它为保护海洋环境、开发海洋资源和对涉海活动进行综合与协调管理提供指导；在次国家层面，主要涉及海盆、海区、群岛和岛屿战略；在地方层面，则主要涉及根据法律规划与管理文件的配套文件，明确与海洋战略有关的各类问题。"战略文件"应以环境、经济与社会评估结果为依据，由中央和地方政府的公共权力机构共同签字，并定期组织对于"战略文件"的评估和修订。

策，并划定在地中海的法国专属经济区。

本 章 小 结

本章主要阐述法国海洋法律制度的历史发展以及形成和发展过程中的主要特点。首先，海洋作为自然资源宝库和人类生活拓展空间，具有重要的经济和战略价值。20 世纪国家海洋法律制度的发展，实际上是对之前几百年来人类经略海洋活动所形成习惯规则的一次系统性编纂，以及对 20 世纪海洋新的延伸规则的确认。法国海洋法律制度的形成，也是法国基于自身传统规则考量和参与新海洋法规则制定共同作用下的结果。尽管国际联盟时期就已有对海洋法成文编纂的尝试，但直到 1958 年联合国第一次海洋法会议的召开，才真正产生了传统海洋习惯法和当代国际海洋法律制度的分水岭。在第一次海洋法会议召开之时，法国的态度和立场较为保守，但在此后，法国逐渐意识到新规则可能带来的好处，并以积极姿态投身于第三次海洋法会议之中。不过，法国并没有等到《公约》的达成，而是在《公约》的缔约过程中就已经开始了对有关规则的国内立法。同时，一国的外交是一国内政的外延，法国在第三次海洋法会议上的海洋外交姿态，正是法国国内希望积极捍卫自身海洋权益的结果。自 1996 年《公约》对法国生效以来，法国开展了丰富的海洋实践活动，积极推进国家海洋综合管理机制的建设，并制定面向 21 世纪的国家海洋政策，是《公约》缔约方中较早表明国家海洋战略姿态的国家。这一系列举措，都表明法国是国际海洋法律制度形成过程中的施加影响方和被施加影响方，这种特殊联系也为下文探讨《公约》与法国海洋法实践的互动关系奠定了基础。

第二章 《联合国海洋法公约》影响下的法国海洋法实践

从 1958 年第一次海洋法会议通过的"日内瓦四公约",到第三次海洋法会议达成的《公约》,经过前后二十余年的漫长谈判,国际社会最终达成了一部比较完整的海洋法法典。作为新海洋法缔造过程中的重要参与者以及《公约》缔约方,当代法国的海洋法实践,不仅深受《公约》缔约背景和缔约过程的影响,更是受到《公约》制度的规制。通过考察《公约》影响下的法国海洋法实践,可以让我们更好地探究《公约》缔约方在其嗣后实践过程中对条约规则的利用、解释及创新。

第一节 法国海洋划界

《公约》为各国海洋主张提供了划分依据,掀起了一场世界范围内的"蓝色圈地运动",也造成许多"圈地纷争"。许多海岸相邻或相向国家主张区域产生重叠,引发海域划界纷争,许多群岛或岛屿的效力和地位问题也存在争议。可以说,各沿海国对于自身海洋领土权益的重视和维护,都使得对《公约》有关条款解释和适用变得更为错综复杂。

一、法国开展海洋划界的法律依据

法国领土由西欧的本土和海外领土共同组成。法国本土坐陆望海,邻国及共享海域众多,法国海外领土零星分散在世界各大洲大洋,岛屿属性强烈。拥有 6 个陆地共同边界国的法国,涉及与其海上或海底边界划界的国家上多达 32 个。其独特的地缘情况,促生了法国多量又多样的海域划界实践活动。在实践中，法国也遇到了许多挑战。

在法国国内法中，唯一明确提及划界问题的法律是 1971 年第 71-1060 号有关法国领海划界的立法。该法第 2 条规定："除非有特别约定，领水宽度不应超过法国及与法国相邻或相向沿海国领水基线的最近距离相等的中间线。"①而法国 1968 年大陆架法和 1976 年经济区法均没有与划界有关的条款。1977 年和 1978 年关于在法国领土海岸建立经济区的一系列授权性法令，则提及领水以外 188 海里的经济区域界定遵从于"与邻国的划界协定"。由于该规定较为模糊，因此在与其他国家缔结海洋划界国际协定中——尤其在涉及专属经济区或/和大陆架问题时，法国政府具有较大行动余地。

法国也积极运用国际法手段维护《公约》制度下可主张的海洋权益。近年来，法国接连向联合国提交其海外领土区域的领海②、专属经济区③和大陆架外部界线④划定信息，以推进落实法国可主

①　参见 Loi n° 71-1060 du 24 Décembre 1971 Relative à la Délimitation des eaux Territoriales Françaises。

②　2013 年 6 月 14 日，法国提交测量法属波利尼西亚地区领海宽度的基线的坐标点清单，2014 年 2 月 4 日，法国提交测量圣保罗与阿姆斯特丹岛、瓦利斯和富图纳群岛、法属马约特省的领海宽度的基线坐标点清单，2014 年 12 月 3 日，提交测量法属留尼旺省领海宽度的基线坐标点清单，2015 年 11 月 12 日，法国提交测量法属南极洲和南极领地的克洛泽群岛、凯尔盖朗群岛领海宽度的基线坐标点清单。

③　2009 年 12 月 18 日，法国提交确定特罗姆林岛和留尼旺岛专属经济区外部界线地理坐标清单，2010 年 12 月 6 日，法国提交确定克利伯顿岛专属经济区外部界线地理坐标清单，2013 年 2 月 27 日，法国提交在地中海海域专属经济区外部界线地理坐标清单。

④　2006 年 5 月 19 日，法国、爱尔兰、西班牙、英国联合提交在凯尔特海和加斯科涅湾 200 海里外大陆架外部界线划定摘要；2007 年 5 月 22 日，法国提交法属圭亚那和新喀里多尼亚的执行摘要；2009 年 2 月 5 日，法国提交法属安地列斯和凯尔盖朗群岛地区执行摘要，2009 年 5 月 6 日，法国与南非联合提交对克洛泽群岛和爱德华王子岛的执行摘要，2009 年 5 月 8 日，法国与南非联合提交对留尼旺群岛和圣保罗和阿姆斯特丹岛的执行摘要，2012 年 12 月 7 日，法国、图瓦卢、新西兰联合提交对罗比岭地区的执行摘要。

张的海域范围,维护法国在全球范围内的海洋战略和经济利益。另外,法国海洋部际间委员会集合调动了负责与海洋有关的各部委,以审议国内和国际在海洋各领域的政策、确定政府各部门在不同海洋活动中的行动导向,尤其是海域利用及保护、加强海上及海床洋底资源的可持续管理方面。2011 年,法国海洋部际间委员会(CIMER)决定收集和规整所有与法国海洋边界和区域有关的法律条文和规则,以提高在国际法上的应对有效性。①

二、法国领海与专属经济区划界的主要内容

根据法国国防部下属的"海洋学和水文地理部门"(SHOM)统计,法国共达成了 21 项海域划界双边协定,但这并没有解决法国全部的海洋划界问题。目前,仍有 11 处海域并未完成划界,其中 2 处正在确定,3 处部分确定,6 处海域未开始进行划界谈判。②

(一)法国的领海划界实践

法国通过双边协定划定领海界线的实践主要有四个:1972 年 3 月 27 日法国与加拿大签订的渔业协定中第 8 条确定了加属纽芬兰岛与法属圣皮埃尔和密克隆群岛的领水界线;1974 年 1 月 29 日法国与西班牙签订了加斯科涅湾的领海划界协定;1988 年 11 月 2 日法国与英国协议确定了两国在加莱海峡的领海划界;1990 年 10 月 8 日法国与比利时达成了领海划界协定。然而,仍有一些领水界线没有确定:例如,法国、意大利、西班牙在地中海海域的横向边界还没有划定;另外,英属泽西岛的领水扩大草案促使法国和英国在 1994 年 1 月 28 日以换文形式签订协议,开始对泽西岛和法国之间

---

① 参见 Olivier Archambeau, L'Espace Maritime Mondial Redécoupé, un Eldorad'eau pour la France, Hermès, 2012, p. 139。

② 参见 SHOM, France: de Nouvelles Frontières Maritimes, http://www.shom. fr/le-shom/actualites/les-communiques/actualite-detaillee/article/france-de-nouvelles-frontieres-maritimes/。

的区域进行海洋划界谈判。①

(二)法国的专属经济区划界实践

法国也与不少国家达成了专属经济区的划界协定(包括专属经济区与大陆架的单一海洋划界)。值得注意的是,其中大部分都涉及法国海外领土及地区:1980 年 4 月 2 日有关法属留尼旺省和毛里求斯间的经济区划界协定;1980 年法国与汤加国签订了有关法属瓦利斯和富图纳群岛的经济区协定;1980 年 7 月 17 日与委内瑞拉签订了法属安地列斯群岛和委内瑞拉阿韦斯岛之间的划界条约;1981 年 1 月 30 日与巴西签订的划界条约具体确定了包括大陆架(第 1 条)在内的海洋界线划定。因为在此区域大陆架自然延伸超过了 200 海里,因此在法属圭亚那沿岸的界线延长至 270 海里。1981 年 3 月 4 日与加勒比海岛国圣卢西亚签订了有关马提尼克的协定;1982 年 1 月 4 日法国与澳大利亚签订有关新喀里多尼亚和澳大利亚珊瑚礁岛之间、法属凯尔盖朗群岛与坐落于印度洋的澳属赫德岛和麦克唐纳群岛之间的分界线协定;1983 年 1 月 19 日与斐济签订了关于新喀里多尼亚和瓦利斯和富图纳群岛的经济区划界协定,并于 1990 年 11 月 8 日增订附加条款;1983 年 10 月 25 日英法签订法属波利尼西亚土阿莫土群岛和英国皮特克恩岛、亨德森岛、迪西岛、奥埃诺岛的划界协定;② 1987 年与多米尼克签订了有关法属马提尼克和瓜德鲁普的协定;1990 年 8 月 3 日签订了法属波利尼西亚和库克群岛的协定;1990 年 11 月 12 日法国与所罗门群岛就新喀里多尼亚的海域划界签订协定等。

---

① 该协议也指出,该划界不会对格兰维尔海湾的现有制度造成任何影响,因为该地区已经有之前签订的有关条约进行约束。参见 Exchange of Notes Constituting an Agreement Concerning Negotiations on the Line of Maritime Delimitation in the Area Lying between Jersey and France, 28 January 1994, http: // www.un. org/Depts/los/LEGISLATIONANDTREATIES/PDFFILES/TREATIES/GBR-FRA 1994MD. PDF。

② 1992 年 12 月 17 日及 1993 年 1 月 19 日,两国通过换文对协定作出修改,将建立在该区域英属主权岛屿周围的渔业区转变为专属经济区。

比起领水划界，法国专属经济区和大陆架的划定问题复杂许多。例如，法国在 1978 年就颁布法令宣布在特罗姆林岛(Tromelin)和克利伯顿岛(Clipperton)建立专属经济区，但该主张分别受到了毛里求斯岛和墨西哥的争议和反对；又如，法国、西班牙、意大利在地中海海域有关专属经济区和大陆架的划界仍未达成一个让人满意的结果。2004 年，法国建立地中海的生态保护区，该生态保护区没有与 1985 年法国和摩纳哥签订的划界协定的海域重叠。同时，该保护区海域也没有跟意大利基于等距离线建立的生态保护区水域重叠。然而，由于法国生态保护区的最西侧与西班牙主张的渔区产生重叠，因此产生了划界争议。实际上，法国和西班牙在针对尚未解决的划界海域的划界原则立场不一致。不过，2004年法国"生态保护区"法令也强调，该界线"在与沿海国谈判协商后可能会被更改"。① 2012 年 10 月 22 日，法国颁布法令宣布在地中海海域创立专属经济区，以替代原先的生态保护区，② 这使得三国之间有关经济区的划界问题变得更为紧迫和棘手。

近年来，为落实法国新的专属经济区主张，法国进一步推动了其海外领土的有关海域划界谈判。2005 年 4 月 14 日，法国与马达加斯加在留尼旺岛的圣丹尼签订了有关法属留尼旺省和马达加斯加之间的专属经济区划界协定。由于两国海岸相向，海岸间距离小于400 海里，因此两国在友好划界原则的基础上，依据等距离方法划界。协定指出，等距离划界方法是"根据《公约》第 74 条规定下需求公平解决的有效方法之一"。③ 2015 年 3 月 21 日，法国与意大利签订了在地中海的划界协定，以划定两国的主权和管辖权海域；随

---

① 参见 Article 2 du Décret n° 2004-33 du 8 Janvier 2004 Portant Création D'une Zone de Protection Écologique au Large des Côtes du Territoire de la République en Méditerranée。

② 参见 Décret n° 2012-1148 du 12 Octobre 2012 Portant Création D'une Zone Économique Exclusive au Large des Côtes du Territoire de la République en Méditerranée。

③ 参见 François Coulée, Pratique Française du Droit International, Annuaire Français de Droit International, 2005, pp. 812-813。

后在 3 月 26、27 日，法国与荷兰在安地列斯群岛的菲利普斯堡达成协定，以落实分属法荷两国的圣马丁岛西南和东南部的海域划界问题；同年 4 月，法属圭亚那省与苏里南共和国针对马罗尼河河口的划界谈判也有了较大的进展，缓和了两个地区长期以来的海域划界争议。① 另外，在 2017 年 3 月 17 日，法国与安提瓜和巴布达签订了海域划界协定。②

总体来看，法国倾向于通过谈判并达成双边协定的方式解决海洋划界问题。法国诉诸司法手段的仅有两起案例，这两起仲裁案的结果却为国际海域划界的发展作出了重要贡献。1975 年 6 月 10 日，英法两国签订仲裁协定，组织仲裁法庭解决两国在拉芒什海峡和大西洋区域的两段大陆架划界争端，这是两国第一次采用国际司法途径要求判定各自大陆架界线。1989 年 3 月 30 日，法国与加拿大将海域划界争议提交仲裁，1992 年 6 月 10 日的判决裁定了法属圣皮埃尔和密克隆群岛的海洋区域界线以及完成了在 1972 年就已部分划定的海洋界线。该判决由于动机不足和最后划定法国在该区域专属经济区的形状奇特而受到学界关注。

三、法国大陆架划界的主要内容

在"北海大陆架"案中，国际法院指出："国际法依据法律赋予沿海国关于大陆架的所有权，是由于相关水下区域可以被视作该沿海国已经拥有统治权的领土的一部分的事实。即便被水所覆盖，也同样存在陆地领土在水下的延伸或续展，一种在水下的扩展。"③据

---

① 实际上，20 世纪 70 年代以来，法国就开始了与苏里南共和国的划界谈判，然而后者否定了基于等距离中间线原则的划界共识，致使谈判陷入僵局。参见 Didier Ortolland, La Délimitation des Espaces Maritimes, Atlas Géopolitique des Espaces Maritimes：Frontières, Énergie, Pêche et Environnement. Éditions Technip, Paris, 2015, p. 105。

② 参见 Delimitation of Maritime Space (Antigua and Barbuda and the Republic of France in the Caribbean Region) (Ratification of Agreement) Bill 2017。

③ 参见 North Sea Continental shelf Cases, Judgement of 20 February 1969, para. 43。

此，陆地领土自然延伸原则成为大陆架法律主张的基础性原则。法国在欧洲本土陆域可主张的大陆架范围并不占优势，其陆域领土的水下延伸深受邻国大陆架轮廓的客观限制。然而，受惠于广阔的海外领土，法国可主张的大陆架范围大大扩展，成为全球"陆域面积—大陆架可主张面积"差异系数最高的国家之一。因此，大陆架划界成为法国海洋法律制度的一项重要内容之一，在《公约》制度下，法国积极推进大陆架划定和申请工作。

(一)法国推进大陆架划界实践的相关工作

1. 法国推进大陆架划界有关部门的协调配合

在法国，制定法国海洋事务方针政策的主要是法国总理直属的海洋国务秘书总局，处理海洋法事务的主要权力机关则是法国外交部(MAE)。外交部需要确保法国对外政策的一致性，法国海洋法的国际协商事务也主要由外交部负责。因此，作为处理法国大陆架问题的主要机关，外交部负责法国与他国之间的大陆架划界谈判，以及负责向大陆架界限委员会提交划界申请。

外交部负责法国涉海事务的优势，在于它具有协调法国各部门之间不同利益、立场的职能。在外交部组成的代表团中，经常会有其他部委的代表参与进来。外交部会咨询所有与谈判有关的利益攸关部门的意见，包括工业部、渔业部、环境部、海外领土部、国家的海上行动、科研部等，并及时通知相关谈判进展。1998 年 12 月 10 日，法国颁布法令规定："外交部的法律事务指挥处负责'所有与海洋法有关的问题'，而指挥处下属的'海洋法—渔业—南极'副指挥处，则负责审理与海洋、渔业和海底区域的所有问题。"①

然而，"大陆架划界"是一个亟须多部门共同协调配合的工作，是政策、法律与技术问题的结合。除了外交部外，许多其他国家部门也需参与进来。在其中起关键性作用的，就是 1995 年成立的海

①　参见 Décret n° 98-1124 du 10 Décembre 1998 Portant Organisation de L'administration Centrale du Ministère des Affaires Étrangères。

洋国务秘书总局(SGmer)和海洋部际间委员会(CIMER)。① 海洋国务秘书总局负责对法国海洋政策进行管理、评估以及统筹未来发展规划,同时负责中央政府涉海事务的内部协作。为了推进法国大陆架扩展的协调工作,海洋国务秘书总局成立了一个指导委员会,以协调包括外交、海外领土、研究、工业、海洋和预算等各部的工作。而法国国防部下属的海军总指挥处,尤其是其中的"海洋法与海洋事务"办公室,负责所有与国际海洋法的制定和适用。另外,国防部海军海洋水文测量局(SHOM)、法国海洋开发研究所(IFREMER)等国家机构也参与其中,辅助国家在谈判过程中的准备工作,包括数据收集和提供数据、解释、计算和模拟不同划界假设情况等。还有许多管理部门,如法国海军军区司令部、工业—研究和环境区域指挥处,也会根据在本国海域划界中的实际需要而参与进来。②

2. 法国注重海外领土在大陆架划界中的特殊地位

法国海外领土是共和国的一个组成部分。不过,在国际活动中,海外领土政府需遵循一个原则,即"只能在它们的权限范围内进行国际活动;同时,它们还需要遵守法国签订的国际条约"。③在国家处理国际关系事务的某些领域,法国都考虑到了其海外领土的特殊性,以确保整体上的利益。

为此,法国采取了一种联合原则(le principe d'association)。这种"联合"是指,在对一个条约的制定过程中,两个或两个以上的主体,采取共同的认知判断和行为路径,以获得共同利益。④ 从理

① 参见 Décret n° 95-1232 du 22 Novembre 1995 Relatif au Comité Interministériel de la Mer et au Secrétariat Général de la Mer。

② 参见 C. Le Visage, L'Etat et ses Services Dans la Préparation de L'Opération de Délimitation, Colloque INDEMER, 2003, Le Processus de Délimtation Maritime. Etude D'un cas Fictif., p. 2。

③ 参见 Blaise Tchikaya, Les Compétences Internationales des Départements Français D'outre-mer, Les Collectivités Territoriales Non-étatiques Dans le Système Juridique International, SFDI, 2002, p. 87。

④ 参见 C. de Bernadi, L'applicabilité du Droit International et du Droit Communautaire Dans les Territoires D'outre-mer, Ellipses, 1998, p. 5。

论上来说，一国如果在条约制定和实施过程中采取"联合"，那"联合"本身也会对条约的法律架构产生影响。当该国际条约的适用范围涵盖该地区的时候，对于该条约法律草案的批准，则需要通过地方议会的咨询意见。在法国海外领土中，具有高度独立自治地位的新喀里多尼亚、法属波利尼西亚都属于这种情况。

因此，向大陆架界限委员会提交划定申请前，法国需要考虑到海外领土当地政府的立场，以避免与中央政府出现立场不一致之处。之所以这么做，不仅是为了让海外领土取得与主权国家尽可能相近的地位，也是为了强化法国在南太平洋地区的外部影响力。①法国海外省的情况却有所不同。受制于省的共同法，法属海外省实行与法国本土省份基本相同的制度。不过，法国宪法中规定："为满足海外省的特殊地位，可对其法律制度和行政组织进行必要的调整。"②

(二)法国大陆架划界实践的主要内容："大陆架扩展计划"

1998 年 4 月 1 日，法国海洋部际间委员会发布报告，详细论述了法国对其海外领土海洋权益保护的重要性。该报告指出，有必要制定一项针对法国海外领土大陆架的海洋学勘探计划。由于当时财政手段的缺乏，该勘探计划没有立刻实施。不过，这也成为之后法国"大陆架扩展计划"（"Extraplac"）的雏形。

1999 年 5 月 13 日，联合国大陆架界限委员会推出《科学和技术准则》，供各国提交大陆架划界案参考。《科学和技术准则》规定，拟按照《公约》第 76 条，划定其 200 海里以外大陆架外部界限的沿海国，应将这种界限的详情、连同支持这种界限的科学和技术资料，尽早提交委员会，而且无论如何应于本公约对该国生效后十

---

① 有学者认为，实际上，法国对在南太平洋的海外领土的管理政策，受到了一些南太平洋邻国的批评。因此，让渡一部分国际治理权也具有重要的象征意义。参见 C. de Bernadi, L'applicabilité du Droit International et du Droit Communautaire Dans les Territoires D'outre-mer, Ellipses, 1998, p. 39。

② 参见《法兰西第五共和国宪法》第 73 条。

年内提出。① 2001 年 5 月,《公约》第十一次缔约方会议决定:"凡是《公约》在 1999 年 5 月 13 日以前对其生效的国家,向委员会提交划界案的 10 年期限的开始日期为 1999 年 5 月 13 日。"②也就是说,法国必须在 2009 年 5 月 13 日前提交 200 海里以外大陆架界限信息。

为落实法国大陆架外部界线的划定工作,2003 年,法国宣布实施名为"Extraplac"的大陆架扩展研究国家计划(以下简称"Extraplac"计划)。"Extraplac"计划联合了法国海洋开发研究所(IFREMER)、国防部海军海洋水文测量局(SHOM)、法国石油研究院(IFP)、保罗-艾米丽·维克多研究院(Institut polaire français Paul-Emile Victor)以及数个部委一道共同协作,并由海洋国务秘书总局(SG mer)负责协调工作。(参见图 2-1)

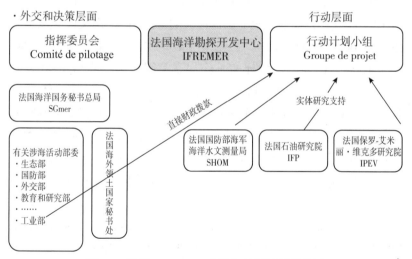

图 2-1　法国"Extraplac"大陆架扩展计划结构图

资料来源:根据法国官方"Extraplac"计划内容制作。③

---

① 参见联合国大陆架界限委员会《科学和技术准则》附件二第 4 条。

② 参见《联合国海洋法公约》第十一次缔约方会议的报告,第 67~84 页。

③ 参见 Programme National Extension Raisonnée du Plateau Continental (EXTRAPLAC), http://www.extraplac.fr/FR/juridique/criteres.php.

根据"Extraplac"的计划,预计在 2002 年至 2009 年间共投入 2200 万欧元。不过截至 2012 年,法国政府共向该计划投入约 1800 万欧元。① 同样,在 2003 年,海军海洋水文测量局开始在"Extraplac"框架内,着手对《公约》规定下法国可主张的"200 海里以外大陆架扩展"的可能性进行研究。该研究主要采用公开的水文学和地质学数据,以确定法国每一块领土可拓展的可能性以及大概面积。不过,该测定工作仍存在三方面的不利因素:

第一,海洋地理地质情况复杂。法国海外领土广阔散布于世界各大洲大洋,需进行大陆架勘探划定的区块高达 14 个。此外,这些海域水文地理和地质条件极为复杂,存在诸多特殊性。受技术条件所限,法国还没有能力对所有区域进行测定。因此,目前法国倾向于"共大陆架"国家一道提交相关联合划界文件。

第二,勘探预算有限。2004 年 10 月 22 日,"Extraplac"计划公布了"《公约》第 76 条框架下法律性大陆架绘图"工作文件。该文件指出,2003—2009 年法国"大陆架外部界线划定"工作的项目预算约为 1600 万欧元,而同样的工作加拿大则给出预算约 4000 万欧元、丹麦是约 1800 万欧元。② 法国海洋法专家艾力·加马什(Élie Jarmache)认为:"2003 年至 2009 年的项目总预算应该达到 2000 万欧元左右。"法国海外领土代表团则指出,相比之下,加拿大大陆架扩展项目总预算或将达到 1 亿欧元,而丹麦的为 4000 万欧元。③ 可见,相比起其他的海洋勘探大国,法国的大陆架勘探预算是很不

---

① 参见 Marie-Laure Bonifassi, Montego Bay: 30 ans Après, Approriation et Exploitation des Espaces Maritimes: Etats des Lieux, Droit, Enjeux, Centre D'études Supérieures de la Marine, p. 26。

② 参见 Gérard Grignon, L'extension du Plateau Continental Au-delà des 200 Miles Marins: un Atout pour la France, Avis du Conseil Économique, Social et Environnemental, Les Éditions des Journaux Officiels, Octobre 2013, p. 32。

③ 参见 Rapport D'information Fait au Nom de la Commission des Affaires Étrangères, de la Défense et des Forces Armées au nom du Groupe de Travail sur la Maritimisation, Par Mm. Jeanny Lorgeoux et André Trillard, Co-présidents, Mm. René Beaumont, Michel Boutant, Joël Gyerriau et Philippe Paul, Sénateurs, p. 45。

足的。

第三，勘探时间紧迫，勘探态度怠慢。受地理情况、技术条件和项目预算等种种因素影响，想要赶在提交截止日期之前，完成所有法国海域的勘探划定工作几乎是不可能的。此外，法国政府不冷不热的态度也使得勘探工作未如期完成。有学者批评道："在 2004 至 2009 年的 5 年间，海洋间部际委员会从来没有关心过大陆架的问题。"①最终，在 2009 年 5 月 13 日申请截止前，法国共提交了 5 份大陆架划定申请，而原计划是 9 份。正如海洋国务秘书总局前局长让-弗朗索瓦·塔里克（Jean-François Tallec）所指出的那样："2009 年初见证了没有海洋部际间委员会的苦涩 5 年，以及我们国家对海洋命运的冷漠。"②

(三)法国向大陆架界限委员会提交的划界申请

《公约》规定了 200 海里以外大陆架划界的两项积极标准。③ 大陆边从测算领海宽度的基线量起超过 200 海里的任何情况下，"以最外各定点为准划定界线，每一定点上沉积岩厚度至少为从该点至大陆坡脚最短距离的 1%"，④ 或"以离大陆坡脚的距离不超过 60 海里的各定点为准划定界线"。⑤ 第 76 条第 5 款则是规定，各国大陆架划定"不应超过从测算领海宽度的基线量起 350 海里，或不应超过连接 2500 公尺深度各点的 2500 公尺等深线 100 海里"。

直到现在，"Extraplac"计划仍在进行中。到目前为止，法国已向大陆架界限委员会提交了 7 个划定申请，是向委员会提交申请最

----

① 参见 Gérard Grignon, L'extension du Plateau Continental Au-delà des 200 Miles Marins：un Atout pour la France, Avis du Conseil Économique, Social et Environnemental, Les Éditions des Journaux Officiels, Octobre 2013, p. 80。

② 参见 Communications et Mémoires de L'Académie de Marine, n° 1 (octobre-décembre 2011), Allocution de Clôture du Préfet Jean-François Tallec, Secrétaire Général de la Mer, p. 63。

③ 参见《公约》第 76 条第 4 款。

④ 又称"卡地纳公式"或"爱尔兰公式"。

⑤ 又称"海登堡公式"。

多的国家。① 值得注意的是，其中有 3 个是联合划界申请。(参见表 2-1)

表 2-1　　　　　法国向大陆架界限委员会提交的划界申请

序号	申请内容	划界类型	提交日期	建议完成日期
1	法国、爱尔兰、西班牙、英国联合划界案(凯尔特海和加斯科涅湾地区)	部分划界	2006 年 5 月 19 日	2009 年 3 月 24 日 (CLCS/60)
2	法属圭亚那和新喀里多尼亚的外大陆架划定申请	部分划界	2007 年 5 月 22 日	2009 年 9 月 2 日 (CLCS/64)
3	法属安地列斯和凯尔盖朗群岛地区外大陆架划定申请	部分划界	2009 年 2 月 5 日	2012 年 4 月 19 日 (CLCS/74)
4	法国、南非有关克洛泽群岛和爱德华王子岛的联合划定申请	部分划界	2009 年 5 月 6 日	
5	法属留尼旺岛、圣保罗岛和阿姆斯特丹岛的大陆架划定申请	部分划界	2009 年 5 月 8 日	
6	法国、图瓦卢、新西兰联合划定申请(瓦利斯和富图纳群岛)	部分划界	2012 年 12 月 7 日	
7	法属圣皮埃尔和密克隆群岛大陆架划定申请	部分划界	2014 年 4 月 16 日	

资料来源：根据联合国大陆架界限委员会公布的划界案汇编整理。②

---

① 需要指出的是，提交申请数量最多并不代表提交申请的区域最多。例如，2004 年 11 月 15 日，澳大利亚通过联合国秘书长向大陆架界限委员会提交了 1 个划界申请(共包含 10 个区域)。根据大陆架界限委员会的规定，"同时一个申请包含多个区块"和"一个申请包含一个区块、其申请提交并不影响后续的申请"都是可以的。

② 参见 Submissions，Through the Secretary-General of the United Nations，to the Commission on the Limits of the Continental Shelf，Pursuant to Article 76，Paragraph 8，of the United Nations Convention on the Law of the Sea of 10 December 1982，http：//www. un. org/Depts/los/clcs_new/commission_submissions. htm。

第二节　法国海洋渔业养护

《公约》有关生物资源养护的规定，主要是关于各个国家间就专属经济区、公海等水域的国家义务和行为方式。落到渔业方面，则主要是海洋捕捞业。法国一直保持着可观的远洋捕鱼规模，渔业是法国国民收入的重要组成部分之一。不过，海洋渔业活动的管理和养护，需要考虑到渔业捕获量与渔业资源再生之间的平衡以及相关的海洋环境条件。

一、法国对于海洋渔业养护活动的原则和立场

法国的渔业活动地域分布广阔。法国本土的捕鱼活动，主要集中在东北大西洋海域；法国海外领土地区的捕鱼活动，则广阔分散在其所处大洋附近海域。总体来看，法国的渔业制度和实践主要受到国内、区域、国际三个层面因素的考量和约束。

(一)法国对于国际渔业养护规则的立场

一直以来，法国都强调海洋渔业养护对本国经济的重要性。早在第一次海洋法会议上，法国就非常关注海洋生物资源养护议题。对于《捕鱼及养护公海生物资源公约》(以下简称《日内瓦渔业公约》)草案，法国主要提出了五点意见。

第一，为了公海生物资源得到合理养护，新的公约应与相关国际渔业协定相配合。① 第二，法国反对沿海国采取单方面养护措施。法国认为，如果该海域有必要采取养护措施，那么沿海国应在平等的基础上探讨达成一个协定可行的以及合理的时间；如无法达成协定，则争议事项需提交仲裁，沿海国不应在仲裁结果出来前制

---

① 参见 United Nations Conference on the Law of the Sea, Official Record, Volume V: Third Committee, p. 17。

定任何管理措施。① 第三，对于非沿海国的权利问题，法国认为如果一国渔民不在邻接该国海岸的公海上进行捕鱼，但要求在该海域进行捕鱼的另一国渔民采取养护措施，那么该要求应建立在科学事实的基础上。② 第四，法国认为应重视渔业养护措施中时间性和有效性之间的关系。因此，法国反对草案中有关期限范围的模糊性。③ 第五，对于草案"和平解决争端"部分，法国认为，如依照《联合国宪章》第 33 条采取措施将会使问题无限延长，对渔业储量将带来不可修复的损害，同时将影响养护措施的有效性。因此，有必要制定出一个更为简单和迅速的争端解决程序。④

虽然在 1958 年日内瓦会议结束时，法国签署了《日内瓦渔业公约》，但直到 1970 年 9 月 18 日法国才批准该公约。法国在 12 年后才批准该公约，其实有着更为审慎的考量。首先，法国倾向于更加严格果断的措施。法国支持建立国际常设机构，以便对渔业活动中的经济、技术和制度问题进行建议和调整。其次，法国于 1970 年批准该公约的时间节点，正巧是在政府向议会提交有关"法属圭亚那的海洋生物资源养护"的法律草案之前。可见，法国更倾向于建立能与区域层面管理相匹配的制度安排，并采取比 1958 年《日内瓦渔业公约》更为灵活和现实的解决方式。不过，当时位列世界捕鱼量前几位的国家，如秘鲁、日本、苏联、中国和挪威等，均未批准《日内瓦渔业公约》。因此，该公约的影响力是有限的。

在海底委员会前几次会议上，法国对于有关渔业问题持保留谨慎态度。法国发表的唯一立场文件，仅仅与海底勘探和开发制度有

① 参见 United Nations Conference on the Law of the Sea, Official Record, Volume V: Third Committee, p. 70。

② 参见 United Nations Conference on the Law of the Sea, Official Record, Volume V: Third Committee, p. 53。

③ 法国代表团建议，将草案的第 52 条第 2 款、第 53 条第 2 款、第 54 条第 3 款以及第 56 条第 2 款中出现的"在一个合理的期间内"改为"在两年内"。

④ 参见 United Nations Conference on the Law of the Sea, Official Record, Volume V: Third Committee, p. 81。

关，完全不涉及海底生物资源。在第 3 次和第 4 次会议上，法国才逐渐亮出立场。法国认为，在资源上的优先权利，取决于国家的储量开发和沿岸船队的捕捞能力。为防沿海国过度扩展捕鱼范围，从而导致鱼类储量枯竭，沿海国不能阻止国外船只对其未开发储量部分进行开采。① 在第三次海洋法会议上，法属波利尼西亚代表弗朗西斯·萨姆福特（Francis Sanford）多次指出，应保护其群岛水域的自然资源尤其是生物资源的期望，以造福波利尼西亚人民。因此，他提出希望将领水宽度扩大至 200 海里，或效仿印尼和菲律宾，对该群岛采用群岛基线法。可惜的是，会议最终否决了该群岛适用群岛基线的建议。②

(二)法国开展渔业养护的国内立法

法国海洋渔业活动立法起步较早，通过立法保护在国家管辖范围内海域的渔业活动权。早在 19 世纪，法国就已颁布有关法令创设了海洋渔业实践的基本条款，并在此基础上进行了多次修改，形成了 1990 年有关"海洋渔业规章制度"的法令。③ 在其中最重要的一步，是 1967 年第 67-451 号法令。该法令废除了 1888 年 3 月 1 日立法"外国船只在 3 海里内禁止捕鱼"的条款，并规定"禁止外国船只在自领海基线测起的 12 海里范围内捕鱼"。④ 该法令主要是为了将 1964 年《伦敦渔业协定》有关规则转化为国内法。同时，该法令考虑到了一些例外的可能性，例如，即使存在例外情况的外国船

---

① 参见 A/AC. 138/SR/29-44, Summary Record of the 29th to 44th Meetings, Committee of the Peaceful Uses of the Sea-bed and the Ocean Floor beyond the Limites of National Jurisdiction, pp. 17-18。

② 参见 La Zone Économique Exclusive de Polynésie Française, Atlas de la Polynésie Française, Paris, 1993, Édition de L'Orstom, http://horizon. documentation. ird. fr/exl-doc/pleins_textes/divers16-08/38848. pdf。

③ 参见 Décret n°90-94 du 25 Janvier 1990 Pris pour L'application du Titre II et du Titre IV du Livre IX du Code Rural et de la Pêche Maritime。

④ 参见 Décret n° 67-451 du 7 Juin 1967 Portant Extension de la Zone de Pêche Interdite aux Navires Étrangers。

只，也必须接受法国渔业规章制度的约束。[①]

由于法国海外领土大部分由岛屿组成，渔业经济占当地国民经济收入的大头，渔业链条对海外领土居民生活具有深刻影响。因此，法国非常重视其在海外领土的渔业利益。法属海外领土的渔业从事者和当地政府，都提出了扩大专属渔区范围的要求，希望获取更大的经济利益。为此，法国也开始制定一些涉及这些地区渔业权的法令。例如，在自 1947 年起，许多中南美洲国家宣布其领海范围为 200 海里。在巴西宣布 200 海里的领海权后，许多外国渔船被迫退回法属圭亚那海域捕鱼。显然，此举对该省渔业资源造成极大影响。60 年代以来，法属圭亚那省的捕鱼量呈明显下降趋势。另外，尽管大部分从法属圭亚那省港口出发的船队是悬挂美国国旗，但临港的准备作业和冷冻作业都给当地居民提供了工作机遇。[②] 为保护当地居民的权益，1972 年 7 月 5 日，法国颁布有关"法属圭亚那省海洋生物资源保护"的立法。[③] 1972 年立法考虑到了虾群迁徙的范围，规定法国当局可以对 80 海里范围内的捕鱼活动进行管理。其他法属海外领土当局也提出了类似主张，如法属波利尼西亚领土和政府议会、工商会等机构多次建议创建 80 海里宽度的渔区，这可将法属海域的五个群岛岛屿囊括进来。

二、法国开展海洋渔业养护活动的主要内容

由于海洋渔业资源的客观特征，渔业活动的规范在很大程度上依赖于区域性法制和协作。法国主要在欧盟渔业政策框架和区域渔业组织活动框架下开展海洋渔业养护实践。

---

① 参见 François Monconduit, L'extension des Zones de Pêche Réservées aux Pêcheurs Français — Application de la Convention de Londres du 9 Mars 1964, Annuaire Français de Droit International, Vol. 13, 1967, p. 686。

② 参见 Assemblée Nationale, Rapport de M. Renourad au nom de la Commission de la Production et des Échanges。

③ 参见 Loi n° 72-620 du 5 Juillet 1972 Relative à la Conservation des Ressources Biologiques de la Mer au Large du Département de la Guyane。

(一)法国积极推进欧盟共同渔业政策

在欧共体成立之初,包括法国在内的许多成员国,都对共同体渔业政策缺乏热情。这也导致欧共体在该问题上长期处于消极发展状态。有学者认为,这主要是由于各国对"共同体法律是否可以保障各国领水范围以外的渔业区部分"存在疑问。① 1970 年,欧共体颁布了"2141/70 有关渔业共同政策和管理结构"以及"2142/70 渔业产品共同市场组织"的两个条例,确立了"平等入渔"的基本原则。② 为了顺应国际海洋法的发展趋势,1976 年 11 月,欧共体通过《海牙协定》,宣布各成员国在北大西洋和北海沿岸实行 200 海里专属经济区制度,欧共体共同捕鱼区也相应扩展至 200 海里,并授权欧共体委员会与第三国谈判渔业协定。

然而,由于欧洲各国面积普遍狭小,共有海域广阔,《公约》规定的 200 海里专属经济区制度,使欧洲各国海洋权益主张存在潜在冲突。例如,1984 年 3 月 7 日,法国海军登临检查了在法国专属经济区内多次无证捕鱼的"博格·蒙德"号(Burgoa Munde)和"瓦乐·安从多"号(Valle de Atxondo)渔船,由于船员拒绝服从相关检查措施,双方引发激烈冲突;3 月 15 日,法国轻罪法庭判处渔船船东罚款以及没收部分捕获物品,西班牙政府对此提出抗议。③

1983 年,原欧共体理事会通过《欧洲经济共同体渔业资源保护和管理条例》以及《欧洲共同体渔业资源保护技术措施条例》,欧洲共同渔业政策正式实施。同时,为了避免冲突,欧盟国逐渐倾向采

---

① 参见 Daniel-Henri Vignes, La Conférence Européenne sur la Pêche et le Droit de la Mer, Annuaire Français de Droit International, Volume 10, 1964, pp. 670-688。

② 参见 R. Quentin Grafton & Ray Hilborn & Dale Squires, Handbook of Marine Fisheries Conservation and Management, Oxford University Press; 1 edition, 2010, p. 473。

③ Roger Jeannel, L'incident de Pêche Franco-espagnol du. 7 Mars 1984 Dans le Golfe de Gascogne, Annuaire Français de Droit International, Volume 32, 1986, p. 737。

取渔业结盟措施，并通过建立有关管理机构，便利双边渔业合作。① 1994 年 7 月 24 日，法国颁布法令，确定了在欧共体管辖水域的渔业管理与维护制度。②

自正式实施以来，共同渔业政策分别经历了 1992 年、2002 年、2013 年三次大改革。1992 年的第一轮评估主要处理了渔船数量和可捕获资源不平衡的问题，同时为 1993 至 2002 年的渔业资源确立更为合理的、负责的、持续的开发目标；2002 年，欧盟又对共同渔业政策进行第二轮评估，并改革了如下内容：第一，确立长期目标，保证欧盟水域的鱼龄结构合理，促进对渔业资源的保护。第二，采取以下措施解决渔业长期生产过剩问题：将成员国的捕鱼能力和捕鱼量综合考虑，并落实到每一艘船只，减少捕捞船只的数目，公共援助资金重点用于帮助私人投资者更新现代化渔船，进一步改善渔民的安全和工作环境。第三，加强成员国渔业部门的协调，加大执法力度，使现有的渔业管理条例得到更好的执行。第四，让渔民等直接利益方更大程度地参与渔业管理，共同为渔业的可持续发展出谋划策。③

对于 2003 年的改革，法国政府提出了进一步的意见。第一，欧盟计划在 2003—2006 年间在现有年捕鱼量的基础上，视鱼类品种和渔区不同削减 30% 至 60% 的年捕鱼量。对此，法国国民议会报告指出："如此程度的削减是不可接受的，委员会的做法极端、

---

① 参见 Christian Lequesne, L'intégration Européenne Entre Émergence Institutionnelle et Recomposition de L'État. Colloque CEVIPOF-CERI, SciencePo, Paris, 2000, p. 28。

② 参见 Décret n°94-660 du 27 Juillet 1994 Modifiant le Décret n° 90-94 du 25 Janvier 1990 Pris pour L'application de L'article 3 du Décret du 9 Janvier 1852 Modifié Fixant les Conditions Générales D'exercice de la Pêche Maritime dans les Eaux Soumises à la Réglementation Communautaire de Conservation et de Gestion。

③ 参见中国商务部欧洲司中国驻欧盟使团经商参处：《欧盟商务政策指南》，清华大学出版社 2006 年版，第 61~62 页。

官僚，削减量是建立在无任何可靠科学分析基础上的。"①法国海洋开发研究院主席让-弗朗索瓦·敏斯特（Jean-François Minster）则认为："欧盟委员会犯了研究性错误，捕鱼量减少的问题实际上只涉及150个鱼种中的8个鱼种，对渔业资源总体上来说没有威胁。"②此外，减少对渔船建造的公共援助，是对渔民和渔区的挑衅，损害了沿海地区渔业的社会经济职能。③ 第二，时任法国总统尼古拉·萨科齐（Nicolas Sarkozy）认为，一方面应加强"多年度的渔业资源恢复和管理计划"，使其更具透明度和可读性，以方便所有欧洲沿岸成员国的参与与执行；另一方面，渔业政策的调整应基于科学数据，应联合该科研领域的专业代表共同跟踪渔业资源的进展。④

2009年，欧盟委员会发表《共同渔业政策改革绿皮书》。该绿皮书指出，欧盟地区88%的渔业资源被过度捕捞，30%的渔业资源濒临灭绝，过度捕捞已被认定为欧盟共同渔业政策中最主要的问题。⑤ 2010年，欧盟开始实施《反海洋渔业非法捕捞法》（The IUU Regulation）。2013年，欧盟对共同渔业政策作出第三轮改革，主要

---

① 参见 Didier Quentin, Rapport D'information Déposé par la Délégation de l'Assemblée Nationale pour L'Union Européenne sur la Réforme de la Politique Commune de la Pêche, p. 20。

② 参见 Didier Quentin, Rapport D'information Déposé par la Délégation de l'Assemblée Nationale pour L'Union Européenne sur la Réforme de la Politique Commune de la Pêche, p. 19。

③ 参见 Didier Quentin, Rapport D'information Déposé par la Délégation de l'Assemblée Nationale pour L'Union Européenne sur la Réforme de la Politique Commune de la Pêche, p. 23。

④ 参见 Lettre de M. Nicolas Sarkozy, Président de la République, Adressée à M. Jose Manuel Barroso, Président de la Commission Européenne, sur des Propositions D'amélioration de la Gouvernance Commune de la Pêche, le 22 Janvier 2008. http：//discours. vie-publique. fr/notices/087000267. html。

⑤ 参见 Rapport au nom deN° 495 Sénatsession Ordinaire 2013-2014, Enregistré à la présidence du Sénat le 5 mai 2014, L'office Parlementaire D'Évaluation des Choix Scientifiques et TechnologiqueSsurPêches Maritimes：Comment Concilier Exploitation et Préservation des Ressources Halieutiques? Par M. Marcel-Pierre CLÉACH, Sénateur, p. 60。

内容包括：第一，设立最大可持续捕捞量和多年度生态渔业管理；第二，实施可转让捕鱼权；第三，在远洋渔业和地中海实施废弃渔获禁令。① 不过，对于"可转让捕鱼权"的草案，包括法国在内的15 国都提出了反对意见。这些国家认为，渔业资源的私有化，可能导致捕鱼权转让集中在工业捕鱼企业手中，这将损害沿岸传统捕鱼者的利益。② 最终确定的改革方案，设定了每个船主拥有捕捞权的最高限额，以防止少量船主掌握过多捕捞权而造成垄断。③

(二)法国积极参与区域性渔业合作

法国很早就意识到通过区域层面，对渔业养护进行合作治理的重要性。在西北大西洋海域，法国开展渔业活动已经长达数个世纪。该海域的历史性捕鱼权问题，可追溯到 1713 年法国、西班牙、英国和荷兰签订的《乌特勒支和约》。根据《乌特勒支和约》，法国放弃了在纽芬兰岛(Terre-Neuve)和阿卡迪亚岛(Acadie)的领土主张，但保留在纽芬兰岛沿岸的法兰西海岸(French Shore)的专属渔业权。④ 在东北大西洋海域，1839 年 8 月 2 日，法国和英国签订《英法渔业协定》。该协定承认沿海国渔民在 3 海里领水范围内的专属捕鱼权，并规定了数项在拉芒什海和北海上的公海巡逻措施。⑤ 1882

① 参见 Pêche Européenne: la Réforme de 2013, https: //www. touteleurope. eu/actualite/peche-europeenne-la-reforme-de-2013. html。

② 参见 Anne Bauer, La France Confortée dans Son Opposition à Bruxelles sur la politique de la Pêche, 30 April 2012, https: //www. lesechos. fr/30/04/2012/LesEchos/21176-089-ECH _ la-france-confortee-dans-son-opposition-a-bruxelles-sur-la-politique-de-la-peche. htm#d5EZHUFVTsDmed72. 99。

③ 阮雯等：《欧盟共同渔业政策发展历程及最新改革浅析》，载《渔业信息与战略》第 29 卷第 3 期，第 228 页。

④ 一直到 1904 年 4 月 8 日在伦敦签署的《英法协定》，该优先特权才被废除，英属国民同样被准许在其自己水域进行渔业活动。

⑤ 经过 1928 年的修改和 1964 年的换文，1839 年《英法协定》在一个世纪以来为两国间渔业管理确定了基本制度。但现今该协定仅适用于格兰维尔湾和泽西岛的埃克里豪罗克斯(Ecrehous Rocks)和莱曼基耶(Les Minquiers)岛海域。值得一提的是，由于英、法两国对两岛的主权问题长期争执不下，在 1953 年国际法院判定两岛为英属之前，两国已于 1951 年 1 月 30 日签订协定保障两国在该地区的渔业权利。

年 5 月 6 日，比利时、德国、丹麦、法国、英国、荷兰签订了关于北海巡逻和捕鱼的《海牙公约》(又称《北海渔业公约》)。《海牙公约》第 2 条规定，将入口宽 10 海里以内海湾中的渔业资源，保留给各沿海国的渔民，此线向海 3 海里宽的海域为领海。[1]

随着各国捕捞能力的不断增强，许多欧洲沿海国寻求扩大传统的 3 海里渔区。为了调和各国在拉芒什海和北海的渔业需求矛盾，1963 年 11 月至 1964 年 3 月间，有关国家在伦敦召开了欧洲渔业会议。在该会议上，法国与德国、比利时、荷兰采取共同立场，认为 3 海里(渔区)规则符合国际法，并拒绝任何单方面扩大 3 海里规则的行为。[2] 最终，会议通过《伦敦渔业协定》，该协定对缔约国捕鱼活动的权利及义务规范作出了界定，同时也保留了一些原有的区域性安排。[3]

1967 年，主要涉及北大西洋渔业安排的第二个《伦敦渔业协定》诞生。法国于 1970 年批准了该协定。[4] 该协定对该区域的渔业活动，作出了相当具有技术性的规范安排，如船只的标识、登记、信号，渔船引擎标注等。另外，1967 年《伦敦渔业协定》进一步确定了有关国际海上治安的规则。例如，协定缔约国官员有权叫停另一国船只，进行登临并展开调查等。总体来看，1964 和 1967 年的两个《伦敦渔业协定》，是国际渔业制度不断发展的产物。这两个协定的达成，反映了当时西欧国家对于沿岸渔业资源管理的需求。然而，自 1970 年欧共体践行共同渔业政策以来，两个协定的影响力被大大减弱。

---

① ［英］劳特派特修订：《奥本海国际法》(上卷·第二分册)，王铁崖、陈体强译，商务印书馆 1989 年版，第 42 页。

② 参见 Daniel-Henri. Vignes, La Conférence Européenne sur la Pêche et le Droit de la Mer, Annuaire Français de Droit International, Volume 10, 1964, p. 675。

③ 《伦敦捕鱼协定》规定："各缔约国在其领海基线起 6 海里的范围内，享有专属捕鱼权和渔业管辖权；而在 6 海里至 12 海里之间的地带，捕鱼权则由沿海国和 1962 年以前的 10 年间经常在该地区捕鱼的国家间共同行使。"

④ 参见 M. Voelckel, La Convention du 1er Juin 1967 sur l'exercice de la pêche dans l'Atlantique Nord, Annuaire français de Droit International, 1967, pp. 647-672。

在《公约》正式确立专属经济区制度后，为保护沿海国在该区区内的渔业利益，自 80 年代以来，法国也与许多国家签订了双边性渔业协定。例如，1986 年 9 月 24 日，法国颁布法令，对外国船只获得在法属海外领土和马约特专属经济区内捕鱼权的要求和条件作出了详细规定。[①] 另外，针对海外领土与邻国有关专属经济区的问题，法国也展开了长期的合作和对话。例如，法国与澳大利亚在渔业方面的合作已经进入非常成熟的阶段，两国的渔业活动问题主要受到两个双边协定的规范。又如，1986 年，法国与苏联签署渔业协定，授予苏联在凯尔盖朗群岛和克洛泽群岛专属经济区内的捕鱼权。该协定一直延长生效至 1997 年。[②] 1991 年 9 月 5 日，法国国防部、海上渔业部和海外领土部共同颁布法令，允许至多 19 艘苏联渔船进入凯尔盖朗群岛渔区。此后，法国发现有大量犬牙鱼种在凯尔盖朗群岛内活动，同时，法属留尼旺省的渔业产业链也日益成熟。因此，法国决定不再续约协定，而是希望将经济区内的生物资源保留给本国渔业从事者。[③]

（三）法国积极参与国际组织层面的渔业合作

在渔业养护的问题上，沿海国在很大程度上依赖于区域常设渔

---

① 参见 Décret n°86-1066 du 24 Septembre 1986 Modifiant le Décret 78-963 du 19 Septembre 1978 Fixant les Conditions Dans Lesquelles Certains Navires Étrangers Pourrong Obtenir des Droit de Pêche Dans les Zones Économiques qui ont Été Crées au Large des Côtes et Territoires D'outre-mer et de la Colloctivité Territorial de Mayotte。

② 据海事国务秘书在议会上的回应，法-苏双边渔业协定确定了可捕量，并规定渔区内同时出现的授权捕鱼船最多为 7 艘。参见 Jean Charpentier, Chronique Pratique Française de Droit International, Annuaire Française de Droit International, 1986, p. 961。

③ 参见 Sonia Fontaine, Pêche Maritime dans les Terres Australes Françaises; Arrêté de L'administrateur Supérieur des TAAF Attribuant à une Société un Quota pour la Pêche à la Légine Dans les Zones Économiques Exclusives de Kerguelen et de Crozet; Absence D'erreur Manifeste D'appréciation et D'erreur de Droit. Tribunal Administratif de Saint-Denis, 10 Septembre 2003. Avec Note, Revue Juridique de l'Environnement, n°4, 2004, pp. 409-422。

业组织的调整。从海上生物资源的共同开发来讲，它既有国际条约的规定，也有国际案例的支持，都致力于促进渔业资源的共同开发与养护。[①] 国际社会也逐步意识到，只有设立常设性组织才能推动渔业可持续发展的实现。

法国从很早就参与渔业国际组织的活动实践。早在1902年，法国就加入了国际海洋开发理事会（ICES），该理事会旨在推动和促进以北大西洋为中心的国际海洋研究，特别是海洋生物资源的研究。目前，国际海洋开发理事会拥有全球最大的海洋渔业、海洋学及海洋环境数据库，并承载着渔业可持续发展和海洋活动协调管理的使命和目标。在大西洋地区，法国参与的国际渔业组织主要包括：东北大西洋渔业委员会（NEAFC）、国际西北大西洋渔业委员会（ICNAF）、养护大西洋金枪鱼国际委员会、联合国粮农组织中东大西洋渔业委员会、中西大西洋渔业委员会项目计划、东南大西洋国际渔业委员会（ICSEAF）等；在地中海地区，法国加入了地中海渔业总理事会、地中海勘探科学国际委员会（CIESM）；在太平洋地区，法国加入了联合国粮农组织主持下成立的印度洋渔业委员会、印度—太平洋地区渔业委员会（IPFC）、南太平洋岛屿渔业发展署、美洲间热带金枪鱼委员会（IATTC）、国际捕鲸委员会（IWC）等。

第三节　法国海洋污染防治

"二战"后，世界经济进入恢复发展期，工业化国家经济虽然高速增长，但也使得世界环境污染不断加重。沿岸海域的海洋污染和海洋生态破坏，成为国际社会面临的重大难题。海洋污染来源复杂，包括通过远洋运输或海底石油开采流入海洋的石油及废弃物、沿海国内陆排放并流入海洋的污染物等。同时，放射性污染、有机氯化物污染等新污染源的出现，不仅加重了已有的环境污染危机的

---

① 杨泽伟：《论海上共同开发的发展趋势》，载《东方法学》2014年第3期，第73页。

程度，而且使环境污染危机向着更加复杂而多样化的方向转化。[1]
可以说，法国的海洋防治污染动作频次与 20 世纪 60 年代起国际海
上溢油事故的增多呈正相关。

一、法国开展海洋污染防治活动的特殊背景

(一)全球海洋环境法制的提出与发展

自 1972 年斯德哥尔摩联合国人类环境会议以来，海洋污染作
为环境问题的一个环节提了出来，并从这一立场出发来进行处
理。[2] 在该会议上，法国提出了两点迷思：第一，环境涉及一个根
本性的问题，即为了提升生活水平所必需的发展，是否跟维持和谐
的生活环境相兼容；第二，工业化、城市化、自然资源的开发是否
可以在不破坏自然和生态环境的条件下进行。[3]

工业的发展同样要考虑到两个驱动因素，即工业发展的分散性
和原材料的需求。能源资源的供给，主要倚靠碳氢化合物，包括石
油和天然气。因此，工业布局主要分散在海岸地区，以方便石油进
口。同时，陆上油田资源的枯竭和进口油价不断地增高，驱使各国
加紧深海海底区域石油资源的勘探。与海底勘探同步进行的，便是
海洋环境法制的加紧落实。不过，法国不仅是海洋污染的受害者，
也是海洋污染活动中的受非议者。

(二)法国受到多起海上溢油事故挑战

1967 年 3 月，"托尼·卡尼翁"号(Torry Canyon)油轮在拉芒什
海峡触礁，泄漏原油达 11.7 万吨，造成英国南海岸、法国北海岸
和荷兰西海岸总计长达 242 海里海岸线的大面积污染；1978 年 3

---

① 梅雪芹：《工业革命以来西方主要国家环境污染与治理的历史考察》，
载《世界历史》2000 年第 6 期，第 24 页。

② 广部和也：《海洋污染与国际条约》，沈重译，载《国外法学》1980 年
10 月 15 日刊，第 20 页。

③ 参见 L'environnement Humain, Stockholm 1972, Documentation
Française, 1972, p. 1。

月16日，"阿莫科·卡迪兹"号（Amoco Cadiz）巨型油轮在法国波特赛尔海岸外2海里处触礁沉没，船上所运载的23万吨原油几乎全部流入海洋，使法国西北部100海里以上的海岸遭受了污染；1980年3月7日，悬挂马达加斯加国旗的"坦尼翁"号（Tanio）巨型油轮在离法国布列塔尼地区海岸32海里处搁浅并断成两截，约1.35万吨原油全部溢出，使法国200千米以上海岸线受到严重污染，在清污工作结束后，近100名受害者向国际油污基金提出总额为5.27亿法郎的索赔，法国中央及地方政府也提出共5.03亿法郎索赔金额；1999年12月11日，意大利经营并在马耳他注册的"埃里卡"号（Erika）油轮在法国西北部海岸断成两截，2万余吨重型燃油流入海洋，造成法国西北部400千米海岸线严重污染。

（三）法国因多次核试验而遭受非议

1966至1972年间，法国在其南太平洋的海外领地法属波利尼西亚进行了44次大气层核试验。1973年5月9日，澳大利亚和新西兰分别在国际法院对法国提请诉讼，澳大利亚认为，法国的核试验不仅对公海的船舶及上空的飞行器通行造成严重妨害，同时，法国核试验产生的放射性物质也造成了严重的污染。面对两国的指控，法国予以全面否认，并拒绝参加国际法院对该案的审理。自1975年以来，法国在法属波利尼西亚的穆鲁罗瓦环礁进行了130余次地下核试验。1990年的一份报告指出，法国核试验产生的放射性物质，可能泄漏到太平洋。对此，该报告强烈呼吁法国允许独立调查人员前往该地区进行全面调查。然而，法国政府多次声明地下核试验的碎片没有泄漏到海洋中。①

二、法国对于海洋污染防治问题的原则和立场

作为多起沿岸石油污染的受害国，以及因核试验污染而遭受舆论指责的当事国，法国积极参与海洋污染防治制定，也逐步形成了

① 吕原：《法国地下核试验发生泄漏，污染太平洋》，载《国外核新闻》1991年第2期，第10页。

本国应对海洋污染的立法体系。对于海洋污染问题，法国采取了一种"多层次共进"的治理立场。首先，法国支持达成一项针对海洋污染的全面、具有普遍规范性的国际协定；其次，在考虑一些区域特殊性的基础上，法国支持寻找区域性的、务实的解决办法；最后，法国通过国内立法，确保本国经济发展和海洋环境保护两个目标的相协调。

（一）法国在海底委员会和第三次海洋法会议中的立场

根据 1970 年的联大决议，1971 年起，海底委员会将把"海洋环境保护"问题作为第三小组委员会审议的项目之一，对海洋环境保护条款进行实质性讨论，并制定相关条款草案。

在 1971—1973 年海底委员会上，第三小组委员会收到了关于"海洋环境保护"问题的条款草案。条款草案来自 28 个国家，共计 17 份。[①] 关于沿海国是否对其管辖范围内海洋污染具有管辖权的问题，各国争论不休。在其中，1973 年 7 月，法国向海底委员会提交了《沿海国为防治海洋污染而行使权利的条款草案》，旨在"填补防治污染的国际立法空白"。[②] 法国代表团认为，已经有许多国家通过国内立法，对陆上污染或在大陆架上的活动进行管制。政府间海事协商组织（现"国际海事组织"）也对处理事故污染、规范海上运输通道、提升船只建造规格等问题，拥有相应的权力。可以说，一些污染源头已通过法律规制而得到了改善。

---

① 总体来看，向海底委员会提出的条款草案主要反映两种观点。第一种观点认为沿海国对其管辖范围内的海域有权进行管制，有权制定标准和管理措施，有权设立防污染控制区，至于国际海洋区域的防污染标准应由各国与国际机构合作制定，沿海国有管制海洋污染的执行权。发展中国家和包括法国在内的部分第二世界国家持该观点。第二种观点则主张各国须采用防止海洋污染的国际标准，这种观点受到美、苏等海洋大国的支持。参见陈德恭：《现代国际海洋法》，海洋出版社 2009 年版，第 461~462 页。

② 参见 A/AC.138/SR. 45-60, Summary Records of the 29th to 44th Meetings, Committee on the Peaceful Uses of the Sea-bed and the Ocean Floor Beyond the Limits of National Jurisdiction。

　　然而，应对"海上倾废引起的污染"，沿海国没有那么得心应手。该问题涉及船舶国籍和船旗国法，船旗国管辖又会对"航行自由"造成一定限制。法国认为，与船旗国法相比，尊重航行自由也是非常有必要的。更何况，船旗国法有可能会对海洋污染的国际防治构成一定障碍。① 法国提案还指出，对于船舶或航空器所造成的可能损害该国经济利益的污染行为，沿海国有加以取缔的特殊权利。一方面，应赋予沿海国在一部分邻接其领海的"公海海域"查明违法行为的权利，以及在船旗国缺席的情况下，向本国国内法庭对违章者进行诉究的权利。② 另一方面，法国提议，对于国家间可能产生的争端，应建立一套争端解决的必要程序。

　　1974 年 7 月 17 日，在第三次海洋法会议第三委员会会议上，法国代表让内尔（Jeannel）提出了以下观点。第一，应制定海洋环境保护的普遍性原则，更为具体的规则则应留给拥有专业技术设备的特别机构来制定。第二，不同类型的污染应该由不同的方法去解决。③ 第三，领海水域外的国际性强制规范是一个不同的问题。对此，法国重申了 1973 年国家草案的观点，认为在特定情况下，沿

----

　　① 参见 A/AC.138/SR. 45-60，Summary Records of the 29th to 44th Meetings，Committee on the Peaceful Uses of the Sea-bed and the Ocean Floor Beyond the Limits of National Jurisdiction。

　　② 当时，对于经济区的法律性质还未有定论，法国等海洋大国主张专属经济区是公海的一部分。

　　③ 法国提出的不同类型的污染应对方法包括：（1）陆源污染要求沿海国在考虑国际标准的情况下制定法律措施，区域间合作可以最为有效地应对陆源污染，如 1974 年巴黎签署的《防止陆源物质污染海洋公约》以及在赫尔辛基签署的关于《波罗的海区域海洋环境保护公约》。缔结区域协定实际也是对抗国家管辖范围内海底开发污染最为有效的方式。（2）对于由船只和航空器倾泻引起的污染应该采取国际性和区域性的双重调整，例如 1972 年《防止倾倒废物及其他物质污染海洋的公约》和奥斯陆《防止船舶和航空器倾倒废弃物造成海洋污染公约》都是值得借鉴的例子。（3）对于船舶蓄意污染的船舶源行为则应该遵循国际规则，因为规则的一致性可以避免该船舶借口多重标准而逃避追责，如果沿海国为打击船舶源污染而制定单方面规范都无不对国际沟通自由造成阻碍。（4）有些特别敏感海域，如闭海、半闭海以及北冰洋等，更应受到国际协定的框架规制，沿海国采取的措施也应获得国际性主体机构的批准。

海国可以对毗连领海区域的特殊区域进行强制干预，而不是只适用于船旗国法律。① 第四，对于船舶事故污染的防治，要求海上航运制度的进一步规范，以及造船技术的进一步提高。如果存在发生这种污染的危险或这种污染即将发生，沿海国应在其主权范围以外区域具备一定干预权。第五，法国认为不应违背国际法中有关国家责任的习惯规则。对此，最合适的做法是通过达成协定进行认可和确定，尤其是由国民行为引起的民事责任。②

在海洋污染防治规则的制定过程中最为棘手的部分，莫过于触及责任和归责的问题。法国认为真正应该归责的是船只所有者而不是国家。③ 一方面，这样可以对真正的污染者施加更大的压力；另一方面，法国代表团更加倾向于遵守传统国际法的有关原则，即国家责任的起因在于国家实施了不法行为或作为缔约方的国家没有遵守条约有关规定。④

第六期会议产生的《非正式综合协商案文》，对第十二部分"海洋环境的保护和保全"规定了一揽子方案。方案规定，沿海国有权制定防止船舶污染的法律和规章，但在专属经济区内，沿海国应适用国际规则和标准。此外，沿海国、港口国、船旗国，分别有各自处理违章船舶的执行权。不过，在专属经济区内，船旗国对船舶的

① 为此，法国提出适用船旗国法的两个例外：一是沿海国应有权核实该侵犯行为，在有强烈证据显示该侵犯已经发生后应向船旗国法院报告；二是如果船旗国未能对违法者进行起诉，沿海国有权对该违法者进行起诉。法国认为这样的解决方案非常有效，因为船旗国往往对违法者的追责没有兴趣，而沿海国却往往能以最好的姿态来查证违法行为。

② 参见 A/CONF. 62/C. 3/SR. 6, Summary Records of the Third Committee, Second Session: 6th meeting, Third United Nations Conference on the Law of the Sea, 1973-82, volume II, p. 330。

③ 法国代表团认为，该问题应该由例如 1969 年《国际油污损害民事责任公约》这样的专门性条约进行规范，这样可以在不影响国家的情况下，确保实施违法行为的犯罪者对损害进行修复或赔偿。

④ 参见 A/AC. 138/SR. 7-11, Summary Records of the 7th to 11th Meetings, Committee on the Peaceful Uses of the Sea-bed and the Ocean Floor Beyond the Limits of National Jurisdiction。

一般违章行为具有优先执行权。[1]

第三委员会在 1978 年的会议，正逢"阿莫科·卡迪兹"号（Amoco Cadiz）油轮事故的发生。作为该事故的受害国，在会议上法国强调了一些更应受到重视的问题。首先，需要着重调查造成大型污染的巨型油船。[2] 其次，应特别重视专属经济区内的防治污染措施。让内尔（Jeannel）代表认为，《非正式综合协商案文》第 222 条有关"沿海国在海难事故中采取措施的权利"规则还需进一步明确。从近年来海洋污染事故的补救措施来看，真正重要的是污染的"防治"。[3] 因此，国家可以更早一步地采取第 222 条中规定的措施，以防真正事故出现时"为时已晚"。最后，案文虽然包含了"船只为进入一国内水或停靠港口而穿过一国领海"的条款，但法国认为，该条款中应该包括沿海国之间缔结互惠协定的可能性。如果一沿海国与另一沿海国签订互惠协定，则前者可以对"穿越本国领海而到达后者港口的船只"进行管辖。[4]

实际上，在第三次海洋法会议以前，缔约国在公海的干预权利，主要来自 1969 年布鲁塞尔《国际干预公海油污事故公约》。在第三次海洋法会议上，法国推动了"公海法律干预"的新概念，并在会上多次建议明确"干预措施的权源不仅仅是国际条约，也应该来源于国际习惯法"。法国的这种坚持最终在《公约》中体现

---

① 陈德恭:《现代国际海洋法》，海洋出版社 2009 年版，第 464 页。

② 在"阿莫科·卡迪兹"号案件中，该船悬挂了方便旗，且船只只有一个推进系统和一个转向系统，并最终导致该船触礁搁浅。然而，法国认为国际社会都过多关注于碰撞问题上，却少有关注事故风险问题。参见 A/CONF. 62/C. 3/SR. 35, 35th Meeting of the Third Committee, Third United Nations Conference on the Law of the Sea, paras. 8-11。

③ 参见 A/CONF. 62/C. 3/SR. 35, 35th Meeting of the Third Committee, Third United Nations Conference on the Law of the Sea, para. 15。

④ 参见 A/CONF. 62/C. 3/SR. 35, 35th Meeting of the Third Committee, Third United Nations Conference on the Law of the Sea, para. 16。

出来。① 综合可见，法国非常重视对污染的预防性干预。法国的建议亦为《公约》"避免海难引起污染的措施"部分作出了重要贡献。

不过，法国强调，对于"干预权"的定义，不能只局限于事故发生后产生的污染或污染威胁，也应该针对"对沿海国利益直接产生重大后果的严重危险"而采取措施，即便该海洋事故的结果没有造成严格意义上的污染危险。例如，1974 年，由于一艘名为"爱美斯"号(Ammersee)的塞浦路斯货轮的残骸物主要为爆炸物，具有危险性质，法国当局下令法国海军摧毁该货轮残骸。该船只所属公司随即对法国提起诉讼。② 1987 年 10 月 23 日，法国最高行政法院判定："为了避免因'爱美斯'号货轮残骸造成直接和严重的危险，确保法国海岸、领水以及在该水域航行的安全，在没有其他可采用措施规避此危险的情况下以及法国海上当局在承认国际法有关规则的前提下，法国有权在公海上销毁该船骇。"③

(二)法国海洋污染防治的国内立法

随着海洋污染防治国际协定的大量缔结，法国国内法律法规也进一步跃增。以"实用主义"著称的法国立法机构，采取局部"对症下药"的方法，通过了一系列的法律条文，确保国际协定在国内法中的顺利实施。

1968 年，法国颁布《大陆架法》，将《大陆架公约》转化为国内

---

① 《公约》第 221 条第 1 段规定："本部分的任何规定不应妨害各国为保护其海岸或有关利益，包括捕鱼，免受海难或与海难有关的行动所引起，并能合理预期造成重大有害后果的污染或污染威胁，而依据国际法，不论是根据习惯还是条约，在其领海范围以外，采取和执行与实际的或可能发生的损害相称的措施的权利。"

② 参见 Eric Steinmyller, Navigation Dans les Détroits Internationaux et Protection de L'environnement. La Prévention des Pollutions Marines Accidentelles Dans le Pas-de-Calais et les Bouches de Bonifacio, Presses Universitaires de Limoges et du Limousin, 2002, p. 59。

③ 参见 Décision du Conseil d'Etat du 23 Octobre 1987, Revue Française de Droit Administratif, 1987。

法。其中，第4条的规定扩大了沿海国的监管权。1971年，法国颁布第71-360号法令作出了更为细致的安排。第71-360号法令中规定："如果大陆架上进行的作业显示有污染危险，海务警长有权全部或部分禁止该作业，或为其规定更为特殊的条件限制。"[①]

1967年的"托尼·卡尼翁"号溢油事故，在法国引起了巨大的公众舆论，该事件更推动法国通过《领海与毗连区法》以维护国家领海安全。也正是从这个时期开始，法国制定颁布了一系列防治海洋污染的法律文件。在船只污染方面，1964年，法国颁布有关"防止由碳氢化合物造成海洋污染"的立法，[②] 随后又通过一系列后续立法修改，以便适用1954年伦敦《防止海洋油污染国际公约》的某些处罚规定。[③] 1990年9月6日，法国颁布一项"搜寻和防止由船只造成的海洋环境污染"指令，促进国家对海洋环境污染的海务监管。[④] 在防止海洋倾废方面，1964年，法国颁布有关"水域分布和防止其污染"的立法，其中第2条规定："禁止可能对领水海下动植物和沿海地区经济及旅游业发展造成损害的废弃物的倾倒。"[⑤] 1976年7月7日，法国对"防范和防止因船只和航空器的倾倒活动造成海洋污染"问题进行法律规制，并宣布1972年通过的《奥斯陆

---

① 参见 Décret n°71-360 du 6 Mai 1971 Portant Application de la Loi n° 68-1181 du 30 Décembre 1968 Relative à L'exploration du Plateau Continental et à L'exploitation de ses Ressources Naturelles。

② 参见 Loi n°64-1331 du 26 Décembre 1964 Réprimant la Pollution des eaux de la Mer par les Hydrocarbures。

③ 参见 Loi n°73-477 du 16 Mai 1973 Modification des Articles 1, 2, 3, 5 et 6 de la Loi 64-1331 du 26 Décembre 1964 Réprimant la Pollution des eaux de la Mer par les Hydraucarbures et Adjunction D'un Article 3 bis；Loi n°79-5 du 2 Janvier 1979 Portant Modification de la Loi 64-1331 du 26 Décembre 1964 Réprimant la Pollution des eaux de la Mer par les Hydraucarbures. Remplace les Articles 1 et 2 de la Loi du 26 Décembre 1964。

④ 参见 l'instruction du Premier Ministre du 6 Septembre 1990 Relative à la Recherche et à la Répression de la Pollution de la Mer par les Navires。

⑤ 参见 Loi n° 64-1245 du 16 Décembre 1964 Relative au Régime et à la Répartition des eaux et à la Lutte Contre Leur Pollution。

公约》和《伦敦公约》对法国生效。① 值得注意的是，1976 年的立法强调了有关因意外造成海洋污染的条款。② 法国也对在本国港口装载的垃圾海上焚烧方面规定了特殊法律制度。③ 另外，作为 1969 年《国际油污损害民事责任公约》的缔约方，法国于 1975 年批准了该公约，并于 1977 年将该公约有关内容转化为国内法。④

值得注意的是，20 世纪 60 年代末法国近岸遭受的严重海洋污染，也推动了法国从原先"采取零散补救措施"到"制定整体环境政策"的重大进步。1970 年 7 月 30 日，法国成立环境高等委员会，该委员会由总理领导，委员会成员包括与环境相关的九位部长代表以及根据其能力选出的个人。环境高等委员会以协调和提供信息为己任，并向政府提供环境政策大纲。1971 年，法国颁布法令宣布设立环境部、确立环境保护政策。⑤ 环境部的成立，标志着法国环境行政管理进入了相对集中的体制阶段。在新成立的环境部部长动议下，法国成立了专门探讨海洋污染问题的部际间小组（GIPM），

---

① 参见 Loi n° 76-599 du 7 Juillet 1976 Relative à la Prévention et à la Répression de la Pollution Marine par les Opérations D'immersion Effectuées par les Navires et Aéronefs, et à la Lutte Contre la Pollution Marine Accidentelle。

② 1976 年立法第 16 条规定："装载有害及危险物质、碳氢化合物、可对海岸造成重大危险的，对 1969 年在布鲁塞尔通过的《国际干预公海油污事故公约》规定下的造成损害的船只，可责令船主或船只所有者对结束该危险采取必要措施；以及如果该行动没有效果或在紧急情况下被强制执行，国家有权对船商的开支、风险和危险采取必要的措施。"参见 Article 16 du Loi n° 76-599 du 7 Juillet 1976 Relative à la Prévention et à la Répression de la Pollution Marine par les Opérations D'immersion Effectuées par les Navires et Aéronefs, et à la Lutte Contre la Pollution Marine Accidentelle。

③ 参见 Loi n° 76-600 du 7 Juillet 1976 Relative à la Prévention et à la Répression de la Pollution de la Mer par les Opérations D'incinération。

④ 参见 Loi n°77-530 du 26 Mai 1977 Relative à la Responsabilité Civile et à l'obligation D'assurance des Propriétaires de Navires pour les Dommages Résultant de la Pollution par les Hydrocarbures。

⑤ 参见 Décret n° 71-94 du 2 Février 1971 Relatif aux Attributions du Ministre Délégué Auprès du Premier Ministre, Chargé de la Protection de la Nature et de L'environnement。

后者于 1973 年发布报告建议制定防治海洋污染政策。[①]

三、法国开展海洋污染防治活动的主要内容

(一)法国采取多种海洋污染防治措施

为了防止类似"托尼·卡尼翁"号悲剧的再次发生,1970 年 12 月 23 日,法国颁布法国本土打击海上污染事故的部际间应急条令,界定了在打击海洋污染行动中法国各部委的责任,并宣布建立名为"Polmar"的第一个海上污染救援计划。[②] 不过,"阿莫科·卡迪兹"号的悲剧则表明,法国打击海洋污染举措仍存在严重不足,也凸显了 1970 年"Polmar"计划的局限性。有学者指出,"Polmar"计划由于情报不足而延迟启动;同时,由于涉及职能部门过多、相互之间缺乏协调且存在竞争关系,这也容易造成行动展开的延迟。因此,当灾害真正发生时,该计划可调动的手段非常不均衡且有局限性。[③] 1978 年 10 月 14 日,法国宣布废除 1970 年的条令并颁布新的"Polmar"计划。[④]

新"Polmar"计划旨在覆盖所有形式的污染,而不是之前只负责应对碳氢化合物污染。同时,考虑到海难事故中陆上救援和海上救援不同的行动特征,新"Polmar"计划分为"海上救援"(Polmar mer)和"陆上救援"(Polmar terre)两部分,两种救援计划往往需要同时进行,两者间需要相互协调。新"Polmar"计划采取地方分权形式以确保救援行动的快速开展:1978 年 3 月 9 日,法国颁布关于国家

---

① 参见 GIPM, Pour une Politique de Lutte Contre la Pollution des Mers, Documentation Française, Série Environnement, 1973。

② 参见 Jean-Pierre Quéneudec, Chronique du Droit de la Mer, Annuaire Français de Droit International, Volume 17, 1971, p. 782。

③ 参见 Laurent Lucchini, A Propos de l'Amoco-Cadiz — la Lutte Contre la Pollution des Mers: Evolution ou Révolution du Droit International, Annuaire Français de Droit International, Volume 24, 1978, p. 723。

④ 1980 年 9 月 8 日,法国宣布将"Polmar"计划应用于法国海外省份和海外领土。

组织海上行动的指令，该指令划分了负责海上救援行动的各海军区长的执行范围以及负责陆上救援行动的各省长的执行范围。除总理保留权利情况外，在通常情况下，法国本土的各部门协调行动由法国内政部长指挥，法国海外领土的协调行动由负责这些区域的部长指挥。中央机关负责各项行动中的协调，并为地方政府的行动提供支持，不过，当溢油事故到达一定的严重程度和复杂程度，尤其是救援行动超过地方政府的应对能力时，相关海军区长、法国本土或海外领土政府代表需启动新"Polmar"海上救援计划，相关省长需启动新"Polmar"陆上救援计划，以确保国家迅速采取紧急干预措施。

新"Polmar"海上救援计划由相关海军区长负责安排人员进行起草和制定，计划尤其包含一份可以用来应对海上污染或污染威胁的民用及军事设施明细，在国防部长（海军参谋部）收到干预计划文件后，将准备并提供用于救援的设备或物资。在启动救援计划后，海军区长需立刻通知总理（海洋部际间任务小组）、国防部部长（海军参谋部办公室）、环境部部长、交通部部长，同时，还需通知法国水事故污染档案—研究—实验中心（CEDRE）以及法国海洋开发研究院（CNEXO），对海域污染事故提供科学技术支持。[1]

与海上救援计划类似，各省长需参与起草各自辖区内的新"Polmar"陆上救援计划，计划需保证陆地行动及陆海合作的协调性和可操作性。当地方发生低程度污染时，无需启动陆上救援计划，相关区域市长根据《市镇法典》赋予的一般性治理权展开救援行动。[2] 当多个城镇发生中型污染时，相关区域省长决定并指挥救援行动，各市长调动市政手段参与救援行动，如有需要，市长也可以向法国水事故污染档案—研究—实验中心及相关城市安全专家请求技术援助。但当发生特大污染时，则需启动新"Polmar"陆上救援计划，省长应立刻通知总理、内政部部长、环境部部长、交通部部

---

[1] 参见 Instruction du 12 Octobre 1978 Relative à la Lutte Contre les Pollutions Marines Accidentelles（Plan Polmar）（J. O., 14 Octobre 1978）. In: Revue Juridique de l'Environnement, n°1, 1979, pp. 66-67。

[2] 参见 Article L131-2, Code des Communes de France。

长、国防部部长以及所在海军军区区长，并由高层领导组织救援梯队进行行动。[1]

总体来说，新"Polmar"海上救援计划确立了对法国本土和海外省份海洋环境污染的救援框架。计划包括实施目的、组织管理制度(包括确立责任范围、计划执行措施、救援部署协调、国际合作、资格鉴定、污染物和污染源的储存和处理、公众参与的域内及域外安排)、海上救援、陆上救援以及财政与法律安排，可以说非常全面地从组织管理上形成一套溢油应急系统，应急系统对突发事件能够以最短时间发挥作用，并能全面地处理溢油污染。计划不仅设立了救援海陆协调机制、负责人就近原则，同时具备国际救援、信息公开、多面的救援参与部门等特点。[2] 另外，该计划由法国总理直接领导，计划措施的启动需由总理决定，也显示出了该计划与众不同的特征。[3] 可见，法国把海洋环境污染防治放在了极其重要的位置，并作出了积极有效的应对。

1989年9月7日，法国颁布"Nucmar"计划，对有关在海洋运输过程中的核材料引起的事故处理办法作出了规定。"Nucmar"计划也是法国"民事安全应急反应"海洋行动部署计划的一部分(ORSEC maritime)。[4] 2009年5月28日，法国宣布成立"ORSEC maritime"计划，旨在简化相关管理部门间的沟通协调程序，通过创

---

① 参见 Instruction du 12 Octobre 1978 Relative à la Lutte Contre les Pollutions Marines Accidentelles (Plan Polmar) (J. O., 14 Octobre 1978). In: Revue Juridique de l'Environnement, n°1, 1979, pp. 67-69。

② 参见王广禄：《法国 Polmar 计划溢油应急系统概述及借鉴》，2010年船舶防污染学术年会论文集。

③ 参见 Instruction du 12 Octobre 1978 Relative à la Lutte Contre les Pollutions Marines Accidentelles (Plan Polmar) (J. O., 14 Octobre 1978), Revue Juridique de l'Environnement, Volume 4, Numéro. 1, 1978, pp. 63-78。

④ 早在1952年2月5日，法国就创立了"民事安全应急反应计划"(plan ORSEC)，ORSEC计划是法国从中央政府、大区、省等各级行政层次单位由上至下都必须制定应急安全预警计划的总体框架机制。1970年12月23日的打击海上污染事故的部际间应急条令中规定，首次将海岸事故引起的污染归入ORSEC指令第15条对灾害的定义当中。

设一个单一性行动机构，发现污染危险、建立应对措施并协调紧急计划。该计划的创新之处在于采取一种常设性质的监管姿态，根据危机的范围和程度进行随时调整，并协调海事职能部门和陆域职能部门的相互沟通了解。海军军区司令是海上救援行动开展的总指挥，而陆上救援行动则由各省省长负责。"ORSEC maritime"计划也进一步简化了行动程序，主要包括确定地理区域、确定潜在危险、鉴别实质危险、确定预警纲要、确定危险性层级、建立行动框架这6个步骤（参见图 2-2）。

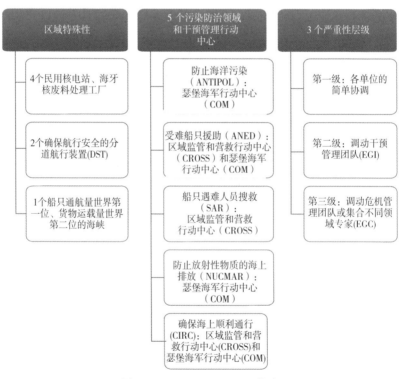

图 2-2 "ORSEC maritime"指南

资料来源：根据 ORSEC 官方资料绘制。①

① 参见 Le Dispositif Orsec Maritime，http：//www. defense. gouv. fr/marine/magazine/action-de-l-etat-en-mer/le-dispositif-orsec-maritime/（language）/fre-FR。

2002 年 3 月 4 日，法国颁布"抗击海域污染法律规章"，进一步明确了打击海洋污染的主要机构、行为和责任领域、活动规范、各部门协作及国际协作、污染物质的处理和储存等问题。[1]

(二)法国设立海洋特别生态保护区

1997 年，西班牙在地中海建立了生态保护区。西班牙生态保护区的设立，是法国与西班牙针对狮子湾(Golfe de Lion)海划界谈判中的一种微妙立场。两国在 12 海里领海以外的划界，只涉及海底区域以及底土。在该界限之外，法国在地中海海域没有任何的国家管辖权。相反，西班牙除了在大陆架的主权权利外，还可以行使保护生物资源、渔业管控等主权权利。因此，通过单方面在划定一条渔业保护区的北部边界线，西班牙可以避免被指责侵犯法国的部分海域，因为法国在该海底区域的上覆水域没有任何的排他性权利。

在这种特殊背景下，法国产生了在地中海领海以外建立一个区域的想法。在该区域内，法国可以行使一些保护海域的功能性权利，以便对抗西班牙在该区域的生态保护区，保持两国在该海域的力量平衡。然而，这种想法直到 1999 年 12 月"埃里卡"号(Erika)的惨剧发生后才开始逐渐落实。2000 年 2 月 28 日，法国海洋部际间委员会(CIMER)决定在地中海建立这样一片区域，并通过立法进一步强化 1983 年 7 月 5 日"防治外国船只污染"的立法，以进一步完善在领海以外的生态脆弱海域污染行为的法律手段。[2] 不过，法国在地中海建立的区域，并不是建立在 1976 年《大陆架与专属经济区法》基础之上的，而是需要制定一部全新的法律。同时，法国需要向其他地中海沿海国说明该建立该海区的目的及内容，宣扬建立"生态保护区"的好处，以便实施《巴塞罗那公约》系列条约。

---

① 参见 Instruction du 4 Mars 2002 Relative à la Lutte Contre la Pollution du Milieu Marin (Documentation Nationale POLMAR)。

② 参见 Création D'une Zone de Protection Écologique (ZPE) en Méditerranée, https://www.afcan.org/dossiers_reglementation/zone_pe.html。

　　1999 年底生效的《地中海特别保护区和生物多样性议定书》，取代了 1982 年《地中海特别保护区域议定书》。新议定书第 2 条第 1 款规定，议定书适用于地中海的全部海域，海床及其底土以及各缔约国制定的包括湿地在内的陆上海岸区域。新议定书也制定了地中海重要特别保护区清单(SPAMIs)，截至目前该清单中已有 34 处地点。其中，法国单独建立的有 4 处。① 另外，如果特别保护区部分或者全部位于公海，则需由相关的两个或两个以上国家共同提交提案。

　　据此，1999 年 11 月 25 日，法国、意大利、摩纳哥共同签署《建立地中海海洋哺乳动物保护区协议》并于 2002 年生效。根据该协议，三国共同建立了"派拉格斯哺乳动物养护保护区"(简称"派拉格斯保护区"，Pelagos Sanctuary)。派拉格斯保护区面积的 53% 位于国家管辖海域范围以外，是世界上第一个涵盖公海海域的海洋保护区。三国针对"派拉格斯保护区"制定了一系列措施，涵盖了控制保护区污染、限制保护区捕鱼、评估及监测保护区海洋动物等方面，② 派拉格斯保护区的建立，具有很强的示范性意义。不过，也有学者指出，虽然派拉格斯保护区由最初对海洋哺乳动物种群的保护，扩展到对鲸类的保护，然而，由于对鲸类的开发活动并不活跃，且保护区"原则上"属于公海性质，这使得保护区对第三方船

---

　　① 分别是克罗斯港口国家公园(Port-Cros National Park)、博尼法乔海峡口自然保护区(Natural Reserve of Bouches de Bonifacio)、蓝色海岸海洋公园(The Blue Coast Marine Park)以及昂比兹-塞克斯弗斯群岛(The Embiez Archipelago-Six Fours)。参见 http：//www. rac-spa. org/spami。
　　② "派拉格斯保护区"的主要措施包括：(1)加强控制保护区内的污染源，对污染和噪声采取更严格的控制措施；(2)对捕鱼业作出更为严格的规定，特别禁止使用拖网；(3)对保护区内海洋哺乳动物状况及生态环境等进行阶段性评估；(4)监测保护区内活动，加强抵制各种形式的污染；(5)其他措施。派拉格斯公海保护区的设立，对地中海公海资源保护上具有示范效应，同时还具有一系列潜在的生态利益、经济利益和科研价值。

旗国的抗辩权受到争议，因此保护区对鲸类养护的意义是有限的。[1] 无论如何，三国在公海采取的行动都构成国际海洋环境法上的重要一步。

(三)法国积极参与区域海洋污染防治合作

法国在区域性海洋污染防治实践中担当着积极角色，不仅非常重视区域性的海洋环境保护合作，也积极缔结区域性协定。作为数次因近岸航行事故造成污染和损失的受害国，法国在应对海洋污染问题时非常活跃主动。因此，法国几乎是与此有关的所有国际公约的缔约国。

1954 年，伦敦召开海洋油污染的国际会议并通过《防止海洋油污染国际公约》。该公约对海洋倾倒地距陆地距离和含油量等问题制定了详细的规制，并建立了"禁止倾废特别区"以及制定了世界范围的污染标准。不过，《防止海洋油污染国际公约》还是显示出诸多局限性。首先，该公约仅适用于石油引起的污染。其次，该公约只赋予了国家对于悬挂本国国旗船只的权力，纵使缔约国有监督权利监管违章行为，但无论该行为在何处发生，缔约国只能将其所持有的信息转交给船旗国，并由后者进行处罚。再次，该公约本身存在一些局限，对缔约国对有关条款的解释有限制。[2] 《防止海洋油污染国际公约》于 1958 年 7 月 26 日对法国生效。在此之后的 60 年代期间，国际溢油事故频发，引起了国际社会对超级油轮运载安全的普遍担心，《防止海洋油污染国际公约》经历了 1962 年、1969

---

① 参见 Yves Complain, Bertrand Cazalet, Florence Galletti, L'extension des AMP en Méditerranée：D'un Contexte Général en Mer Semi-fermée à L'expérience de Construction du parc Naturel Marin du Golfe de Lion(France), in Féral F. et Salvat B., Gouvernance, Enjeux et Mondialisation des Grandes Aires Marines Protégés：Recherche sur les Politiques Environnementales de Zonage Maritme, le Challenge Maritime de la France de Méditerranée et D'Outre-mer. Paris：L'Harmattan, p. 178。

② 《防止海洋油污染国际公约》第 11 条规定："本公约不得被解释为缔约国在其管辖权内对本公约涉及的任何事件降低其采取措施的权力，或解释为扩大任何缔约国政府的管辖权。"也就是说，该公约本身就设立了某些"禁区"。

年和 1971 年的三次修订，于 1973 年被《国际防止船舶污染公约》（简称《MARPOL 公约》）所取代。①

此外，在 1958 年"日内瓦四公约"中，也有不少涉及海洋污染防治的条款，例如，日内瓦《公海公约》第 24 条②和《大陆架公约》第 5 条。③ 法国虽未批准该《公海公约》，但之后有关国内立法和其他国际协定表明，法国对《公海公约》的有关条款持认可态度。"托尼·卡尼翁"号事故发生后，北海各沿岸国海域环境损害严重，各国海洋环境保护的国际合作意识日益增强。在海底委员会上，法国指出："如在发展程度相近国家之间缔结区域性协定，有利于避免工业或商业的不正当竞争；同时，如果邻国之间经济发展水平各异，那么协定的区域化可以使各国意识到相互之间的差异和存在的困难，以寻找到在财政上能被各国普遍接受的解决方式。"④

1969 年，北海沿岸国家在德国波恩签署《应对北海油污合作协定》（简称《波恩协定》），成为了海洋环境保护区域性合作的开端。根据《波恩协定》的规定，⑤ 有关缔约国建立了两个共同责任区域，

---

① 但 1954 年《防止海洋油污染国际公约》表明了缔约国为防止船舶排油污染海洋而通过共同协议采取行动的意愿，同时 1954 年《防止海洋油污染国际公约》附件中的许多内容也延伸到了《MARPOL 公约》附则中。

② 日内瓦《公海公约》第 24 条规定："各国应考虑现有有关条约规定，制定规则，以防止船舶或管道溢油，或因开发或勘探海床及其底土而对海洋造成的污染。"

③ 日内瓦《大陆架公约》第 5 条规定："沿海国有权在大陆架上建立、维持或使用为探测大陆架及开发其天然资源所必要之设置及其他装置，并有权在此项设置与装置之周围设定安全区以及在安全区内采取保护设置及装置之必要措施。"

④ 参见 A/AC. 138/SR. 7-11, Summary Records of the 7th to 11th Meetings, Committee on the Peaceful Uses of the Sea-bed and the Ocean Floor beyond the Limits of National Jurisdiction。

⑤ 《波恩协定》第 6 条规定："为协定之目的，北海地区按照附件划分数个国家责任区域；各缔约国应根据本条规定，遵守共同责任区域的义务，并与有关缔约方之间作出特别技术安排，这些安排应通知其他缔约方。"参见 http://www.bonnagreement.org/site/assets/files/1080/chapter29_text_of_the_bonn_agreement.pdf。

第一个在英、法、比三国之间，第二个在英法两国之间。同时，为完善和实践该协定，上述三国于1972年7月28日签署了特别技术安排。

政府间海事协商组织也于1969年通过了《国际干预公海油污事故公约》与《国际油污染损害民事责任公约》。《国际干预公海油污事故公约》是一项非常具有创新性质的公约，因为它建立了适用于公海上的普遍性法律制度。该公约认可在出现航行事故的时候，沿海国有权在公海上采取它认为必要的措施以面对可能的严重或急迫的危险；同样，沿海国干预的权利避开了船旗国的法律。第1条第1款规定："缔约国在发生海上事故或与此事故有关的行为之后，如有理由预计到会造成较大有害后果，那就可在公海上采取必要的措施，以防止、减轻或消除由于油类对海洋的污染或污染威胁而对其海岸或有关利益产生的严重而紧迫的危险。"①这种干预的权利随后通过1973年《干预公海非油类物质污染议定书(草案)》而扩大。

《国际油污染损害民事责任公约》则建立了有关处理石油污染事故责任和赔偿的国际规则。然而，这两个公约只限于油污染事故发生后所采取的措施，但没有包括针对油污染发生前的预防措施。1973年11月2日至8日，伦敦召开了国际海洋污染会议，审议了1969年政府间海事协商组织加强除油类以外所有方面污染工作的文件草案，并通过《干预公海非油类物质污染议定书》，将1969年

---

① 然而，这种干预的可能性受到许多因素的限制。首先，第1条第1款规定的缔约国只有污染"对其海岸或有关利益产生严重而紧迫的危险"情况下，才具有干预权利；同时，国家行使干预措施也需要遵循一些基本条件，并在第3条中详细列出，包括沿海国应与受到海上事故影响的其他国家进行协商，特别是与船旗国进行协商；已经采取的措施应尽快通知有关各国和已知的有关自然人或法人等；但在有必须立即采取措施的特别紧急情况，沿海国可不事先通知或协商，或不继续已开始的协商，就采取为紧急情况所必需的措施。其次，该公约明确排除了对军事船只的适用，第1条第2款规定，对于任何军舰或国家拥有或经营的并在当时仅用来从事政府的非商业性服务的其他船，不得根据本公约采取任何措施；同时，第2条对于"船舶"的定义中，排除了"为勘探和开发海床洋底及底土资源的装备或设施"。

《国际干预公海油污事故公约》的规定的适用范围扩大到除油类外的某些物质。

1972 年 2 月 15 日，西、北欧十二国在奥斯陆签署《防止船舶和航空器倾倒废弃物造成海洋污染公约》（以下简称《奥斯陆公约》），对东北大西洋海域的污染防治作出了安排，并为同年晚些时候在伦敦通过的《防止倾倒废物和其他物质污染海洋的公约》（以下简称《伦敦倾倒公约》）提供了范本。这两项公约是国家海洋环境保护的立法重点从控制船舶造成的油污污染转向以控制倾废为中心的各类海洋污染源的重要标志。尤其是《伦敦倾倒公约》，该公约确认了海洋污染有多种来源，如来自河流、海口等，并认可国家拥有开发资源和制定其自身环境政策的主权权利，以及国家有责任确保相关活动不得损害其他国家或管辖范围以外区域的环境。同时，《伦敦倾倒公约》规定了缔约国对倾倒行为的预先颁发许可制度，并明文规定了其限定范围。① 另外，《伦敦倾倒公约》也显示出在对抗海洋污染方面，各国逐渐突破了在自身管辖范围内采取措施的传统观念局限。例如，该公约第 3 条第 3 款对"海"作出定义，系指各国内水以外的所有海域；第 7 条第 3 款规定了各缔约国同意合作，制定有效适用于本公约的程序，并特别提及适用于公海上的程序。但是，对"倾倒"的禁止并不是绝对的，因为国家当局之间还可以通过协商同意方式达成条约以外的安排，为"倾倒"的国际控制留有了余地。

1972 年《奥斯陆公约》与 1974 年针对陆源污染的《防止陆源物质污染海洋公约》（简称《巴黎公约》）一道，共同构成了 1992 年《奥斯陆-巴黎保护东北大西洋海洋环境公约》（简称《OSPAR 公约》）的基础。可以看到，对于防止海洋环境污染，国际社会所制定的规章制度越来越严格，且赋予了沿海国更多的权利。法国几乎是上述所有区域防治海洋污染条约的缔约国，对于区域海洋污染防治的重视

---

① 《伦敦倾倒公约》第 6 条第 2 款规定，许可的预先颁发不仅适用于在其领土上装载的物质，以及当这类物质在公约非缔约国的领土上装载的情况下，应在其领土上登记或悬挂其国旗的船舶或航空器所装载的物质。

程度可见一斑。

第四节　法国海洋科学研究活动

法国非常重视海洋科学研究，并取得了令人瞩目的成果。正是由于海洋科学研究在法国海洋活动之中的重要性，法国积极通过国际和国内两个层面完善和保障法国海洋科学研究活动的开展。

一、法国对于海洋科学研究活动的原则和立场

第三次联合国海洋法会议的第三委员会对关于海洋科学研究进行了实质性讨论。为了更好地定义全球视野下进行海洋科学研究活动的条件，在1972年8月的第三委员会会议上，法国阐述了对于该问题的立场，并开始同步推进国内有关立法的制定。

(一)应强调"科学研究"作为根本性问题的重要性

知识性探索往往导致营利性活动的产生。法国将海洋科学研究分为两种，即纯海洋科学和资源勘探开发活动。虽然在对待这两种类型的判别立场和实际管理上存在差异，但都强调的是"对人类整体的有利"。① 在第三次海洋法会议上，法国代表团指出，研究使人类可以意识海洋区域新的潜力和维度。因此，海洋科学研究"应是具有正当性的合法活动，不仅可以帮助人类理解所处的环境和人类需求，也可促进海洋的最优利用并与其和谐共存"。②

如果研究是在需颁发许可或特许资格的国际区域内进行，那么该研究必须通知许可或特许资格颁布方，以便其可采取必要措施。这样就引起了一个问题，即对"科学研究"和"勘探、勘察"的区分。法国认为这种区分是必要的，因为沿海国不能将管理资源勘探开发

---

① 参见 Déclaration de Mlle. MARIANI, Document Nations Unies A/AC. 138/SC. III/SR. 29。

② 参见 Déclaration de Mlle. MARIANI, Document Nations Unies A/AC. 138/SC. III/SR. 29。

的规章制度应用到海洋科学研究上来。对此,加拿大在第三委员会文件中也提出了同样观点。[1] 然而,这个问题较为微妙,因为当时还不存在被普遍认可的区分标准。因此,法国建议科学研究"应建立在完全不同于工业性勘探或开发意图的法律基础上"。[2]

(二)应尊重和保障海洋科学研究的自由

法国长期在世界不同区域进行着海洋科学研究活动。正因为如此,无论是在国家管辖以外海域,还是外国在法国管辖水域,都表明法国一直努力实践海洋科学研究自由的政策和制度。不过,在不同海域,国家进行海洋科学研究活动的权利界定存在差别。

第一,在领海的科学研究活动应取得沿海国的同意。法国代表玛利亚尼女士指出:"在国家管辖海域内,日内瓦《大陆架公约》的条款平衡了沿海国利益间和研究者利益,即便这些条款还可以进一步改进以考虑到没有参加 1958 年海洋法会议的国家的需求和愿望,但它提供了一个令人满意的出发点。"[3]根据《大陆架公约》的规定,[4] 法国认为沿海国拒绝批准研究申请通常都是由于存在误解。因此,对于政府间海洋学委员会(IOC)[5]制定的"促进沿海国同意并参与到科学研究中"的"VI-13 号"决议,法国表示支持。法国还指出本国正在制定许可申请的具体程序,该申请程序实践也会考虑到未来的条文制定。

---

① 参见 A/AC. 138/SC. III/L. 118。

② 参见 Déclaration de Mlle. MARIANI, Document Nations Unies A/AC. 138/SC. III/SR. 29。

③ 参见 Déclaration de Mlle. MARIANI, Document Nations Unies A/AC. 138/SC. III/SR. 29。

④ 《大陆架公约》第 5 条第 8 款规定:"在大陆架的科学研究活动需要取得沿海国的同意,但如果该研究满足相应条件,即是'对大陆架之物理或生物特征作纯粹科学性之研究'时,沿海国在通常情况下不应予以拒绝。"

⑤ 政府间海洋学委员会(IOC)成立于 1960 年,是联合国教科文组织下属的负责政府间海洋科学事务、促进各国开展海洋科学研究和合作的国际性政府间组织,其宗旨是通过成员国的活动,促进海洋科学调查,以增进对海洋性质和资源的了解。

第二，在国家管辖范围外海域，法国认为应保持其开放性，不应有任何许可申请的限制。海洋科学研究是对全人类作出的善意行为，因此应该是畅通无阻的。不过，科学研究的开展需尊重环境和海洋其他的合理利用，如保护环境、对海洋利用进行协商等，并促使研究在现行国际法原则的良好条件下进行。①

第三，法国认为，沿海国应确保科学观察人员能够登陆研究船只，并有权接触到研究的发现成果。同时，也可通过使用国际、区域和国家数据中心或使用诸如 IOC 开发的"海洋学项目观察报告和样本采集"清单（ROSCOP）等标准化公式，来建立适当的网络，以更加便捷地接触和交换数据。可见，法国所提倡的海洋科学研究自由并不是"绝对的自由"，而是有一定的限制。玛利亚尼女士认为，合法的、有益的海洋科学研究应具有自由性，或者至少说是具有一定的自由形式，但她也明确指出："这种自由并不是一种缺乏规范的、无政府状态"，而是"应作出促进研究的最大努力。"②需考虑到一些因素，如海洋环境的保护和保全，尊重其他方面的海洋利用活动并注重相互间的协调，尊重国家的主权权利等。

（三）应注重海洋科学研究的全球合作

海洋科学研究需要启动大批的项目，人力、财力、技术手段的利用也必不可少，并且将在极为广阔的领域中开展。如果没有国际合作，富有成效的海洋科学研究将无法实现。合作需要整合不同手段，交换信息和研究结果，同时建立为研究提供便利的步骤和程序。因此，法国提出应重视各国科研机构相互间交流和国际合作，并"以身作则"地积极参与到国际性科研机构以及与其他国家的双边性合作当中。

---

①　参见 A/CONF. 62/C. 3/SR. 7, Summary Records of Meetings of the Third Committee 7th Meeting, p. 339。

②　参见 A/AC. 138/SC. III/SR. 29, Déclaration de Mlle. MARIANI, Document Nations Unies。

（四）应保证海洋科学研究的公开性

首先，法国认为，对于海洋科学研究项目的特点，如目标、性质、涉及学科、地点、技术等，应直接与国家或通过国际机构中间方进行沟通。研究数据和结果同样应该保证其公布，① 但对于未经审查的或过快得出的研究结果的公布仍应提起注意，因此除了数据和结论本身外，研究人员的职业素养和声望也应考虑进去。

其次，为了各国可以"支配"和"自由取得"这些数据和结果，公布方应保证其开放性，可通过如国际机构尤其是数据中心的必要手段进行处理。法国的海洋科学研究非常重视依靠国际专业数据机构，如华盛顿和莫斯科的全球数据中心、法国布列塔尼的布雷斯特海洋科学中心等。

（五）应鼓励各国研究人员的共同参与

首先，由于沿海国船只已经越来越多地承担着除观察员以外的角色，法国认为各国应以更加积极活跃的姿态参与到有关研究当中。当然，这也有一部分出于船只昂贵费用的考虑，法国希望能够尽可能地最大化利用其价值。同时，让更多人员参与到海洋科学研究项目中来，也是对发展中国家提供帮助的其中一种方式，因为许多双边或多边互惠援助项目往往含有与研究相关的培训或教育机会。正如玛利亚尼女士在宣言中指出的，应"通过创建基建和合适的研究设施（实验室、研究所、仪器、海洋科考船只等）来加强发展中国家的技术能力"。② 法国在这方面也作出了许多努力，如对于非洲国家和马达加斯加岛的技术援助。这一点也在《公约》第 244

---

① 对于"公布"一词的含义，法国认为该"公布"应设法使公众可获得、可接取，而不是从该词严格意义上来说的"公布发表"。当然，情报和知识可以在杂志或著作中进行"公布发表"，但这不是必需的。

② 参见 A/AC. 138/SC. III/SR. 29, Déclaration de Mlle. MARIANI, Document Nations Unies。

条第 2 款中体现了出来。①

　　总体来看，在深入研究的基础上，法国代表重申应对适用海洋科学研究的一些基本原则进行定义，这些原则或规则应公平、有效、现实。在第三委员会会议中，除法国之外，还有许多国家对报告文件提出了评论和建议，并得出了或可被广泛接受的基本型原则。② 实际上，法国也对各国提出的各种善意性原则表示支持。不过，法国也对其中一些原则作出了特别强调。例如，法国否定了国际组织在国际区域进行的海洋科学研究的"监管"，该立场受到了许多海洋大国尤其是美国的支持。法国马赛恩多米海洋监测站主任佩莱丝(J. M. Pérès)认为，比起监管职能，国际组织更多地应是服务于更为"纯科学"的信息职能。③ 然而，这一观点受到了许多发展中国家的强烈反对。

―――――――――

　　① 《公约》第 244 条对海洋科学研究的情报和知识传播作出了规定，其中第 2 款规定："为此目的，各国应个别地并与其他国家和各主管国际组织合作，积极促进科学资料和情报的流通以及海洋科学研究所得知识的转让，特别是向发展中国家的流通和转让，并通过除其他外对发展中国家技术和科学人员提供适当教育和训练方案，加强发展中国家自主进行海洋科学研究的能力。"

　　② 在第三次海洋法会议第三委员会会议中，各国提出的原则建议包括：海洋科学研究是一项合理合法活动，应根据国际法的原则，促进和便利海洋科学研究的发展和进行；这项活动应从国际合作中受益，所有国家有平等实践权；海洋科学研究必须用于和平目的；应确保海洋科学研究项目、样本、数据和结论的可获取性；应向发展中国家转让科学技术，帮助公民进行培养和教育；应避免污染，不危害安全，不妨碍其他活动的正常进行尤其是渔业；沿海国准许和管理在其领水水域的海洋科学研究、对公民的渔区进行管理，并为了国家安全，对这些区域进行监管；在国际层面，国家对其公民进行的海洋科学研究活动具有监管权力等。

　　③ 参见 CNEXO, La France et le Droit de la Mer, Rapport Économique et Juridique n. 3, p. 141。

二、法国开展海洋科学研究活动的主要内容

(一)立法保障国内海洋科研机构的自主权

1958 年，法国成立国家海洋开发中心(CNEXO)，① 并公布"面向海洋"计划，致力于推动海洋生物资源、矿产资源、海下作业、防治污染和海洋—大气相互作用五个方面的研究。② 同时，法国装备了数艘海洋科学考察船，并建立了数个陆上的海洋科学研究机构以推进这些工作的开展。③

"面向海洋"计划考虑到了"法国目前的科研成果，以及法国的人文和技术潜力。同时也考虑到了海洋资源合理开发的经济影响。项目致力于促进其高校科研机构和工业发展间最为有效的交流，以更好地实现其经济利益目标"。④ 计划包含五个主题：(1)生物物种开发。对其生产、具有经济利益价值的储备评估以及水产养殖发展等方面进行研究。(2)矿石和碳氢化合物的开采。包括三个目标，即法国大陆架的资源清查和制图；根据测量深度区域的地球动力学知识研究陆架边缘深度结构；锰结核的认知和开采，尤其从法属波利尼西亚海域的开采活动。(3)海下作业。尤其是依靠法国专业深海潜水作业与工程公司(COMEX)开展工作。该项目设立了 300 米的深度目标，并计划至 1975 年深度达至 600 米。(4)防治污染。包

---

① 1984 年，法国海洋渔业技术研究院(ISTPM)和法国国家海洋开发中心(CNEXO)共同组成法国海洋开发研究院(IFREMER)。参见吕蓓蕾译：《法国海洋开发研究院》，载《中国科学基金》1991 年第 1 期。

② 参见 Centre National pour l'Exploitation des Océans, Programme D'orientation «Océan», Août 1968。

③ 法国海洋发展研究中心(CEMA)为开展海洋科学研究活动，先后建造了 SP-3000"潜水碟"号深潜器，"阿基米德号"深潜器，"博哈二号"实验浮标等。另外，法国建立的研究中心包括位于布列塔尼的海洋中心、位于土伦的地中海海洋基地和位于法属塔希提岛的太平洋海洋中心。

④ 参见 Centre National pour l'Exploitation des Océans, Programme D'orientation «Océan», Août 1968。

括维护海洋干净环境，清洁海洋以及预防污染的危险；（5）海洋—大气相互作用研究。将该机制的二者看做一个整体进行研究，通过长期的气象学预测得出经济型和实践性推论。[1]

为了推进这些工作，法国装备了数艘海洋科学考察船，包括法国海洋发展研究中心（CEMA）建造的 SP-3000"潜水碟"号深潜器、"阿基米德号"深潜器、"博哈二号"实验浮标等。同时，法国建立了数个陆上的海洋科学研究机构，包括位于布列塔尼的海洋中心、位于土伦的地中海海洋基地和位于法属塔希提岛的太平洋海洋中心。法国也积极参与到国际性科研机构当中，如地中海科学勘探国际委员会（CIESM）、国家海洋考察理事会（ICES）等。此外，法国积极发展与其他国家的双边性合作，包括与美国、苏联、英国、瑞士、日本建立科技交流机制。然而，由于受到技术条件限制，法国的国际海洋考察参与并不及超级大国。同时，法国海域过于分散的特征也大大降低了其科考的可盈利性。

1967 年，法国立法规定法国国家海洋中心（CNEXO）是"具有工商双重性质的公共机构，接受总理管理并具有财政自主权"。[2]随后，根据 1969 年法令，该中心调整至工业发展和科学部管理。[3]法国国家海洋中心对以公立性质为主的法国海洋科学研究进行协调，并提供国际合作政策的建议，其明确设立了科学知识研究和经济性开发的两大核心利益，前者的发展旨在实现后者。

法国国家海洋中心也积极配合政府间海洋学委员会（IOC）制定的建议和指导框架，对本国海洋科学研究活动进行调整管理。1969年，政府间海洋学委员会通过了 VI-13 号有关"促进基础科学研究"的决议，以推动各沿海国在其管辖水域进行科学研究问题上达成一致。为了真正促进海洋基础性科学的研究，并确保程序简捷有

---

① 参见 Arnaud Reglat-Boireau, La Désaffectation des Installations en Mer, Annuaire Français de Droit International, Volume 28, 1982, p. 881。

② 参见 Loi n° 67-7 du 3 Janvier 1967 Portant Creation D'organismes de Recherche（Cnexo, Anvar, Iria）。

③ 参见 Décret du 31 Octobre 1969 Centre National Pour L'Exploitation des Oceans。

效，VI-13 号决议制定了五项原则建议：（1）应尽可能通知拥有领水和大陆架的沿海国研究计划，如沿海国愿意，可通过中间方的科学家进行参与；研究的性质和地点应与沿海国及政府间海洋学委员会进行沟通。（2）政府间海洋学委员会在 20 日内将申请国的研究官方说明递交给沿海国，如可能的话，沿海国在政府间海洋学委员会秘书处的协助下，对其计划的国际科研价值利益进行陈述。（3）沿海国有权决定自身的参与并与申请国签订协议。（4）相关数据应交付沿海国，其结果应发表在国际社会皆可获得的刊物上。（5）决议还要求应对从事基础性科学研究的船只的中转停靠提供便利。总体来看，该决议强调了在海洋进行科学研究的必要性和不可分割性，并明确沿海国的主权权利应得到尊重，而利益相关国间进入领水区域进行科考活动的管理则主要通过双边途径解决。

（二）大力推进各国海洋科研机构的国际合作

从上文可以看到，"VI-13 号"决议致力于促进沿海国家间和与申请国间的合作和促进双方意见的达成。然而，该决议的内容较为笼统，如决议只规定了一处具体有关转交研究描述的时间期限，但对收到研究描述的沿海国回复的期限、数据和研究结果交换的义务等均没有提及。也就是说，更为细节的合作条文还是主要依靠国家间的双边协定进行落实。

在"VI-13 号"决议通过后，法国迅速将决议有关内容转化为实践。根据决议的指导方针，法国国家海洋中心起草了一份"在外国领水和大陆架"进行研究的申请程序，规定了法国研究人员须遵守的规则，以符合该决议所期望的合作精神。同时，该程序对法国不同机构规定的时限和步骤程序进行了整合统一。① 另外，该程序也参考了 1958 年《大陆架公约》，并重申了沿海国事先协定的必要性。考虑到研究活动的具体进度安排，程序规定了申请的两个阶段：第一阶段程序较为简洁，由船舶经营机构提起申请，并提前六

---

① 参见 Gilbert Apollis, Les Frontiers Maritimes en Droit International, Mutations et Perspectives, Rapports Économiques et Juridiques, No. 7, 1979。

个月呈交给外交部，呈交内容包括船名、船长、研究目的和计划、研究机构或实验室人员指派等。第二阶段程序囊括了更为细致的规定，需在活动开始提前两个月呈交给外交部，内容除第一阶段上述内容外，还包括使用的器械、进行研究工作的领水和大陆架区域、详细的研究活动进度安排、该国科研机关联系方式等。

为了将《大陆架公约》的海洋科学研究有关规定转化为国内法，① 1971 年 5 月 6 日，法国颁布法令确定了"勘察许可、专属研究许可和开发许可颁发程序的"有关规定，并针对纯科研性质的研究作出了特殊批准要求。② 其中第 15 条规定："纯科学性质的，尤其是涉及大陆架生物和物理特性的研究许可证的颁发问题，并不受提出申请的在法机构法人的支配和管理；许可的申请应提交给负责科学研究的部长，并听取与此问题有关的其他部长的意见，尤其是外交部长（如果申请者是外国国籍）。"③该项规定随后作出了修改，如果申请者具有外国国籍，则申请首先应呈报给外交部，随后转呈科学研究部。随后，法国又以法令规定了"法国海军水文与海洋服务局（SHOM）在水文地理研究上"的有关职权。④

然而，这些立法和法令并没有官方的事实程序。实际上，外国研究人员同样可能与法国科研机构或实验室建立科研关系，并通过其本国外交部门提出研究许可申请。这样的做法有一定道理，因为它明确了外交部门在科研活动问题上的参与，它的介入可以更好地保证与活动主国政府之间的联系。同时，这也体现了国际法实践中

---

① 1968 年法国《大陆架法》第 2 条规定："由公法人或私法人承揽的大陆架自然资源勘探或开发活动需得到事先交付许可。"

② 参见 Décret n°71-360 du 6 Mai 1971 Portant Application de la Loi n° 68-1181 du 30 Décembre 1968 Relative à l'exploration du Plateau Continental et à l'exploitation de ses Ressources Naturelles。

③ 参见 Article 15 du Décret n°71-360 du 6 Mai 1971 Portant Application de la Loi n° 68-1181 du 30 Décembre 1968 Relative à l'exploration du Plateau Continental et à l'exploitation de ses Ressources Naturelles。

④ 参见 Décret n°71-396 du 25 Mai 1971 Fixant les Attribution du Service Hydrographique et Océanographique de la Marine。

互惠的权利和义务，法国自身在海外的科研活动也可通过外交部门进行请求许可，并通过官方途径与外国科研机构建立联系。

程序规定下的实践是非常灵活的，许多海洋科研机构都意识到国际交流合作的重要性。法国与周边国家海洋科学研究合作经历了总体开放、逐步走向规范的过程。例如，位于法国滨海自由城的海底地球动力观测站就与意大利驻法国芒通副领事进行联系，以申请在热那亚湾海域进行科考，随后前者与意大利热那亚大学建立起了频繁的交流关系。但随着意大利科技发展尤其是海底能源资源认知的不断进步，二者间自由交流制度逐渐"制度化"，实验室转为年限协定制，以便确保项目议题和研究的圆满完成。同时，通知有关当局，后者不仅可以对活动进行一定的监管作用，同时也可提供一定便利，以帮助项目顺利进行。

地中海共同研究项目同样促进了各沿海国间共同研究的发展。例如，对突尼斯和意大利西西里岛之间的突尼斯海峡的研究，即由法国滨海自由城实验室、意大利博洛尼亚海洋地质实验室、突尼斯能源部共同完成。突意两国政府也共同合作，为研究活动的开展提供了便利。当然，地中海海域科考活动也并非一帆风顺，如计划在马耳他水域进行的海洋科研活动未被当局批准。另外，法国与其他周边国家的科研合作仍存在不少阻碍和困难。例如，比起在大西洋和拉芒什海域向英国、荷兰申请许可较为容易，而西班牙政府的许可程序审理就非常严格。

1977 年 12 月 15 日，法国与欧洲其他十个国家在布鲁塞尔缔结了协定，一同参与了欧洲海洋观测试验站网络的建设。1984 年12 月，法国宣布废除 1974 年于日内瓦签署的《北大西洋海上试验站共同投资协定》。此后，法国与许多国家建立了海上科学研究合作协议，如巴西、西班牙、印度尼西亚等。根据《公约》的规定，这些协定特别就海上科学研究活动的条件作出了区分，对领海或群岛水域应取得沿海国"明示同意"，对在专属经济区或大陆架的研究沿海国应给予"同意"。①

----

① 参见《公约》第 245、246 条的规定。

1984 年 6 月 5 日，法国国家海洋开发中心（CNEXO）与 1919 年在南特成立的南特海洋渔业科学技术研究所（ISTPM）合并，成为法国海洋开发研究院（IFREMER），是世界公认的全球六大顶尖海洋研究机构之一。① 另外，为了更好地确保各种研究活动的沟通协调，1991 年 5 月 14 日法国法令宣布建立海洋科学技术项目协调委员会。

1986 年 7 月 11 日，法国颁布第 86-826 号《海洋科学研究法》，对 1976 年《经济区法》第 4 条进行了修改，并规定："（在此区域内），法国政府当局具有行使国际法承认的有关海洋环境的保护和保全、海洋科学研究、人工岛屿、设施和工程的部署和使用的权利。"②1986 年《海洋科学研究法》更深刻的意义在于，第 2 条规定了"在领海、经济区和大陆架区域海洋科学研究活动的事先授权"。③ 实际上，第 2 条是存在一定争议的，因为第 2 条没有对由法属机构和其他希望从事研究的国家和外国居民之间作出区分。

（三）通过推进法国海洋科研积极应对新挑战

21 世纪以来，法国海外领土专属经济区和大陆架的扩展已经上升到了法国海洋政策的最高层次，是其在全球海洋治理中的竞争王牌。法国海洋潜在经济利益的实现需要强大的科技和人才力量支撑。纯科研性质的海洋科学研究是一项低敏感领域活动，法国是在该领域的投入和成果最多的国家之一。

---

① 参见吕蓓蕾译：《法国海洋开发研究院》，载《中国科学基金》1991 年第 1 期。

② 参见 Loi n° 86-826 du 11 Juillet 1986 Relative à la Recherche Scientifique Marine et Portant Modification de la Loi n° 76-655 du 16 Juillet 1976 Relative à la Zone Économique et à la Zone de Protection Écologique au Large des Côtes du Territoire de la République。

③ 参见 Article 2 du Loi n° 86-826 du 11 Juillet 1986 Relative à la Recherche Scientifique Marine et Portant Modification de la Loi n° 76-655 du 16 Juillet 1976 Relative à la Zone Économique et à la Zone de Protection Écologique au Large des Côtes du Territoire de la République。

一直以来，法国都在世界不同区域独立或合作开展海洋科学研究活动，也正因为如此，法国致力于建立在不同海区进行科学研究的最大自由。例如，担任海洋科学研究牵头力量的法国国家海洋开发研究院与法国海外领土科技研究中心（ORSTOM）一起合作，在法国欧洲以外海域尤其是太平洋地区的研究上取得了丰硕的成果。

无论是法国在外国领水和大陆架进行的科学研究活动官方性文件，还是外国在法国管辖水域进行的科研活动，都表明法国一直努力实践"海洋科学研究自由"的政策和制度。当然，这种自由是建立在维护国家安全的基础上的。近年来，国家海上安全又面临着海盗、偷渡等新议题。从地缘角度来说，法国领土多样又分散，不少岛屿都是法国在海外的军事基地，是法国在全球不同地域活动的战略前沿。法国认为，应对这些的重要手段是加强在当地的国防和安全力量。在亚太地区，法国军事和民事国防力量超过 2500 人，主要包括新喀里多尼亚和法属波利尼西亚地区的武装军队；同时，法国海军力量也尤其参与了地区性特别海上合作，包括在印度洋地区的印度洋海军论坛、印度洋边缘协会，在太平洋地区包括中南太平洋海岸警卫队论坛、西太平洋海军论坛。在安全领域，法国与主要亚太国家发展推进双边关系，同时，法国在联合国、欧盟和北约等不同层次框架内进行多边行动，开展多次对话，尤其是在与海洋有关的议题上。①

第五节　法国国际海底区域活动

国际海底区域制度（以下简称"区域"制度）是海洋法中的一个单独部门。国家管辖范围以外海底区域制度和机构的拟定工作，是

---

① 参见 Philippe Errera, Nicolas Regaud, Nadège Rolland. La France et la Sécurité en Asie-Pacifique. Délégation aux Affaires Stratégiques. Ministère de la Défense, 2014。

在结核矿开采业不断发展的背景下进行的。① 20 世纪 60 年代起，随着国际社会越来越多的矿业公司对深海采矿感兴趣，许多发达国家如法国、加拿大、联邦德国等，都赶上了美国的脚步，对深海采矿的研究水平越来越高。

鉴于海底资源可能带来的巨大经济利益，国际社会开始意识到，需要重新界定深海的国际法地位，并为勘探和开发深海资源建立新法则。在海底委员会上，美苏两国支持将"公海自由原则"直接适用于海底区域，并认为不需要发展新的原则，以期抢占海底资源；法国、加拿大、菲律宾、日本、挪威、英国等海洋大国则表示"尊重公海自由原则"，但并不支持将该原则直接适用海底区域；发展中国家则反对发达国家的这种争夺。② 不同国家利益集团之间的矛盾促使了第三次海洋法会议的召开。

一、法国对于国际海底区域活动的原则和立场

1969 年，戴高乐在布雷斯特的讲话中指出："人类活动越来越转向海洋的勘探研究，因此，国家的雄心也自然而然地将转向控制和征服这些资源。"③联合国第三次海洋法会议召开以来，国际社会表现出对海底地下矿物资源的兴趣。法国采取了许多主动行动，大力支持对国际海底的知识探索及资源获取。在第三次海洋法会议中，法国对"区域"制度构建的重视展露无遗，其立场主要包括以下几点。

---

① ［加］巴里·布赞：《海底政治》，时富鑫译，三联书店 1981 年版，第 177 页。

② 参见 Orrego Vicuna Francisco, Les Législations Nationales pour l'exploitation des Fonds Marins et Leur Incompatibilité avec le Droit International, Annuaire Français de Droit International, Volume 24, 1978, p. 813。

③ 参见 Maritimisation: la France Face à la Nouvelle Géopolitique des Oceans, Rapport D'information de MM. Jeanny Lorgeoux et André Trillard, Fait au Nom de la Commission des Affaires Étrangères, de la Défense et des Forces Armées n° 674 (2011-2012), 17 Juillet 2012。

(一)法国支持"人类继承共同财产"原则

1967 年 8 月 17 日,马耳他常驻联合国大使帕多(Pardo)博士提出备忘录,建议将国家管辖范围以外的海床洋底作为"人类共同继承财产"(Common heritage of mankind)。根据帕多博士的观点,"区域"未来权益方不是国家,而是人类。该建议一提出便受到国际社会高度关注,使"区域"制度的讨论进入到了另一个高度。为防止各国在"区域"制度建立之前展开恶性竞争,1969 年,第 24 届联大通过了第 2574(D)号决议(又称"暂缓决议")。"暂缓决议"由拉美、亚洲和非洲等 12 个发展中国家提出,要求在"区域"制度建立之前,国家和个人均不得对国际海底资源进行开发,对国际海底区域及其资源的任何权利主张均不予承认。法国对"暂缓决议"提出强烈反对。① 1970 年 12 月 17 日,联合国大会第 2749-XXV 号决议通过《管理国家管辖范围以外海床洋底及其底土原则宣言》(简称《原则宣言》),明确认可了"人类共同继承财产"概念。② 在 1970 年 8 月 4 日海底委员会小组委员会会议中,法国明确表示支持"人类共同继承财产"原则。③ 不过,在 1971 年海底委员会第 43 次会议上,法国代表团强调:"由于海底勘探和开发的结果现在还无法知晓,因此在人类继承财产原则被广泛认可的前提下,国家不能采取单边行动。"④另外,法国在 1976 年会议上还指出,"人类共同继

---

① 参见 Orrego Vicuna Francisco, Les Législations Nationales pour l'exploitation des Fonds Marins et Leur Incompatibilité avec le Droit International, Annuaire Français de Droit International, Volume 24, 1978, p. 818。

② 参见 Resolution Adopted by the General Assembly 2749 (XXV). Declaration of Principles Governing the Sea-Bed and the Ocean Floor, and the Subsoil Thereof, beyond the Limits of National Jurisdiction, http://www.un-documents.net/a25r2749.htm。

③ 参见 A/AC.138/SR.29-44, Summary Record of Twenty-ninth to Forty-forth Meeting, p.86。

④ 参见 A/AC.138/SR.45-60, Summary Record of Fifty-fourth Meeting, General Statements, pp.103-105。

承财产"概念不仅对各国施加了义务，避免"区域"活动出现垄断情况；同时，该概念还可促进"区域"资源的有效开发，惠及全人类。①

(二)法国认为"区域"的开发主体是国家而不是国际性管理机构

法国强调，"人类继承共同财产"原则不能构成为国家对国际海底区域管理的阻碍。② 在海底委员会上，"区域"制度中的行为主体问题存在争议。发展中国家根据《原则宣言》，主张人类利益不必通过"国家"作为中介来实现，共同建立的"国际机构"可直接享有进行勘探和开发的权力；西方国家和苏联则认为，"国际机构"仅仅拥有向国家或企业发放勘探开发执照的权力。③ 换句话说，法国希望维护沿海国的立场，给予沿海国更大的权力。在该会上，联合国秘书长提出一份《关于国际海底区域矿物生产可能产生的经济影响(补编)》的报告，这份报告受到了法国、日本、英国、美国的反对，认为海底生产不会对陆产国的商品带来困难。④ 1970 年 8 月 4 日，法国针对"区域"制度应遵循的原则问题提出"建议草案"。⑤ 法国的基本主张是：把"区域"划分给各国，各国不仅对执照颁发和开采活动具有决定权，同时也具有处理收益分配的权力。针对"区域"管理权是给予国家还是国际机构的对立争论，法国在"建议草案"中提出一项折中解决方案。该方案主要考虑"经济效能"和"国际公平"两个因素。法国主张建立一个"最小型"的国际机构，

---

① 参见 A/CONF.62/C.1/SR.36, 36th Meeting of the First Committee, para.52。

② 参见 A/CONF.62/C.1/SR.36, 36th Meeting of the First Committee, para.52。

③ 参见 A/AC.138/SR.29-44, Summary Record of Twenty-ninth to Forty-forth Meeting。

④ 陈德恭：《现代国际海洋法》，海洋出版社 2009 年版，第 416 页。

⑤ 参见陈德恭：《国际海底资源与海洋法》，海洋出版社 1986 年版，第 154~155 页。

该机构应采取简单登记制，而不应拥有主导的、专属的权利。国家虽是"区域"活动的核心，但其主张的"区域"面积应有限制。如果出现"区域"分配上的竞争问题，则应交由这个国际机构下的全权会议进行处理。①

在"建议草案"中，法国还提出应该对勘探和开发矿物资源是使用"可移动设备"还是"固定设备"作出法律区分。② 如果是"可移动设备"的情况，如针对多金属结核等流动作业，则仅需要在国际机构进行简要注册即可；如果是"固定设备"的情况，如石油钻探的固定平台，则国家对该区域具有排他性权利，"区域"活动需要遵循该国的执照制度。这种"国际注册制"（亦称"国际执照制"）受到了大多数工业国家的欢迎，但制度实质则违背了"人类共同继承财产"原则的内核。另外，法国反对赋予海底管理局直接开发权，并反对设立业务机构。因为法国认为这样的机构缺乏经济效能。整体上看，法国的提案尽可能地限制了管理局在业务方面的作用，使各国享有最大限度的自由。有学者形容道："法国的提案就几乎等于把海底变成国有湖了。"③

然而，在1971年3月的会议上，法国又放弃了"国际执照制"的立场。法国认为："国际机构对执照或开发区的授权，这种决定和许可有时候是非常艰难协商之后的结果。这已不是一个简单的登记，而需要国际机构的认可，但这有可能导致申请被拒绝。"④值得注意的是，法国放弃这种区分在一定程度上是受到技术因素的限

---

① 参见 A/AC.138/27, Proposals Concerning the Establishment of a Regime for the Exploration and Exploitation of the Sea-bed: Submitted by France, Dated 5 August 1970。

② 参见 A/AC.138/27, Proposals Concerning the Establishment of a Regime for the Exploration and Exploitation of the Sea-bed: Submitted by France, Dated 5 August 1970。

③ ［加］巴里·布赞：《海底政治》，时富鑫译，三联书店1981年版，第192页。

④ 参见 A/AC.138/SCI/SR 9, 9ème Séance du Sous-Comité I-29 Juillet 1971, p.80。

制，因为在一些有关可移动性设备的安装、施工性质和工程投资的情况中，只有颁发采矿执照才能确保对该区域的征用和保护。

在 1971 年海底委员会各国立场陈述中，法国代表团指出："海洋经济法律不应是对主权的滥用……部分国家刻意削弱国家对海底区域管理的影响是不符合国际现实的。"①法国认为："人类共同继承财产"的理论价值值得尊重，但它的实现，是不同国家、不同利益总和的结果，需要国家这个中间方来实现。因此，国家才应担任核心角色。不过，法国也强调，这并非出于对国际管理机制的不信任，而是因为国家是"该机制和从事勘探和开发的公私企业之间唯一可能的中继站。"②对于"区域"的开发问题，法国反对由国际机构主导开发活动，因为"在国际机构规章下进行的开发，是为了能够执行其相关职能，它的任务应是为联合国所有成员国服务"。③

在当时，支持由国际机构进行"区域"资源直接开发的国家认为，这是一种对抗国家利己主义价值观的做法，能推动国际秩序的合理构建。在法国看来，这种说法虽具有一定的价值，但实践证明，国家实际上很难做到这一点，因为国家在实践中还是首要考虑自身利益和目的。每个国家都希望保有行动自由，不愿将自身利益托付在他方手中。有法国学者甚至批评指出："运用国际化词汇还是几乎无法掩盖住国家的利己主义，当说到'人类共同继承财产'时，国家实际上只会捍卫自己的那一部分。"④法国想要强调的是，不应该消极看待国家参与开发活动，因为主权国家的参与对构建国际公平是有益的。

总体来说，法国反对"区域"制度以超国家机构为核心进行构建，因为这种安排没有将国家主权摆在首要地位，将削弱国家的干

---

① 参见 A/AC.138/SCI/SR 23, Déclaration de M. Jeannel（France）à la 23ème Séance du ous-Comité I, le 18 Août 1971。

② 参见 Doc. ONU. A/AC.138/27, Propositions Présentées par la France。

③ 参见 Doc. ONU. A/AC.138/27, Propositions Présentées par la France。

④ 参见 Joseph Martray, De Caracas 1974 à Genève 1975. Les Positions de la France à la Troisième Conférence des Nations Unies sur le Droit de la Mer, Annuaire de Droit Maritime et Aérien 1974, Université de Nantes, p. 104。

预权力。同时，法国也不希望将财政支出过多地运用到国际机构的运作当中。当然，对于该机构建立根基的"人类共同继承财产"原则，法国是予以认可的。从这点上看，法国对"区域"管理的内核和外延作出了区分：内核在于国家主导"区域"合作，而外延在于国际机构对"区域"合作的实施进行管理。另外，虽然许多发达国家都支持让国家占据"区域"主导地位，但法国的立场与其他发达国家也不尽相同。一些工业化国家，如日本、英国等，主要担心国际机构的组建可能遭遇前期财政困难，而法国则担忧机构会对国家直接参与"区域"活动产生不利影响。

(三)法国较为体谅"区域"中发展中国家的立场

无论是在海底委员会上还是在第三次海洋法会议上，法国都表露出重视发展中国家利益的姿态。例如，在 1970 年"建议草案"中，法国建议国家对获得开发许可的公私企业征收税费，并将其中一部分适当贡献给国际性、区域性或双边性计划，以支持发展中国家。① 在海底委员会第二小组会议中，法国也重申了对《原则宣言》中 "特别顾及发展中国家的利益和需要"的支持立场。② 具体而言，法国对发展中国家有两方面的特殊考虑。首先，"区域"的资源开发需要对部分发展中国家进行经济补偿。③ 国际机构下引导的开发项目，其利润分配都是通过多边方式，但法国则主张通过双边框架进行分配。换句话说，国家需首先对颁发了开发资质的企业征收税费，并向所有对第三世界国家援助的国际性或区域性双边项目支付一份数量可观的费用。诚然，通过国际机构进行的利益分配可以从

---

① 参见 A/AC.138/27，Proposals Concerning the Establishment of a Regime for the Exploration and Exploitation of the Sea-bed：Submitted by France，Dated 5 August 1970。

② 参见 A/AC.138/SR.45-60，Summary Record of Fifty-fourth Meeting，General Statements，pp.103-105。

③ 1994 年《执行协定》在这一方面对《公约》作了根本性的修改。《公约》规定由于深海海底资源开发对于陆上生产国的损失应给予补偿；而《执行协定》则规定对于陆上生产国的损失，改为以经济援助基金的形式给予补偿。

地理上兼顾全球发展，也可以提高局部"区域"活动的效率，但法国提出的"区域"征收和分配制度则是对经济因素和公平因素的兼顾和平衡。同时，当时联合国发展计划委员会希望制订一份"能够局部照顾到最不发达国家"的发展计划。① 国际社会也逐渐意识到，对这些国家的特殊情况予以考虑将对新海洋法的制定和发展具有重要意义。因此，在海底委员会上，不少代表在发言中强调了无海岸国家、最不发达国家的实际需要。值得注意的是，法国指出在"区域"开发大规模盈利实现时，应分配一部分利润给发展中国家。

其次，法国在"区域"制度中对于"国家"重要性的强调，也促进了发展中国家的真正参与。法国建议，当申请海底区块时，国家必须首先证明其有能力开发该区域。如果该国无法自行开发该区域，那么该国可以根据国内立法，承招企业进行开发，该企业法人需具有利益相关国国籍。该建议意味着，发展中国家可有权自行制定研究人员培训、人事招聘和人事待遇等条件或制度。由于主权利益的至关重要性，法国的建议可以确保国家真正在"区域"管理上承担要角。另一个值得注意的方面是，在第三次海洋法会议中，法国坚持"距离标准"为大陆架的唯一权利基础，并在海底委员会第二小组委员会上建议确定"距离标准"，该立场迎合了许多发展中国家的要求。不过，法国代表也指出，该提案仅涉及海底区域，而非上覆水域。

（四）法国认为当时的海底开发技术水平与实现经济盈利之间还存在较大差距

根据1969年的联大"暂缓决议"，在一个国际机构建立以前，任何国家和个人，都不得对国家管辖范围以外海床洋底的资源进行开发，不承认对海底及其资源的任何权利要求。法国对于"区域"开发的评估立场较为微妙，因为其界于"现有可开发程度评定"和

---

① 参见 Richard J. Payne & Frederick J. Roberts, Bureaucratic Politics on the Seabed: a Plea for Systematic Research on Proposed U. N. Management, Public Administration Quarterly, Vol. 7, 1983, pp. 43-57。

"广义开发评定"之间。因此,对于"暂缓决议",法国也采取了灵活而现实的解释。

在第三次海洋法会议第一委员会会议上,法国代表团指出:"试验和商业开发是不同的,试验并不旨在促进或鼓励发展。如果条约在未来生效,但试验证实海底资源的开发不具有可能性,那么这个条约是没有意义的。"[1]1971 年在向总秘书处提交的报告中,法国再次提出了这点迷思。法国认为:"在开发一种资源并进入提炼过程后,还需要相当长一段时间去了解该资源的商业生产价值及经济前景,商业上的量化开发并不会很快就有可能。"[2]在当时,英国、日本等发达国家代表团也持与法国类似的观点。实际上,1994 年联大通过的《执行协定》在很大程度上也印证了法国的担忧。有学者指出:"《公约》'区域'制度的建立是存在假设性前提的。据估计,即便在技术上可行,但只有到 2010 年后才有可能实现'区域'的商业性开采。由于投资者对国际海底采矿生产期望不高,已不存在对国际海底采矿的刺激和吸引力。"[3]

此外,大多数发展中国家都坚持对矿物资源开发进行调控,以防止原料市场失衡。然而,从长远的角度看,法国认为可以寻求一个平衡的解决办法,即强调发展的"全球性"概念。第三世界不是唯一的着眼点,真正的着眼点在于对"人类共同继承财产"的合理开发和有效管制。在 1972 年第一委员会第 46 次会议上,法国代表团强调指出:"应确保国际海底的协调管理,对海底资源进行合理、协调的计划,避免因人类对原料日益增长的需求而产生资源浪费;原材料供应国也渴望保障自身权益,让新的开发活动不过多波

---

① 参见 A/AC. 138/SCI/SR 43, Les Déclarations du Représentant Français à la 43ème Séance du Sous-Comité I, p. 182; A/AC. 138/SCI/SR 50, les Déclarations du Représentant Français à la 50ème Séance du Sous-Comité I, p. 35。

② 参见 A/AC. 138/73, Additional Notes on the Possible Economic Implication of Mineral Production from the International Seabed Area。

③ 参见金永明:《国际海底资源开发制度研究》,载《社会科学》2006 年第 3 期,第 115~116 页。

及全球市场价格。"①可见，法国非常看重在"管理海底资源开发"
和"维持全球市场稳定"之间保持平衡。

在1974年会议上，法国指出需要注意两个问题：一是注意海
底资源开发的经济影响，二是注意起草国家管辖范围以外海域采矿
规章。让内尔代表认为，应该对国际管理局的构建交换进一步意
见，同时也应进一步明确开发海域界限。②法国还提请委员会考虑
三个问题：第一，是否将所有国家管辖以外海域都开放开发，还是
将深海开发限制在一个或多个特别海域；第二，是否应划出某些海
域留给未来的开发；第三，随着发展中国家技术的不断发展，新的
制度应对发展中国家未来的活动留有余地。③

1974年，第三次海洋法会议第10次会议中，秘书长指出，加
拿大、法国和苏联的镍产量占到世界的80%，这三个国家还从预
防措施中受益。④然而，法国认为，陆源供应的矿物资源几乎不能
满足不断增长的需求，因此不应对"区域"开发设置过多的限制。⑤
尽管是全球镍矿的主要生产国，⑥法国仍支持对海底结核进行开

---

①　参见 A/AC. 138/SR. 45-60, Summary Record of Fifty-fourth Meeting,
General Statements, pp. 103-105。

②　参见 A/CONF. 62/ SR. 37, Summary Records of Plenary Meetings, 37th
Plenary Meeting, Third United Nations Conference on the Law of the Sea, paras. 13-17。

③　参见 A/CONF. 62/ SR. 37, Summary Records of Plenary Meetings, 37th
Plenary Meeting, Third United Nations Conference on the Law of the Sea, paras. 19-29。

④　参见 A/CONF. 62/C. 1/SR. 10, Summary Records of Meetings of the First
Committee, 10th Meeting, Third United Nations Conference on the Law of the Sea,
para. 6。

⑤　参见 A/CONF. 62/C. 1/SR. 10, Summary Records of Meetings of the First
Committee, 10th Meeting, Third United Nations Conference on the Law of the Sea,
para. 35。

⑥　新喀里多尼亚蕴含巨大的镍储量。1864年，法国在这里发现了大量镍
矿并开始进行开采，之后又建造冶炼厂进行精炼。现今镍业已经占据整个新喀
里多尼亚 GDP 的25%，每年生产1400万吨高品位镍矿，包括艾赫曼、淡水河
谷、嘉能可在内的矿业巨头，相继在这里建造冶炼厂对当地镍资源进行加工。
参见《新喀里多尼亚红土镍矿运往中国》，搜狐网2016年7月18日报道。

发，因为法国认为陆上资源是有限的，未来开发将越来越困难。人类社会的发展需要矿物原材料，因此对海底资源的开发无疑对全球都是有利的。

不过法国强调，应保证"区域"开发活动的最大经济能效。在任何情况下，原材料的价格都是国际社会持续关心的议题。"区域"开发活动势必会引起价格波动，因此，法国认为开发最好遵循一种渐进性的方式。法国还向联大建议："应该站在更为广泛的层面研究这个问题，尤其是价格变化应该得到某种监管，以避免对生产国和消费国造成损害。"①

二、法国参与国际海底区域制度构建的主要内容

"国际海底区域"是法国在第三次海洋法会议中最为关注的一个部分。对于该问题，法国表达了明确的国家立场，并提出了详细而务实的国际海底区域制度建设提案。

(一)法国对于国际海底管理机构的建设提案

如上所述，确保"区域"开发活动的"国际公平"和"经济能效"是法国的两大目标。不过，法国认为实现该目标需要两个条件：第一，国家能有效参与到国际机构中来，对"区域"开发活动进行管理；第二，国家也应最大限度地参与"区域"开发活动本身。② 换句话说，国家的直接参与和监管，是保证"区域"管理机制公平运作的两个关键因素。笔者认为，这完全体现了法国对待"区域"机制的建设立场，即希望能够建立一个国家与国际机构协调运行的机制，反对任何机构直接在国际海底区域进行开发活动。

法国在建设提案中指出，"区域"管理机构应由大会和委员会

---

① 参见 A/CONF. 62/C. 1/SR. 12, Summary Records of Meetings of the First Committee 12th Meeting, Third United Nations Conference on the Law of the Sea, paras. 12-14。

② 参见 A/AC. 138/SCI/SR 23, Déclaration de M. Jeannel (France) à la 23ème Séance du Sous-Comité I le 18 Août 1971, p. 365。

两部分组成。在其中，还包含了建立会晤机制、交换观点机制、谈判机制以及可能的调解机制，并提及应尽可能留意并消除区域内的违法行为。法国的建设提案也符合 1969 年联大第 2574（C）号决议的主旨。① 可见，法国的该提案充满了现实考量，既兼顾了国家间的不同利益，又要求各国在"人类共同继承财产"原则上实现国家间的意志协调。当然，法国也指出"这种协调是强调国家的普遍意志，而不是每个国家各自意志的总和"。②

在 1972 年第一小组委员会上，法国代表团再次提出更为细化的方案。新方案提出，"区域"的国际管理机构由全体大会或全体会议、理事会、常设办事处、秘书处和诉讼委员会五个部分组成。③

---

① 联大第 2574（C）号决议中指出："……尤其深入探讨对各国管辖范围以外海洋底床及其下层土壤之和平使用具有管辖权之国际机构之地位、结构与职权，包括为全人类之福利，不论各国地理位置如何，并计及陆锁及沿海发展中国家之特殊利益及需要，而对探测及开采其资源之一切活动加以调节、协调、督导及管制权利在内。"参见 A/RES/2574（XXIV），Question of the Reservation Exclusively for Peaceful Purposes of the Sea-bed and the Ocean Floor, and the Subsoil Thereof, Underlying the High Seas beyond the Limits of Present National Jurisdiction, and the Use of Their Resources in the Interests of Mankind。

② 参见 A/AC.138/SR.7-11, Summary Records of the Seventh to Eleventh Meeting, Committee on the Peaceful Uses of the Sea-bed and the Ocean Floor beyond the Limits of National Jurisdiction, pp. 20-21。

③ 法国提案的"区域"国际管理机构组成包括：（1）所有成员国定期举行全体会议，决定重要问题，如预算、"区域"权限分配指令、机构运作，以及由其他机关的未决问题以及提名或选举。（2）理事会由大会选举出 20 名成员，以确保在大会决议下的机构正常运行。理事会每年进行会议并讨论"区域"的权限分配问题，同时协调与国际组织之间的活动。（3）常设办事处应是客观技术机构，为国家进行"区域"合理分配。办事处预审各国请求并促使各方达成一致。同时，办事处可以采取一定的"区域"监管和审查措施，以确保"区域"活动符合条约和大会的规定。值得注意的是，比起在初始方案中提及应消除违法行为，在 1972 年方案中，法国通过提出建立监察机制以进一步加强针对违法行为的监管。至于办事处的组成，应在"区域"各国政府推举的候选人当中，考察其技术和经济权限，选择 7 名人员。（4）秘书处应由一位总秘书领导，由数位管理专员组成并由机构提供财政支持。（5）诉讼委员会应负责调解机构与国家间、国与国之间的纷争。它应以调解者或仲裁者的身份进行活动，并能够对条约进行解释。参见 A/AC.138/SCI/SR 46, 46ᵉᵐᵉ Séance du Sous-Comité I-28 Mars 1972, p. 236。

诚然，"区域"权限的分配是"区域"机制能够运行的主要因素，这也就是为什么许多参会国强调"国家"在"区域"制度中的重要性。法国反对管理机构"具有真正行动力"，因为认为管理机构旨在避免国家间冲突、对区域进行合理的分配，但并不涉及利润使用机制构建、原材料价格调控和海商领域竞争活动的监管问题。另外，法国指出，如果海底管理机构不能有效促进海底开发资源的合理分配和利用，那么这个机构的设置就不符合"人类共同继承财产"的宗旨。换句话说，法国希望的"区域"管理机构是一个调解国家间利益的中间方。对于管理局的权力范围界定，法国基本与美国保持一致。法国认为，管理局权力范围应进行清晰界定，发展中国家和工业化国家之间也应该达到平衡，在任何情况下都不应该将一个国家集团的愿望凌驾于另一个集团之上，所有国家的利益都应该得到保障。①

(二)《公约》通过前海洋强国对"区域"开发的单边性立法热潮

"区域"的勘探开发活动并不旨在直接生产满足人类的需要的物品，而是对某些可以使用的原材料进行开发。因此，建立已有工业和海底资源开发之间的联系是有必要的。不过，海底资源开发具有一个可行性前提，那就是对开发国提供保障，尤其是确保国家能够持续开采"区域"资源。②

实际上，自"人类共同继承财产"原则诞生以来，虽然包括美国在内的许多发达国家都不反对该原则，但国际社会对于该原则的地位和性质却一直存在争议。在第三次海洋法会议的最后几次会议上，七十七国集团指出："'人类共同继承财产'原则符合国际社会共同利益，给予了公海自由原则新的内容，其构成具有强制法性质

---

① 参见 A/CONF. 62/C. 1/SR. 21, 21st Meeting of the First Committee, Third United Nations Conference on the Law of the Sea, paras. 77-79。

② 参见 A/CONF. 62/C. 1/SR. 36, 36th Meeting of the First Committee, Third United Nations Conference on the Law of the Sea, para. 52。

的习惯规则，各国国内立法中或国家间协定中对该原则的侵犯都将是不合法的。"①然而，包括法国、美国、英国、联邦德国等西方强国代表认为："虽然有关'人类共同继承财产'的一系列决议，表达了国际社会致力于建立一个开发共同财产制度的愿望，但该原则还缺少足够的国家实践和法律确信，因此并不构成国际习惯法。"②另外，西方强国集团也强调国家管辖范围外海底资源的开发是"公海自由"的一部分。③

尽管1970年投票赞成联大第2749号决议，但法国不认为该决议创设了新的国际法规则。在法国看来，第2749号决议仅表明主权国家旨在对作为"人类共同继承财产"的国际海底区域勘探和开采活动进行规范管理的意图。在1978年的海洋法会议上，法国又重申了该观点，指出："除法国可能受到条约同意或国际习惯法演变的限制和影响以外，在国际海底区域开发的问题上，法国从不接受其海洋自由受到限制的观点。从实在国际法的现状来看，以个人为基础对深海的合理开发不应被禁止。"④

值得指出的是，虽然法国等主要发达国家维护"公海自由原则"，但对于该原则在"区域"中实际地位的考量还是经历了一系列微妙的变化。首先，在第三次海洋法会议初期，包括法国在内的许多海洋强国都强调"尊重并重视公海航行自由"的原则立场。法国代表让内尔(Jeannel)先生指出："工业化海洋强国为公海自由原则

---

① 参见 Orrego Vicuna Francisco, Les Législations Nationales pour L'exploitation des Fonds Marins et Leur Incompatibilité avec le Droit International, Annuaire Français de Droit International, Volume 24, 1978, p. 821。

② 参见 de Lacharrière Guy, La Loi Française sur L'exploration et L'exploitation des Ressources Minérales des Grands Fonds Marins, Annuaire Français de Droit International, Volume 27, 1981, p. 667。

③ 参见 de Lacharrière Guy, La Loi Française sur L'exploration et L'exploitation des Ressources Minérales des Grands Fonds Marins, Annuaire Français de Droit International, Volume 27, 1981, p. 667。

④ 参见 A/CONF. 62/SR. 110。

作出过许多贡献，新兴国家不应为了经济发展而剥夺该原则。"①另外，法国代表团表示"支持大陆架距离原则"，但同时也指出这仅涉及海底区域，而非上覆水域，以维护其坚持的公海航行自由权。② 然而，在发达国家与发展中国家陷入谈判僵局后，作为折中方案，美国提出的平行开发制受到了国际社会的认可，并最终为《公约》第153条第2款所确认。有学者认为，主要发达国家放弃公海自由原则，支持平行开发制的重大要因之一为实施国际海底资源开发活动须对该矿区具有排他性权利，而公海自由原则无法保障该权利。③

在1979年第四委员会会议上，法国代表德拉夏尔强调："无论是从习惯法还是条约法上，国家对'区域'开发问题进行单边性立法是完全合法的。尤其是还不存在防止这种立法通过的习惯规则。"如果会议无法快速达成一个平衡各方面利益的公约时，单边性立法是国家所采取的最后的手段。因此，法国代表团表示将付诸努力合作以便通过一项"在整体上尊重海洋法、尤其尊重海床洋底国际海域"的公约。④

1981年10月，时任法国海洋部长彭赛克(le Pensec)在议会中表达了对制定国内深海立法的支持。他指出："为了获得一份完整的可行性报告，每个财团都仍需作业约5~7年并投入约10亿法郎的资金。这样的投入几乎不可能达到，除非确保可以获取资源，而获得该资源需要得到许可。然而在目前的状况下，我们不得不依靠

---

① 法国代表团也同时强调公海自由原则的定义应更为明确，且应受到有约束力的国际规则限制。参见 Summary Record of Fifty-fourth Meeting, General Statements. A/AC.138/SR.54, p.105。

② 参见 Summary Record of Fifty-fourth Meeting, General Statements. A/AC.138/SR.54, pp.104-105。

③ 参见 Andrassay, J., International Law and the Resources of the Sea, pp.130-131; 转引自金永明：《国际海底资源开发制度研究》，载《社会科学》2006年第3期，第78页。

④ 参见 A/CONF.62/SR.110, 110th Plenary Meeting, Third United Nations Conference on the Law of the Sea, para.56。

国内的采矿立法，而不是依靠任何的国际机构。"①换句话说，当时的法国面临两种选择：一是不制定立法，并承担企业放弃勘探活动投资的风险，那么这将对法国未来在"区域"的商业性开发造成影响；二是在达成一项可行的"区域"制度前，制定临时性立法以推进海底资源的勘探和开发工作。在当时的情况下，法国选择了更为积极主动的第二条道路。

(三)法国作为国际海底先驱投资者

"先驱投资者"(Investisseur pionnier)是指进行预备性投资的国家、企业和国际财团为了在"区域"勘探和开发多金属结核而进行的投资。

法国是"区域"勘探作业的早期投资者之一。法国的多金属结核研究勘探工作是以政府为主进行的，企业也在政府的资助下进行有关工作。法国国家海洋开发中心(CNEXO)成立 CNEXO 公司和镍公司，于1970—1971 年间在法属波利尼西亚群岛周围进行了勘探调查，并于 1972 年完成了太平洋海洋中心的筹建工作。两家公司也都参加了连续铲斗线采矿系统试验的财团。② 在 1974 至 1981 年间，法国大洋结核块研究协会(AFERNOD)共投入了 2.6 亿法郎用于海底矿物资源的勘探和开发研究。③

1982 年 4 月 30 日，第三次联合国海洋法会议通过了最后文件附件决议二的"关于对多金属结核开辟活动的预备性投资"。决议二规定："在满足一定条件下成为先驱投资者的国家或实体有权向国际海底管理局登记一个多金属结核矿区。"这是一种在《公约》生

---

① 参见 Valérie Game de Fontbrune, L'exploitation des Ressources Minérales des Fonds Marins: Législations Nationales et Droit Internationale, Paris: Édition A. Pédone, 1985, p. 33。

② [加]巴里·布赞：《海底政治》，时富鑫译，三联书店 1981 年版，第 180 页。

③ 参见 CNEXO, Rapport annuel, 1980, p. 95, in Valérie Game de Fontbrune, L'exploitation des Ressources Minérales des Fonds Marins: Législations Nationales et Droit Internationale, Paris: Édition A. Pédone, 1985, p. 31。

效以前的优先待遇，目的是保证"先驱投资者"优先于其他国家得到一块有开采潜力的矿区，并在商业性生产开始时获得优先采矿配额。①

根据决议二的规定，法国成为"第一组先驱投资者"成员国。②不过，由于决议二的拟定和通过都较为仓促，因此被认为具有一定的"临时性"。③为了对一些具体问题做进一步解释或规定，几个主要工业化国家在《公约》制度外又制定了一系列"小条约"：1982年9月2日，美国、法国、英国和联邦德国四国签订《关于深海海底的多金属结核矿暂时安排协定》(又称《暂时协定》)，该协定旨在解决不同勘探许可申请之间可能的区域重叠问题，保护先驱投资者的临时投资以及建立相应的争端解决程序。1983年3月，联合国国际海底管理局和国际海洋法法庭筹备委员会(以下简称"海底筹委会")正式成立。

1983年4月，在法国常驻联合国代表给海底筹委会的信中，法国提出了双重要务和目标：第一，法国希望对于第三次联合国海洋法会议最后文件附件决议二仍保持本国先驱投资者优势和权利；第二，更好地对《公约》第十一部分的适应和调整以便建立可接受

---

① 王岩：《国际海底区域资源开发制度研究》，中国海洋大学2007年博士论文，第45页。

② 第三次联合国海洋法会议最后文件附件决议二(无优先顺序地)列举了以下先驱投资者：(1)"第一组先驱投资者"(investisseurs pionniers du premier groupe)：法国、印度、日本和苏联，或上述每一个国家国营企业，或具有这些国家国籍，或在其中每一个国家或其国民有效控制下的自然人或法人。(2)"潜在先驱投资者"(investisseurs potentiels)：四个实体，其组成部分为具有比利时、加拿大、德意志联邦共和国、意大利、日本、荷兰、英国和美国中一个或一个以上国家国籍，或在其国民有效控制下的自然人或法人。(3)签署《公约》的任何发展中国家或具有这种国家的国籍或在该国或其国民有效控制下的任何国营企业或自然人或法人，或任何以上的组合。

③ 参见 Saint-Paul François, La France Investisseur Pionnier des Fonds Marins, Annuaire Français de Droit International, Volume 33, 1987, p. 682。

的、可行的国际海底区域制度。① 为了更好地达到上述目的，1984年8月3日，美国、法国、联邦德国、比利时、意大利、荷兰、英国和日本八国达成"关于深海海底问题的临时谅解"（又称"临时谅解"）。"临时谅解"规定，缔约国承诺对自己已经申请或者批准的区域不得登记，而在各自主张的区域内可以根据各国国内立法处理申请的问题；同时，各国应该相互交换信息以避免申请区域的重叠。对此，发展中国家指出，不管是《暂时协定》还是"临时谅解"，其实质就是根据相互承认的缔约国的国内法进行深海开发活动，这在很大程度上是"窃取了国际海底管理局的权力"，七十七国集团坚持认为这些协议是"完全非法的"，不能作为产生合法权利的依据。②

在达成"临时谅解"后的数日，法国、日本、苏联等国向海底筹委会提交了先驱投资者申请。其中，苏联的主张与法国和日本的主张产生重叠，法国和苏联的重叠区域尤为广泛。因此，在1984年8月31日，"第一组先驱投资者"四国达成"在申请成为先驱投资者之间关于决议冲突的谅解"，为四国的进一步协商提供框架。不过，该谅解也受到了未参与协商的"潜在先驱投资者"的质疑；1984年12月17日，"第一组先驱投资者"四国在日内瓦签订了《关于保存有关深海区域数据保密性的协定》，该协定主要是为了协调在筹委会第二次会议中"第一组先驱投资者"的纷争。

另外，在海底筹委会主席的斡旋下，1986年2月，"第一组先驱投资者"和"潜在先驱投资者"以及77国集团达成了《适用于第一组先驱投资者登记的根本规则的协定》（又称"阿鲁沙谅解"）。③ 同年9月，主席宣布通过"关于执行决议二的声明"（又称"纽约谅

---

① 参见 La Lettre Adressée par le Représentant Permanent de la France Auprès des Nations Unies au Président de la Commission Préparatoire, L. O. S. / P. C. N. /8, 27 avril 1983. 转引自 Djamchid Momtaz, La Commission Préparatoire de L'Autorité Internationale des Fonds Marins et du Tribunal International du Droit de la Mer, Annuaire Français de Droit International, Volume 30, 1984, p. 876。

② 李红云：《国际海底与国际法》，现代出版社1996年版，第65页。

③ 参见 the Arusha Understanding, Arusha, 7 February 1986。

解"），对"阿鲁沙谅解"中的内容作出了进一步规定。[1] 这两个"谅解"是海底筹委会协商中取得的一个突破，"谅解"通过灵活的方式调整兼顾了第一组先驱投资者、潜在先驱投资者、七十七国集团以及企业部的利益。具体而言，"谅解"提出了包括法国在内的第一组先驱投资者的登记程序，海底筹委会作为先驱投资者登记的执行性机构，并伴有一个技术性机构作为辅助。此外，"谅解"对第一组先驱投资者的区域重叠问题（尤其是法国和苏联的重叠冲突）提供了进一步的解决方案。[2] 不过，也有学者认为，从海底筹委会主席 1984 年到 1986 年推动的一系列协商成果上看，这样的安排不太可能得到严格意义上的执行。[3]

法国希望保障本国先驱投资者优势和利益的目标终于在 1987 年达成。1987 年，海底筹委会先后审查并批准了印度、法国、日本、苏联四个先驱投资者共 7 个勘探国际海底多金属结核资源矿区的登记申请。其中，负责法国勘探工作的是法国海洋勘探开发中心（IFREMER）与法国大洋结核块研究协会（AFERNOD）。同时，筹委会批准了法国在太平克拉里昂和克里帕顿断裂带之间的 7.5 万平方千米区块。为了进一步加强对海底资源勘探活动的管理，2000 年国际海底管理局发布《"区域"内多金属结核探矿和勘探规章》（以下简称《勘探规章》）。根据《勘探规章》的规定，在 2001 年，先后有中国、俄罗斯、日本、法国等国家的企业和组织申请获得了世界上第一批多金属结核的勘探区块，并与国际海底管理局签署了为期 15 年的勘探合同，享有了国际海底矿产资源的勘探权。

法国希望调整《公约》第十一部分内容的目标也于 1994 年达成。在联合国秘书长的主持下，《公约》缔约国在 1990 至 1994 年间就《公约》中深海采矿的未决问题召开多次会议，并于 1994 年达成

---

① 参见 the New York Understanding, New York, 5 September 1986。

② 参见 Edward Duncan Brown, Sea-bed Energy and Minerals: the International Legal Regime, Volume 2 Seabed Mining, Martinus Nijhoff Publishers, 2001, p. 221。

③ 参见 Saint-Paul François, La France Investisseur Pionnier des Fonds Marins, Annuaire Français de Droit International, Volume 33, 1987, p. 684。

《关于执行〈联合国海洋法公约〉第十一部分的协定》(以下简称《执行协定》)。如前所述,法国 1981 年《深海法》的通过,主要是为了保障国家最紧迫利益的需求,尤其是受国家支持创立的企业财团的机会。这也就是为何《深海法》第 1 条就规定:"在期待法兰西共和国可能作为缔约国之国际公约生效之前,确定在沿海国管辖范围外的深海海底开发的有关规则。"《深海法》具有的临时性法律文件特征,也表了法国期望国际社会达成一项可接受的国际公约。正如在 1982 年《公约》签署之时,法国政府声明中所指出的:"《公约》有关国家管辖范围围海域外海床洋底的部分(第十一部分)具有明显的不足和缺陷,因此要求海底筹委会对有关规则和程序进行修改以确保国际海底管理局的建立和有效运作。"①

三、法国在国际海底区域制度下战略与实践的主要内容

2011 年,就在国际海底管理局"勘探法典"三部曲达成的前一年,时任法国总理弗朗索瓦·菲永(François Fillon)强调政府希望促进深海开发活动的意愿,并指出:"深海矿物资源已经成为一项重要议题,法国和欧洲必须迅速定位自己。"②2011 年 6 月,法国总理府直属的海洋部际间委员会(CIMer)决定开始制定法国深海矿物资源勘探和开发国家战略。

(一)法国参与国际海底区域勘探和开发的国家战略

2015 年 10 月 22 日,由法国总理批准、法国海洋部际间委员会制定的《法国深海矿物资源勘探和开发战略》(以下简称《深海战略》)正式出台。《深海战略》旨在确保法国能够利用其资源优势,

---

① 参见 United Nations Convention on the Law of the Sea: Declarations Made upon Signature, Ratification, Accession or Succession or Anytime Thereafter, http://www.un.org/depts/los/convention_agreements/convention_declarations.htm。

② 参见 Geneviève De Lacour, Mer: La France Lorgne sur les Grands Fonds, Journal de L'environnement, le 14 Juin 2011。

通过对国际海底区域的勘探和开采活动，创造经济财富及推进技术创新。

1.《深海战略》的主要目标

在《深海战略》中，法国明确指出获取两种资源的重要性：一是依靠法国大陆架勘探计划（Extraplac），通过该计划有序实施法国海域划界工作，通过法国海域划界实践确保获得相关自然资源的主权权利；同时，国家通过确保所有有关领域都具有适当的法律框架，以确保国家权利的实施和国家工业领域勘探和开发的需求。二是《公约》制度下法国可进行"区域"活动的区块集中在"克拉利昂-克利伯顿区块"（Clarion/Clipperton）和"大西洋中脊区块"（Ride médio-atlantique），法国政府将尊重和督促遵守法国海洋开发研究院（Ifremer）和国际海底管理局所签订的合同义务。[1]

为此，在《深海战略》中，法国指出了四大具体目标：（1）促进技术和工业领域的发展；（2）确保诸如法国埃赫曼镍业（Eramet）等国家矿业生产企业在国家海底区域活动的开展；（3）为国家管辖范围内海域活动的开展提供尽可能的财政支持；（4）与法属新喀里多尼亚地区、法属波利尼西亚地区、法属瓦利斯和富图纳地区政府一道，共同界定相关区域矿物资源开采的工业发展模式。就国家与其企业的具体分工而言，国家处于上游阶段，通过国家科研机构开展相关研究，了解"区域"矿物资源形成过程及其环境；而其企业则为勘探的操作阶段，即负责矿产开采的具体活动。现阶段，对法国最为重要的海底硫化物矿床区块位于西南太平洋的法属瓦利斯和富图纳地区。

此外，《深海战略》强调，深海矿物资源是工业化和新兴经济体独立和发展的关键因素。这种情况使得各国继续采取行动以探索和维护深海海洋矿物资源的权利成为必然。无论是法国还是欧盟，其经济很大程度上都依赖于金属进口，这也迫使包含法国在内的欧

---

① 参见 Comité Interministériel de la Mer, Premier Ministre de la République Française, Stratégie Nationale Relative à L'exploration et à L'exploitation Minières des Grands Fonds Marins, Approuvée en Comité Interministériel de la Mer du 22 Octobre 2015。

盟国家的眼光不局限于其专属经济区，而是放眼到了更远的国际海底区域。可以说，对于法国和整个欧洲而言，深海资源都是前景可观却具有挑战性的。

2.《深海战略》的目标潜在资源

虽然离"区域"真正实施开采活动的还较远，但无论是在"区域"内还是在法国专属经济区内，深海的勘探和开发仍然是法国的重要战略利益。

深海矿物资源主要包括多金属结核、富钴结壳、硫化物等，在稀土中也含量丰富。由于稀土提取难度较大，目前国际社会所考虑勘探开采的深海矿物资源主要是前三个：第一，多金属结核主要位于深海平原沉积物表面的大面积区域，深度在 3000~5500 米。1973 年，在北太平洋东西部洋脊带发现了高密度的结核带，也是当前世界上最具有开发潜力的"克拉利昂-克利伯顿区块"，包括法国在内的 13 个国家拥有该区块的国际勘探许可。第二，富钴结壳主要是铁和锰的氧化物，结壳具有高的钴含量，同时包含铂和碲以及微量元素如稀土、钛、铊、锆、钼等。目前所知经济潜力最大的结壳矿床位于太平洋。第三，硫化物矿床一般位于海平面以下 60 千米的海脊和海底火山口。硫化物主要由硫化铁组成，并根据不同情况富含基础金属（铜、锌）和稀有金属（金、银、铟、锗）等。目前所知具有经济潜力的硫化物区块主要集中在海底古火山区，其中一些已经变得不活跃并且没有热液活动。[1]

3. 法国深海资源勘探与开发的目标区域

《公约》制度下法国可进行勘探和开发活动的区域，主要集中在本国专属经济区——大陆架和国际海底区域。

第一，在国家管辖范围内海域。根据《公约》的规定，法国可主张约 1100 万平方千米的专属经济区面积，其海底潜在资源不可

---

[1] 参见 Comité Interministériel de la Mer, Premier Ministre de la République Française, Stratégie Nationale Relative à L'exploration et à L'exploitation Minières des Grands Fonds Marins, Approuvée en Comité Interministériel de la Mer du 22 Octobre 2015。

估量。自 2002 年起，法国大陆架勘探计划部向大陆架界限委员会提交了五大划界申请。① 此外，当前法国海洋国务秘书处还在继续跟进其余的外大陆架划定申请。② 外交和国际发展部将导致与美国的谈判，它仍然是必要的，以确保我们的海上边界。法国也没有忽视国内有关立法的跟进。通过法国海军水文测量局（SHOM）的前期工作，海洋国务秘书处与法国各部委共同协作，促进相关法令的颁布。

法国矿业部负责搭建法国管辖范围内深海矿物资源的勘探与开发工作的法律框架，该法律框架应尽可能考虑到未来可能颁布的国际海底区域"开采法典"。值得注意的是，由于具有开发潜力的法国海域绝大部分都位于其海外领土的专属经济区（主要在太平洋地区），因此，法国政府部门对其海外领土政府的权力分配是较为审慎的。例如，在法属波利西亚和新喀里多尼亚，当地政府拥有对其管辖海域几乎所有采矿问题的管辖及支配权，而用于核研究的战略原材料仍属法国中央政府的支配权限范围。同时，海外领土政府的海域支配能力也只局限于其专属经济区内，中央政府仍负责大陆架海床底土所有自然资源的勘探和开发。又如，在法属瓦利斯群岛和富图纳群岛，中央政府对当地的采矿活动则是具有完全的支配能力。而鉴于勘探和开发前景方面的利害关系，法国海外部将依法确保对中央和地方勘探和开采活动的监管。

第二，在国际海底区域。根据国际海底管理局的政策，法国可获得被公认为最具有开发潜力的海底区块（太平洋的"克拉利昂-克利伯顿区块"）。在此背景下，法国与管理局分别于 2001 年、2014 年签订了两个勘探合同：首先，在 2001 年 6 月，法国海洋开发研究院开始了在"克拉利昂-克利伯顿区块"的多金属结核勘探活动，

---

① 包括加斯科涅湾、圭亚那、新喀里多尼亚西部、安地列斯群岛、凯尔盖朗群岛。

② 包括法属克洛泽群岛、法属留尼旺、法属圣保罗-阿姆斯特丹群岛、法属瓦利斯和富图纳群岛、法属波利西亚、圣皮埃尔和密克隆群岛、新喀里多尼亚。

为期15年。由于未在许可期限内完成目标，法国政府申请将此勘探活动继续延长五年。其次，2014年11月18日，经管理局批准，法国海洋开发研究院开始在大西洋中脊进行多金属硫化物勘探工作，为期15年。

此外，在《深海战略》中，法国指出了潜在资源勘探和开发的四大特殊考虑方面：（1）位于法国海外领土的潜在海底资源，无论是国家管辖范围以内还是以外，当地政府都可以从这种矿产资源的前景中受益；（2）由于法国海外领土具有邻近这些资源的地理优势，有关海外领土政府可自愿承担相关勘探和开采任务；（3）开始提炼开采的过程至多只有10~20年；（4）法国工业界认为硫化物的开采概率远高于结核或结壳。

4. 法国深海资源勘探与开发的优先事项

《深海战略》指出，对于深海资源的勘探与开发活动的推进，首先要将国家和其企业的任务和职能进行明确区分。在法国管辖海域，国家的作用与其陆地职能类似，即通过国家科研机构对相关海域进行勘探、获取数据及评估价值，以吸引相关私人经营者。现阶段，法国科研勘探活动主要集中在法属瓦利斯和富图纳群岛及法属圣保罗-阿姆斯特丹群岛的硫化物勘探上。[1]

在经济价值问题上，《深海战略》也制定了四大目标作为深海勘探和开发活动的优先事项。第一，法国需要专门发展有关该问题的工业和技术部门。深海资源勘探和开采活动及其相关技术服务是一个新兴市场，法国在海洋科学研究方面具有丰富的资历和优势，这也使得法国企业处于有利地位。法国许多工业企业，如法国矿业巨头埃赫曼镍业公司（Eramet）、国际顶尖工程咨询公司法国德尼西布集团（Technip）、法国国有船舶制造商DCNS集团、全球著名海事服务商法国波邦集团（Bourbon）等，都积极参与其中，在法国布

---

① 参见 Comité Interministériel de la Mer, Premier Ministre de la République Française, Stratégie Nationale Relative à L'exploration et à L'exploitation Minières des Grands Fonds Marins, Approuvée en Comité Interministériel de la Mer du 22 Octobre 2015。

列塔尼的大西洋和地中海都具有相当的竞争力。第二，法国有必要
巩固和加强埃赫曼镍业公司（Eramet）在深海领域的定位。埃赫曼镍
业公司是法国唯一一家非能源性金属采矿运营商，也是一家已经涉
足深海勘探领域的公司。然而，受到该领域未知的回报前景和资本
需求影响，埃赫曼镍业公司在深海资源勘探特定技术的研发方面有
所踟蹰。在法国管辖范围海域内活动中，定义合适的税收制度非常
重要。税收必须有利于促进这种活动的开展，使相关投资者具有足
够的竞争力并彰显法国的探矿及开发潜力。第三，法国政府需要界
定新喀里多尼亚、法属波利尼西亚和法属瓦利斯和富图纳群岛的主
管当局的权限范围，并确定相关探矿和采矿的工业发展方式。[1]

5. 法国深海资源勘探与开发的财政支持

对于"区域"勘探活动的私营部门融资主要包含业务性融资和
技术性融资。在业务性融资方面，法国政府支持并制定有关激励计
划促进其工业企业的参与，其激励计划主要包括科研税收抵免
（CIR）[2]和法国公共投资银行（BPI France）的配套政策支持。在技
术性融资方面，技术开发可以部分由法国部际间单一基金（FUI）提
供资金，该基金主要对法国企业短期至中期的深海技术活动提供资
金配套。不过，如果将部际间单一基金归属于经济部、工业部和就
业部的商业竞争力基金（FCE）框架内，那么恐将增加法国各部委研
发基金管理的复杂度。因此，目前法国部际间单一基金由法国公共
投资银行管理。法国部际间单一基金可以从法国公共投资银行这样
的专业管理机构中受益，以简化相关程序、保障基金运作效率，并
确保对基金援助分配对象的后续评估。

2013 年 4 月 18 日，时任法国总统弗朗索瓦·奥朗德（François

---

① 参见 Comité Interministériel de la Mer, Premier Ministre de la République
Française, Stratégie Nationale Relative à L'exploration et à L'exploitation Minières
des Grands Fonds Marins, Approuvée en Comité Interministériel de la Mer du 22
Octobre 2015。

② 法国科研税收抵免计划（Crédit d'Impôt Recherche, CIR）旨在支持深海
勘探研究活动的开展，对希望参与深海矿物资源研发的企业，CIR 的比率将根
据研究和实验开发的投资额而产生相应税收变化。

Holland)宣布设立"2030 年创新委员会"(Commission Innovation 2030),在 2030 年创新委员会的成立背景下,启动一项名为"2030 全球创新竞赛"(Concours Mondial d'Innovation)的项目,旨在吸引和鼓励全球技术人才在法国开展创新项目。根据法国公共投资银行制定的未来投资框架计划,法国政府将拨款 3 亿欧元用于资助 2030 年创新委员会所确定的七大战略项目领域。[①] 得益于海底区域的客观金属估值,创新委员会也将其列入七大战略项目领域之一,而 2030 全球创新竞赛计划也正是针对海底新技术融资的一个新的重要途径。此外,为了对投入企业中用于深海勘探和开发的公共资金进行有效监管,法国海洋国务秘书处负责协调各相关方之间的来往活动,而法国科研部和矿业部则负责整体性引导。

6. 法国深海资源勘探与开发国家方案的责任落实

法国深海勘探和开发的国家方案由法国科研部、矿业部和生态-环境部共同牵头,负责执行《深海战略》的行动计划。同时,深海计划还联合法国海洋开发研究院、法国国家科研中心、法国相关高等院校、工业部及其他相关部委共同协作,而法国海洋国务秘书长则负责该方案的部门间协调。

(二)法国在国际海底区域勘探和开发制度下的主要实践

1. 法国 1981 年《深海海底矿物资源勘探和开发法》与"互惠国制度"

在《公约》开放签署的前后,包括法国在内的许多发达国家已经率先制定了"区域"资源勘探和开发的单方性立法,以抢占"区域"资源勘探和开发先机。例如,美国于 1980 年 6 月颁布《深海海底固定矿产资源法》作为在《公约》生效之前的过渡期法律。该法律

---

① 向法国"2030 全球创新竞赛"提交的公司项目必须符合以下七大目标领域之一:(1)储存能量;(2)重金属回收与再利用;(3)海洋财富估值;(4)植物蛋白和植物化学;(5)个性化医疗;(6)白银经济;(7)大数据估值。参见《Innovation 2030》: Grand Concours Mondial D'innovation, https: //www. entreprises. gouv. fr/innovation-2030/concours-mondial-d-innovation。

指出，美国认为对深海海底固体矿产资源的勘探和商业开发属于公海自由。①继美国、联邦德国和英国等主要西方大国颁布相关立法之后，法国也迅速出台了海底区域立法。

1981 年 12 月 23 日，法国颁布第 81-1135 号《深海海底矿物资源勘探和开发法》(以下简称《深海法》)。《深海法》是第三次海洋法会议进入尾声时特殊国际背景下的产物。法国《深海法》第 1 条规定："依照国际法，尤其是航行、渔业和科学研究方面，本法规定下的活动不损害公海自由的行使；这些活动应该使海底矿物资源得到合理管理"；②第 9 条规定："法国勘探和开发许可的持有者不得对公海自由行使造成非法干扰。"③在法国之后，日本和意大利也相继出台了深海海底开采的单边性立法并作出了类似规定。

除了强调"公海自由"外，美、德、英、法、日、意六国的立法采取"互惠国制度"，通过签订互惠协定，推进深海海底的单方面开发。互惠制是在各自的国内立法中通过互惠国的认定以及对互惠国的权利和依据的规定，来达到相互承认和相互支持的目的。④构成互惠国需要两个条件，一是看两国法律规定是否一致，二是要相互承认依各自法律颁布的勘探和开发许可。法国指出了"区域"定义符合国际法的必要性，《深海法》第 2 条规定："在提交区域以外的海底海床和底土，依照国际法受到其他沿海国的管辖。"⑤同时，第 4 条强调："依据本法颁发的许可不应超过考虑到其他国家

---

① 参见"Deep Seabed Hard Mineral Resources Act", U. S. Public Law, June 28, 1980。

② 参见 Article 1 du Loi n°81-1135 du 23 Décembre 1981 sur L'exploration et L'exploitation des Ressources Minérales des Grands Fonds Marins。

③ 参见 Article 9 du Loi n°81-1135 du 23 Décembre 1981 sur L'exploration et L'exploitation des Ressources Minérales des Grands Fonds Marins。

④ 肖锋：《〈联合国海洋法公约〉第十一部分及其修改问题》，载《甘肃政法学院学报》1996 年第 2 期，第 60 页。

⑤ 参见 Article 2 du Loi n°81-1135 du 23 Décembre 1981 sur L'exploration et L'exploitation des Ressources Minérales des Grands Fonds Marins。

合法利益情况下的一个合理区域的总面积。"①《深海法》也充分考虑了与其他国家(尤其是美国)的立法中提到的合作内容,例如,第13条对"互惠国的资质以及互惠协定"作出了规定。②

与其他几个互惠国的立法一样,《深海法》第7条规定"在1988年1月1日之前禁止颁发开发许可"。实际上,第7条的"暂缓规定"是为了使国家更好地与《公约》最终确定的制度相协调。另外,《深海法》第12条值得注意,该条指出"对在海底获取的产品总值征收3.75%的采矿税,该采矿税的收益将在有关财政法律框架下使用。"法国1982年《财政法》第37条规定,采矿税的收益将拨入一个名为"帮助发展中国家参与深海海底资源基金"的特别拨款账户,旨在对发展中国家参与国际海底区域的勘探和开发提供公共援助。

有学者指出:"在一项令人满意的国际制度达成以前,法国在这两年建立的国内深海立法体系是在当时国际背景下作出的权宜之计,但当时的法国也并未排除这种临时性安排成为持续性安排的可能。"③实际上,这种权衡意图也可以在《公约》签署之时法国政府作出的声明中窥见,因为法国声明指出:"《公约》第十一部分具有明显的不足和不完美需要修改。"④可以说,正是《公约》的推迟通过和特殊环境,促使法国政府制定与其他发达国家相似的立法,以保护当时国家最紧迫利益的需求,尤其是保护受国家支持创立的企业财团的利益。

---

① 参见 Article 4 du Loi n°81-1135 du 23 Décembre 1981 sur L'exploration et L'exploitation des Ressources Minérales des Grands Fonds Marins。

② 参见 Article 13 du Loi n°81-1135 du 23 Décembre 1981 sur L'exploration et L'exploitation des Ressources Minérales des Grands Fonds Marins。

③ 参见 Jean-Pierre Quéneudec, La Position Française sur le Problème de L'exploitation des Fonds Océaniques, Norois, n°121, Janvier-Mars 1984. La France et la Gestion du Milieu Marin et Côtier, p. 13。

④ 参见 Jean-Pierre Quéneudec, La Position Française sur le Problème de L'exploitation des Fonds Océaniques, Norois, n°121, Janvier-Mars 1984. La France et la Gestion du Milieu Marin et Côtier, p. 10。

不过,法国《深海法》仍有许多不足之处。首先,《深海法》的制定和通过具有一定仓促性。有学者指出,相比起前面通过立法的三个国家(尤其是美国),法国的立法不是那么详细。① 其次,《深海法》立法草案中规定,该立法将同样适用于法国的海外领土。然而,1981 年 12 月 18 日,就在《深海法》即将通过的前几日,法国宪法委员会却宣布《深海法》草案第 1 条和第 16 条文本中涉及"海外领土"的条款不合宪,最终的立法删除了"海外领土"相关条款。② 这使得《深海法》无法适用于法国海外领土,造成法国在深海勘探和开发活动范围的大大缩小。

总体来看,这些单方面出台深海立法的国家虽然声称此举是一种临时性措施,其目的是促使国际社会"成功地缔结一项综合性的海洋法条约",该条约"必须保证一切国家不受歧视地勘探和开发海底资源"。然而,从各国规定中也不难看出有,相关国家对《公约》所规定的国际海底区域制度所持的否定态度。③

2. 法国《采矿法规》(Code minier)。④

法国《采矿法规》主要负责陆地和海底矿物资源的勘探和开采管理。法国对于采矿活动的立法历史悠久。19 世纪初,拿破仑一世(Napoléon I)统治下的法兰西第一帝国实力达到极盛。1810 年 4 月 21 日,拿破仑一世颁布了有关采矿活动的帝国法(Loi impérial),该法为此后《采矿法规》的诞生奠定了基础。1956 年 11 月,法兰西

---

① 参见 De Lacharrière Guy, La Loi Française sur L'exploration et L'exploitation des Ressources Minérales des Grands Fonds Marins, Annuaire Français de Droit International, Volume 27, 1981, p. 673。

② 参见 Décision n° 81-131 DC du 16 Décembre 1981, http://www.conseil-constitutionnel.fr/conseil-constitutionnel/francais/les-decisions/acces-par-date/deci-sions-depuis-1959/1981/81-131-dc/decision-n-81-131-dc-du-16-decembre-1981.7936.html。

③ 肖锋:《〈联合国海洋法公约〉第十一部分及其修改问题》,载《甘肃政法学院学报》1996 年第 2 期,第 59~60 页。

④ 由于法国国内的《采矿法规》(Code minier)与国际海底管理局正在制定当中的"采矿法典"(Code minier)的法文用词相同,特将此问题进行标注以作区分说明。

第五共和国宣布废除 1810 年采矿帝国法，并在该法基础上制定并颁布《采矿法规》。[①]

《采矿法规》旨在让有关工业企业在获得经营许可权的基础上，对企业的海洋勘探活动或地热矿床研究进行授权，使企业有机会进行相关探矿和勘探工作。自 1956 年颁布以来，《采矿法规》经历了 1970 年、1977 年、1994 年、2011 年、2016 年、2017 年的多次修改，其中，2011 年以后的修改与深海探矿和采矿活动有着较大关系。2011 年的改革旨在加强公众参与和整合环境保护问题，以促进法国采矿活动规范的现代化。[②] 法国《环境法典》(Code de l'environnement) 中规定，采矿权和采矿许可权应与法国环境战略性前沿文件(DSF)的规定相兼容。[③] 作为战略性前沿文件的一部分，2014 年至 2016 年间，法国水和生物多样性指导处专门成立了汇集法国海洋利益攸关方的工作组，以便编写可持续管理的方法指南。[④]

2016 年 8 月 8 日，法国颁布第 2016-1087 号立法对《采矿法规》进行了条款调整。[⑤] 根据第 2016-1087 号立法的规定，新《采矿法规》规定了针对法国大陆架及专属经济区海床底土非能源性矿物资源开发的特许费用。特许费用的计算主要是考虑到所有特许使用性

① 参见 Article L. 132-17du Code Minier(nouveau), Dernière Modification: 01/01/2018, http://codes. droit. org/CodV3/minier. pdf。

② 参见 l'Ordonnance 2011-91 du 20 Janvier 2011 Portant Codification de la Partie Législative du Code Minier。

③ 根据法国《环境法典》的规定，战略性前沿文件(DSF)旨在通过为法国海洋和海岸线制定战略，通过该战略以保护环境、增强海洋区域的经济潜力以及对可能的冲突进行预期管理，以实现矿物资源的可持续管理为最终目标。参见 Article R-219-1-7 et L. 219-4 et L. 219-5-1 du Code de l'environnement。

④ 参见 Ministère de L'Énvironnement, de L'Énergie et de la Mer, Guide Méthodologique pour L'élaboration des Documents D'Orientation pour une Gestion Durable des Granulats Marins (DOGGM), http://www. mineralinfo. fr/sites/default/files/upload/documents/doggm-web. pdf。

⑤ 参见 Loi n° 2016-1087 du 8 août 2016 pour la Reconquête de la Biodiversité, de la Nature et des Paysages (1)。

质、矿层距海岸线距离、勘探和开发期间的支出金额、相关活动的环境影响及风险等。同时，如果有关活动位于《环境法典》第L. 334-1条所指的海洋保护区范围内，则该费用将进一步增加。①法国随后又颁布第2016-1304号法令对2006年第2006-649号有关"采矿工作、地下探矿和采矿工作"的法令进行了修改，新的法令除了保留原陆地采矿的内容外，还新增了海上采矿的内容。②

也正是在2016年夏季，法国在"克拉利昂—克利伯顿区块"的结核许可证和"大西洋中脊区块"的硫化物许可证获得更新。受到该动机影响，2017年1月底，旨在将《采矿法规》纳入法国环境法的"布鲁诺·勒胡"（loi de Bruno Le Roux）法案通过法国国民议会一读。③2017年2月，法国参议院也启动了一项有关《采矿法规》的计划使其符合法国《环境法典》的有关规定。可见，即便目前国际海底管理局还未公布关于"开采法典"中环境规章部分的评论意见，但法国对于深海开采阶段所面临的环境风险作出了较为提前的法律应对。

第六节　法国有关《联合国海洋法公约》实践的主要特点

处于法国主权之下的领土地势分散性是法国海洋法实践的一个极大考验，其复杂的地缘政治和经济情况甚至可以造成在法国管辖

---

①　参见Article 30, 95 et 102 du Loi n° 2016-1087 du 8 août 2016 pour la Reconquête de la Biodiversité, de la Nature et des Paysages（1）。

②　参见Décret n°2006-649 du 2 Juin 2006 Relatif aux Travaux Miniers, aux Travaux de Stockage Souterrain, et à la Police des Mines et des Stockages Souterrains, Modifié Dernièrement par le Décret n°2015-15 du 8 Janvier 2015 Relatif à la Géothermie de Minime Importance et par le Décret 2016-1304 Relatif aux Travaux Miniers Conduits à Terre et en Mer。

③　参见Energie：Adaptation du Code Minier à L'environnement, Travaux Préparatoires, Assemblée Nationale Lère Lecture, http://www. assemblee-nationale. fr/14/dossiers/droit_environnement_adaptation_code_minier. asp。

的整体内部存在利益上的对立。因此，想要在同一个问题上制定出一个明确单一的海洋法律或政策，并在海洋实践中保持实践的一致性和协调性，这二者都不容易。

一、法国在海洋立法上注重与新海洋法规则的共进制定

在联合国三次海洋法会议进程中，法国传统海洋立场产生了重大转变，对海洋及海洋权益重要性的认识度急剧增加。从法国对新海洋法编纂态度的急剧转变，也可以看出法国希望通过条约规则更大程度地维护自身权益。从第三次海洋法会议马拉松式的谈判，到《公约》对法国的生效，法国没有采取"国际法"到"国内法"转化的、顺时性法律制度建设方法，而是采取了"新国际海洋法"与"国内匹配立法"共进式处理的特殊方法，许多国内海洋立法甚至先于1982年《公约》的通过。无论是对于《公约》规则的制定立场，还是国内海洋立法的背后动机，都具有许多共性特征。

首先，对国际海洋政治形势作出及时调整，既有坚定立场，也有顺应妥协。法国注意到在那段时期，尤其对于海洋强国来说，"新海洋法"已经成为了全球性的问题，它是各利益相关国采取的立场、行动或反应的结果。然而，法国身处"西方海洋强国"谈判集团，却不完全跟随立场；与发展中国家意识形态对立，但并不完全反对其海洋法立场，而是采取更为柔和的态度。可以说，法国是在海洋政治的博弈中作出"国家利益最大化"的选择。

其次，作为20世纪60、70年代海洋浮油的受害者，法国认为新海洋法的变革可以使其利用有关规则抗击海洋污染。在新海洋法的形成时期内，无论是国际法、区域法还是国内法，法国都呈现明显的"应急护己"姿态。法国深刻体会到海洋经济的发展对法国近岸海域脆弱度的影响。因此，对于涉"海洋环境保护"的法律尺度问题，法国展现出相当严苛的态度，甚至是近乎苛刻的拿捏。

法国于1994年和1996年分别批准《执行协定》和《公约》，法国的许多海洋实践都对《公约》规则作出灵活的适用。法国的海洋法实践充分证明，《公约》在法国实施引起的挑战，并非对《公约》

有关规则的反对，更非对《公约》体系价值的违背。法国采取一种非常聪明的混合型方法，在尽可能不与《公约》体制产生冲突的情况下，将本国海洋法律的强制性和实效性发挥到极致。

二、法国在海洋实践中注重利用其海外领土的海洋筹码

法国政府当局对待海洋法的态度与法国海洋地理情况息息相关。法国海洋地理最大的特征在于它由两个部分组成：法国本土以及法国海外领土。一方面，法国本土的最大特征在于其三面临海，三面临海也凸显了其国际航运的重要价值。例如，拉芒什海峡成为了全球最重要的海上通道之一。不过，这也同时加剧了法国近岸污染的程度。另一方面，法国海外领土几乎全部存在岛屿性特征，法国领土在不同海域的分布，使得法国成为一个具有部分岛屿性质的海洋国家。①

二战后，戴高乐提出"法兰西从陆地走向海洋"的口号，指出法国今后发展的重心之一就是海外领土的治理。戴高乐强调法国海外领土重要性的背后带有深层的战略意图。由于法国原殖民地领土的岛屿属性，法国在这些领土上收获的经济和战略利益巨大，尤其是渔业、海底资源以及核试验等方面。因此，在二战后法国海外领土范围逐渐调整稳定的情况下，法国逐渐注重其海域所能带来的经济利益。联合国推动国际海洋法的编纂，使法国进一步意识到其海外领土的经济发展潜力主要来自海洋。随着国际海洋法律制度的形成，尤其是200海里专属经济区的规则，法国可主张和利用的海域大大增加。在《公约》制度下，法国可主张的专属经济区总面积达到约1100万平方千米，位列世界第二位。法国也系统地对法国可主张的专属经济区作出了立法规制。不过，法国在太平洋地区的海外领土可主张专属经济区占法国总主张面积的80%，法国本土的

---

① 新喀里多尼亚和法属波利尼西亚甚至兼有群岛性质。

专属经济区面积仅占约 34 万平方千米。① 换句话说，法国所拥有的专属经济区优势是几乎是完全依赖于其海外领土的。

近年来，基于国际海洋政治、海洋经济和海洋法规则的新发展，法国已经重新审视了其陆海复合地缘因素，作出了符合本国领土主权和海洋权益的战略调整，并在《法国海洋战略蓝皮书》《200海里以外大陆架——新的王牌》等报告中着重提及其海外领土的重要地位。例如，法属圭亚那省专属经济区石油资源丰富，石油已成为该省经济发展新的着力点。法国政府委派任务组对当地石油资源勘探和开发活动进行监督，以考察活动是否本着安全、环保、经济复苏和地区发展四大优先原则。法属圭亚那省也成立石油监管协调委员会，以确保国家、地区政府、企业、科研机构和环保组织等活动相关方的信息共享。

因此，如何在《公约》制度下将法国海外领土的海洋权益主张扩大到最大，如何在实施《公约》规则的过程中维护法国海外领土的海洋权益，都是法国在各种海洋活动实践中需要面对的问题。不过，法国在维护这些海洋权益中的挑战，更多是出于一种《公约》法律规制下的灵活解释，尤其是利用《公约》本身并不明确的"非独立领土"海洋权益界定这一点。在新海洋法规则制定过程中，法国对于本国海外领土的海权力量具备深刻认知，充分认识到法国海外领土的筹码在今后"世界海洋圈地运动"中的重要性，法国主要海外领土海域的生物、能源和矿物资源都是未来法国经济增长的重要支点。同时，法国海域争议主要集中在海外领土的专属经济区主张和大陆架外部界线的划定中，这些争议是法国展露海洋野心、扩展海洋权益的必然结果。

---

① 参见 Jeantienne Antoinette, Joël Guerriau and Richard Tuheiava, Les Zones Économiques Exclusives Ultramarines: le Moment Devérité, Rapport n° 430 (2013-2014) Fait au Nom de la Délégation Sénatoriale L'outre-mer, Déposé le 9 Avril 2014, p. 20。

三、法国在海洋实践中善于构建和利用区域海洋治理机制

作为《公约》的唯一的"非国家实体"缔约方的欧盟，其与法国海洋法实践的互动关系非常微妙。极为重视区域海洋力量的法国，也必然将欧盟海洋法律治理作为《公约》在本国海洋法实施中的重要考量。例如，海洋渔业养护也是法国海洋权益的重大组成部分，受限于海洋渔业活动的客观特性，法国认为并不能完全信任、依靠《公约》中有关生物资源养护规则，而是大力推动《公约》"促进生物资源养护"的区域法律制度建设。

在海洋防治污染实践中，法国更是将《公约》的污染防治规则利用到最大化。法国在海洋污染的"防"与"治"的天平中更注重"防"。实际上，"与其治病不如防病"的观念长期贯穿于法国外交理念中，也同样体现在了海洋环境保护的实践中。在第三次海洋法会议第三委员会上，法国代表团不断强调要加强海洋安全航行规则，因为"必须对引起事故的原因进行应对，而不是事故的影响"。[①] 为此，法国积极参与在国际海事组织框架内的行动，重视缔结国际技术性协定。法国将区域性协定的缔结看做达成国际协定的"先遣军"[②]；法国认为如在发展程度相近国家之间缔结区域性协定，有利于避免工业或商业的不正当竞争。同时，如果邻国之间经济发展水平各异，那么协定的区域化可以使各国意识到相互之间的差异和存在的困难，以寻找到在财政上能被各国普遍接受的解决方式。[③] 值得注意的是，法国认为海洋环境的污染防治不应该以加重发展中国家的负担为代价，在许多场合中法国也都明确表达了考虑到这些国家问题的态度。

此外，法国日渐重视非石油源的海洋污染防治。20世纪以来，作为数次近岸石油泄漏污染事故的受害者，法国在应对海洋污染防

---

① 参见 Doc. A. AC. 138/SC III. SR. 7(1972)。

② 参见 A/AC.138/SC III/SR 20-32,(1972)。

③ 参见 Doc. A. AC. 138/SC III. SR. 7(1972)。

治方面更为积极主动。但无论是从法国参与签订的国际协定还是法国国内采取的规范性措施，针对的海洋污染对象都较为单一，如碳氢化合物泄漏、废物倾倒等。近年来，法国越来越意识到海洋污染源的多样性。① 有数据显示，通过对本土及其海外领土采取的一系列特别管辖措施，法国近岸海域污染频次显著降低。②

欧洲是法国区域海洋治理的主要阵地，在许多问题或领域中，法国都深刻认识到"区域海洋合作治理"的必要性。共享海域的欧洲国家，面临着海路安全、海洋污染防治、渔业政策等共同议题。法国的许多海域都占据着国际海运枢纽位置，同时也有着重要的地缘战略意义。然而，欧洲一体化建设意味着成员国需要让渡一些权力给超国家机构，并与这些机构一道共享权力。这些应对海洋实践挑战的原则共识，仍是来自欧洲各国的本体客观事实和利益考量，并依托于各国内部立法规定以及各国际条约规则。因此，欧盟对于海洋问题的法律应对能力具有局限性。作为欧盟的核心成员国，法国明智地选择利用欧盟主导国的优势地位，在欧盟层面涉及本国海洋权益的议题上，施加充分的影响力，以获得在区域海洋治理中有利的地位。

由于法国海外领土在海洋权益主张中的重要性，促进其海外省和地方行政区域融入欧盟各层次活动是必要之举，但在许多领域，欧盟的机制都体现出缺乏灵活性的特征。因此，法国在积极推动海外领土海洋权益与欧盟整体政策融合的同时，也逐步意识到，有必要通过推动欧盟制度的调整和改革以维护法国海外领土海洋权益。例如，法属波利尼西亚群岛专属经济区海底资源的勘探与开发已经显露出该地区一定的科技实力和经济潜力，法国国防部海洋学和水

---

① 2015 年，法国总理府颁布的《海域安全国家战略》报告指出，除了石油污染的其他类型海洋污染，如聚乙烯等细小颗粒污染、集装箱遗失污染、海洋噪声污染等，都会对国家经济、安全和居民健康带来影响。参见 Permimer Ministre, Stratégie Nationale de Sûreté des Espaces Maritimes, Adoptée en Comité Interministériel de la Mer du 22 Octobre 2015, p. 35。

② 参见 Permimer Ministre, Stratégie Nationale de Sûreté des Espaces Maritimes, Adoptée en Comité Interministériel de la Mer du 22 Octobre 2015, p. 35。

文地理处（SHOM）、法国海洋开发研究院（IFREMER）等部门在该地区的共同作业，也为该地区的海域开发提供了强而有力的专业技术支撑。从更广的角度来说，欧盟实际上还秉持着一种将"欧盟边远海外领土"作为"南方国家及地区"的传统思维形态，推行发展合作政策，这对于法国现今在全球范围内的海洋权益主张的落实并不是一个有利因素。

除了在欧盟框架内的调整，法国也积极推动其海外领土地区与所在地区区域性组织的共同发展和共同行动。例如，法属圣皮埃尔和密克隆群岛代表法国加入了西北大西洋渔业组织和大西洋金枪鱼类保护委员会；2006 年，新喀里多尼亚和法属波利尼西亚加入太平洋岛国论坛（PIF），该论坛旨在推进南太平洋地区的渔业、海运、环境与气候变化等共同关心问题上的合作与协调。又如，2003 年 4 月 10 日，包括法国在内的 9 个国家签订了《加勒比海缉毒协议》，旨在建立新的地区性扫毒联盟，有效地打击毒品走私活动，防止各类毒品经过加勒比海地区流入欧洲和美国市场。① 该协议是建立在 1988 年 12 月 20 日在奥地利维也纳联合国通过的《禁止非法贩运麻醉药品和精神药物公约》基础上的，以期更有效地打击该地区海上运输中的非法贩运麻醉药品和精神药物的问题。②

一个值得注意的问题是，在国际上，作为一个实体的欧盟都或多或少参与到了不同区域性组织和行动中来，因此，法国需考虑多层次合作的诸多因素，在不同角色的背景下尽量保持其立场和姿态的一致性。

本 章 小 结

《公约》作为各国意志协调的产物，许多规则在制定上都具有

---

① 在《加勒比海缉毒协议》上签字的 9 个国家是哥斯达黎加、美国、法国、荷兰、危地马拉、尼加拉瓜、海地、洪都拉斯和多米尼加共和国。

② 参见 E. Martin, Chronique "Défense et sécurité", Annuaire du Droit de la Mer 2004, pp. 585-587。

模糊性。如何利用《公约》规则来为自己谋求最大利益，是每个缔约方在实践中都需要考虑的。"蓝色经济"为全球各国带来了机遇，也导致各沿海国在海洋实践活动中的挑战更加纷繁复杂。受到《公约》影响下的法国海洋法实践体现在方方面面，受限于篇幅，本书在法国海洋法实践具体内容的探讨上无法面面俱到。在前文梳理的基础上，本章选取了法国海洋法实践中最具有代表性的几个方面，包括法国海洋划界实践、法国海洋渔业养护实践、法国海洋污染防治实践、法国海洋科学研究活动实践、法国国际海底区域活动实践。这些不仅是法国海洋法实践中的重点领域，同时也是近年来国际海洋法律制度发展中的热点议题。可以说，在《公约》影响下的法国海洋法实践，对于剖析沿海国涉海实践中的挑战及应对奠定了研究基础。同时，对于《公约》的嗣后实践研究，以法国为代表的缔约方实践研究也具有重要意义。

第三章　法国海洋法实践对《联合国海洋法公约》的挑战

关于国际条约的条款解释与适用问题，可以通过对该条约缔约方的嗣后实践进行检视。《公约》作为"一揽子协定"，既有对传统习惯规则的成文编纂，同时也提出了许多海洋法上的新概念。此外，《公约》存在相当多的模糊条款，一方面给缔约方的法律适用造成困难，另一方面又给缔约方的法律解释留有余地。同时，某些新规则是否成为习惯法，也是学界探讨的热点问题之一。在"北海大陆架案"中，国际法院多次强调"利益特别受影响国家"（Specially affected state）在参加和实践条约规则成为国际习惯法过程中的重要作用。① 国际社会普遍认为，在"利益特别受影响国家"中，有相当一部分都是大国、强国。作为全球海洋大国和《公约》的缔约国，法国的涉海实践对于研究《公约》规则的嗣后实践和惯例分析具有重要意义。

第一节　法国海洋划界实践方面

二战后，新海洋秩序的构建，确认了国际协作的必要。法国的海洋划界立场与当时的国际司法实践较为呼应。现今许多海洋划界争端，都是"领土主权"和"海域划界"的混合型争端。然而，《公约》并不解决国家领土主权方面的问题，该问题主要受到一般国际

---

① 参见 Reports of Judgements, Advisory Opinions and Orders North Sea Continental Shelf Case, paras. 73-74。

法的调整。因此，由于海洋地理和海洋政治的复杂性，法国的海洋划界仍然面临着许多难题，在专属经济区和大陆架划定和权益维护上，法国也面临着多层次的挑战。

一、法国在专属经济区主张和划定中的挑战

如果对专属经济区域进行有效的政策管理，那么区域内自然资源储量足可使得法国在经济市场中处于核心位置。[①] 拥有的广阔的海外领土，为法国海洋权益的拓展奠定了领土基础，但这也使得与法国存在海域划界问题的国家达到了 32 个，大大增加了法国在《公约》规则下处理海域划界、落实海洋权益的难度。同时，在一般国际法中，法国的部分海外领土还存在民族自决、主权争议等问题，这都对法国专属经济区的权益维护提出了挑战。因此，也有必要对法国海外领土的法律问题进行检视，通过《公约》和一般国际法的双重角度，更好地理解法国在专属经济区中所面临的问题。

(一)法国"非独立领土"专属经济区问题的提出

由于法国领土构成的特殊性，专属经济区中"非独立领土"的问题在法国身上体现得尤为明显。在全球范围内，存在一定数量的特别主权实体，它们既不属于附属领土，也不是完全独立国，在其中，法国对其本土以外 12 个领土区域行使管辖。

法国第 76-655 号《大陆架和专属经济区法》，实际上是通过"授权法令"的方式，去赋予法国各领土海域的经济区主权权利。《大陆架和专属经济区法》的主要调整对象，都是法属海外省及海外领地，它们广阔分布于世界各大洲大洋，经济区内重点发展领域各不相同，但都可为法国带来丰富的经济利益，也有利于进一步维护法国的领土主权与海洋权益。

很明显，法国是在《公约》达成前就完成了对法国海域经济区的立法工作。然而，法国对于其海外领土专属经济区权益的主张，

①　参见 Espaces Maritimes： Exploitation et Extension， 25. 07. 2006，http：//www. sgmer. gouv. fr。

在第三次海洋法会议上受到了一定挑战。1977 年第三次海洋法会议的条款草案第 136 条指出:"应在无歧视的基础上考虑联合国认为仍处于殖民统治或并未享受完全自治的领土地区。"有法国学者认为,该草案条款或对法国在其海外省和海外领土的权利主张构成持续威胁,因为"该条试图剥夺这些地区享有《公约》有关专属经济区和大陆架的规定,又或者是为了使得这些规定的使用权交给这些领土地区的人民,而不是其当前管理者"。①

在国际社会的无政府状态下,主权的形成只是国家间达成的契约,国家间对主权的承认和尊重对其最有利。自 20 世纪 80 年代起,无论是法国宪法修订,还是颁布有关组织法,法国对其海外领土的地位以及自治权利的调整都极为谨慎。② 笔者认为,这种谨慎态度与海洋专属经济区对于法国的重大经济和战略意义不无相关。正如有学者指出的那样:"关于非独立国家或特别主权实体的经济区和大陆架权利的享有问题,不论出现什么样的公式,这种公式在其适用上必须是普遍性的,而不是歧视性的。"③尽管由于不同的主客观条件,宗主国(或管理国)难以达成一项单一的海洋规则或政策,但这并不代表它们无法在《公约》制度下作出利益最大化的选择,更不代表它们可以剥夺其海外领土居民从各自经济区获益的权利。

(二)法国海外领土主张专属经济区的挑战

在"帕尔马斯岛仲裁案"中,常设仲裁法院指出:"国际法的发展已经建立国家对其领土的专属性权能的原则。领土主权也成为解决国际关系间一切问题的出发点。"④由于法国海外领土可主张专属经济区面积占到法国总主张面积的 90%,是法国海洋权益的命脉

---

① 参见 Ladreit de Lacharrière René, La Zone Économique Française de 200 Milles, Annuaire du Droit de la Mer 1976, pp. 641-652。

② 付琴雯:《二战后法国海外领土的法律治理——以法属波利尼西亚和新喀里多尼亚为例》,载《边界与海洋研究》2018 年第 1 期,第 113 页。

③ [波]路易斯·E. 艾格莱特:《第三次联合国海洋法会议与非独立国家》,魏敏译,载《国外法学》1980 年第 3 期,第 39 页。

④ 参见 The Island of Palmas Case, 4 April 1928, Vol. II, p. 838。

之一。然而，无论是法国海外领土的主权界定，还是《公约》对"非独立领土"问题的模糊处理，都给法国在专属经济区海洋权益维护造成了一定困难。当然，这反过来也给予法国对于某些《公约》条款更大的解释和适用空间。

在 20 世纪 80 年代中，法国颁布有关"海外四省（瓜德鲁普、法属圭亚那、马提尼克和留尼旺）权利"的法律，并规定在共和国政府就有关"专属经济区生物资源和非生物资源勘探或开发"问题而制定或签署国际协定时，海外四省的大区议会必须就该协定草案给出意见。不过，对于海域的国际划界问题来说则不需要。① 进入90 年代，为将法属海外省及海外领地融入欧盟发展轨道，法国作出了许多努力。1996 年，在"法国四大海外省'省份化'立法五十周年讲话"②中，时任法国总统雅克·希拉克（Jacques Chirac）表达出两个希望：第一，希望法国本土与海外省之间拥有更高层面的联系和协作，从"弥补二者间差距"上升到"共同发展"的轨道；第二，要努力推动对欧盟"边远地区"（RUP）③概念的全面认可。

---

① 参见 Article 13 du Loi n° 84-747 du 2 Août 1984 Relative aux Compétences des Régions de Guadeloupe, de Guyane, de Martinique et de la Réunion。

② 参见 Allocution du 50ème Anniversaire de la Loi de Départementalisation, Saint-Denis de la Réunion, 19 Mars 1996. http://discours. vie-publique. fr/notices/063001193. html。

③ "边远地区"Région ultrapériphérique（RUP），英文为 Outermost regions（ORs），是欧盟区域政策中为推动属于欧盟成员国领土却远离欧盟本土的海外区域的发展而制定的特别措施。1991 年《马斯特里赫特条约》首次对该部分作出明确定义：条约的《关于共同体边远地区的声明》中指出，共同体边远地区（法国的海外省、亚速尔群岛、马德拉群岛和加纳利群岛）的结构落后状况由于各种现象（地理位置偏僻、岛屿特征、面积狭小、地形和气候恶劣，以及对少数产品的经济依赖性）而愈加严重。上述各种现象的同时发生和长期存在，非常严重地阻碍了共同体边远地区的经济与社会发展。因此，会议认为，除了建立欧洲共同体条约的各项条款以及二级立法自动适用于共同体边远地区外，还应制定有利于上述边远地区的专门措施，以满足该边远地区的经济与社会发展的客观需要。此类专门措施不仅应考虑到完善内部市场的要求，而且还应顾及地区的实际情况，其目的是帮助上述边远地区尽快赶上共同体经济与社会发展的平均水平。参见 http://ec. europa. eu/regional_policy/fr/policy/themes/outermost-regions/。

　　从第一个愿景来看，早在 80 年代，法国就已经认识到本土以外区域发展的必要性，并推行免税化和减免社会保险支出的政策来推动海外区域的经济发展；同时，法国也先后通过有关立法为当地经济的腾飞作出制度上的保障。例如，1986 年第 86-1383 号立法为法国海外省、圣皮埃尔和密克隆群岛、马约特地区的发展制定了有别于法国本土的特殊法律安排；又如，包括 1994 年第 94-638 号立法、2000 年第 2000-1207 号引导性立法以及 2003 年第 2003-660 号规划法律①等后续跟进的法律或措施，都对海外地区经济活动作出了扩大规定，进一步推动了该地区经济和社会发展。而第二个愿景则显示出了法国更为宏观的谋略和安排：首先，法国海外领土的重要地位在更大的区域层面得到了强调和认可，增强了法国在地缘政治上的主动性，有利于其国家主权的维护和国际战略的调整；其次，欧盟成员国中有数个国家拥有海外领土，而欧盟区域政策中针对该"海外部分"进行了专门规范，也便于法国在欧盟框架内与其他成员国对有关区域进行合作和探讨。可见，引起欧盟社会对海外领土的重视、推动海外领土经济与欧盟圈经济的融合，对于法国来说是一举两得的。

　　21 世纪以来，法属海外领土法律制度作出了新一轮重大调整。2003 年 3 月，法国颁布第 2003-276 号关于共和国地方分权化的组织立法，对 1958 年法兰西第五共和国宪法进行了 12 处修改。② 其中，有关宪法领土制度的第 72、第 73、第 74 条全都作出了修改，去除了原"海外领地"（Territoires d'outre-mer）的总概念，重新确定了"海外省和大区"（Départements et les régions d'outre-mer）以及"海外地方行政区域"（Collectivités d'outre-mer）两个海外领土级别。2003 年的宪法性法律，是维护共和国总利益的前提下，根据自身利益发展的特别法律。可以说，这次修订强而有力地重申了对"特

---

　　① 法国的规划法律（Loi de programme），是指针对国家在一个五年内在某一领域进行的经济和社会行动，确立其目标、手段以及实现预期日程的法律，"规划法律"并不具备法律约束力。参见 http://www.cnrtl.fr/definition/loi%20de%20programme。

　　② 参见 Loi Constitutionnelle n° 2003-276 du 28 Mars 2003 Relative à L'organisation Décentralisée de la République。

殊性"和"立法同一性"进行区别的最基本标准。① 然而，由于这些区域在地缘结构、发展水平和文化传统上都与法国本土存在客观差异，因此从"二战"后去殖民地化进程一开始，法国海外领土就不断发展出适应自身特征、符合当地人民利益的立法实践，而这些特殊规范也引发了法国内部一些矛盾和冲突。

然而，意愿与现实往往存在差距，法国对其海外省"法律统一化"的推进并没有那么顺利，有些本土立法和法规执行在当地遭遇"水土不服"。例如，由于法属圭亚那省有相当一部分是外来人口（其中又包含许多偷渡人口），法国本土制定的外国人口出入境制度无法有效应对圭亚那省的特殊情况，因此，1945 年第 45-2658 号有关出入境条件的条令②并不适用于圭亚那省；又如，在该省之中，克里奥尔族裔③已经成为当地比重最大的人种群体，在一些领域——如文化、农业、税收、国民教育等，许多克里奥尔人都进入管理层担任要职，然而，行政管理、军事、技术等"硬性"权力还是牢牢掌握在本土法国人手中，这也造成了当地族裔与法兰西本土公民之间的紧张关系。④

(三)"法属南极洲和南极领地"⑤的主张专属经济区问题

1. "法属南极洲和南极领地"的领土主权主张

"法属南极洲和南极领地"（简称"TAAF"）距离法国本土 1.35 万

---

① 参见 Stéphane Diémert, Le Droit de L'outre-mer, Pouvoirs, 2005, no. 2, p. 110。

② 参见 Ordonnance n° 45-2658 du 2 Novembre 1945 Relative aux Conditions D'entrée et de Séjour des Étrangers en France。

③ 在法属圭亚那，克里奥尔人指当地的法国土著居民，主要为殖民时期法国侨民与奴隶的混血后代。

④ 参见 Hervé Théry, À Quoi Sert la Guyane?，Outre-Terre, 2015/2, no. 43, p. 223。

⑤ 由于目前国际社会对法国"法属南极洲和南极领地"中部分领土的主权主张还存在争议，为中立客观地探讨有关问题，本书对"法属南极洲和南极领地"一词采用双引号标注。

千米，距法属留尼旺省 3500 千米，主要由三部分组成：第一，凯尔盖朗群岛面积达 7250 平方千米，该群岛西北面 1400 千米坐落着克洛泽群岛，面积为 340 平方千米。第二，凯尔盖朗群岛东北面 1500 千米外还有两个小火山岛，分别是面积为 58 平方千米的阿姆斯特丹岛和 8 平方千米的圣保罗岛。第三，在亚南极大陆地区的南印度洋上的数个岛屿使得法国拥有了将近 180 万平方千米的专属经济区。

在太平洋南部地区，阿黛利地位于南纬 60 度，东经 136 度至 142 度之间，距留尼汪岛东南部 7500 千米，是法国海外领土中最远、也是"法属南极洲和南极领地"中最广阔的一片领土，面积达 43.2 万平方千米。法属印度洋诸岛（Îles Eparses）的总面积不超过 50 平方千米。自 2003 年再次修宪以来，"法属南极洲和南极领地"的管理终于走出了长期的"冬眠期"。首先"法属南极洲和南极领地"总督史无前例地扩大了干预和管辖权。例如，法属印度洋诸岛无本土或常驻居民，早在 1960 年法国就颁布法令规定，法属留尼旺省省长"作为共和国政府代表"，开始对该岛具有属人管辖权。2005 年初，法国颁布法令决定"特罗姆林岛、光荣岛、新胡安岛、欧罗巴和印度礁受'法属南极洲和南极领地'高级总督管理"①，不过，该举措仅仅实施了两年就被废除。②

2007 年年初，法国立法将"法属印度洋诸岛"正式作为"法属南极洲和南极领地"一部分，并作出了地位和制度调整。其中第 14 条规定："圣保罗岛、阿姆斯特丹岛、克洛泽群岛、凯尔盖朗群岛、阿黛利地、欧罗巴和印度礁、光荣岛、新胡安岛和特罗姆林岛组成海外领土的一部分，具有法人资格以及具有管理和财政自主。"③通过对法属印度洋诸岛在国内地位上的调整，法国增加了约

---

① 参见 Arrêté du 3 Janvier 2005 Relatif à L'administration des Îles Tromelin, Glorieuses, Juan de Nova, Europa et Bassas da India（îles Eparses）。

② 参见 Arrêté du 2 Mars 2007 Abrogeant L'arrêté du 3 Janvier 2005 Relatif à L'administration des Îles Tromelin, Glorieuses, Juan de Nova, Europa et Bassas da India（îles Eparses）。

③ 参见 Loi n° 2007-224 du 21 Février 2007 Portant Dispositions Statutaires et Institutionnelles Relatives à L'outre-mer。

64 万平方千米的专属经济区面积，也使得"法属南极洲和南极领地"的专属经济区总面积超过 240 万平方千米。不过，法属南印度洋诸岛一直与印度洋沿海国、尤其是马达加斯加和毛里求斯存在主权争议。

长期以来，法国通过对地理发现进行法律命名以及有效占领的方式，对圣保罗岛、阿姆斯特丹岛、克洛泽群岛、凯尔盖朗群岛和阿黛利地等海外领土进行主张并确认其领土声索。然而，直到 20 世纪初，法国才正式对这些分散的海外领土给予法律地位认定。1924 年，法国声称最先发现阿黛利地，对南纬 67 度以南、东经 142°02' 至 136°11' 的一片土地提出领土主权。同年 11 月 21 日，法兰西第三共和国颁布一项法令，首次将这些岛屿集中列入第三共和国法律框架并交由"马达加斯加总政府"进行管理。[①] 1938 年，法国又将对南极领土声索范围扩大到南纬 60 度以南、东经 142°02' 至 136°11' 之间的所有陆地及岛屿并延伸至南极极点。

在第四共和国时期，马达加斯加将这些岛屿作为具有行政和财政自治权的一个特殊的地方行政区域，并将正式命名为"法属南极洲和南极领地"（TAAF），而 1955 年 8 月 6 日立法第一次将该地区概括称为"法属南方和南极领地"，是"共和国的海外领地"的组成部分，并赋予其"法国海外领地"地位（TOM）。[②] 随后，1960 年 4 月 1 日，法国颁布法令正式归并"法属南方和南极领地"，并指出这些岛屿属于法国主权范围。[③]

不过，将一片无固定人口居住之地划分为本国地方行政区域是否合适仍引起了当时的一些争议。许多实在法学家认为，将"法属南极洲和南极领地"作为法国海外领地地位并不合适，因为这些区域并没有人类定居的痕迹。正如法国学者弗朗索瓦·奥贝（François

---

① 当时的马达加斯加为法国殖民地。1896 年，马达加斯加沦为法国殖民地。1962 年 6 月 26 日，马达加斯加脱离"法兰西共同体"并宣布独立。

② 参见 Loi n° 55-1052 du 6 Août 1955 Portant Statut des Terres Australes et Antarctiques Françaises et de L'île de Clipperton。

③ 参见 Décret n° 60-555 du 1er Avril 1960 Relatif à la Situation Administrative de Certaines Îles Relevant de la Souveraineté de la France。

Auby）所指出的："法属南极洲和南极领地……具有海外领土的地位。但该地位只是在这些领土没有常住人口时的一种纯粹的法律假定。"①不过，即使具有争议，在之后的数十年里，"法属南极洲和南极领地"的国内法地位仍没有进行进一步的调整，直到2003年法国颁布宪法性法律，才赋予了"法属南极洲和南极领地"更为合适的国内法地位。②

2. "法属南极洲和南极领土"的国际法争议

国际法上的"南极地区"不仅包括南极大陆，还包括环绕南极大陆的海域。在《公约》诞生后，南极海域问题受到《南极条约》体系和《公约》制度的双重规制。

20世纪下半叶始，国际社会以务实态度谈判并签订多边条约，形成了南极领土"自成一类"的地位。③ 1961年生效的《南极条约》旨在确定南极洲仅用于和平目的，禁止任何军事性措施。70年代以来，《南极条约》体系得到了进一步的发展。在《南极条约》的基础上，南极协商会议的各国先后缔结了1972年《南极海豹养护公约》、1980年《南极海洋生物资源养护公约》（简称《堪培拉公约》）、1988年《南极矿物资源活动管理公约》。1991年10月4日，第11

---

① 参见 François Auby, Le Statut de la France «Périphérique», A. J. D. A, 20 juin 1989, p. 350.

② "法属南极洲和南极领地"的地位不再是法国海外领地（territoire d'outre-mer），而是根据第五共和国宪法第72条第3款具有特别地位。同时，第8条第3款规定："法属南方和南极领地的法律制度和特殊组织由法律确定"。2007年2月21日，法国颁布有关海外领土地位和制度的法律，第14条对1955年8月6日立法进行了修改并将后者重新命名为"有关法属南极洲和南极领土以及克利伯顿岛的地位"的法律。参见 Loi Constitutionnelle n° 2003-276 du 28 Mars 2003 Relative à L'organisation Décentralisée de la République, Loi n° 2007-224 du 21 Février 2007 Portant Dispositions Statutaires et Institutionnelles Relatives à L'outre-mer。

③ 1955年6月，美国、英国、法国、挪威、阿根廷、澳大利亚、比利时、智利、新西兰、日本、南非和苏联共12国代表就南极问题展开六十多轮谈判，并于同年12月1日在华盛顿达成协议，签署《南极条约》，该条约于1961年6月23日正式生效。

届 4 次南极条约协商会议通过了《关于环境保护的南极条约议定书》（以下简称《马德里议定书》）并于 1998 年 1 月 14 日生效。这一系列条约对"法属南极洲和南极领地"（尤其是作为主要组成部分的阿黛利地）的主权造成了实质性限制。

实际上，"法属南极洲和南极领地"可以分为两个部分，一是不存在他国争议、法国完全行使主权的部分，主要为在南印度洋零落分散的岛屿和岛礁；二是主权的行使受到他国争议且受到相关国际条约限制的阿黛利地。

第一部分主要分为三个南半球岛屿区域，分别是克洛泽群岛区、凯尔盖朗群岛区以及圣保罗-阿姆斯特丹岛区。自 1956 年法国确立"法属南极洲和南极领地"管理制度以来，这三个辖区具有诸多共同之处：地理上，三者都坐落于印度洋南部亚南极地区，距离法属留尼旺省南边约 3000 千米之处；战略上，三个亚南极区域都建有常设科研设备或站点，约有数十名科学家在该区域从事科考工作。早在 1949 年，法国就在凯尔盖朗群岛摩尔比昂湾的法兰西港（Port-aux-Français）建立科考站；1950 年，法国在阿姆斯特丹岛的马丁-维维埃（Martin-de-Viviès）建立科考站；1961 年，法国在克洛泽群岛的占领岛（île de Possession）建立科考站；在区域管理上，虽然三者地理分散、缺少常住人口且相对远离南极大陆，但到目前为止法国对于这些领土的主权未收到其他国家的争议，法国对其拥有全面而完整的主权。

在《公约》专属经济区的制度下，法国凭借其海外领土获得了极为广阔的专属经济区面积。早在 1966 年 6 月 18 日，法国就颁布有关海洋环境保护的法律，规定由 TAAF 高级总督负责海洋环境事务，这也包括专属经济区建立后克洛泽群岛、凯尔盖朗群岛和圣保罗-阿姆斯特丹岛的生物资源合理养护和保护的事务。[①] 之后，法国又对 1996 年法令中"专属经济区的环境保护和资源养护"问题作出了进一步规定。而除了 1976 年《经济区法》外，1978 年 2 月 3

---

① 参见 Loi n° 66-400 du 18 Juin 1966 Relative à L'exercice de la Pêche Maritime et à L'exploitation des Produits de la Mer dans les Terres Australes et Antarctiques Françaises。

日，法国颁布法令宣布建立"法属南极地区沿岸经济区"。也就是说，这些地区包括了上述三个岛屿地区，而不仅仅只是传统意义上的阿黛利地，这也使得法国在南印度洋的主权权利面积扩大了约180万平方千米。

1980年5月19日，在讨论"南极海洋生物资源养护"议题的堪培拉会议之最后文件中，会议主席发表一份声明，"旨在充分尊重法国在法属南极洲和南极领地中两个南印度洋附属岛屿的主权"。① 在2002年南极海洋生物资源养护委员会第21次会议上，法国对扩大委员会"在南极犬牙鱼出现区域的权力"的提案表示反对。法国政府提出，在南印度洋的公海区域并没有南极犬牙鱼出现，因此委员会扩大对该鱼种出现区域的权力，将会影响到法国在南极和亚南极区域的捕捞活动。同时，扩大权力区域势必会对法国部分"法属南极洲和南极领地"专属经济区，尤其是圣保罗-阿姆斯特丹岛的专属经济区主权权利造成影响。

为此，法国政府一再呼吁尊重1980年的"主席声明"，以维护本国在"法属南极洲和南极领地"毗邻海域自行采取合理的渔业养护措施的权利。最终，法国成为了1980年《南极海洋生物资源养护公约》缔约国。该公约涵盖的地理范围不仅仅包括南纬60度以南地区，还包括亚南极地区。② 如此一来，法属克洛泽群岛和凯尔盖朗群岛也被囊括了进来。可见，《南极海洋生物资源养护公约》的适用范围考虑到了法国政府的明确要求。总体来看，法国对"法属南极洲和南极领地"中的三个岛屿区域及其专属经济区的主权及主权权利并未受到国际社会的过多挑战。

---

① 参见 Rapport D'information Fait au Nom de la Commission des Lois Constitutionnelles, de Législation, du Suffrage Universel, du Règlement et D'administration Générale (1) et du Groupe D'études sur L'Arctique, L'Antarctique et les Terres Australes (2), sur la Présence Française en Arctique, en Antarctique et Dans les Terres Australes, Par M. Christian Cointat, Sénateur, p. 44。

② 《南极海洋生物资源养护公约》第1条规定："本公约适用于南纬60度以南区域以及该纬度与构成部分南极海洋生态系统的南极幅合带之间区域的南极海洋生物资源。"

法国对于阿黛利地的主权则是显示出诸多的不确定性。阿黛利地是法属南极洲和南极领地中唯一坐落于南太平洋的区域，其位置一直延伸至靠近法意协和科考站之处。[①] 不过，法国对阿黛利地的主权受到了诸多限制。首先，1959 年 12 国签订的《南极条约》以"既不承认也不否认"的方式，冻结了对南极任何形式的领土主权要求。[②] "冻结条款"是 12 个原始缔约国参与制定该多边形条约的必要条件，是南极法律体系构建的基石。在 12 个缔约国中，既有美国、苏联为首要求南极保持绝对自由的支持者，也有法国、英国等南极领土主权声索者。

也就是说，法国对于阿黛利地的领土主权既没有被肯定也没有被否定，而是处于一种不稳定的状态中。这也就意味着，法国无法创建阿黛利地的专属经济区。此外《南极条约》第 1 条第 1 款规定："南极洲应仅用于和平目的，应特别禁止任何带有军事性质的措施，包括建立军事基地、建设防御工事、举行军事演习、试验任何类型的武器。"从更深层次的角度来看，该条款不仅仅只是针对缔约国而创设的法律义务，而是为将该区域打造成全人类的"和平地带"而对第三方国家也创设的法律义务。有学者甚至认为，条约是为宣扬对"国际社会的普遍义务"（erga omnes）[③]。

因此，法国无法在"法属南极洲和南极领地"地区建立任何海、陆、空方式的军事设施或基地。不过，在《南极条约》的基础上，法国仍可以在阿黛利地建立本国和外国的科研勘探设施并为进行科

---

① 2005 年，法国和意大利在距离南极海岸 1000 千米处的、海拔 3250 米的南极高原建立了"协和科考站"（Concordia），是南极高原第三个长期全年工作的科考站。

② 《南极条约》第 4 条第 2 款是对法国"法属南极洲和南极领地"的主权具有关键性影响的条款。第 4 条第 2 款明确规定："……在现有条约有效期间，不得提出对在南极洲的领土主权的任何新要求或扩大现有的要求。"可以看出，第 4 条第 2 款的目的并不旨在完全解决各国对于这片大陆的领土纷争，而是为保持暂时稳定。

③ 参见 Marie-Françoise Labouz, Les Aspects Stratégiques de la Question de L'Antarctique, Revue Générale de Droit International Public, 1986/3, p. 580。

学调查展开合作。① 同时，根据第 7 条的规定，缔约国有权指派观察员，在任何时候对南极洲的任何或所有地区进行空中视察。② 该条款也对法国在"法属南极洲和南极领地"尤其是阿黛利地的主权造成了实质性的限制。

1991 年 10 月 4 日，《南极条约》协商国第 11 届 4 次会议并通过《马德里议定书》。《马德里议定书》规定，南极地区为专门用于和平和科学目的的自然保护区，同时，为保护南极大陆及附近地区的生态环境免遭破坏而制定了严格的保护措施，尤其是在今后 50 年内禁止在南极地区进行一切商业性矿产资源开发活动。《马德里议定书》是在 1961 年《南极条约》生效 30 年后对南极矿物资源活动的新一轮"冻结"，而议定书的管辖范围也包括了法国的阿黛利地。为此，1993 年 3 月 29 日，法国环境部成立了极地环境委员会，以根据国际条约中的环保条款对"法属南极洲和南极领地"上的人类活动进行监督。③

同时，为了将《马德里议定书》的内容进一步转化为法国国内法，2003 年 4 月 15 日，法国议会通过《保护南极环境法》，旨在对法国《环境法典》第七编（L711-1）"南极洲环境保护"部分进行补充。④《保护南极环境法》明确了在南极大陆和邻接水域的（南纬 60 度以南）进行的活动时，需要考虑"南极洲作为世界自然保护区以及和平和科学研究之地的保全、环境和生态系统保护"。⑤ 同时，

---

① 根据《南极条约》第 2 条的规定，自由的南极科学调查和为此目的而进行的合作应继续。

② 根据《南极条约》第 7 条的规定，缔约国观察员可自由视察南极一切地区，包括一切驻所、装置和设备及船舶、飞机等运输工具；各缔约国须对即将在南极开展的活动向其他各缔约方提前通知。

③ 参见 Décret n°93-740 du 29 Mars 1993 Portant Création D'un Comité de L'environnement Polaire。

④ 参见 Article 1 du Loi n° 2003-347 du 15 Avril 2003 Relative à la Protection de L'environnement en Antarctique（1）。

⑤ 参见 Loi n° 2003-347 du 15 Avril 2003 Relative à la Protection de L'environnement en Antarctique（1）。

该法律规定在该区域进行的所有活动应"提交事先声明或经过授权。"对于没有经过授权或忽视授权的活动，该法规定处以 1 年监禁以及最高 7.5 万欧元的罚款。留尼旺省的圣丹尼斯初审法庭有权受理在"法属南极洲和南极领地"的阿黛利地上的违反行为，而巴黎初审法庭则是负责在阿黛利地以外的"法属南极洲和南极领地"上的违法行为。

为了进一步补充在南极领土的环境保护条款，在 2003 年 6 月举行的南极条约缔约国协商会议第 26 次会议上，法国提出希望将阿黛利地的地质点群岛（L'archipel de Pointe Géologie）列入《马德里议定书》附件下的南极特别保护区。① 2005 年 11 月 2 日，时任法国生态和可持续发展部部长的聂丽·欧琳（Nelly Olin）女士宣布在"法属南极洲和南极领地"创建 70 万公顷的自然保护区。② 2006 年 10 月 3 日，法国颁布法令宣布"法属南极洲和南极领地"中的圣保罗-阿姆斯特丹岛、凯尔盖朗群岛和克洛泽群岛正式为"法属南极洲和南极领地"中的自然保护区。

国际社会对于"法属南极洲和南极领地"的主权主张本身存在争议，因此总体来看，法国对于"法属南极洲和南极领地"的主权在诸多方面是受到限制的。法国是最早对南极洲提出领土主权的七个国家之一，也是《南极条约》的原始协商国。虽然根据《南极条约》的"冻结原则"，有关南极领土与海洋主张不具有国际法基础，然而南极主权声索国并没有停止强化在该地区实质存在的脚步。近年来，包括法国在内的数个南极领土主张国在《公约》框架下提出了对南极和亚南极地区的领海、专属经济区和大陆架等划定申请。例如，2015 年，法国颁布法令宣布确定"法属南极洲和南极领地"

① 参见 Samuel Deliancourt, Les Mesures de Protection de L'environnement en Antarctique Adoptées par la France Depuis 2005, Revue Juridique de l'Environnement, n°1, 2008, p. 31。

② 参见 Alex Belvoit, 2 270 000 Hectares Mis en Réserve Dans les Terres Australes Françaises, 5 Octobre 2006, http：//preproduction. univers-nature. com/actualite/nature/2-270-000-hectares-mis-en-reserve-dans-les-terres-australes-francaises-54287. html。

中克洛泽群岛测量领海宽度的基线。[1]

二、法国在大陆架划定申请中的挑战

(一)法国单独提交大陆架划界申请中的挑战

2007 年 5 月 22 日，法国提交法属圭亚那和新喀里多尼亚的外大陆架划定申请。法国的该申请涉及地理位置完全不同的两个地区：法属圭亚那坐落于南美洲东北部，位于南大西洋、巴西和苏里南之间，其海床底土富有大量石油资源，是其地区经济的重要支柱之一；同时，随着法属圭亚那的大陆架扩展，法国可以在南大西洋地区作为一个强有力的海洋国家存在。新喀里多尼亚则位于南太平洋，对于法国来说同样具有重要的地缘战略和经济意义。

由于法国与苏里南以及巴西之间还没有缔结划界协定，因此法属圭亚那海域的大陆架外部界限仍未公布。2007 年 7 月 11 日，瓦努阿图照会指出"法国按照《公约》第 76 条向大陆架界限委员会所提划界案中包括了新喀里多尼亚东南方向地区，这在法律上和传统上将对属于瓦努阿图领土的马修岛和亨特岛产生影响，这些岛屿位

---

① 参见 Loi n° 55-1052 du 6 Août 1955；Loi Portant Statut des Terres Australes et Antarctiques Françaises et de l'île de Clipperton, http：//www. taaf. fr/IMG/pdf/loi_55-1052_statuts_taaf. pdf. ；Arctique, Antarctique, Terres Australes：Un Enjeu pour la Planète, une Responsabilité pour la France, http：//www. senat. fr/rap/r07-132/r07-1322. html；LOI Constitutionnelle n° 2003-276 du 28 Mars 2003 Relative à L'organisation Décentralisée de la République, Available at https：//www. legifrance. gouv. fr/affichTexte. do? cidTexte = JORFTEXT00000060 1882&dateTexte = & categorieLien = id. ；Décret no 2015-551 du 18 Mai 2015 Définissant les Lignes de Base à Partir Desquelles est Mesurée la Largeur de la Mer Territoriale Française Adjacente à L'archipel Crozet（Terres Australes et Antarctiques Françaises）, Ministère des Outre-Mer, 2015, http：//www. un. org/Depts/los/LEGISLATIONANDTREATIES/PDFFILES/DEPOSIT/fra_crozet_fr. pdf。

于瓦努阿图以南"。① 对此，法国请求小组委员会不审议新喀里多尼亚的东南区域，而只将新喀里多尼亚和塔斯曼海之间的西南区域留给委员会审议。但是，法国也指出这种修改并不代表对瓦努阿图的(有关马修岛和亨特岛)有关要求的任何承认，"有关马修岛和亨特岛的主权问题对于法国来说是不可接受的"。② 2009 年 8 月 10日，瓦努阿图提交大陆架初步信息，由于马修岛和亨特岛与法国仍存在争议，两国海域划界没有解决，瓦努阿图信息提交并不影响未来的划界。另外，委员会建议法国考虑法国与澳大利亚所签订的划界协定中的划界线作为大陆架外部界限。

2009 年 2 月 5 日，法国向大陆架界限委员会提交有关法属安地列斯和凯尔盖朗群岛地区的外大陆架划定申请。一方面，法属安地列斯群岛大陆架蕴藏着石油和天然气资源，对于法国来说具有潜在的能源利益。另一方面，凯尔盖朗群岛是位于南印度洋上的一个大岛，但该岛大陆架鲜有能源资源，因此，法国对该岛的大陆架扩展主张主要是出于加强在南印度洋地区尤其是南极地区存在的地缘战略考量。③ 值得注意的是，在提交该申请的同一天，法国也向联合国发出照会并提请秘书处注意，法国保留在未来对阿黛利地(Terre Adélie)提交申请的权利。由于阿黛利地位于南极大陆，需要遵守《南极条约》，因此，该照会受到了来自荷兰和日本的反对：荷兰重申了对有关国家宣称对南极领土拥有领土主权以及在南极地

---

① 参见 Entre Mai et Octobre 2007, les Communications Suivantes ont été Reçues des États en Réponse à la Notification Plateau Continental CLCS. 08. 2007. LOS du Secrétaire Général Relative à la Demande de la France：Note Verbale Datée du 11 Juillet 2007 du Vanuatu, note Verbale Datée du 15 Août 2007 de la Nouvelle-Zélande et note Verbale Datée du 17 Août 2007 du Suriname, http：//www. un. org/depts/los/LEGISLATIONANDTREATIES/losic/losic26f. pdf。

② 参见 Audition de M. Élie Jarmache Devant les Membres de la Délégation à l'Outre-mer, le 26 Juin 2012。

③ 参见 Roland Denhez. L'extension du Plateau Continental：la Commission des Limites du Plateau Continental des Nations Unies Face aux Enjeux Contemporains. Geography. 2014, p. 38。

区保有大陆架权利的不承认立场，① 日本也重申，根据《南极条约》第 4 条的规定，拒绝承认国家在南极具有领土主权或要求，任何国家都不能对南极大陆的海床底土区域具有权利和要求。②

2012 年 4 月 19 日，委员会接受了法国的划界申请，但同时也指出法国划定大陆架外部界限需要符合 1982 年与澳大利亚签订的有关凯尔盖朗群岛的海域划界协议。根据 1982 年 1 月 4 日法国和澳大利亚有关 200 海里海域的划界协定，两国或将划界协定中的东段划界限延长以划定延伸大陆架的界限。此外，法国提交对法属留尼汪岛、圣保罗岛、阿姆斯特丹岛大陆架划定申请的立场考量与对凯尔盖朗群岛的考量较为类似，都是出于希望加强法国在南印度洋地区的实质性存在，并可在此展开科学研究活动。

2014 年 4 月 16 日，法国向委员会提交有关圣皮埃尔和密克隆群岛的大陆架划界申请。然而，早在 2009 年法国向委员会提交该地区的划界初步信息时，就遭到了来自加拿大的强烈反对。2009 年 11 月 9 日，加拿大向联合国提交照会，援引 1992 年"加拿大-法国海域划界仲裁案"，指出"加拿大政府反对法国在该海域的任何海域声索，包括任何大陆架地区"，以及"根据 1992 年裁决、《公约》以及国际法有关原则，法国不能对圣皮埃尔和密克隆群岛提出大陆架要求"。③ 对此，法国指出在该裁决中，法院注意到拒绝对法国扩展请求进行裁决"并不意味着、或可解释为预先裁决、接受或拒绝法国 200 海里以外大陆架声索的权利"。④

---

① 参见 The Permanent Mission of the Kingdom of the Netherlands to the United Nations Presents Its Compliments to the United Nations Secretary-General and Has the Honour to Refer to Its Note Verbale of 23 January 2007(DJZ-IR 178/2006)，http：//www. un. org/Depts/los/clcs_new/submissions_files/gbr08/nld_re_nv_grb2009. pdf。

② 参见 the Permanent Mission of Japan to the United Nations Presents Its Compliments to the Secretary-Genral of the United Nations，http：//www. un. org/Depts/los/clcs_new/submissions_files/fra09/jpn_re_nv_fra19112009. pdf。

③ 参见 Canada v. France，paras. 56。

④ 参见 Canada v. France，paras. 80。

2013 年 12 月 6 日，加拿大向大陆架界限委员会提交有关新斯科舍地区的划界申请，2014 年 4 月 16 日，法国也向委员会提交有关圣皮埃尔和密克隆群岛的划界申请，这意味着两国存在海域争端。① 在该背景下，法国认为该情况适用大陆架界限委员会《议事规则》附件一第 5 条的情况，② 即在双方达成一项协议以前，法国确认存在由于两国大陆架扩展而造成重叠区域的海域争端。同时，法国也重申对《议事规则》附件一第 1 条规则的支持，③ 在缺乏联合申请或互不妨碍协定的情况下，大陆架界限委员会无法对法国和加拿大的划界申请进行审理。就目前委员会的工作负荷来看，2013 年提交的划界申请或将在 2030 年以后进行审理。这也就是说，在 2030 年以前两国在该区域的划界申请都无法受到审理。因此，有学者建议，在 2030 年到来之前的十几年间，两国或可通过谈判方式解决争议。④

(二)法国联合提交大陆架划界申请中的挑战

截至目前，法国向大陆架界限委员会共提交了 3 个联合划界申请，拥有同一块大陆架的相关国家联合提出申请主要是为了避免划界区域的重叠而产生争议。

2006 年 5 月 19 日，法国、爱尔兰、西班牙、英国向委员会提交有关"凯尔特海和加斯科涅湾地区地区"的联合划界申请。早在

---

① 参见 Résumé de la Demande Partielle à la Commission des Limites du Plateau Continental Conformément à l'article 76, Paragraphe 8 de la CNUDM Concernant la Zone de Saint-Pierre-et-Miquelon, p. 3。

② 即"如果已存在陆地或海洋争端，委员会不应审议和认定争端任一当事国提出的划界案。但在争端所有当事国事前表示同意的情况下，委员会可以审议争端区域内的一项或多项划界案"。

③ 即"对于在划定大陆架外部界限方面可能发生的争端，各国对争端的有关事项具有管辖权"。

④ 参见 Gérard Grignon, l'extension du Plateau Continental Au-delà des 200 Miles Marins: un Atout pour la France, Avis du Conseil Économique, Social et Environnemental, Les Éditions des Journaux Officiels, Octobre 2013, p. 120。

2005 年，法国（Extraplac）计划就推进启动了"布雷欧汉"调查行动（BREOGHAM），① 在西班牙"伊思波利斯"号（Esperides）上收集申请所需要的数据。委员会建议指出，通过适用《公约》第 76 条第 4 款的规定，从凯尔特海和加斯科涅湾的大陆坡脚所产生的大陆边外缘，在该大陆边按照顺时针方向依次超过爱尔兰、英国、法国和西班牙的 200 海里界限。因此，委员会确认该四国都与在该地区划定各自 200 海里以外大陆架外部界限的法律权利。2009 年 3 月 2 日至 4 月 9 日，四国代表威尔森先生指出四国划界案所遇到的问题在于是否联合使用从四国领海基线量起的 350 海里制约线，并促使各国给出一条审议线以促进联合划界申请的审议能快速完成。

大陆架界限委员会委员沃特·罗斯特（Walter Roest）认为，最重要的是探测四国是否同享一个大陆边。委员会建议认为，西班牙并不与其他国家共享大陆边，因此四国并不能适用同一条 350 海里制约线。另外，委员会还认为另一个困难在于："……根据联合通报中提交的外部界限，经测算的大陆架总面积不能超过如果各国有单独通知的大陆架外部界线而划定的大陆架的面积总和。换句话说，在每一个联合通报里，每个国家都应该建立其测定大陆坡脚的标准、使用的公式、限制以及外部界限。"因此，委员会同意最初划界案中的定点 1 至 30 的确定，建立该地区大陆边外缘以及连接这些定点的长度不超过 60 海里的直线段的确定，并建立按照第 76 条第 7 款，用长度不超过 60 海里的直线，连接用经纬度确定的定点，划定该地区大陆架的外部界限。

在该划界案中，委员会审议的关键问题在于 350 海里线外的点是否合理。委员会发现，尽管外部界限点 FP30 位于西班牙 350 海里线以内，但该点却位于其他三国 350 海里线以外，而且委员会认为 FP30 是基于爱尔兰的大陆边缘扩张延伸得到的，应该受爱尔兰 350 海里线的限制。因此，该点应该落在爱尔兰 350 海里线之上而

---

① 2005 年启动的"布雷欧汉"调查行动（"BREOGHAM"），是与法国、爱尔兰和英国合作开展的巡航行动，目的是为探测西班牙西北部加利西亚（Galicia）边缘、加斯科涅湾和凯尔特海地区 200 海里以外的大陆架划界。

非线外。最终，四国对委员会的意见作出了修改，委员会才最终通过了审议意见。

大陆架界限委员会最后建议的外部界限比四国预计的面积稍少。另外，由于和西班牙之间还没有缔结划界协定，法国本土的大陆架外部界限仍没有确定公布。该联合划界申请的提交，一定程度上缓和了法国和西班牙之间在缔结大陆架划界协议当中遇到的外交困境。在委员会给出审议意见后，各国应该开始与邻国缔结划界协定。然而，法国并不主张适用等距离线，但西班牙和爱尔兰则支持适用等距离线。在西侧，法国同样需要与英国缔结协定并使其契合1977年"法-英大陆架案"中裁决的界限，并可能与爱尔兰一同确定一个三边交界点。另外，在加斯科涅湾的划界对于法国来说仍然具有一定局限性，其困难在于法国和西班牙之间大陆架的划界问题。① 在委员会给出建议之后，两国终于可以按照1974年的协定线继续进行大陆架划界谈判。不过，有学者预测"法国和西班牙之间的划界谈判可能会持续数年"。②

2009年5月6日，法国、南非提交有关克洛泽群岛和爱德华王子岛的联合划定申请。该申请案在最初遇到了一定的技术困难，因为法国于2009年就提交了对该地区的划界申请，却在2010年才完成对该地区相关信息和数据收集工作。另外，法国、图瓦卢、新西兰也联合划定申请(瓦利斯和富图纳群岛)。

(三)法国提交大陆架划界初步信息中的挑战

2008年，《公约》缔约方会议决定，允许缔约方在2009年5月13日截止日期之前提交一份有关200海里以外大陆架的"初步信息"，就可以看做满足期限规定。法国在期限之前提交了4项有关

---

① 在1974年法国与西班牙签订的加斯科涅湾领海划界协定中，由于法国在加斯科涅湾的海岸线成凹型，比西班牙海岸线长，协定采用了等距离线和协定线的混合划界方法。

② 参见 Audition de M. Serge Segura Devant les Membres de la Délégation à l'Outre-mer, le 11 Juillet 2012。

外大陆架界限的初步信息，分别是圣皮埃尔和密克隆群岛、瓦利斯和富图纳群岛、法属波利尼西亚、克利伯顿岛的初步信息。其中，法国已完成提交对圣皮埃尔和密克隆群岛的划界申请。

根据目前大陆架界限委员会的工作进度，法国未来的划界申请将至少等待 15 至 20 年才能进入审议。不过，这未尝对法国不是一个机会，因为考虑到沿岸的发展中国家，包括发展中的小岛屿国家，由于财政或技术手段的缺乏，因此对《公约》第 76 条规定的向委员会提交信息当中还存在一些特殊问题。法国主要负责海洋事务的外交官塞尔吉·瑟古拉（Serge Ségura）指出，法国运用该程序提交了划界初步信息实际上是为了没有资源和财政支持的、无法在2009 年 5 月以前提交申请的发展中国家的。即便法国提交了初步信息，但初步信息并不会在将来自动转为划界申请。①

在法国提交的外大陆架划界初步信息中，有关克利伯顿岛（Clipperton）的特殊情况值得注意。2009 年 5 月 8 日，法国向委员会提交了克利伯顿岛 200 海里以外大陆架初步信息，包括大陆架扩展的外部界限、国家进展的文件描述以及申请提交的预计日期。该岛屿在东太平洋拥有约 2.5 万平方千米的大陆架扩展面积。而墨西哥海岸位于该地区东北面的 700 海里左右，法国和墨西哥的主张并没有重叠。然而，在提交该地区划界初步信息不到两天的时间，法国就撤回了该划界信息，且没有给出任何解释。法国海外领土代表团收到了两个不同的解读：法国外交部认为该岛屿"不存在法律大陆架的扩展"，而法国海洋事务总秘书处则表示"是不想引起墨西哥的不满"。② 很明显，这两种解读是相互矛盾的。

克利伯顿岛面积仅 1.7 平方千米。法国与墨西哥之间就该岛的主权归属问题长期存在争端。在 1931 年"法国-墨西哥的克利伯顿

---

① 参见 Audition de M. Serge Ségura Devant les Membres de la Délégation à l'Outre-mer, le 11 Juillet 2012。

② 参见 Gérard Grignon, l'extension du Plateau Continental Au-delà des 200 Miles Marins：un Atout pour la France, Avis du Conseil Économique, Social et Environnemental, Les Éditions des Journaux Officiels, Octobre 2013, pp. 191-192。

岛仲裁案"中，法国认为其曾在报纸上对克利伯顿岛的主权进行了声明且颁布过有关鸟粪利用的法令，据此完成了对该岛的有效占领；而墨西哥则基于西班牙的发现行为和国家继承而主张对该岛的主权。最后，仲裁员裁定克利伯顿岛为法国领土。1955 年 8 月 6 日，法国通过立法规定了"法属南极洲和南极领地"以及克利伯顿岛的地位。①

2012 年法国参议院发布的"海洋化"工作小组报告指出，自从 1998 年法国对该地区主张专属经济区以来，法国和墨西哥之间并未产生什么问题，直到 2005 年 4 月 26 日，一艘法国军舰捕获了一艘墨西哥非法渔船并销毁了船上的捕鱼装备。为此，墨西哥援引《公约》强调指出，克利伯顿岛并不适合人类居住，因此法国对该岛专属经济区的主张没有根据，并威胁将使用国际司法手段解决两国之间的争端。② 对此，法国倾向于通过以协商方式签订协定解决争端，因为"采取一个可能会引起'多米诺'效应的机制是危险的，尤其在印度洋地区"。③

2007 年 3 月 29 日，法国与墨西哥之间签订了一份长达十年的渔业协定，规定由法属波利尼西亚地区高级总督负责向悬挂墨西哥国旗的船只办法捕鱼许可证，允许其在克利伯顿岛专属经济区甚至在 12 海里领海内进行捕鱼活动。不过，两国的争议并没有因为渔业协定的签订而停止，在墨西哥国内，要求把克利伯顿岛归还给墨西哥的呼声仍不绝于耳，法国海外领土秘书处也指出"该协定的时

---

① 参见 Loi n° 55-1052 du 6 Août 1955 Portant Statut des Terres Australes et Antarctiques Françaises et de L'île de Clipperton。

② 参见 Emre Sari，Clipperton，Petit Bout de France Délaisse Dans l'Océan Pacifique，20 Mars 2017，http：//www. lemonde. fr/international/article/2017/03/30/clipperton-petit-bout-de-france-delaisse-dans-l-ocean-pacifique＿5103163＿3210. html。

③ 参见 Lorgeoux Jeanny，André Tillard，Beaumont René，Boutant Michel，Gerriau Joël，Paul Philippe，Rapport D'information Fait au Nom de la Commission des Affaires Étrangères，de la Défense et des Forces Armées au nom du Groupe de Travail sur la Maritimisation，no，674，Sénat，17 Juillet 2012，p. 103。

间过长，也没有对墨西哥船只的捕鱼配额和渔网规格进行规定和限制，这对于渔业的可持续管理和生物多样性的保护都是不利的，无论从短期还是从长期来看，也都会影响到法国的经济利益。"①2010年11月30日，法国向联合国海洋法部门提交测量克利伯顿岛专属经济区外部界限的地理坐标清单。

有学者指出，其实最重要的问题在于《公约》框架下克利伯顿岛法律地位的认定。② 克利伯顿到底是"礁"还是"岛"，其国际法上的地位截然不同，可主张海洋权益也大不相同。如果墨西哥对法国提交的克利伯顿岛大陆架划定信息提出反对，就等于损害了2007年法墨之间签订的200海里以内捕鱼协定的权利基础。如果提交该初步信息，法国也可以对该大陆架上的自然资源进行勘探和开发。不过，如果不提交该初步信息，法国也可以向国际海底管理局提出勘探开发的申请，获得国际海底管理局核准签订勘探开发合同并开展活动。截至目前，法国仍没有向大陆架界限委员会再次提交对克利伯顿岛的划界初步信息或划界申请。

（四）法国仍未提交的大陆架划界申请中的挑战

到目前为止，法国并未提交对法属南印度洋诸岛（Îles Éparses）和马约特（Mayotte）的大陆架扩展申请。法属印度洋诸岛属于"法属南极洲和南极领地"的一部分，包括特罗姆林岛、光荣岛、新胡安岛、欧罗巴岛和印度礁。原为法国海外行政区域的马约特则于2011年成为法国的第五个全权海外省。2003年，国防部海军海洋水文测量局（SHOM）指出，在法属南印度洋诸岛中，只有欧罗巴岛具有约1万平方千米的外大陆架扩展空间，且该结论是建立在富有争议的大陆坡脚定点和较为乐观的水深数据之上的。同时，欧罗巴

---

① 参见 Gérard Grignon, l'extension du Plateau Continental Au-delà des 200 Miles Marins: un Atout pour la France, Avis du Conseil Économique, Social et Environnemental, Les Éditions des Journaux Officiels, Octobre 2013, p. 127。

② 参见 Gérard Grignon, l'extension du Plateau Continental Au-delà des 200 Miles Marins: un Atout pour la France, Avis du Conseil Économique, Social et Environnemental, Les Éditions des Journaux Officiels, Octobre 2013, p. 127。

岛海域所测沉淀岩厚度也不支持该地区大陆架扩展的可能性。另外，法国和马达加斯加对于法属印度洋诸岛还存有主权争议。

三、法国在与邻国海域划界中的挑战

正如国际法院在 1951 年"英-挪渔业案"判决中指出的那样："海域划界问题一直都有其国际方面考虑，它并不能倚赖沿海国的单独意志，正如它在国内法中表达的一样。的确，划界行为是单边行为，因为只有沿海国才有资格着手推进。然而，对于第三方国家来说，其划界的有效性则属于国际法范畴。"[1]

(一)法国海洋划界实践对划界原则或方法的挑战

在确定主要海域划界原则的博弈中，法国是"公平原则"的支持者，[2] 但在实践中采取了更为折中的立场。在联合国第三次海洋法会议中，"公平原则"集团和"等距离中间线原则"集团斗争激烈，《公约》第 74 条和第 83 条的规定便是双方妥协的产物。"公平原则"集团认为，由于海岸情况复杂，在某些情况下适用等距离原则可能导致不公平，因此不应只采用唯一的方法，而是应该针对每种情况，让划界方自行选择，以寻求公平的解决。

法国学者多贝尔(Dobelle)指出，"等距离"是一种可以达到"公平"的客观方法，是寻求"公平"的出发点。[3] 国际实践表明，大部分协定都是采用等距离线或调整后的等距离线方法进行划定，法国也不例外。在严格按照等距离中间线方法划界实践中，例如，1972年法加渔业协定第 8 条规定，采用中间线原则确定加属纽芬兰岛与法属圣皮埃尔和密克隆群岛的领水界线；1985 年 8 月 6 日和 11 月

---

① 参见 ICJ, Judgement 12 December 1951, p. 132。

② 参见 Didier Ortolland, La Délimitation des Espaces Maritimes, Atlas Géopolitique des Espaces Maritimes：Frontières, Énergie, Pêche et Environnement, 2nd ed. Éditions Technip, 2015, p. 15。

③ 参见 Jean-François Dobelle, Les Frontières Maritimes de la France, Conférence à l'Académie des Sciences Morales et Politiques, Institut de France, 2016。

5 日法国与图瓦卢群岛以换文形式签订协议，规定在达成一项符合法律规定的正式海洋划界协定的缔结之前，对法属瓦利斯和富图纳群岛与图瓦卢群岛之间的海洋划界作出了一项临时性安排。协议指出："在能最终确定海洋边界的海图完善之前，两国对以等距离线作为参考划界线予以承认。"①

法国在划界实践中采用等距离方法，并不等于支持"等距离"单独成为一项划界原则。由于划界的主客观情况差异颇大，法国的许多立场并不是绝对的。例如，考虑到国家海岸长度差别，在1974 年法国与西班牙签订的加斯科涅湾领海划界协定中，由于法国在加斯科涅湾的海岸线成凹型，比西班牙海岸线长，因此协定采用了等距离线和协定线的混合划界方法。然而，两国在地中海海域的划界问题上却没有达成一致，法国在该议题上否定适用等距离中间线方法。②

在1977 年英法大陆架仲裁案中，法国对"等距离中间线"原则提出了挑战。法国认为，由于其在加入1958 年《大陆架公约》时，对该公约第6 条提出了保留，因此等距离中间线原则不适用于本争端。法国提出应适用北海大陆架案中所援引的国际惯例，也就是在陆地领土自然延伸原则基础上适用公平原则划定大陆架界线。然而，在最终的判决中，海峡群岛部分采用了等距离线划界方法、大西洋海域采用了经过调整的等距离方法。"公平原则"在本案中承

---

① 参见 Échange de Notes Constituant un Accord Entre la République Française et Tuvalu Relatif à Une Délimitation Maritime Provisoire Entre les Deux Pays, 6 Août 1985 et 5 Novembre 1985, Dans Recueil des Traités, Nations Unies, Vol. 1506, I-25964, 1988, p. 37-38；Publié par le Décret no 86-1056 du 22 Septembre 1986, JORF no 224 du 26 Septembre 1986。

② 西班牙认为，等距离原则同样适用于地中海海域，而法国认为西班牙克鲁斯角(Cap de Creus)的特殊轮廓抬高了两国海域的中间线，法国的利益受到减损，因此反对适用等距离中间线原则。参见 Didier Ortolland, La Délimitation des Espaces Maritimes, Atlas Géopolitique des Espaces Maritimes：Frontières, Énergie, Pêche et Environnement, 2nd ed. Éditions Technip, 2015, p. 14。

担了辅助性角色，仲裁庭附带性地提及了该原则。① 仲裁庭指出，在大多数情况下，地理特征影响对大陆架边界的划定。公约第6条并没有把等距离原则和特殊情况规定为两种不同的规则。在所规定的两种情形中都是一项单一的规则，即结合起来的等距离/特殊情况规则，这个准则与国际惯例的准则有着相同的目的，那就是依据公平原则来划定界线。② 正如在1982年缅因湾案中格劳斯法官（Gros）就指出的那样，公平原则并不是划界方法，而是要求双方综合对过去、现在、未来影响划界的情况进行考察。

在1992年法国-加拿大单一海洋划界案中，法国主张等距离原则却并未得到适用。在本案中，两国一致认为划界应遵循公平性的原则或准则，考虑"有关情况"，以达到公平结果。该根本准则的前提在于强调"公平"、反对任何方法具有必要性。然而，两国却并没有在解决争议的原则或准则上达成一致，法国认为1958年《大陆架公约》第6条等距离/特殊情况原则适用该案情况，而加拿大则强调应适用该地区"特殊情况"规则，包括"不侵占原则"（the principle of non-encroachment）以及考虑"海岸线长度避免不成比例的公平准则"。③ 最后，仲裁庭拒绝了法国的观点。法庭认为，在涉及单一划界或普遍性适用时，《大陆架公约》第6条"甚至……在缔约方之间……也没有强制约束价值"，同时，在缅因湾案中法庭就指出因为"这样的解释会使得大陆架上覆水体仅是该陆架的一个附属品"。④ 另外，在划界方法中，"比例"的概念存在着很大的不确定性和可操作性，更何况目前还不存在一种受到普遍认可的比例

---

① 参见 Keith Highet, Les «Principes Équitables» en Matière de Délimitation Maritime, Revue québécoise de Droit International, 1989(5), pp. 278-279。

② ［美］戴维 A. 柯尔森：《英、法大陆架争议的仲裁》，费宗祎摘译，载《国外法学》1979年第4期，第40页。

③ 参见 C. I. J. Recueil 1984, Paras, 119, Affaire de la Délimitation des Espaces Maritimes Entre le Canada et la République Française, Recueil des Sentences Arbitrales, para. 8。

④ 参见 Affaire de la Délimitation des Espaces Maritimes entre le Canada et la République Française, Recueil des Sentences Arbitrales, para. 40。

判定规则。法国和加拿大在确定相关海岸的问题上产生了严重分歧。①

　　除了确定海域划界的适用原则和方法，各国对于适用划界方法中的不同要素解释也是包括法国在内的海域划界实践国面临的挑战之一。例如，在 2012 年，法国和瓦努阿图在海上登临检查一艘中国籍渔船中产生争议。在该事件中，登临检查的海域还没有进行官方划界，两国都认为该海域属于本国专属经济区。该问题产生的源头在新喀里多尼亚三省之一的罗亚尔特群岛的基线认定上。② 2002 年，法国颁布第 2002-827 号法令，宣布确定测量新喀里多尼亚领水宽度基线的海湾闭口线。③ 瓦努阿图虽未对该法令提出明确反对，但实践证明，其并不认可法国的做法。实际上，基线是划定领海、毗连区、专属经济区和大陆架的起算线，也是应用等距离中间线方法的基础。近年来，为推动专属经济区和大陆架的划定，法国进一步落实了其本土及海外领土的海域基线划定工作，④ 然而，这些划定工作还并没有正式完成，等距离中间线方法无法推进，海域划界问题悬而未决，这都给国家在其所认定管辖海域行使管辖权产生了实质性影响。

---

　　①　参见 Affaire de la Délimitation des Espaces Maritimes Entre le Canada et la République Française, Recueil des Sentences Arbitrales, paras. 27-30。

　　②　参见 Jean-Étienne Antoinette & Joël Guerriau & Richard Tuheiava, Les Zones Économiques Exclusives Ultramarines: le Moment de Vérité, in Rapport n° 430 (2013-2014) Fait au Nom de la Délégation Sénatoriale à L'outre-mer, p. 65。

　　③　参见 Décret n° 2002-827 du 3 Mai 2002 Définissant les Lignes de Base Droites et les Lignes de Fermeture des Baies Servant à la Définition des Lignes de Base à Partir Desquelles est Mesurée la Largeur des Eaux Territoriales Françaises Adjacentes à la Nouvelle-Calédonie。

　　④　2012 年法国颁布第 2012-1068 号法令，确定法属波利尼西亚地区的法国领海宽度基线；2013 年第 2013-1177 号法令确定马约特省的法国领海宽度基线；2015 年，法国相继颁布第 2015-550 号法令确定克利伯顿岛的法国领海宽度基线、第 2015-958 号法令确定法国本土及科西嘉岛的法国领海宽度基线、第 2015-1528 号法令确定圣皮埃尔和密克隆群岛的领海宽度基线。

(二)法国海域划界实践对岛屿地位及效力的挑战

《公约》第 121 条第 2 款规定："除第 3 款另有规定外，岛屿的领海、毗连区、专属经济区和大陆架应按照本公约适用于其他陆地领土的规定加以确定。"有学者指出，无论是 1958 年《领海及毗连区公约》，还是 1982 年《公约》，都没有直接处理岛屿制度问题，而是在领海和大陆架制度内容中予以解决；同时，《公约》对于"岛屿"的定义措辞含糊不清，是各国妥协的产物。[①] 因此，岛屿不仅成为了群岛国或拥有远洋岛屿的大陆国维护和扩大海洋权益的重要筹码，也是"近年来世界海洋政治领土和海域中的一个非常麻烦的特征"。[②] 岛屿也是法国解决海域划界、维护海洋权益的"阿基琉斯之踵"，受益于广阔的海外领土，法国可主张的海域权益范围大大提高，[③] 但法属海外领土大部分都由岛屿组成，法国的海域划界问题变得更加复杂化。

在 1977 年法-英大陆架仲裁案中，英属锡利岛和法属韦桑岛在地理上存在不对称的情况，锡利岛距离英国本土海岸的距离比韦桑

---

① 张海文：《关于岛屿拥有海域的权利问题研究》，载《海洋开发与管理》1992 年第 2 期，第 44 页。

② 参见 Clive Schofield, The Trouble with Islands: The Definition and Role of Islands and Rocks in Maritime Boundary Delimitation, in Seoung-Yong Hang and Jon M. Van Dyke, eds., Maritime Boundary Disputes, Settlement Process, and the Law of the Sea, Martinus Nijhoff Publishers, 2009, p. 19; 转引自卜凌嘉：《从新近国际司法判决看岛屿在海洋划界中的作用》，载《太平洋学报》2016 年第 2 期，第 5 页。

③ 法国专属经济区总面积为 10164km², 地域分布为：本土 349km²、法属安地列斯-圭亚那 264km²、印度洋地区 1058km²、法属波利尼西亚地区 4804km²、新喀里多尼亚 1364km²、瓦利斯和富图纳群岛 266km²、法属南极洲岛屿 1615km²、圣皮埃尔和密克隆群岛 10km²、克利伯顿岛 434km²。可以看出，法国本土可主张的专属经济区面积极小。参见 INED（Population & Sociétés, n° 503, Septembre 2013）et Ministère des Outre-mer; Lignes de Côte et ZEE: IGA, CGEDD, IGAM, Rapport D'Évaluation de la Politique Maritime, Phase de Diagnostic, 2013, p. 91。

岛距离法国本土海岸远两倍。但法国认为，两岛对于英法海岸线总体走向的影响都构成"特殊情况"。① 仲裁庭认为，如果对锡利岛和韦桑岛的效力进行"完全考虑"或"完全不考虑"的极端处理，都会造成不公平的结果。最终，仲裁庭给予了锡利岛"半效力"，第一步在完全不考虑锡利岛的基础上划出两国海岸的等距离线，第二步在完全考虑的基础上划出等距离线，划定这两条等距离线的中间线作为最终的边界线。②

在 1992 年法-加海洋划界仲裁案中，法国主张在海域西面和南面根据在法、加海岸的五处基点开始划定一条等距离中间线，而加拿大则主张以圣皮埃尔和密克隆岛的低潮线为基点划定 12 海里的拱形海域。③ 最终，在西部海域，仲裁庭在该群岛 12 海里领海基础上，额外增加了 12 海里作为西面海域的专属经济区。④ 在南部边界，仲裁庭认为地理状况完全不同，法属岛屿拥有朝南海域边界，这条海岸线没有受到任何加拿大侧面相邻或相向海岸的阻碍，法国完全有权拥有向正南面投射的一片海域，因此，仲裁庭在南面划定给圣皮埃尔和密克隆群岛一条长 200 海里、宽 10 海里的"走廊形"专属经济区。

最终划定给法国的海域面积比法国的原始主张多出五分之一。有学者认为，该判决结果有"超越诉求"（ultra petita）之嫌。⑤ 法加双方并不满意该裁决的解决方案，于法国而言，判决损害了其海洋

---

① 参见 Zoller Elisabeth, L'Affaire de la Délimitation du Plateau Continental entre la République Française et le Royaume-Uni de GrandeBretagne et d'Irlande du Nord-Décision du 30 Juin 1977, 23(1), Annuaire Français de Droit International, 1977, p. 398。

② 参见 Anglo v. French, Tribunal Arbitral, Décision 1977, p. 223。

③ 参见 Affaire de la Délimitation des Espaces Maritimes entre le Canada et la République Française, Décision du 10 Juin 1992, p. 274。

④ 参见 Affaire de la Délimitation des Espaces Maritimes entre le Canada et la République Française, Décision du 10 juin 1992, para. 69, p. 290。

⑤ 参见 Zoller Elisabeth, La Sentence Franco-canadienne Concernant St Pierre et Miquelon, Annuaire Français de Droit International, 1992, p. 491。

权益。该地区的渔业活动和海底资源是两国争议的核心，岛屿可主张效力的认定对两国的经济利益有着直接影响。然而，在海域南侧划出的法国专属经济区就像是垂直刺入圣皮埃尔滩(banc de Saint-Pierre)的"一根粗针"，这一小部分区域使法国根本无法对该地区的海洋资源开展自主管理。如此，在圣皮埃尔和密克隆群岛的捕鱼活动将依赖于、受限于加拿大的捕捞配额制度。实际上，在1972年两国签订的渔业协定就隐藏了1992年划界争议的一个导火索，该协定第8条规定了在加拿大纽芬兰岛和法属圣皮埃尔和密克隆群岛之间"加拿大领水和属于法国管辖渔业区"的界线。而根据1989年法加渔业协定第2条第1款，这条界线的极点就是仲裁法庭需要确定的两国海域界线的起始点。在判决书的不同意见部分，仲裁庭法官哥特列伯(Allan E. Gotlieb)指出，裁决赋予法国的经济区与该海域相应的开发之间并不匹配，法庭适用的划界方法并不符合公平原则，造成了不公平的划界结果。①

在1980年法国与委内瑞拉签订的划界协定中，由于考虑到委属阿韦斯岛大小远不及法属安地列斯群岛，因此最终划定的委内瑞拉专属经济区比起按照等距离方法测算的面积减少了11%。有学者认为，该划界虽然表面上使用的经纬线，但其中却隐藏着等距离的影子，等距离或作为确定经纬线位置的方法，或作为达成平衡的基础。②

1984年，为了避免法国与意大利领水划界后包围住摩纳哥水域，法国割让了48平方千米的领海水域与摩纳哥。1986年11月28日，法国与意大利签订的关于博尼法乔海峡的海洋边界协定也在一定程度上借鉴了前者的经验。在该协定中，意大利同意在海峡最窄处不用等距离线原则，并考虑海峡中花岗岩岛屿与拉维齐群岛

---

① 参见 Opinion Dissidente de M. Allan E. Gotlieb, Affaire de la Délimitation des Espaces Maritimes Entre le Canada et la République Française, Décision du 10 Juin 1992, paras. 51, p. 336。

② 高建军：《国际海洋划界论——有关等距离/特殊情况规则的研究》，北京大学出版社2005年版，第80页。

的岛屿效力，以使法国能够在该领水水域留有一条实际有效的航行走廊。与此相应，法国也同意给予科西嘉岛单独凸出部分的托罗礁（Toro）半效力。①

1987 年法国与多米尼加签署的划界协定同样考虑到了岛屿的影响。由于法属瓜德鲁普北部拉代西拉德岛和玛丽-加兰特岛以及马提尼克南部海岸的拉卡拉维尔岛向海呈凸出状，因此该海域划界未采用等距离方法，以避免造成对多米尼加不公平的结果。② 最终，两国参照法国与摩纳哥划界实践中的"走廊型"划界方法，使多米尼加海域可扩展至 200 海里。③

2015 年 3 月 21 日，法国与意大利签署划界协定，以推动科西嘉岛北、东、西三侧的海域划界。该协定考虑了介于科西嘉岛和撒丁岛之间的托斯卡纳群岛（Toscan）的岛屿效力。然而，许多意大利渔民认为"部分撒丁岛北面海域和托斯卡纳群岛西面海域被误划成'法国海域'"，由此引发了舆论论战。④ 目前，只有法国批准了该协定。

（三）法国海域划界实践对岛屿主权争议的挑战

法国海域划界实践面临的争议主要集中在其海外领土的专属经济区主张和大陆架外部界线的划定中。有学者指出，尽管岛屿尤其是主权归属存在争议的岛屿对海洋划界具有特殊的影响，然而，国

---

① 参见 Tullio Treves & Laura Pineschi, The Law of the Sea：The European Union and Its Member States, 1st ed. Martinus Nijhoff Publishers, 1997, p. 184。

② 参见 Ewan W. Anderson, International Boundaries：A Geopolitical Atlas, 1st ed. Routledge, 2003, p. 239。

③ 参见 L. Alan Willis, State Practice in the Delimitation of Maritme Boundaries, in Donat Pharand & Umberto Leanza, The Continental Shelf and the Exclusive Economic Zone：Delimitation and Legal Regime, 1st ed. Martinus Nijhoff Publishers 1993, p. 69。

④ 参见 Le «mystère» des Frontières Maritimes Franco-italiennes Fait Polémique en Italie, http：//www. corsenetinfos. corsica/Le-mystere-des-frontieres-maritimes-franco-italiennes-fait-polemique-en-Italie _ a20129. html # 3R6h3cMqzu1 kLH2B. 99。

际法对于争议岛屿在海洋划界中的法律效力问题目前是缺乏相应机制的。[①] 因此，岛屿主权争议也加大了法国海域界问题的解决难度。目前，法国的岛屿主权争议主要集中在以下四个区域：

第一，法国与毛里求斯对特罗姆林岛(Tromelin)的主权争议。特罗姆林岛位于法属留尼旺省北部、毛里求斯东部，面积仅 1 平方千米，但可主张的专属经济区面积达 28 万平方千米。该岛渔业资源丰富，并具有海底矿物资源开发潜力。早在 70 年代，法国就宣布在该岛建立经济区。2007 年 2 月 21 日，法国颁布第 2007-224 号立法，第 14 条规定特罗姆林岛是法属南极洲和南极领地(TAAF)的一部分，也是宪法第 72 条第 3 款规定下的法国主权领土的一部分。2010 年，两国签订共同开发协定，但目前还未获得法国国民议会批准。2011 年 5 月 17 日，法国向联合国提交了对特罗姆林岛和留尼汪岛专属经济区外部界线的地理坐标点，并声明对该岛具有主权和主张专属经济区的权利。而毛里求斯也同样重申"对特罗姆林岛及其海域享有全部和完整的主权"。[②]

第二，法国对克利伯顿岛(Clipperton)专属经济区和大陆架的主张受到了墨西哥的争议。在 1931 年克利伯顿岛仲裁案中，法庭明确裁定该岛属于法国领土。1959 年，墨西哥政府正式承认法国对克利伯顿岛的主权。[③] 1978 年法国颁布第 78-147 号法令宣布在克利伯顿岛建立经济区，可主张经济区面积达 43.4 万平方千米，但直到 2005 年，法国才在该岛海域开展经济活动。2007 年，法国

① 罗国强、叶泉：《争议岛屿在海洋划界中的法律效力——兼析钓鱼岛作为争议岛屿的法律效力》，载《当代法学》2011 年第 1 期，第 113 页。

② 参见 Paul Giacobbi & Didier Quentin, Rapport D'Information Deposé par la Comimision des Affaires Étrangères, en Conclusion des Travaux D'une Mission D'Information Constituée le 4 Mars 2015, in «la Diplomatie et la Défense des Frontières Maritimes de la France-Nos Frontières Maritimes: pour un Projet Politique à la Hauteur des Enjeux», 2015, p. 115。

③ 参见 Jean-Étienne Antoinette & Joël Guerriau & Richard Tuheiava, Les Zones Économiques Exclusives Ultramarines：le Moment de Vérité, in Rapport n° 430 (2013-2014) Fait au Nom de la Délégation Sénatoriale À L'outre-mer 2014, p. 74。

与墨西哥签订渔业协定，给予墨西哥在该岛屿周围更大的捕鱼活动空间。然而，法国外交部针对该协定使用"协商谈判"之措辞受到了广泛批判，许多法国学者认为此举"损害了法国对该岛拥有主权的公信力"。① 2008 年，法国颁布第 2008-724 号宪法性法律，将宪法第 72 条第 3 款补充加上了"克利伯顿岛"的字眼，明确该岛属于法国主权领土。② 然而，克利伯顿岛仍然是法墨之间的敏感问题，两国仍着眼于该岛带来的渔业和海底资源利益，尤其是锰结核资源。2012 年和 2015 年，法国向联合国海洋法部门分别提交对克利伯顿岛的专属经济区地理测量文件以及领海基线测量文件，墨西哥提交抗议性照会，并指出"保留墨西哥在该地区的一切国际法权利"。③ 但两份照会均未提及岛屿主权归属问题和具体的海域争议事项。

第三，法属南印度洋诸岛(Îles Éparses)的主权归属争议是殖民时期遗留问题在新时期的表现形式。1960 年 4 月 1 日，就在马达加斯加即将从法兰西共同体分离的前夕，法国颁布法令规定"特罗姆林岛、光荣岛、新胡安岛、欧罗巴岛和印度礁属于法国海外省和海外领土部管辖"，并将行政管理权交由法属留尼旺省。随后，成

① 参见 Jean-Étienne Antoinette & Joël Guerriau & Richard Tuheiava, Les Zones Économiques Exclusives Ultramarines: le Moment de Vérité, in Rapport n° 430 (2013-2014) Fait au Nom de la Délégation Sénatoriale à L'outre-mer, 2014, p. 74。

② 参见 Loi Constitutionnelle n° 2008-724 du 23 Juillet 2008 de Modernisation des Institutions de la Ve République。

③ 参见 Communication from the Government of Mexico dated 15 May 2012, http://www.un.org/depts/los/LEGISLATIONANDTREATIES/PDFFILES/DEPOSIT/communicationsredeposit/mzn80_2010_mex_e.pdf; Mexico: Note Verbale from the Permanent Mission of Mexico to the United Nations dated 14 September 2016 addressed to the Division for Ocean Affairs and the Law of the Sea, Office of Legal Affairs, concerning Decree No. 2015-550 of 18 May 2015 defining the baselines from which the breadth of the French territorial sea adjacent to the coasts of Clipperton Island, http://www.un.org/depts/los/LEGISLATIONANDTREATIES/PDFFILES/communications/mex_note_20161122_re_fra.pdf。

为独立主权国家的马达加斯加，援引"依法占有原则"（Uti possidetis juris），对法属南印度洋其中四岛提出主权主张。1979年12月12日，联合国通过决议认可了马政府主张的该原则，并促请法国政府与马政府就岛屿归还事项进行协商，就争议达成一项公正解决。① 但法国指出马政府对于该群岛的主张是非法无效的。有法国学者认为："划界政策原则……是根据现有国家过去的管辖边界来确定边界，新的国家据此（界线）而独立。"②1978年、1985年，法国与马达加斯加分别对新胡安岛划定专属经济区，两国主张海域产生重叠。21世纪以来，该群岛海域海底矿物资源可开采的可能性日渐明晰，两国对于南印度洋诸岛的主权争议变得更加焦灼。例如，2008年，在岛礁争议尚未解决的情况下，法国颁发了两项对新胡安岛经济区内石油资源进行勘探的许可法令；2010年，法国颁布在南印度洋诸岛专属经济区内捕鱼活动规则的法令。③

第四，法国对马修岛和亨特岛（Île Matthew et île Hunter）的主权争议不仅产生在国与国之间，同时法国还需面对其主权内部迥异的声音。历史上的法国和英国对于两个无人岛屿的归属问题长期没有定论。1980年，脱离英法共管后独立的瓦努阿图声称对两岛具有主权，但该主张并未被法国认可。由于该岛无人居住，法国通过派特遣队驻扎该岛、修设天气站等方式重申对该岛的主权。然而，卡纳克社会主义民族解放阵线（FLNKS）签署并支持2009年《阿纳

① 参见 UN. Résolutions Adoptées sur les Rapports de la Commission Politique Spéciale, 34/91. Question des Îles Glorieuses, Juan de Nova, Europa et Bassas de India. 99ᵉ Séance Plénière, 12 déc. 1979, http://www.un.org/french/documents/view_doc.asp? symbol=A/RES/34/91&Lang=F。

② 参见 Patrick Dallier & Mathias Forteau & Alain Pellet, Droit International Public, 8ᵗʰ ed. Éditions L. G. D. J. 2009, p.520。

③ 参见 Arrêté n° 2010-20 du 22 Mars 2010, "Modifiant L'arrêté n° 2008-154 du 17 Décembre 2008, Prescrivant les Règles Encadrant L'exercice de la Pêche aux Thons et Autres Poissons Pélagiques Autorisée Dans les Zones Économiques Exclusives des Îles Éparses (Glorieuses, Juan de Nova, Bassas da India, Europa, Tromelin)", in Journal Officiel des TAAF, 31 Mars 2010, n° 45, pp.15-16。

托姆宣言》的举动，与法国主权立场产生了截然对立。① 2010 年，瓦努阿图向联合国秘书处提交法律文件，其中第 2 条指出"瓦努阿图拥有包括马修岛和亨特岛在内的岛屿主权"，并于同年 7 月向联合国秘书处提交确定瓦努阿图正常基线和群岛基线的地理坐标清单。法国对该行为提出反对，并强调"该岛自始至终都是新喀里多尼亚的完整一部分，是法国领土"。② 法国指出：首先，瓦努阿图未对 1983 年 1 月 19 日法国和斐济群岛签署并提交联合国秘书处的有关划定其专属经济区的协定提出反对——该协定也确定了马修岛和亨特岛的海域界线；其次，2002 年 5 月 3 日，法国颁布确定新喀里多尼亚领水宽度基线的海湾闭口线的法令，并提交联合国秘书处，该法令第 2 条尤其指出了马修岛和亨特岛的基线划定，瓦努阿图也未对此提出反对。因此，瓦努阿图对该岛的主权主张毫无法律效力。

（四）法国海域划界实践的影响动因分析

1. 政治动因

在法国实践中，有不少因为缺乏政治意愿而迟迟无法解决的海域划界问题。无法达成政治合意受到许多因素的影响，包括领土主权争议、缺乏专业技术手段、国家政治动荡、有关国家海外领土国际法地位变化等。

例如，考虑到对方技术能力缺乏，无法为海域划界提供有效的

---

① 在 2009 年 7 月法国-大洋洲峰会上，巴布亚新几内亚、所罗门群岛、瓦努阿图、斐济和新喀里多尼亚地区的独立派卡纳克社会主义民族解放阵线（FLNKS）公然签署《阿纳托姆宣言》（Déclaration de Kéamu），宣言声称马修和亨特群岛传统上属于瓦努阿图。法国对该举动表示强烈不满，并宣称该宣言是非法无效的。法国指出，1998 年的《努美阿协定》中已明确重申马修和亨特群岛属于"新喀里多尼亚及其属地"。参见 Denise Fisher, France in the South Pacific：Power and Politics, 1ˢᵗ. ed. ANUE Press, 2013, p. 146。

② 参见 UN, DOALOS/OLA, BLF/vg, no. 693。http：//www.un.org/depts/los/LEGISLATIONANDTREATIES/PDFFILES/DEPOSIT/communicationsre-deposit/mzn78_2010_fra_fr.pdf。

技术保障,在与汤加、图瓦卢等一些太平洋小国的海域划界中,法国都采取了严格等距离方法(strict equidistance),而没有针对"特殊情况"作出更为详细的规定。如此一来,无论是否在实质上达到"公平的划界结果",这种做法都可以推进原本缓慢的划界谈判进程,落实法国管辖海域,对法国海洋权益的维护远利大于弊。

又如,20世纪70年代以来,法国就开始与苏里南共和国进行划界谈判,由于后者否定了基于等距离中间线原则的划界共识以及80年代的苏里南国家内部发生动乱,两国间的划界谈判陷入僵局。2000年年初,苏里南先与另一个海域划界邻国圭亚那开展谈判,并达成划界协定。有学者认为,苏里南首先选择与圭亚那协商谈判,是为了与后者达成共同划界立场,[①] 以在与法国的划界谈判中占据主动地位。

1984年法国与摩纳哥的海域划界结果则更被广泛认为是政治妥协的产物:鉴于法国和摩纳哥公国之间的优先外交关系,在与摩纳哥划定了领海边界之后,1984年2月,两国通过秘密换文明确了摩纳哥领海以外海域的利用情况,并制定了摩纳哥领海以外的"走廊型"海域边界线,该边界线一直到科西嘉岛与法国本土的等距离中间线为止。同时,协定第2条规定,在该区域内,摩纳哥公国可行使主权权利。[②]

2. 经济动因

如果对专属经济区域进行有效的政策管理,那么区域内自然资源储量足可使得法国在经济市场中处于核心位置。如果跳出划界问题的技术内容和法律框架,法国划界主要考虑就是渔业和海底资源等经济利益争夺。这些要素既可以激化划界矛盾,也可以缓和划界

---

① 参见 Jean-François Dobelle, Les Frontières Maritimes de la France, Conférence à l'Académie des Sciences Morales et Politiques, Institut de France, 2016。

② 参见 Ordonnance n. 8. 403 du 30/09/1985 Rendant Exécutoire à Monaco la Convention de Délimitation Maritime Entre le Gouvernement de S. A. S. le Prince de Monaco et le Gouvernement de la République Française Signée à Paris le 16 Février 1984。

争议，是划界实践中的不稳定因素。

实际上，在上节阐述的影响法国海域划界的不利政治因素中，许多因素的源头都是经济问题。法国的专属经济区总面积虽达到1100万平方千米，但在太平洋地区占62%、印度洋地区占24%。除法国的欧洲海域邻国外，法国绝大部分海域邻接国都是不发达国家，经济发展水平低下，而经济现状直接影响到了这些国家的海域划界立场和态度。因此，尽管有关划界争议并未全部解决，但法国更加注重通过更加务实的方式推动区域性共融，避免该问题成为区域性合作的绊脚石。例如，2007年，法属马约特省与科摩罗群岛创建高级别政府工作小组以推动两地区的经济共同发展；而法国和毛里求斯签署的有关特罗姆林岛的经济、科技和环境合作框架正等待议会批准。

值得注意的是，法国的许多海外岛屿都是无人居住的岛屿，其专属经济区和大陆架的经济权益是推动法国海域划界的动机之一，也是划界中产生争议的缘由之一。1978年，法国便颁布一系列法令宣布建立克利伯顿岛、特罗姆林群岛、法属南印度洋诸岛（光荣岛、新胡安岛、欧罗巴岛和印度礁）、"法属南极洲和南极领地"的专属经济区。1982年《公约》第121条第3条规定："不能维持人类居住或其本身的经济生活的岩礁，不应有专属经济区或大陆架。"可见，该条规定本身具有很强的不确定性和模糊性。同时，《公约》各语言版本中对于该条款的措辞具有一定灵活性，进一步提高了国家实践中的解释和适用空间。有学者指出，《公约》英文版本中采用"sustain"（维持）一词，将"经济活动的存在"作为一项条件；法语版本中则采用"se prêter"（适合于）的中性措辞。也就是说，可既定认为岩礁上的经济生活不会对岩礁产生悲剧性的后果，"岩礁经济生活"的重要性削弱，也就在一定程度上避免面对了国家间海域划定的新问题。[①] 同时，国家实践也表明主要实践国无人岛屿拥

---

① 参见 Syméon Karagiannis, Les Rochers qui ne se Prêtent pas à l'Habitation Humaine ou à une Vie Économique Propre et le Droit de la Mer, Revue Revue Belge de Droit International, 1996, p. 578。

有相似的社会属性和经济属性，国际社会也大多对这些国家实践持容忍态度。① 总体来看，在确立国内法的基础上，法国运用这些灵活特征和有利条件强化在有关岛屿主张权利的基础，并通过划界活动巩固其专属经济区和大陆架的经济利益。

第二节　法国海洋渔业养护实践方面

《公约》第61条规定，无论是分区域、区域还是全球性的沿海国和各主管国际组织，在适当情况下应为生物资源的养护进行合作。同时，应确保捕捞养护和管理的权利交给区域或分区域性的渔业管理组织。法国积极推进海洋渔业活动的区域性协调合作。然而，由于法国领土由法国本土和海外领土组成，因此，法国在欧盟共同渔业政策框架下的渔业活动也产生许多兼容性问题。法国也面临日益严重的非法捕捞问题，而法国特殊的地缘地理情况使得法国在打击非法捕鱼活动中面临着更复杂的挑战。

一、法国在区域渔业机制中的挑战：以欧盟共同渔业政策为例

欧盟共同渔业政策是法国区域渔业实践的最重要一环。在法国渔业活动越来越融入欧盟共同渔业政策后，法国政府也并未忘记对其海外领土渔业制度进行调整，但这种调整根据领土级别和地位而有所不同。同时，法国也面对其海外领土渔业活动与欧盟共同渔业政策兼容和协调的问题。

（一）法国海外领土对融入欧盟共同渔业政策的挑战

由于法国海外省是欧盟"边远地区"的一部分，法国本土及其海外省经济区内的渔业活动，需遵循欧洲共同体的有关保护和资源

---

① 参见黄瑶、黄靖文：《无人居住岛屿主张专属经济区和大陆架的新近国家实践——兼论对我国主张南沙岛礁海域权利的启示》，载《武大国际法评论》2014年第2期，第59~60页。

管理条例。由于法国海洋渔业实践受到欧盟共同渔业政策的重要规制，因此，法国积极推动其海外省融入欧盟共同渔业政策框架。

1978 年 9 月 19 日，法国第 78-963 号法令规定部分外国渔船可获得法国海外领地和马约特海外行政区域在海洋经济区的捕鱼权。在该法令实行之后，感兴趣的国家可以基于协定，允许船只在法国海外领土的经济区内进行捕鱼作业。之后，法国通过签订双边协定，授予许多国家在其专属经济区内进行捕鱼的权利，捕鱼许可一年期满可续签。例如，法国授予苏联在凯尔盖朗群岛专属经济区、日本和韩国在法属波利尼西亚和新喀里多尼亚专属经济区的捕鱼权。外国船只在法国经济区捕鱼需严格遵守协定的规定，法国也指派观察员到这些外国捕鱼船上对其捕鱼活动进行监管。1990 年 1 月 25 日，法国颁布第 90-95 号法令，对不受欧共体规则管辖的渔区捕鱼制度作出了规定。

2016 年，法国颁布第 2016-816 号"蓝色经济"立法，对法国海外省的渔业制度作出了一些特殊规定，包括规定法国海外省应遵守法国缔结的有关国际协定以及欧盟有关共同渔业政策，并鼓励这些地区地方政府积极参与和加入区域性和国际性的渔业、海洋科学研究组织。①

然而，由于属于欧盟"边远地区"的法国五大海外省是欧盟内部市场的一部分，因此，其渔业活动也受制于欧盟委员会的有关政策和制度安排。欧盟共同渔业政策使得欧盟可以在其成员国专属经济区内进行渔业管理，同时也可以使成员国作为一个整体，与第三方国家进行渔业谈判并缔结协定。这些协定因此赋予双重含义：使得成员国的渔民可以进入第三方国家的专属经济区进行捕鱼，也可以使得第三方国家渔民进入成员国专属经济区进行捕鱼。但这排除了欧盟的"边远地区"的专属经济区，也就是欧盟的"海外领土"。因此，虽然欧洲共同渔业政策自 1976 年实施以来取得了不俗的成效，但这也导致了一个问题，就是成员国无法自行跳脱出该框架。除非欧盟与该国事先签订协定，赋予欧盟渔民捕鱼权利及捕鱼配

---

① 参见 Loi n° 2016-816 du 20 Juin 2016 pour L'économie Bleue (1)。

额，不然成员国的渔民不能擅自进入未和欧盟签署渔业协定的第三方国家的专属经济区。

（二）欧盟共同渔业政策下"南北区域合作"的问题挑战

欧盟与第三方国家签订的协定非常详细，如规定捕鱼船只的数量、型号、捕鱼技术性质、拖网线的材质等。2005 年，欧盟与塞舌尔共和国签订从 2005 年 1 月至 2011 年 1 月的渔业议定书。① 该协定允许欧盟 40 艘金枪鱼捕鱼船、12 搜延绳捕鱼船进入塞舌尔专属经济区内，捕捞一年约 5.5 万吨的金枪鱼。同样，欧盟需要每年支付 412.5 万欧元给塞舌尔，其中 36% 的金额将扶持塞舌尔的资源开发责任政策。在该议定书基础上，法国共授权得到 17 艘金枪鱼船以及 5 搜延绳捕鱼船。又如，地处南美洲的法属圭亚那省地方政府和法国中央政府都无权与巴西签订渔业协定。② 也就是说，有关双边渔业协定的谈判和缔结更是共同体机构的专属权利，而海外省无权自己签订协定。可以看到，法国海外属国及海外领土（PTOM）实行高度自治，并不受到欧盟共同渔业政策框架的限制，因此拥有更大的渔业活动的法律调整权利。从更广的角度来说，这些地方拥有对海洋资源勘探和开发方面更大的自主权。

欧盟似乎也对其内部的"南北合作"存在担忧。欧盟共同渔业体系存在地缘因素和政策调控上的矛盾，其设立的渔业捕捞配额限制并不符合"边远地区"的实际情况，与一些非洲国家和太平洋岛国签订了渔业合作协定反而直接便利了"边远地区"的竞争者。另外，虽然欧盟已经逐渐意识到需特别顾及海外边远地区特殊的地理和经济因素，但矛盾依然存在：2012 年 5 月，欧盟与马达加斯加签订渔业合作协定，欧盟每年支付 97.5 万欧元使欧盟船只得以进入马达加斯加渔区，此外欧盟还宣布每年为该地区支付 55 万欧元发展基金，却同时中断了对属于"边远地区"的法属留尼旺省和马

① 参见 COM（2005）421 Final du 13 Sept. 2005。

② 参见 Jacques Ziller, L'Union européenne et l'outre-mer, Pouvoirs 2005/2（n° 113）, pp. 125-136。

约特省的船只建设资助。① 实际上，绝大部分海洋专属权利都是赋予沿海国的，因此不存在"欧盟专属经济区"的说法，但受到欧盟共同渔业政策的规制，渔业仍是欧盟成员国在海洋活动中权力共享的重要领域。

近年来，法国愈发重视海洋渔业的可持续发展，并进一步研究海洋生态系统对渔业的影响。因此，法国倾向于通过多部门协商合作对法国的海洋渔业活动进行综合性管理。例如，2012 年，法国农业-食品-渔业-农村及土地治理部与生态-可持续发展部、可持续发展公署生物多样性部门进行合作，对海洋水产开发结构进行影响评估和环境评估。

(三)"英国脱欧"对法国及欧盟共同渔业政策的影响

英国渔业资源丰富，长期以来，英国海域内大部分的渔业资源捕捞配额都给了欧盟国家。在英法渔业捕捞问题上，一方面，法国西北部渔民长期进入英国海域进行捕鱼作业；另一方面，法国也是英国海产品的最大进口国。根据法国的数据统计，2011 年至 2015 年期间，法国每年在英属海域捕获约 9.8 万吨鱼，创造了约 1.71 亿欧元的营业额，涉及 2,566 个直接工作岗位和 437 艘渔船。② 在 2018 年，法国从英国进口海产品总吨数达到 7.84 万吨，继续排名第一，远超排在第二和第三位的荷兰(6.41 万吨)和爱尔兰(5.23 万吨)。③ 可以说，法国对英国的渔业资源依存度相当之高。

2017 年，英国通过全民公投确定脱离欧盟以后，渔业活动就成为英欧之间的争论焦点之一，也是脱欧谈判困难的主要症结所

---

① 参见 Rapport n° 616 du 27 Juin 2012 de M. Serge Larcher sur la Proposition de Résolution Européenne de MM. Maurice Antiste, Charles Revet et Serge Larcher Visant à Obtenir la Prise en Compte par L'Union Européenne des Réalités de la Pêche des Régions Ultrapériphériques Françaises。

② 参见 Pêche Européenne: Quel Avenir Face au Brexit?, https://www.vie-publique.fr/en-bref/274755-peche-europeenne-les-consequences-du-brexit。

③ 参见 Marine Management Organisation, «UK Sea Fisheries Statistics 2018»。

在。2020 年年初，英国宣布正式脱欧并进入约为期一年的过渡期。对此，包括法国在内的欧盟成员国，不仅对其本国渔业利益受到牵连表示强烈不满，也对因"脱欧"对欧盟共同渔业政策造成的冲击和影响表示普遍担忧。不仅仅是法国，整个欧盟在渔业资源捕捞问题上在严重倚赖英国。相较于英国在欧洲海域的捕鱼产值（每年约 1.1 亿欧元），欧盟每年在英国海域的捕鱼产值为（每年约 6.5 亿欧元）。① 可以说，"英国脱欧"破坏了整个欧洲捕鱼业的稳定，同时，英欧之间的渔业难题也带来了相应的政治外溢性影响。因此，欧洲渔业管理者考察各项潜在风险，并利用它们来改革发展已久的共同渔业政策。例如，欧盟更加灵活调动欧洲海事和渔业基金（EMFF），从而使用相关方面的应急基金。同时，欧盟通过制定未来欧洲渔业的战略计划，以便在与英国的关税壁垒过多的情况下寻求替代市场。

2020 年 12 月 24 日，欧盟与英国达成英国脱欧后有关未来贸易关系的相关协定。这里面尤其值得注意的，就是棘手的渔业问题协定。该协定保留了法国和其他欧洲渔民在英国水域的活动权利，但进入英国海域捕鱼的渔民们必须放弃原先捕捞配额的 25%。不过，到目前为止尚未确定受该配额减少影响的海域及其物种的详细信息。此外，该协议保证了欧盟渔民可以在 2026 年之前继续进入英国领海向外 6~12 海里的海域。12 月 25 日，法国国家海洋渔业与海洋养殖委员会（CNPMEM）局长让-卢克·霍尔（Jean-Luc Hall）发表评论说："该协议使我们有希望继续在英国水域进行捕鱼活动。"② 为了进一步应对英国脱欧带来的负面影响，维护法国渔民的

① 参见 Accord sur le Brexit: les Européens ont Lâché du Lest sur la Pêche, https://www.lesechos.fr/monde/europe/accord-sur-le-brexit-les-europeens-ont-lache-du-lest-sur-la-peche-1276507。

② 参见 Accord post-Brexit: Ce que L'on Sait du Contenu du Texte qui Définira les Relations Commerciales Entre l'UE et le Royaume-Uni, https://www.francetvinfo.fr/monde/europe/la-grande-bretagne-et-l-ue/accord-post-brexit-ce-que-l-on-sait-du-contenu-du-texte-qui-definira-les-relations-commerciales-entre-l-ue-et-le-royaume-uni_4232017.html。

权益和利益，2021 年 1 月初，法国宣布支持渔民和鱼贩的财政扶持措施，法国海洋部长安妮克·吉拉尔丹(Annick Girardin)也表示法国政府将在很快范围内提交支持法国渔民的完整计划。①

总体来看，作为欧盟政治经济一体化建设的重要一环，欧盟共同渔业政策经过数次在法规、资金和市场等方面的持续改革和调整，政策体系已逐步完善。然而，在应对国际性合作的挑战上，欧盟的区域渔业政策仍体现出其限制性，而英国脱欧也让实行已久的欧盟共同渔业政策遭受了相当程度的冲击和挑战。从法国政府对英国脱欧带来的渔业挑战应对上看，其立场较为坚定，甚至提出"这是英国必须妥协的部分"类似立场，不过，法国也寻求更大的谈判话语权，力求以更加务实的态度对脱欧后的共同渔业政策作出妥善调整，以确保法国渔业的供应稳定和法国渔民的经济利益。

可以说，欧盟共同渔业政策仍是法国调整渔业政策和管理渔业活动的主要政策性影响因素，但在 2020 年底英国脱欧程序完成前的关于渔业问题在内的各项英欧经济协定，都需要各利益相关国家在今后很长一段时间内慢慢消化。很显然，脱欧后的英国可以根据《公约》制度对本国近岸渔业实行更加严格和自主的管理，但其具体政策如何、具体成效如何(尤其是准入及配额制度)还不得而知。同时，渔业问题究竟会成为英法或英欧之间新的博弈战场还是成为新的友谊基地？这都需要时间去进一步检验。无论如何，可以想见的是，今后的法国定会以更加积极务实的态度，去推动革新一个"看似没有英国、但实际仍有英国"的欧盟共同渔业政策。

二、法国在海洋渔业中的 IUU 捕捞问题挑战

海洋渔业资源养护和管理中很重要的一个方面就是打击非法、未申报和无管制捕鱼问题(简称"IUU 捕捞问题")。法国政府打击非法捕鱼行为，不仅是出于保护法国主权管辖范围内的生物资源的

---

① 参见"法国在英国脱欧后向渔民提供援助"报道，中华人民共和国驻欧盟使团经济商务处，http：//eu. mofcom. gov. cn/article/jmxw/202101/20210103029655. shtml。

需要，更是出于捍卫国家主权的必要。近年来，法国不仅积极参与签署有关多边性和双边性的条约、协定健全国际渔业捕捞的国际法体系，并通过区域性渔业组织进一步参与渔业活动管理，同时，到目前为止，法国参与的三起国际海洋法法庭的诉讼案也都是由非法捕鱼问题而引起的。

（一）法国打击 IUU 捕捞行为的措施

法国海域众多，面临着极为严峻的非法捕捞问题，尤其在其海外领土海域。法国最早有关渔业活动的法律可以追溯到 1888 年 3 月 1 日禁止外国船只在法国 3 海里以内海域进行捕鱼活动的立法。1966 年，法国颁布有关在"法属南极洲和南极领"地进行渔业开发活动的立法。该立法规定在该区域内的捕鱼需要获得当地高级总督的事先许可，否则将属于非法捕鱼行为，将处以 2000 至 10000 法郎的罚款、2 至 6 个月的监禁以及扣押船只。①

1976 年《经济区法》则是进一步确定了法国在领海以外 188 海里范围内的勘探和开发生物、非生物、海床底土及其上覆水域资源的主权权利。② 当然，这也包括法国打击非法捕鱼行为的权利。不过《经济区法》中有关打击和惩治措施的威慑性并不强，因为《经济区法》对于实施了违法行为的船只的罚款金额设置很低，这对于非法捕鱼者可获取的巨大非法利益来说根本不值一提。作为非法捕鱼行为最严重的法国海域，在 1978 年立法创立"法属南极洲和南极领地"的经济区后，③ 法国紧接着颁布了一系列法令，以确保对该海

---

① 参见 Article 2 du Loi n°66-400 du 18 Juin 1966 Relative à L'exercice de la Pêche Maritime et à L'exploitation des Produits de la Mer Dans les Terres Australes et Antarctiques Françaises。

② 参见 Article 1 et Article 2 du Loi n° 76-655 du 16 Juillet 1976 Relative à la Zone Économique et à la Zone de Protection Écologique au Large des Côtes du Territoire de la République。

③ 参见 Décret n° 78-144 du 3 Février 1978 Portant Création, en Application de la Loi du 16 Juillet 1976, D'une Zone Économique au Large des Côtes des Terres Australes Françaises (Territoire des Terres Australes et Antarctiques Françaises)。

域专属经济区的进行保护和监管。例如，1980 年法国创立凯尔盖
朗群岛海域渔业部门，并采取措施确保在该海域专属经济区内渔业
活动的监管。

　　在《公约》通过后，法国更加强化了打击非法渔船和非法捕鱼
行为的制度。例如，1994 年 7 月 15 日第 94-589 号《国家在海上行
动法》，法国海上执法法律制度的确定也实际为其开展打击非法捕
鱼行为提供了保障。而在 2005 年 4 月 22 日，法国颁布《海上救援
和使用武力法》对 1994 年立法作出了修订，虽然该立法主要是针对
打击毒品贩运问题，但该法也规定，如果和船旗国或沿海国签有协
定，那么法国海军就可能在公海上或在外国领海上对外国船只进行
干预。① 在打击非法捕鱼的实际行动中，沿海国往往需要行使登临
权和紧追权。因此，这则规定对于法国打击非法捕鱼活动无疑是有
利的。

　　此外，即使对于取得捕鱼授权的船只，法国也施加了较为严格
的管制条款。例如，在 2005 年至 2006 年间，共六个船队共八艘船
只获得捕鱼许可，可捕鱼量为 6150 吨，且每艘船上都配有渔业监
管人员。在整个 2 月份，则禁止在凯尔盖朗群岛专属经济区内捕
鱼。船只也安装了卫星追踪系统，以防止捕捞到不可捕捞的鱼种，
而在每个分区内，至多允许一艘船只连续一周展开捕鱼活动。又
如，在克洛泽群岛，至多允许两艘船只同时进入该群岛专属经济
区，至多连续七天不间断地进行捕捞活动。同时，在法属专属经济
区内捕捞到的鱼会拥有捕获证明以及捕鱼数据手册，以方便建立捕
获及销售的犬牙鱼类的追溯系统。而捕鱼船只也必须遵守法国有关
海上环境保护的条款。

　　近年来，法国进一步采用新型科技手段打击非法捕鱼行为。例
如，2017 年 11 月 27 日，法国环保部、农业部以及交通部发布联

---

　　① 参见 Loi n° 2005-371 du 22 Avril 2005 Modifiant Certaines Dispositions Législatives Relatives aux Modalités de L'exercice par L'Etat de ses Pouvoirs de Police de Mer。

合公告，宣布法国开始试用无人飞机打击非法捕鱼。① 时任法国交通部长特拉维指出："这个新的科技产品可在需要监视的地区迅速部署，是改善渔业活动侦察行动的一张王牌，并且可更精准地确定呈现风险的船只。无人飞机将在我们海外省海域参与打击非法捕鱼的任务。"另外，公告也指出："海洋事务领导单位 2018 年将继续试验这项创新行动，今后将在渔业资源与海洋环境保护监控方面使用这项新科技。"

（二）法国打击 IUU 捕捞行为的国际合作

《公约》对于专属经济区的规定，是海洋强国和沿海国之间的利益妥协与平衡的产物，《公约》对于沿海国经济利益的法律认可，有利于打击非法捕鱼政策的实施。根据《公约》的规定，在考虑到本国经济和国民利益的情况下，沿海国可允许其他国家在其专属经济区内捕鱼。

不过，国际社会显然也对《公约》中规定的沿海国权利能否得到实际保证也存在担忧。2001 年 3 月 1 日，联合国粮农组织第 24 届渔业委员会会议上通过了《IUU 行动计划》。该行动计划旨在推动各国采取预防、制止和消除"IUU 捕捞"的措施，包括捕鱼许可管制、无捕鱼许可的租船者与船主的身份识别、撤销经济支出的援助和措施等，对沿海国、船旗国、港口国在"IUU 捕捞"中所应承担的责任和义务作出了规定。有学者指出，虽然该文件不具有法律约束力，但却具有非常重要的实践指导意义。②

在《公约》生效后，法国成为了国际海洋法法庭三起仲裁案的争端方。值得注意的是，这三起案件具有明显的共性特征：案件发生时间密集、争端起因都因为非法捕鱼、都发生在"法属南极洲和

---

① 参见 La France Teste les Drones pour Lutter Contre la Pêche Illégale, 27 Novembre 2017, https：//www. lexpress. fr/actualite/societe/environnement/la-france-teste-les-drones-pour-lutter-contre-la-peche-illegale_1964270. html。

② 参见 Shih-Ming Kao, International Actions Against IUU Fishing and the Adoption of National Plans of Action, Ocean Development & International Law, Volume 46, 2015。

南极领地"的专属经济区内、主要都涉及《公约》临时措施中的迅速释放问题。三个案件的发生地分别为克洛泽群岛专属经济区("卡姆措号"案)和凯尔盖朗群岛专属经济区内("蒙特·卡夫卡号"案和"大王子号"案),都属于法属南极洲和南极领地的专属经济区海域。由于该领地地理位置偏远、气候环境恶劣,海域监管难度大,但经济鱼类物种丰富,因此也成为发生非法捕鱼活动的重灾区。

巴黎索邦一大的塔莉·罗斯(Nathalie Ros)教授批判道:"毫无疑问,海洋非法捕捞最为严重的是南极犬牙鱼种,法国'法属南极洲和南极领地'专属经济区更毫是犬牙鱼非法捕捞最为肆虐和最为令人担心的区域。"①例如,克洛泽群岛和凯尔盖朗群岛虽然远离法国本土,气候和海洋环境恶劣,但是具有丰富的海洋生物资源,遭到了众多非法捕鱼者的觊觎。近年来,由于犬牙鱼类在全球市场的物价上扬,且"法属南极洲和南极领地"地理位置遥远、面积广阔,法国政府对于该区域专属经济区的实际监管存在许多困难,这都使得在该区域内的非法捕鱼行为日渐频繁,而"法属南极洲和南极领地"区域内合法捕鱼的船商仅仅主要是法属留尼旺省中的渔业领域的船商。

1980年5月20日,包括法国在内的15个国家签署了《南极海洋生物资源养护公约》,并成立南极生物资源养护委员会(CCAMLR)确保该公约的实施。每年召开的南极海洋生物资源养护公约会议都针对养护措施。同时,委员会还对保护物种的鉴别、渔区和捕鱼期间等问题进行讨论并制定相应的规章。

根据《南极海洋生物资源公约》通过前发表的主席声明,针对法属凯尔盖朗群岛和法属克洛泽群岛的制度存在"例外情况"。② 因此,《南极海洋生物资源公约》对这两个群岛的法律适用需要获得

---

① 参见 Nathalie Ros, Halte au Piratage Halieutique, Annuaire du Droit de la Mer, Tome VII, 2002, pp. 346-376。

② 参见 Statement by the Chairman of the Conference on the Conservation of Antarctic Marine Living Resources, https://www.ccamlr.org/en/organisation/camlr-convention-text#Chair。

法国单独的批准。该公约的主席声明实际上使得法国在其"法属南极洲和南极领地"海洋政策制定和调整上具有更大的自主性，有利于法国维护其"法属南极洲和南极领地"的主权。换句话说，法国适用《南极海洋生物资源公约》的养护措施完全是根据其资源情况，这也就是为什么，在南极生物资源养护委员会的许多有关"法属南极洲和南极领地"的决定上，法国反复重申其有权保留其行动自由性。不过，在实践中，法国还是遵守了绝大部分南极生物资源养护委员会制定的养护措施的。

此外，法国也积极通过签订双边协定打击"IUU 捕捞"问题。法国在南太平洋的区域渔业合作实践具有代表性意义。1982 年 1月 4 日，法国和澳大利亚在墨尔本签订划界协定，划定了部分"法属南极洲和南极领地"以及澳属赫德岛和麦克唐纳群岛（Heard Island and McDonald Islands）的界限。① 2003 年 11 月 24 日，为保护两国的专属经济区，在 1982 年"法-澳划界协定"的基础上，法澳两国在堪培拉签订了 1982 年"法-澳划界协定"中两国邻接海域的合作协定，并于 2005 年 2 月 1 日对法国生效。② 该协定在《公约》第 111条有关"紧追权"的规定基础上，制定两国合作监管任务的原则，对行使紧追行动时进行情报交换和后勤支持。例如，2005 年协定第 3 条第 3 款规定："在每个缔约国行使紧追时，其可以要求另一个缔约国的援助。"③另外，法国和南非之间尚未签订划界协定或者有关专属经济区监管合作方面的协定，两国目前正在进行外交谈判，并很有可能在未来就打击非法捕鱼问题达成合作协定。

---

① 参见 Anderson, Ewan W. International Boundaries: A Geopolitical Atlas, Routledge; 1 Edition 2003, p. 60。

② 参见 Agreement with the Government of the French Republic on Cooperation in the Maritime Areas adjacent to the French Southern and Antarctic Territories (TAAF), Heard Island and the McDonald Islands。

③ 参见 Article 3 paragraphe 3 of Agreement with the Government of the French Republic on Cooperation in the Maritime Areas adjacent to the French Southern and Antarctic Territories (TAAF), Heard Island and the McDonald Islands, http://www.austlii.edu.au/au/other/dfat/treaties/2005/6.html。

第三节　法国海洋污染防治实践方面

"海洋污染防治"是法国在《公约》机制下进行实践和调整的一个重要议题。一方面，20 世纪 70—90 年代法国多次核试验造成的实质和可能的有害后果，使其饱受国际社会的诟病；另一方面，20 世纪 60 年代的多次溢油事故也直接推动了法国对海洋环境保护实施更为严苛的措施。而现当代国际社会海难事故的频发也凸显了船旗国在公海专属管辖权原则的缺陷，并推动法国在领海水域外进行更大的干预，尤其是依靠区域海洋环境保护治理机制。

一、法国在核试验活动中引发的海洋污染挑战

坚持独立自主的国防外交政策是法国防务的最大特色之一，这种自主性很大程度上是建立在可靠的核威慑能力之基础上的。自 20 世纪 60 年代起，法国在南太平洋的核试验引发了国内和国际层面的许多问题，1972 年斯德哥尔摩人类环境会议针对"核试验污染"问题进行了讨论，而 1974 年国际法院"核试验案"也对法国的实践提出了挑战。

（一）法国在南太平洋地区核试验的背景

1962 年 6 月 14 日，在十八国裁军委员会的第十六次全体会议上单独提及了核武器实验部分。会议通过了两项决议，即"谴责核武器试验，特别是在大气中举行的此种试验"，以及要求"准备举行核武器试验的国家放弃它们的计划，因为这种计划可能进一步地污染环境"。① 最后，第十六次全体会议以 56 票同意、3 票反对、29 票弃权通过了该决议。值得注意的是，投反对票的 3 国分别是法国、中国和加蓬。为了保持国际防务的独立自主性，法国将发展

---

① 参见《联合国人类环境会议报告书》，第 62 页。

核力量放在了重要位置，并极力捍卫核发展权利。① 针对该问题，法国特别指出，它为其试验所设的限制，决不使试验超过水平，危害到人的健康和环境。法国有一套广泛的辐射检测系统，每年都将结果向原子辐射科委会登记，从来没有接到该机关的抗议。而且，法国曾就它的试验向其他几个国家的科学家征求意见。②

1971 年 8 月 17 日，在海底区域和平利用的第三委员会上，马耳他驻联合国大使帕多促请制定一项报告，以应对法国在太平洋海域穆鲁罗阿环礁进行核试验带来的结果和影响。③ 该项提议得到了秘鲁、澳大利亚、新西兰、日本、菲律宾等数个国家的支持。1972 年 8 月，在海底委员会第三委员会上，13 个国家提出一项有关核试验的决议草案。加拿大代表指出，该项草案并不带有任何的歧视性质，也并不旨在对国家间和不同核试验种类间作出区分，草案主要是反对法国进行的核试验。④ 1972 年 11 月，联合国大会通过了 2934（A，B，C，ⅩⅩⅫ）号三项决议。决议确认了迫切需要停止核试验及热核武器试验，尤其是在大气层核试验；同时，决议促请还没有加入禁止在大气层、外层空间和水下进行核武器试验条约的所有国家，不要再事拖延，立即加入有关条约，并不在这些条约所指的环境中进行试验。

在 1966 年至 1972 年间，法国在法属波利尼西亚进行了多次核试验。在核试验期间，法国宣布核试验所在环礁海域为"禁区"或"危险区"，禁止外国船只和航空器的通过。根据 1971 年的一份报告显示，法国承认大气中含有一部分放射性物质，但否认核试验增

---

① 1962 年 6 月，法国政府提出耗资达 300 多亿法郎的"军事装备计划法案"，其中 60 多亿法郎用来建立核威慑力量。法国很快便建立起了由陆基导弹。潜艇导弹、飞机携带的核导弹所组成的三位一体的独立核力量。

② 参见《联合国人类环境会议报告书》，第 108 页。

③ 1970 年至 1976 年之间，法国在太平洋穆鲁罗阿环礁多次进行核试验，随后，根据法国波利尼西亚医生在该地区的调查，作为后勤补给基地的甘比尔群岛上，因核辐射引发的癌症和甲状腺疾病的发病率大大高于在穆鲁罗阿环礁附近的法属波利尼西亚居民。

④ 参见 A/AC.138/SC III/SR.26。

加了海洋污染的情况。法方认为，从程序上，法国并未通过1958年《公海公约》，也并未批准1963年《禁止部分核试验公约》，诉方以有关国际条约为依据的控诉对法国没有约束力；从实体上，法国否认核试验必然损害了海洋环境，并否认违反国际法的有关义务。法国代表让内尔（Jeannel）在第三委员会中表示，目前唯一确认的是法国的核爆破"可能会在某些时候对海洋环境造成损害"，但没有证据表明"核试验的有关影响物质流入了海洋"。同时，法国表示其遵守了国际法有关义务，并"采取了一切可能的措施"防治污染。[1] 对此，法国认为第三委员会无权处理该问题，因为委员会的唯一任务就是应对海洋污染问题。除此之外，国际社会已有别的机构来处理与核试验相关的问题。例如，法国会定期向联合国原子辐射效应科学委员会递交报告，同时联合国大会也批准了联合国原子辐射效应科学委员会的有关决议。

（二）1974年"核试验案"对法国的挑战

在1973年5月的联大会议上，法国宣称并不打算取消或更改事先确定好了的核试验计划，并数次说明针对核试验已制定好相应的预防措施，且会将试验结果和科学委员会的结论提交到国际管理机构。同时，法国也强调确保国家独立自主的需要。5月9日，澳大利亚和新西兰将法国告上国际法院。在诉状中，澳大利亚指出"法国的核试验对公海及其上空的船舶和飞机的通行造成严重妨害，核试验的放射性物质也导致了公海的严重污染，极大地侵犯了公海自由"，因此澳大利亚请求国际法院禁止法国在该地区进行进一步的核试验。新西兰在列举法国的核试验违反了"禁止在大气层进行核试验"和"禁止污染人类环境"外，还强调法国核试验严重侵害了新西兰领土主权、人身安全和公海自由。面对国际社会持续不断的反对声，法国对于核试验一直保持着坚定的态度并多次强调自身立场。首先，法国数次重申其不会在水下进行核试验爆破，其在

---

① 参见 Tiewul, S. Azadon. "International Law and Nuclear Test Explosions on the High Seas." Cornell International Law Journal, 1974。

陆面进行的试验活动也完全不会波及海洋区域；其次，法国一直表明采取最大限度的预防措施。原法国海外领土主任官员及巴黎行政法院顾问约瑟夫·德玛赫斯科（Joseph Desmarescaux）表示："每一次的爆破都是在万事兼备的条件下进行，以尽最大努力控制污染；而且，法国的爆炸球腔技术可以使得爆炸火球不会影响到泻湖表面，也不易卷扬起土壤碎屑，使其成为放射性裂变的物质媒介。"①最后，由于法国表示不准备再继续进行空中核试验，1974年12月20日，国际法院作出决定认为不必对本案做进一步的判决。

在1974年"核试验"案后，法国宣布不再进行空中核试验，并参与到区域海洋保护行动中来。1976年6月，法国、澳大利亚、库克群岛、斐济和萨摩亚在阿皮亚签订了《南太平洋自然保护公约》（又称《阿皮亚公约》），拉开了南太平洋地区区域环境保护合作的序幕。1986年11月25日，南太平洋岛国论坛上，包括法国在内的16国通过了《南太平洋自然资源和环境保护公约》（又称《奴美阿公约》）及其两个议定书，要求缔约方采取一切必要步骤，预防、减少和控制来自船只、陆源、海底活动、大气排放、核试验等各方面的污染。

另外，为了对抗法国在南太平洋的核试验活动，1975年新西兰提出"南太平洋无核化"的动议，并得到了澳大利亚的支持。②1985年8月6日，南太平洋8国在拉罗汤加会议上缔结《南太平洋无核武器条约》（又称《拉罗汤加条约》），宣布创设南太平洋无核区，禁止在该地区进行各类核试验。《拉罗汤加条约》的三个附加议定书则明确针对法国、英国和美国。③ 不过，法、英、美三国迟

① 参见 Joseph. Desmarescaux. Revue de la Défense Nationale, Décembre 1971, p. 1781；A/AC. 138/SC. III/SR. 26。

② 参见 Michael Hamel-Green, Antinuclear Campaigning and the South Pacific Nuclear-Free Zone（Rarotonga）Treaty, 1960-85, Proceedings of the 14th Biennial Labour History Conference, eds, Phillip Deery and Julie Kimber（Australian Society for the Study of Labour History, Melbourne）。

③ 《拉罗汤加条约》第1附加议定书要求美国、英国、法国承诺在该地区各自的属地实施上述规定。第2、第3附加议定书，则要求5个有核武器国家承诺不对该地区使用或威胁使用核武器，不在该地区进行核试验或倾倒放射性废物并已经得到它们的签署。

迟没有批准该公约。同时，直到 1995 年 10 月，法国才宣布将在
1996 年夏天核试验结束后批准该条约并关闭试验基地。

(三)1992 年法国恢复核试验引发的冲突和挑战

在国际层面，冷战结束后国际社会的"反核"呼声日渐高涨，
法国对其核政策进行了重大调整，成为了当时第一个宣布暂停核试
验的西方核大国。1992 年 4 月 8 日，时任法国总理皮埃尔·贝雷
戈瓦(Pierre Bérégovoy)在国民议会上宣布，受时任总统密特朗
(François Mitterand)的指示，法国至 1992 年底暂停核试验，并愿意
等待其他时机。同时，法国将视其他拥有核武器国家的效仿情况，
再决定 1993 年是否继续实施核试验计划。① 同年 8 月，法国签署
《不扩散核武器条约》，之后法国也赞成在 1995 年将《不扩散核
武器条约》无限期延长。同时，1993 年 7 月 4 日，法国宣布在条
约"全面而可靠的"条件下参加《全面禁止核试验条约》谈判，并
设立军事和科学专家小组，对法国暂停核武器试验的影响做出评
价。②

不过，在 1996 年《全面禁止核试验条约》达成之前，法国还是
抢着完成了 6 次核试验。1995 年 6 月 13 日，时任法国总统雅克·
希拉克(Jacques Chirac)宣布恢复核试验。该行为立刻引起了国际
社会的轩然大波，许多国家、国际性和区域性国际组织纷纷表示指
责。一群由 30 余艘小船组成的"和平舰队"(包括两艘"绿色和平组
织"船只)试图穿越禁区以阻止核试验，与法方发生冲突。之后，

---

① 参见 Maurice Torrelli, La reprise des Essais Nucléaires Français,
Annuaire Français de Droit International, Volume 41, 1995, p. 759。

② 参见 Presse-Information-Communication, ministère des Affaires étrangères,
5 septembre 1995 (170/95) p. 4; 参见 Maurice Torrelli, La Reprise des Essais
Nucléaires Français, Annuaire Français de Droit International, Volume 41, 1995,
p. 759。

依据《公约》第 25 条第 3 款①的规定，1995 年 6 月 23 日，时任法属波利尼西亚高级总督颁布法令，宣布中止法国船只和外国船只在穆鲁罗瓦环礁和方加陶法环礁领海的航行，直到 1996 年 5 月 31 日核试验结束。② 1995 年 7 月 4 日，法国政府又颁布法令宣布在"毗邻穆鲁罗瓦环礁领海周围设立宽度 60 海里的安全区"。③ 该措施显然违反了《公约》有关航行和飞越自由的规定。在之后的 9 月 1 日，彩虹勇士 II 号驶入法国设立的禁区并立刻遭到法国突袭队袭击并扣押。针对法国恢复在南太平洋的核试验，1995 年，新西兰向国际法院提出重新审理 1973 年向法国核试验提起的诉讼。同年 9 月 22 日，国际法院驳回了新西兰提出禁止试验以及独立调查穆鲁罗瓦环礁情况的诉求。国际法院认为，新西兰和澳大利亚在 1973 年提起的诉讼中只反对地上核试验，而现在法国则是进行地下核试验，只有法国恢复地上核试验时才有损于判决的基础。

值得注意的是，法国第一次实施第 94-589 号《国家海上行动法》的条款，也是在 1995 年法国最后一次在太平洋进行核试验的时候。在《国家海上行动法》的条款基础上，法国使用武力对抗了数艘绿色和平组织（Greenpeace）船只。同样，法国也多次在法国专属经济区内实施海上武力警示措施，尤其是在法属凯尔盖朗群岛和法属克洛泽群岛附近。在这些区域，法国驱逐舰对在该海域进行"非法捕鱼活动"并拒绝服从指令的拖网渔船进行了武力驱逐。此外，在 2002 年 6 月，法国参与了一起特殊的国际搜查行动：在非洲西海岸的太平洋，法国国家海军军舰在船旗国的准许下，在公海对一艘海上非法运输可卡因的柬埔寨船只"胜利者"号（Winner）进行了

---

① 《公约》第 25 条第 3 款规定："如为保护国家安全包括武器演习在内而有必要，沿海国可在对外国船舶之间在形式上或事实上不加歧视的条件，在其领海的特写区域内暂时停止外国船舶的无害通过。这种停止仅应在正式公布后发生效力。"

② 参见 Marc Guillaume, Les Contentieux Liés à la Reprise des Essais Nucléaires Français, Annuaire Français de Droit International, Volume 42, 1996, 894。

③ 参见 Maurice Torrelli, La Reprise des Essais Nucléaires Français, Annuaire Français de Droit International, Volume 41, 1995, p. 756。

搜查，而该船当时正在进行一项伤害了 12 名船员中的 1 名的军火交易。军队控制了货船上价值超过 1000 万美元重量超过 1 吨的哥伦比亚可卡因，而货船登记为运送铁屑，目的地为西班牙的比尔巴赫。① 官员称，突袭是包括美国、法国、西班牙和希腊等国 15 个月的监督的结果。

二、法国在区域海洋污染防治机制建设中的挑战

在国际海洋环境保护方面，区域合作制度很先进，这些分别适用于特殊地理区域的条约体系以统一的生态系统为考虑目标实施法律保护，各国虽然遵循同样的一般原则，却可以根据具体情况采取具体的手段，充分考虑到沿海国的发展水平和实施法律规则的能力。② 同时，无论是《公约》第十二部分还是第五部分，都将海洋污染防治有关的主体，包括船旗国、沿海国、港口国以及这三方间的权利分配问题直接结合起来。因此，法国在海岸环境保护议题中非常强调区域治理和沿海国角色的重要性。

（一）欧盟海洋污染防治的机制建设及挑战

早在 1971 年，欧洲理事会咨询大会③采纳了一项与海洋污染有关的建议。该建议要求所有成员国"在欧洲理事会框架内，尽可能地与其他工业化国家或有关的国际组织合作，制定一项协定，协定内容包括禁止或限制向海洋投入污染物质、控制废弃物的直接倾废、防因治开发海底矿物资源引起的污染、保护深海动物场所以及保护海洋自净能力"。④ 虽然这项协定预计囊括范围较广，但各国

---

① 参见 Michal Richardson, Cambodia-listed Ship was Carrying Cocaine: Raid at Sea Highlights Flag Abuses, June 24, 2002, https://www.nytimes.com/2002/06/24/news/cambodialisted-ship-was-carrying-cocaine-raid-at-sea-highlights-flag.html。

② ［法］亚历山大·基斯：《国际环境法》，张若思译，法律出版社 2000年版，第 176 页。

③ 1973 年改名为"议会大会"。

④ 参见 Journal Officiel de l'Assemblée Nationale, 10 Juillet 1971, p.3629。

就"如何在协定框架内应对污染及落实合作"的实际效果问题上，还是引发了一些担忧。

正如时任法国外交部长指出的，"欧洲理事会这样的区域性框架可以妥当地处理与国际河流有关的污染问题，因为其涉及的地理区域是相对确定的；然而，该区域框架在提审海洋污染这样涉及国际层面的问题时，恐怕就没有那么得心应手了"。① 在国际法和国内法的衡平问题上，法国在第三次海洋法会议中指出，国际立法需给国内立法留有余地以完善和细化规章制度。首先，海洋污染主要来自陆源污染，因此每个国家应该基于其领土制定规则，以预防和抑制环境损害；其次，在海洋邻接区域，沿海国是最为有效展开应对的行动主体。②

诚然，海底区域的单一性和海洋污染的扩散性使得国家需采取与国际规则匹配的制度。对于法国来说，如果一个国家针对海洋区域污染制定更为严苛的措施，却因担忧加剧工业企业的竞争关系，而不相应地优化陆地领土的管理规范，这种做法是非常不合理的。另外，国际国内的规范程度应该保持一定的一致性，以避免造成更多的问题，例如，假设一些沿海国的法律制度比起其他沿海国更为宽松灵活，那么可能许多船只会选择走这些相应的海洋航道，这样或会造成许多拥堵的情况。

随着法国相继批准《执行协定》和《公约》，除了将有关规定做出相应国内法转化外，法国的许多政策和措施也需要将欧盟海洋战略中"可持续发展"这个重要议题结合起来。由于欧盟众多国家共享同一海域，地缘政治和经济上都具有共同的环境关切，作为欧盟事务的重要发声者，法国致力于推进海洋污染区域防治的合作落实。例如，欧盟通过有关立法，对行驶在欧盟国家海域的船舶执行更为严格的硫化物排放标准，并将地中海作为排放监控区。不过，欧盟断续制定出的海上安全措施几乎都是海洋事故发生后的产物。例如，1999 年"埃里卡"号(Erika)的沉没事件，直接促使欧盟制定

① 参见 Journal Officiel de L'Assemblée Nationale, 10 Juillet 1971, p. 3629。
② 参见 A/AC 138/SC III/ SR. 7。

了"一揽子措施"加强海上安全。

(二)法、西、葡西欧三国洋污染防治的合作及挑战

1.法、西、葡《马拉加协定》的制定

沿海国是海洋环境保护法律的核心。法国国际法教授迪普伊
(Dupuy)认为,沿海国是最直接暴露在危险面前的主体,同时也是
最及时作出应对的主体。同时,沿海国扩大其管辖权的意愿也符合
《公约》第192条指出的"各国有保护和保全海洋环境"的一般性义
务。在发生"埃里卡"号和"威望"号(Prestige)的事故后,法国政府
指出《公约》在海洋环境污染问题上的应对固定又老旧,同时,在
该领域一些部门性条约,如《国际防止船舶造成污染公约》
(MARPOL)、1969年和1992年《国际油污损害民事责任公约》、
1971年《设立国际油污损害的赔偿基金公约》以及1992年议定书等
都仍存在缺陷,因此呼吁进行修改。[①]

可以说,多次近岸海难事故直接推动了欧洲沿海国尤其是法国
建立更为严格的沿岸海洋安全规范和措施。2002年11月26日,
在法国-西班牙的马拉加峰会上,法国、西班牙和后来的葡萄牙达
成了防止海洋污染的《马拉加协定》。[②] 协定指出,鉴于"威望"号
(Prestige)油轮本月19日在西班牙海域断裂给西班牙造成严重海洋
污染,以及1999年"埃里卡"号(Erika)油轮断裂造成法国400千米
海岸受污染的情况,根据《公约》的精神,法国和西班牙决定从11
月27日开始,严格限制以下船只通过两国的领海:任何载有石油
原油、燃料油等易造成海洋污染的危险货物的船只;船龄在15年
以上的单壳体船只。另外,根据该协定,如果这些船只要经过两国
领海,必须具备安全保障措施且进行申报,申报内容包括运载货物

---

① 参见 G. LENGAGNE/D. QUENTIN, Rapport D'information Déposé par la
Délégation de L'Assemblée Nationale pour L'Union Européenne sur la Sécurité
Maritime en Europe, Doc. Ass. Nationale, 4 mars 2003, p. 43。

② 参见 Mario Bettati, Droit International de L'environnement, Odile Jacob
2012, p. 228。

的性质、租船人、货品商业线路等，否则沿海国有权行使对该船只的管辖权，并将其驱逐到距离海岸 200 海里以外的公海。① 而按照过去的规定，任何单壳或双壳的油轮，不管船龄长短，都可以在距离西班牙和法国海岸 25 海里内通行。

　　另外，法、西两国也制定了针对沿两国海岸运送垃圾船只的限制性措施。《马拉加协定》旨在单边性扩大两国在太平洋和拉芒什海 200 海里专属经济区的管辖权，以便将船龄在 15 年以上并运载重油或焦油的单壳体油轮驱赶到专属经济区以外。这些措施的目标在于叫停不合标准、且不在欧洲港口停留以便逃脱港口国检查的船只在法国和西班牙海岸的通行。有数据显示，当时的欧盟成员国仅能对其港口中的 25%的船只履行检查义务，同时，欧盟"埃里卡"I号法规中对单壳体油轮的禁止目标预计到 2015 年才能实现。2002年 12 月，法国根据该协定赋予的权利，命令一艘名为"克里缇·费罗谢妮亚"号（Kriti Filoxenia）的希腊籍油船驶离法国专属经济区。这是一艘船龄超过 15 年的单壳体船只，当时装载着 4.2 万吨重油，从立陶宛起航驶向塞浦路斯。② 不过，该船只并没有服从法方的指令，仍偏离正常航道，在距海岸 100 海里处航行。法国大西洋海事局要求该船只每两小时向其汇报位置。随后，该船只驶入西班牙专属经济区内，而西班牙也派出军舰责令其驶离该海域，该行为也招来了希腊当局的抗议。③

　　2.《马拉加协定》的规则争议

　　《马拉加协定》对在专属经济区内运载石油船只的航行作出了

---

　　① 参见 Le "Prestige" au Menu du Sommet Franco-espagnol，le 27 Novembre 2002，http：//tempsreel. nouvelobs. com/monde/20021126. OBS3229/le-prestige-au-menu-du-sommet-franco-espagnol. html。

　　② 参见 Un Pétrolier Grec Indésirable Repoussé，le 27 Décembre 2002，https：//www. nouvelobs. com/societe/20021226. OBS4588/un-petrolier-grec-indesirable-repousse. html。

　　③ 参见 V. M. Lehardy，Chronique des Faits Internationaux，Revue Générale de Droit International Public，No. 107，2003，p. 134。

极为严格的限制规定，这一点很符合《公约》的有关规定。① 不过，在当时许多国家都对这一协定提出了严厉批评，尤其是协定内的许多单边性措施受到了比利时、德国等周边国家的强烈抗议。不可否认的是，各国都越来越倾向于通过扩大沿海国管辖权的方式，来规范海洋运输。然而，双边性法律措施往往存在国际法上的争议，《马拉加协定》就是一个典型的例子。

专属经济区是沿海国和船旗国之间为各自权利进行博弈的场所，尤其是在海洋污染防治的问题上。《公约》第 56 条第 1 款（b）段指出，沿海国在专属经济区内拥有对海洋环境保护和保全的管辖权。然而，第 58 条也规定，其他国家享有在专属经济区内的航行和飞越自由。而根据《公约》第 220 条第 3 款、第 5 款和第 6 款的规定，② 如果有明显根据认为在一国专属经济区或领海内航行的船只，在专属经济区内违反有关规定、因违反规定而造成重大威胁或重大损害时，沿海国有权在第十二部分的框架下行使管辖权。不

---

① 《公约》第 194 条第 3 款（b）项规定："应在最大范围内尽量减少来自船只的污染，特别是为了防止意外事件和处理紧急情况，保证海上操作安全，防止故意和无意的排放，以及规定船只的设计、建造、装备、操作和人员配备的措施。"

② 《公约》第 220 条规定："3. 如有明显根据认为在一国专属经济区或领海内航行的船只，在专属经济区内违反关于防止、减少和控制来自船只的污染的可适用的国际规则和标准或符合这种国际规则和标准并使其有效的该国的法律和规章，该国可要求该船提供关于该船的识别标志、登记港口、上次停泊和下次停泊的港口，以及其他必要的有关情报，以确定是否已有违反行为发生。5. 如有明显根据认为在一国专属经济区或领海内航行的船只，在专属经济区内犯有第 3 款所指的违反行为而导致大量排放，对海洋环境造成重大污染或有造成重大污染的威胁，该国在该船拒不提供情况，或所提供的情报与明显的实际情况显然不符，并且依案件情况确有进行检查的理由时，可就有关违反行为的事项对该船进行实际检查。6. 如有明显客观证据证明在一国专属经济区或领海内航行的船只，在专属经济区内犯有第 3 款所指的违反行为而导致排放，对沿海国的海岸或有关利益，或对其领海或专属经济区内的任何资源，造成重大损害或有造成重大损害的威胁，该国在有充分证据时，可在第七节限制下，按照该国法律提起司法程序，包括对该船的拘留在内。"

过，根据《马拉加协定》的规定，除非已经提前发现该船只存在违法行为，一旦要求远离海岸的指令如果只涉及具有潜在危险的船只，那么该规定是否符合《公约》第58条的规定是存在争议的，尤其是对于没有悬挂协定国国旗的船只来说。

虽然法、西政府规定，将船只驱逐到专属经济区以外的决定，必须等到船旗国对船上货物的性质、船级社、在出发港口对船只的检查等一系列信息管理程序之后，但这也并不能否认该程序与《公约》的规定有着实质性差距。例如，"伊利艾诺斯·泰坦"号（Elianos Titan）是一艘悬挂马耳他国旗的、运载燃料油并有24年船龄的单壳体油轮，虽然通过对该船只的检查表明该船运行状况令人满意、船上资料记载合乎规范，但法国当局仍判定该船只具有威胁并催促其离开法国专属经济区。① 在2002—2005年，一共有17艘船只在法国或西班牙管辖范围内海域被要求绕道行驶，其中大部分都是在协定生效的第一年中出现的。

另外，由于《马拉加协定》所覆海域包括拉芒什海峡，协定内容是否与《公约》第38条的有关规定相冲突也存在争议。② 根据《公约》第41条第1款的规定，海峡沿海国可于必要时为海峡航行指定海道和规定分道通航制，以促进船舶的安全通过。同时，沿海国也有保护和保全海洋环境、减少和控制污染的权利。因此，海峡沿岸

---

① 参见 Caroline Laly-Chevalier, Les Catastrophes Maritimes et la Protection des Côtes Françaises, Annuaire Français de Droit International, Volume 50, 2004, p. 587。

② 《公约》第38条规定了船只在国际海峡中的过境通行权："1. 在第37条所指的海峡中，所有船舶和飞机均享有过境通行的权利，过境通行不应受阻碍；但如果海峡是由海峡沿海国的一个岛屿和该国大陆形成，而且该岛向海一面有在航行和水文特征方面同样方便的一条穿过公海，或穿过专属经济区的航道，过境通行就不应适用。2. 过境通行是指按照本部分规定，专为在公海或专属经济区的一个部分和公海或专属经济区的另一部分之间的海峡继续不停和迅速过境的目的而行使航行和飞越自由。但是，对继续不停和迅速过境的要求，并不排队在一个海峡沿海国入境条件的限制下，为驶入、驶离该国或自该国返回的目的而通过海峡。3. 任何非行使海峡过境通行权的活动，仍受本公约其他适用的规定的限制。"

国可以制定海峡过境通行时的法律和规定，使"有关在海峡内排放油类、油污废物和其他有毒物质的适用的国际规章有效，以防止、减少和控制污染"。[1] 也就是说，法国制定过境通行时的污染防治规则，是同时受到《公约》和《MARPOL 公约》条款规制的。然而，《公约》第 42 条第 2 款对沿海国不得否定、妨害过境通行权的"非歧视原则"，[2] 实际上与对"航行自由制"进行极端限制的《马拉加协定》相冲突的。

另外，根据《公约》第 211 条第 6 款的规定，在国际主管组织（国际海事组织）的管控下，当沿海国认为主管国际组织指定的国际标准和规则不足以应对特殊情况，且沿海国"有合理根据认为其专属经济区某一明确划定的特写区域，因与其海洋学和生态条件有关的公认技术理由，以及该区域的利用或其资源的保护及其在航运上的特殊性质，要求采取防止来自船只的污染的特别强制性措施"时，沿海国可以采取针对外国船只的特殊措施。这些措施是为了防止、减少和控制船只对海洋环境的污染，并旨在建立"可以尽量减少可能对海洋环境，包括对海岸造成污染和对沿海国的有关利益可能造成污染损害的意外事件的威胁"的船只通行制度。[3] 法国本土三面环海，法国的东北大西洋-北海沿岸时常面临着海洋运输的安全威胁。许多从远东到俄罗斯和巴尔干半岛国家的船只都需途经法国大西洋海岸，这些船只有许多都是较为老旧的，且通常不会在欧盟成员国港口做中途停留，港口国也无权对其进行管辖。

总体来看，《马拉加协定》的诞生虽然具有一定的实践指导意义，但却受到了许多国家的指责。一方面，由于该协定与许多现行条约尤其是《公约》之间存在诸多矛盾之处，协定中的一些创新性条款也似乎不具有法律稳定性；另一方面，一些邻国也担心法国和

---

① 参见《公约》第 41 条第 1 款的规定。

② 《公约》第 42 条对海峡沿海国的过境通行作出规定，其中第 2 款规定："这种法律和规章不应在形式上或事实上在外国船舶间有所歧视，或在其适用上有否定、妨碍或损害本节规定的过境通行权的实际后果。"

③ 参见《公约》第 221 条第 1 款。

西班牙单边缔结协定的行为会为其他国家所效仿，对航行自由原则造成破坏。

(三)法国特别敏感海域保护区(PSSA)的建立及挑战

1. 西欧六国特别敏感海域保护区

2002 年 12 月，法国在 1976 年《经济区法》的基础上，制定了在拉芒什海的分道航行制度，以便使装载具污染性货品船只远离法国海岸。同样，在 2003 年 7 月，法国、比利时、西班牙、爱尔兰、英国、葡萄牙向国际海事组织(OMI)提交从设特兰群岛北部到葡萄牙海岸的特别敏感海域认定申请。2004 年 12 月，国际海事组织海事安全委员会认定，该海域暴露在国际海洋运输活动的危险之中，并同意自 2005 年 7 月 1 日起在该海域建立特别敏感保护区。[①]

西欧六国对特别敏感海域保护措施的申请主要包括两点：第一，特别敏感保护区内各国要求禁止 15 年以上船龄并载有重燃油的单壳体油轮在该区域内的通行；第二，各国要求强化具有危险性质的油轮在进入保护区时的通报义务，以便在保护区内对这些船只采取简要的跟踪监测程序。[②] 很明显，这两项措施就是为了替代《马拉加协定》的限制程序。

不过，在经过国际海事组织框架内的灵活谈判后，六国最终撤回了第一条措施，最终确定在六国特别敏感保护区内实行的保护措施仅有"强制通报义务"这一项。六国之所以在第一条措施上妥协，主要是由于欧盟推动了对单壳体油轮的限制措施从区域化向国际化的扩大：与双壳体油轮相比较，单壳体油轮更容易发生漏油事故，

---

① 参见 RES/52/121（Oct. 15, 2004），Adopted on 15 October 2004 Designation of the Western European Waters as a Particularly Sensetive Sea Area, http：//www. imo. org/en/KnowledgeCentre/IndexofIMOResolutions/Marine-Environment-Protection-Committee-（MEPC）/Documents/MEPC. 121(52). pdf。

② 参见 RES/52/121（Oct. 15, 2004），Adopted on 15 October 2004 Designation of the Western European Waters as a Particularly Sensetive Sea Area, http：//www. imo. org/en/KnowledgeCentre/IndexofIMOResolutions/Marine-Environment-Protection-Committee-（MEPC）/Documents/MEPC. 121(52). pdf。

这促使国际社会提倡加速单壳体油轮的淘汰速度。欧盟也坚定地支持建立更为严格的欧洲海岸保护法律体系。

在"埃里卡"号("Erika")事故发生后，2000年3月，欧委会通过了"埃里卡"I号措施("Erika I")，旨在强化中途停靠欧盟成员国港口船只的管制措施以及在成员国管辖范围内水域进行进一步监管、加强现有的欧盟对船级社的监管以及加速单壳体油轮退出历史舞台。① 同年12月，委员会又提出海洋运输监管的"埃里卡"II号措施("Erika II")，包括设立欧洲水域油类污染损害赔偿基金，该基金旨在增加海上浮油受害者的赔偿力度；同时创立欧洲海事安全局以提高共同体海上安全法律规则实施的效率；以及在船上安装自动识别系统，更好地帮助海事和港口当局监督船舶的通行状况。②

而在"威望"号(Prestige)事故发生后，欧盟更是采取单方面措施，限制单壳体油轮在欧盟海域内的运输：在2003年7月第49届海事环境保护委员会(MEPC)会议上，欧盟提交修正13G的提案，以加快单壳体油轮的淘汰，在该提案中，欧盟希望将船舶状况评估计划(CAS)扩展到15年船龄的单壳体油船，并对载有重油的双壳体油船的运输加以限制。不过，欧盟希望能保留13G条款中的有关段落，即允许一个国家在预定淘汰日之后，拒绝第2类、第3类油船进入其港口及近岸码头。③ 为此，欧盟单方面宣布将从2003年10月21日起，禁止所有运载重油的单壳体油轮进入欧盟港口；

---

① 参见 MEMO/02/253 European Commission, Naufrage de l'ERIKA, L'Union Européenne à L'avant-garde de la Sécurité Maritime, http://europa.eu/rapid/press-release_MEMO-02-253_fr.pdf。

② 参见 MEMO/02/253 European Commission, Naufrage de l'ERIKA, l'Union Européenne à L'avant-garde de la Sécurité Maritime, http://europa.eu/rapid/press-release_MEMO-02-253_fr.pdf。

③ 参见 Resolution MEPC.110(49) Adopted on 18 July 2003 Revised INTERIM Guidelines for the Approval of Alternative Methods of Design and Construction of Oil Tankers Under Regulation 13F(5) of Annex I of MARPOL73/78. http://www.imo.org/en/KnowledgeCentre/IndexofIMOResolutions/Marine-Environment-Protection-Committee-(MEPC)/Documents/MEPC.110(49).pdf.

同时，欧盟禁止所有 1980 年以前建造的单壳体油轮停靠欧盟港口或悬挂欧盟国旗。当时，即将离任的国际海事组织秘书长比尔·欧内尔(Bill O'Neil)将军以及业界都对欧盟的单边行动表示愤怒，他们认为：一艘被淘汰的油船，CAS 应当许可其进行国际交易，而不是受可能的禁止进港的约束。① 最终，第 49 届会议经过讨论后形成了有关 13G 淘汰时间表的修正草案，规定禁止单壳体油船运载重油，并规定单壳体油船需在交付年限前淘汰或改装为双壳体油船。该修正案于 MEPC 第 50 次会议中正式通过，并于 2005 年 4 月 5 日开始生效。

2. 博尼法乔海峡特别敏感海域保护区

国际自然保护联盟(IUCN)数据显示，博尼法乔海峡群集了 37% 的地中海海域物种，但同时，由于地中海海上运输活动频繁，其中 10% 的运输含有危险物质，② 可以说，博尼法乔海峡的生物多样性既丰富又脆弱。

即便法意两国采取了许多共同措施管制船旗国的通行，但由于国际自然保护联盟认定该海峡为国际海峡，沿海国必须"保证所有船舶和航空器享有过境通行权"。③ 因此，法意两国认为有必要通过国际组织来获得更大的管理权。2010 年，两国向国际海事组织提交将博尼法乔海峡列入特别敏感海域名单的申请。2011 年 7 月，国际海事组织通过决议，将该海峡列入特别敏感海域，并确立了在该海峡通行的建议领航制度以及强制通报制度。

(四)法国参与地中海环境保护合作机制的挑战

由于在地中海的生态保护区是由法国单方面创立的，法国通过在国际和欧共体层面的海洋环境保护协作强化生态保护区的实质有

---

① 参见柏伦：《单壳体油轮退出历史舞台：后果与牵连》，2003 年中国国际海事技术学术会议和展览会，高级海事论坛演讲词，第 114 页。

② 参见 The Strait of Bonifacio：a Particularly Sensitive Sea Area (PSSA)，https：//www. iucn. org/km/node/12583#_ftn3。

③ 参见《公约》第 38 条。

效性。

海洋环境污染防治的一个区域合作典范是在地中海海域进行的行动。地中海海域的沿岸各国经济发展层次各异，但半闭海的特殊地理环境使该地区成为了海洋污染的多发地，作出区域性防治安排迫在眉睫。在该地区活动的众多国际科研机构中，地中海科学勘探国际委员会成为了该地区区域合作典范之一。该委员会下设了抗击海洋污染分委员会，在这个分委会里，法国全面参与了制定对抗污染的方案报告和起草有关条约草案。

目前，法国参与在地中海海域环境保护的区域性合作机制包括：一是 1976 年多方开始建立的"《巴塞罗那公约》体系"，该公约体系也建立了海上事故引起污染的应急干预制度。二是同样于1976 年法国、意大利、摩纳哥三国签署的《拉莫格协定》(Accord de RAMOGE)。三是法国和西班牙签署的《狮子计划协定》(Accord Lion Plan)等。以下对《巴塞罗那公约》体系和《拉莫格协定》的制定和实施情况作出简要评述。

1.《巴塞罗那公约》体系的建立及挑战

1974 年，联合国环境规划署(UNEP)发起"区域性海洋计划"(Regional Seas Programme)，《地中海行动计划》(Mediterranean Action Plan)就是其中最早开展的项目。

实际上，《地中海行动计划》的建立最早是得益于法国的推动。在地缘政治上，法国是在地中海区域具有巨大政治影响力的国家，法国也希望通过推动地中海的海域保护区域合作维护并进一步扩大在地中海的地缘利益。在地缘经济上，法国是本区域其他国家最大的贸易伙伴；在资金技术上，当时的法国具检测海洋污染的能力，法国也贡献了很大一笔资金，这些资金作用甚至持续到联合国环境规划署开始主导地中海区域海洋环境保护之后的一段时间。① 可以

---

① 参见 Haas Peter M., Epistemic Communities and the Dynamics of International Co-operation, Rittbeger Volker, Regime Theory and International Relations, Oxford：Oxford University Press, 1995, p. 193；转引自张相君：《区域海洋污染应急合作制度的利益层次化分析》，厦门大学 2007 年博士论文，第 115 页。

说，法国利用其本身的经济、技术和资金优势，以合作抗击污染的名义，成功地主导了 20 世纪 70 年代早期的地中海区域环境保护。①

1975 年 2 月，联合国环境规划署召开保护地中海政府间会议，有 16 个地中海沿海国和一些非地中海国家代表出席了会议，会议通过了《地中海行动计划》作为应对地中海环境恶化共同挑战的制度合作框架，并为有关打击海洋污染公约框架的建立提供准备工作。《行动计划》的目标是帮助地中海沿海国评估和控制海洋污染，促进各国海洋环境政策的制度化建设，提高各国政府界定更好发展选择的能力，以及为区域资源的分配提供良好基础。②

为了落实《行动计划》的法律制度，1976 年地中海沿海国举行会议，会议通过了框架性的《保护地中海免受污染公约》(又称《巴塞罗那公约》)，以及《防止船舶和飞行器倾废污染地中海议定书》(又称"倾废议定书")和《合作防治在紧急情况下石油和其他有害物质污染地中海议定书》(又称"应急议定书")。框架性公约规定了每个缔约国必须遵守的义务，在该框架下，各缔约国单独地、或共同地采取合适的措施防止、减少及打击地中海海域的污染以及保护和提高该区域海洋环境。③

总体而言，1976 年《巴塞罗那公约》的达成，迈出了拯救地中海海洋环境的重要一步，是 UNEP 区域海洋计划内的一次成功。值得注意的是，在《巴塞罗那公约》谈判和签订之时，也正逢第三次海洋法会议的进程之间，第三委员会也在第 27 次会议对《巴塞罗

---

① 参见 Haas Peter M., Saving the Mediterranean: the Politics of International Environmental Cooperation., New York: Columbian University Press, 1990, pp. 167-168；转引自张相君：《区域海洋污染应急合作制度的利益层次化分析》，厦门大学 2007 年博士论文，第 114 页。

② 参见 The Mediterranean Ction Plan, http://web.unep.org/unepmap/who-we-are/mediterranean-action-plan。

③ 参见《巴塞罗那公约》第 4 条第 1 款。

那公约》进行了讨论。① 在会议上，西班牙、意大利代表强调了欧洲经济共同体成员国签订《巴塞罗那公约》及其议定书的重要性，因为这是保护海洋环境区域合作的典范。在海洋倾废问题上，《巴塞罗那公约》为区域海洋防治污染合作提供了好的样板，也相信能够为非地中海沿海国所效仿。另外，意大利也认为海洋污染防治合作是帮助国家间强化区域和平关系的有效手段。② 不过，也有学者对《巴塞罗那公约》体系的实际行动力提出了质疑。③

法国代表团对意大利的观点表示非常认可。④ 然而，当时"专属经济区"问题给《巴塞罗那公约》的条款适用带来诸多问题和不确定性。⑤ 实际上，许多地中海国家都意识到地中海海域特殊的地缘条件，在地中海海域，各国很难建立起 200 海里专属经济区，各沿海国不能简单通过扩大国家管辖范围海域解决海域环境保护问题。因此，法国认为，地中海沿海国正确地选择了功能性合作应对海洋污染问题。⑥

在 1976 年《巴塞罗那公约》和两个议定书通过之后，在联合国环境规划署的推动下，各缔约国又通过了针对具体污染问题的一系列议定书。⑦ 1995 年，第 9 次缔约方会议开启了"地中海行动计

---

① 参见 A/CONF. 62/C. 3/SR. 27, Summary Records of Meetings of the Third Committee。

② 参见 A/CONF. 62/C. 3/SR. 27, Summary Records of Meetings of the Third Committee, paras. 1-9。

③ 参见 Jürgen Basedow & Ulrich Magnus, Pollution of the Sea-Prevention and Compensation, Springer, p. 76。

④ 参见 A/CONF. 62/C. 3/SR. 27, Summary Records of Meetings of the Third Committee, para. 4。

⑤ 参见 Alexandre-Charles Kiss, La Convention pour la Protection de la Mer Méditerranée Contre la Pollution, Revue Juridique de L'Environnement, n° 2, 1977, p. 156。

⑥ 郑凡：《地中海的环境保护区域合作：发展与经验》，载《中国地质大学学报(社会科学版)》2016 年第 1 期，第 84 页。

⑦ 《巴塞罗那公约》下的系列议定书旨在解决该地区特定的污染问题，并为打击污染规定了更为详细的程序及措施。同时，议定书考虑到缔约国发展水平的差异，确定了可以尽快实现的目标，并允许通过谈判加以调整，《巴塞罗那公约》缔约国必须至少签署一项议定书。

划"的第二阶段。第二阶段的行动计划将"可持续发展"作为最重要的目标,其中,海洋、海岸区域及海洋资源的可持续管理被列入《地中海可持续发展战略》的七大"优先行动和协同领域"。① 同时,新的行动计划也对第一阶段的公约和议定书进行了修订及增补。《巴塞罗那公约》与七个子公约②共同构成了巴塞罗那公约体系。

2.《拉莫格协定》的制定及挑战

1976 年签订的《拉莫格协定》(Accord de RAMOGE)则是通过建立地方政府层面的协作,防止地中海海域污染以及保全沿岸水域,该协定也成为地中海区域污染防治合作的先驱和典范。

当时的摩纳哥王子兰尼埃三世(Rainier III)最先提出动议,希望在地中海建立一片保护海洋环境的示范区域,以应对热那亚湾和蓝色海岸的污染问题,并保护该海域内丰富的生物多样性。《拉莫格协定》起初覆盖范围从法国的圣·拉斐尔(St. Raphael)途经摩纳哥(Monaco)再至意大利的热那亚(Gênes),协定名称便由这三个城市的首音节组成。由于地中海半闭海的特殊情况,地中海各沿海国都默认不在地中海建立专属经济区,沿海国的管辖海域仍只限于12 海里领海。同样,《拉莫格协定》最初界定的管辖范围也没有超过 12 海里领海。1981 年,《拉莫格协定》首次扩大覆盖范围,将管理海域扩展到法国的马赛和意大利的拉斯佩齐亚。

《拉莫格协定》设立了三方委员会,委员会兼负管理性和科学性工作。例如,提出实际性和科学性措施,制订系统检测计划、制

---

① 参见 Arsen Pavasovic, The Mediterranean Action Plan Phase II and the Revised Barcelona Convention: New Prospective for Integrated Coastal Management in the Mediterranean Region, Ocean & Coastal Management, Vol. 31, 1996, pp. 133-182。

② 修订并增补的议定书包括:1980 年 5 月 17 日通过的《保护地中海区域免受陆源和陆上活动污染议定书》(1996 年 3 月 7 日修订并重新命名);1982 年 4 月 3 日通过的《地中海区域特别保护区域议定书》(被 1995 年 6 月 10 日通过的《地中海特别保护区和生物多样性议定书》取代);1994 年通过的《保护地中海免受因勘探和开发大陆架、海床及其底土污染议定书》;1996 年 10 月 1 日通过的《防止地中海区域受有害废物及其处理越境转移污染的议定书》;2008 年 1 月 21 日通过的《地中海海岸区域综合管理议定书》。

定污染物清单等。值得注意的是，这些计划规定禁止造成污染物质或物品的销售和扩散以及海上的倾倒。换句话说，计划注重从生产链源头着手解决倾倒问题，而不是在污染物品已经生产之后。另外，地方政府还采取了例如禁止私下污水管排污、禁止未经允许的排放、禁止在海上倾倒和焚烧煤渣等措施，这些具体的防治污染措施能够直接提高对有关人员的整治和处罚效率，使得近岸污染的防治更为落到实处。

《拉莫格协定》的签署比《巴塞罗那公约》晚仅仅数个月，两者都是旨在保护地中海沿岸水域质量以及防治污染。不过，比起《巴塞罗那公约》只是为之后的特别议定书的制定提供一个框架，《拉莫格协定》对成员国制定了更为具体的责任和义务。例如，协定第3条 a 款规定："委员会各国审查与水污染有关的共同利益问题。"①为此，拉莫格委员会尤其讨论了陆源性污染问题。第3条 b 款规定了成员国在协定规定的区域内的三项共同工作，即污染区域清查、可能产生重大污染的海岸治理项目的信息互通、打击污染所必要的基础设施及设备经济调研。② 也就是说，《拉莫格协定》采取"先诊治、后下药"的方式应对海洋污染。

另外，重视对海洋污染进行研究，可以说是《拉莫格协定》的优势之处之一。正如第3条 c 款的规定："在考虑到已存在的地方、国家和国际层面的设备手段及工程的基础上，合作框架制定了数个主题，委员会必须促进和支持合作框架内的调研与研究，信息交换以及专家会面。"③在1994年，《拉莫格协定》就启动生物标记物技术，通过生物标记物法对海洋水质进行评估和监测。同时，在委员

---

① 参见 Article 3 Paragraphe a de L'Accord Relatif à la Protection de L'environnement Marin et Côtier D'une Zone de la Mer Méditérrané（ACCORD RAMOGE）。

② 参见 Article 3 Paragraphe b de L'Accord Relatif à la Protection de L'environnement Marin et Côtier D'une Zone de la Mer Méditérrané（ACCORD RAMOGE）。

③ 参见 Article 3 Paragraphe c de L'Accord Relatif à la Protection de L'environnement Marin et Côtier D'une Zone de la Mer Méditérrané（ACCORD RAMOGE）。

会的提议下，三个成员国达成了"防治和打击海上污染干预计划"（以下简称"RAMOGEPOL"计划），确保了在发生重大事故污染时三国的通力协作。

随着国家在海域内应对需求的不断变化，《拉莫格协定》下的措施和活动也在不断增多，而"务实"正是该协定的最大特点。实际上，无论是法国的地方分权制度还是意大利的行政区划制度，都使得应对"海洋环境污染"问题快速落实到地方政府层面。同时，协定委员会也成立专门的管理工作小组，包括游船停泊港对海岸水质影响评估小组、海洋生态系统监测网络小组、汇水盆地小组等，使三国政府在框架内不同领域的活动得到更好协作。不过，这些工作小组的构成并不是长久固定的，它会随着海洋环境污染的问题和保全手段的演进而调整。

在海洋环境保护问题的新国际形势下，2003 年 11 月 27 日，三国签署了新一轮《拉莫格协定》。总体来看，新协定最大的特征仍是其运作的实用主义。① 新《拉莫格协定》不仅继续强调了三国的海务职能部门协作，同时还援引了修订后的《巴塞罗那公约》中的部分条文，强调了保护海洋生物多样性的必要性，并将生物多样性作为地中海自然遗产的核心组成部分。② 同时，新协定进一步界定了协定的覆盖范围，并提及了旧协定中没有考虑进来的岛屿地位问题。

值得注意的是，新《拉莫格协定》推进了协定内容的公众学习、

---

① 参见 Elodie Martin, Trente Dans de Préservation Interrégionale et Intergouvernementale de L'environnement Marin en Méditerranée: le Modèle de L'accord Ramoge, Annuaire du Droit de la Mer, 2005, Tome X, Paris: Edition A. Pedone, p. 101。

② 第 4 条也确定了委员会履行任务的行动计划。在新协定中，海岸环境已不局限于其原有的意义，而是明确强调了生物多样性的保全，第 4 条 e 款规定："拉莫格委员会必须监督有关海洋环境保全、保全海洋及海岸生物多样性的国际条约在拉莫格海域的适用和实施。" 参见 Article 4 de L'Accord Relatif à la Protection de L'environnement Marin et Côtier D'une Zone de la Mer Méditérrané（ACCORD RAMOGE）。

认知和参与,① 这是区域海洋污染防治中的一个较为新颖的举措。例如,公众可以在《拉莫格协定》网站下载有关文件,同时也能快速与协定秘书处取得联系。此外,为提高青年人对"海洋环境保护"的意识,新《拉莫格协定》官方网站也提供了诸多相关教学材料,以及设立阿兰·瓦特力冈奖(Prix Alain Vatrican),对青年学生在"拉莫格海域"保护海洋环境所做的行动或研究提供奖励。

在2005年,拉莫格委员会对"RAMOGEPOL"计划进行了新一轮改革。新的计划增加了航空手段,建立了污染监测和应急牵引程序的空中协作。随着三国之间的协作进一步深入,新"RAMOGEPOL"计划国际影响力进一步增强,并激起了其他地中海国家的兴趣,并促进了意大利、斯洛文尼亚和克罗地亚在"亚得里亚海行动计划"的诞生。

另外,在意大利和摩纳哥相继宣布建立生态保护区后,《拉莫格协定》下的一系列防治行动有了实质性的影响力。在生态保护区中,国家有了追诉和处罚领海以外污染者的权利,而"拉莫格区域"将成为生态保护区中的先导区域。在"生物多样性的保全"问题上,根据1999年生效的《地中海特别保护区和生物多样性议定书》,在地中海海域需制定一份物种清单。② 为了方便建立地中海生物多样性清查以及潜在的保护区域,地中海特别保护区区域活动中心制定了数据标准化汇编表。为此,《拉莫格协定》采取了非常务实的方式,直接为法国和意大利海域的生物多样性清查提供资金。2004年,在地中海特别保护区区域活动中心的协作下,组织了一次针对保护区管理人员的汇编表使用培训,而《拉莫格协定》覆盖的海域正是在该领域的试验区域。

总体来看,法国非常重视通过参与地中海区域海洋保护合作机

---

① 第4条f款也指出了委员会负责推进对协定实施目标进行内容普及。参见 Article 4 Paragraphe f de L'Accord Relatif à la Protection de L'environnement Marin et Côtier D'une Zone de la Mer Méditérrané (ACCORD RAMOGE)。

② 物种清单全称为"对保护地中海生物多样性起到重要作用的、囊括地中海特有生态系统的或濒危物种栖息地的、在科学、美学、文化和教育上有特殊意义的"清单。

制，来捍卫其地中海生态保护区的合理性和实质有效性。也有学者认为，法国单方面建立生态保护区实际上也可以解读为一个政治举动。法国通过向其他国家施压，使地中海沿岸各国可以达成更为团结有效的共同动议。①

（五）法国地中海生态保护区的建立尝试及挑战

1. 地中海生态保护区的建立背景

由于地缘政治的特殊性，长期以来，包括法国在内的许多地中海沿海国都并未提出建立地中海专属经济区的主张。然而，作为世界上最繁忙的半闭海，地中海航运的不断增长也带来了海域污染的不断恶化之势。

2000年，法国海洋监测与救援区域行动中心（CROSS）统计了158起海洋污染事件，有142起都是石油污染。其中，有118起海洋倾倒行为都是在法国未主张专属经济区的12海里以外海域发生的。② 在当时，由于地中海专属经济区的缺乏，法国于1983年7月5日颁布的第83-583号③有关打击船舶污染的法律无法有效适用于地中海海域。在"埃里卡"号事故发生后，法国认为考虑到半闭海的生态脆弱性，急需强化对抗地中海海域污染的法律手段。2000年2月28日，在南特召开的海洋部际间委员会（CIMER）会议上，法国政府决定创立地中海生态保护区，并批准《巴塞罗那公约》体系下的有关议定书。

2002年2月21日，时任法国环境部长伊夫·可舍（Yves

---

① 参见 C. Scapel, L'insécurité Maritime: L'exemple de la Pollution par les Hydrocarbures, Revue de Droit Commercial, Maritime, Aérien et des Transports, 2001, p. 122。

② 参见 Création D'une Zone de Protection Écologique en Méditerranée, https://envlit.ifremer.fr/infos/actualite/2002/creation_d_une_zone_de_protection_ecologique_en_mediterranee。

③ 法国第83-583号立法于2001年5月3日再次修订。

Cochet)向部长委员会提交创立生态保护区的法律草案。① 对于生态保护区的法律性质，草案指出："（法国地中海）生态保护区实际上是《公约》第五部分专属经济区的变体，在该生态保护区中，法国仅行使《公约》第 56 条第 1 款（b）段'沿海国行使保护和保全海洋环境'的管辖权，放弃第 56 条第 1 款（a）段'在该海域勘探和开发、养护和管理海床上覆水域和海床及其底土的自然资源'为目的的主权权利。"②可见，法国想要强调，法国地中海生态保护区的创立不影响该海域外国渔船的捕鱼活动。而法国生态保护区建立的目标，则是实施《公约》第十二部分"海洋环境的保护与保全"中的有关条款及措施。另外，草案规定法国生态保护区的界限将在与有关邻国缔结协定后最终确定。

2. 法国建立地中海生态保护区的挑战

2003 年 4 月 15 日，法国立法建立在地中海的生态保护区（以下简称《创立生态保护区法》）。③ 法国地中海生态保护区的创立"可以使法国政府搜寻、查明和制止在法国领水以外船只非法排放碳氢化合物及有毒物质的行为"。④《创立生态保护区法》加强了对地中海沿岸清洗油舱的油船和被认为存在污染威胁的老旧单壳体油船的管理力度；同时，《创立生态保护区法》规定将不合规范的运载危险物质的船只驱逐保护区以外。因此，法国生态保护区也时常

① 参见 Projet de Loi Relatif à la Création D'une Zone de Protection Écologique au Large des Côtes du Territoire de la République, Présenté au Nom de M. Lionel Jospin, Premier Ministre, par M. Yves Cochet, https：//www. senat. fr/leg/pjl01-261. html。

② 参见 Projet de Loi Relatif à la Création D'une Zone de Protection Écologique au Large des Côtes du Territoire de la République, Présenté au Nom de M. Lionel Jospin, Premier Ministre, par M. Yves Cochet, https：//www. senat. fr/leg/pjl01-261. html。

③ 参见 Loi n° 2003-346 du 15 Avril 2003 Relative à la Création D'une Zone de Protection Écologique au Large des Côtes du Territoire de la République。

④ 参见 Ministre de l'Aménagement du Territoire et de L'environnement, Dossier de Presse, la Création D'une Zone de Protection Écologique en Méditerranée, 27 Février 2002, p. 15。

被认为是《马拉加协定》在地中海海域的"翻版"。① （参见图 3-1）

注释：（1）围绕海岸的浅灰色区域以内为法国领海部分；（2）虚线部分以内为法国根据《公约》规则规定的专属经济区海域；（3）连接专属经济区虚线的加粗实线部分，为法国与西班牙通过双边协定而划定的专属经济区海域边界；法国科西嘉岛与意大利撒丁岛之间的短实线为双方根据双边协定而划定的海域边界；（4）深灰色区域为法国在地中海沿岸的海洋生态保护区，该区域已通过法国国内法而部分转为专属经济区。

图 3-1　法国本土的专属经济区及生态保护区

资料来源：2007 年法国生态与可持续发展部"法国国家管辖以内海域"报告，② 图表略有批注改动。

在欧盟层面，经历过"埃里卡"号的海难事故后，欧盟也制定了打击石油污染的"一揽子海上安全措施"（"Erika I&II Packages"）。而"威望"号事件后，欧盟开始审议海上安全制度体

---

① 参见 Caroline Laly-Chevalier, Les Catastrophes Maritimes et la Protection des Côtes Françaises, Annuaire Français de Droit International, Volume 50, 2004, p. 591。

② 参见 Ministère de L'Ecologie et du Développement Durable de France, Représentation des Enjeux de L'espace Marin Dans les Eaux Sous Juridiction Française de France Métropolitaine, Février 2007, p. 5。

系，并制定出包含 7 项建议修改法令的第三套海上安全一揽子措施
（Erika III）。而生态保护区的建立更加凸显了其中许多规则的重要
性。不过，欧盟法律的高标准也增加了措施落实到位的困难度。对
此，有学者认为，地中海生态保护区是在地中海缺乏专属经济区的
情况下采取的必要应急手段，它不仅是一种权宜之计，也是打击欧
盟海洋污染的一部分。①

　　首先，《创立生态保护区法》对《法国环境法典》中"排放污染物
船只管制措施的适用范围"内容修改。修改后的《法国环境法典》中
规定，在法国内水、法国航道、领海和经济区内造成污染船只的处
罚及追责制度适用于法国生态保护区。② 同时，还规定该管制措施
也适用于非《MARPOL 公约》的缔约国领土上登记的船只和海上平
台。追责的具体内容包括在海洋事故、油轮的油槽或压舱排放的清
洗引起的碳氢化合物的泄漏，还包括《MARPOL 公约》中规定的有
毒有害物、污秽物的排放。《创立生态保护区法》也对《法国环境法
典》进行了补足和修改，以便对在生态保护区内进行非法倾泄和海
上焚烧行为进行处罚和追责。③

　　总体来看，《创立生态保护区法》对于船只在保护区内排放、
倾废和焚烧行为引起的污染的管制措施进行规定，具有全面性的特
征。不过，该立法由于强调处罚的威慑特征，不免给人造成一种
"重处罚、轻预防"的印象。另外，有学者认为，只有当法国真正
建立了港口废弃物卸载和处理应急地点时，生态保护区的建立才具

---

　　① 参见 Deffigier Clothilde. La Zone de Protection Écologique en
Méditerranée, un Outil Efficace de Lutte Contre la Pollution par les Navires?
Commentaire de la Loi n° 2003-346 du 15 Avril 2003 Relative à la Création D'une
Zone de Protection Écologique au Large des Côtes du Territoire de la République（2e
partie）. In: Revue Juridique de L'Environnement, n°3, 2004, p. 268。

　　② 参见 Article L218-21 Modifié par Loi n°2003-346 du 15 Avril 2003-art. 3
JORF 16 Avril 2003。

　　③ 参见 Article 5 a Modifié les Dispositions Suivantes: Code de
L'environnement-art. L218-45（M）; Article 6 a Modifié les Dispositions Suivantes:
Code de L'environnement-art. L218-61（V）. Modifié par Loi n°2003-346 du 15
Avril 2003-art. 3 JORF 16 Avril 2003。

有实际性意义。① 为了保护海域环境，欧盟国家普遍适用
《MARPOL 73/78 防污公约》，该公约附则五对于垃圾的定义、排
放条件、标准、垃圾管理计划等都做了规定。2000 年 12 月 28 日，
欧盟理事会制定了"2000/59 号关于港口废弃物"的指令（La
Directive n2000/59/CE），旨在减少船只产生和非法排放废弃物，
提高港口接收船只垃圾设施的使用率，并规定成员国有义务在两年
内建立港口废弃物接收措施。不过，在法国宣布生态保护区时，该
措施还没有实际落实。

　　在生态保护区内想要掌握船只明显违法行为的污染证据是非常
难的，因为污染监测手段和具有资质的监测人员都还存在不足。为
此，法国采取了一系列保护措施，包括加强在保护区内船只悬挂法
国国旗、推动改进完善船只结构、进一步追究污染者的责任等。同
时，国家在地中海的监管和干预调动了许多机关和机构，包括法国
海军、海事部门、海关部门等，法国土伦的地中海海军区长负责调
动和协调各机关的污染打击行动，法国海事局下属的地中海监管和
营救区域行动中心负责协调污染监管的手段协调，而法国海军部和
海关处则负责海洋污染的空中监测。

　　对于法国生态保护区对违章行为的认定，则需要通过对违章船
只登临检查实现。实际上，在生态保护区建立的前一年，法国就颁
布一项通告，规定"Polmar 海陆行动"与"Polmar 空中监测项目"相
配合，确保法国在地中海船只的监测行动。可以说，在生态保护区
内多种监测手段的开展及各海军军区区长之间的紧密协作，正是确
保法国生态保护区有效建立的重要条件。另外，为了可持续推进生
态保护区污染防治活动，《创立生态保护区法》第 8 条还规定："从
2004 年 1 月 1 日起，当局政府每年需向议会呈报一份国际、共同
体和国家三个层面通过的有关海岸线保护和海域安全领域的决策和

---

　　① 参见 Deffigier Clothilde. La Zone de Protection Écologique en
Méditerranée, un Outil Efficace de Lutte Contre la Pollution par les Navires?
Commentaire de la Loi n° 2003-346 du 15 Avril 2003 Relative à la Création D'une
Zone de Protection Écologique au Large des Côtes du Territoire de la République (2e
partie). In: Revue Juridique de L'Environnement, n°3, 2004, p. 264。

措施清单。"①

总体来看，2003 年的《创立生态保护区法》是迈向更大层面打击污染保护海洋环境的一步。法国通过创设"生态保护区"的新概念，使国家处于安排和调动保护海洋环境措施的核心位置。除了经济和战略层面的考量，法国"生态保护区"的建立，也进一步彰显了"区域海洋生态保护"在以《公约》为首的新海洋法制度中的重要性。

第四节　法国国际海底区域活动实践方面

在有关缔约国相继批准《执行协定》和《公约》后，国际社会开始对"区域"资源作为"人类共同继承财产"的实现形式提出探讨。21 世纪以来，国际海底管理局先后于 2000 年、2010 年、2012 年分别通过《"区域"内多金属结核探矿和勘探规章》《"区域"内多金属硫化物探矿和勘探规章》以及《"区域"内富钴铁锰结壳探矿和勘探规章》，基本完成了勘探阶段的法律制定。有学者指出，当前国际海底活动的重心已从勘探阶段向勘探与开发的准备期过渡，当务之急是制定"开采法典"（the Exploitation Code）。②

一、法国在参与国际海底区域"开采法典"制定中的挑战

由于国际海底区域活动的特殊性，希望对国际海底区域进行开采活动的国家，无论是否《公约》的缔约国，其国内规范和实际行动，都或多或少受到国际海底管理局制定规范的直接或间接影响。因此，有必要对国际海底管理局的章程制定行为、法国相配合的立法或计划调整及其所提出的挑战进行检视。

---

① 参见 Article 8 du Loi n° 2003-346 du 15 Avril 2003 Relative à la Création D'une Zone de Protection Écologique au Large des Côtes du Territoire de la République。

② 杨泽伟：《国际海底区域"开采法典"的制定与中国的应有立场》，载《当代法学》2018 年第 2 期，第 26 页。

（一）法国对担保国的责任和义务问题的立场及挑战

自成立以来，国际海底管理局颁布了诸多法律规范文本，相关国家可以从中汲取灵感来制定其本国相关立法，在此过程中，管理局也逐渐形成一套关于国际海底区域勘探和开发的规则和程序。

2010 年，国际海底管理局就担保国责任和义务的问题向国际海洋法法庭征求咨询意见。这些征求意见包括：（1）《公约》制度下"区域"内缔约国的法律责任和义务是什么；（2）缔约国因其担保实体违反《公约》规定而引起赔偿责任的程度和范围；（3）以及担保国必须采取哪些必要和适当的措施来履行其责任。[①] 2011 年 2 月 1 日，海底争端分庭通过了对于国际海底管理局理事会的咨询意见。该意见指出，对"区域"活动实体作出担保的国家，有义务确保担保实体遵守相关合同条款，并且必须在其法律制度内为此采取必要措施。担保国有义务尽最大努力确保担保实体履行其义务。

海底争端分庭通过对 2000 年《"区域"内多金属结核探矿和勘探规章》和 2010 年《"区域"内多金属硫化物探矿和勘探规章》的条文考察，将担保国的责任分为注意义务（Obligation de veiller à）和直接义务（Obligation directe）。对于征求意见的第一个问题，评论意见指出担保国责任和义务包括：遵守基本规章条例、担保国确保和遵守注意义务、并顾及注意义务中的"注意"（diligence requise）问题。[②] 而直接义务则包括：范围内的直接义务包括帮助国际海底管理局、采取预防措施、采用最有利于生态的实践方式、采取措施确

---

① 参见 Introduction de L'instance, Affaire No. 17 Responsabilités et Obligations des Etats qui Patronnent des Personnes et des Entités Dans le Cadre D'activités Menées Dans la Zone（Demande D'avis Consultatif Soumise à la Chambre pour le Règlement des Différends Relatifs aux Fonds Marins），TIDM, https：//www. itlos. org/fr/affaires/role-des-affaires/affaire-no-17/#c588。

② 参见 Obligations Directes Incombant aux Etats qui Patronnent, Responsabilités et Obligations des Etats Dans le Cadre D'activités Menées Dans la Zone, Avis Consultatif, Ler Février 2011, TIDM Recueil 2011, paras. 99-120, https：//www. itlos. org/fileadmin/itlos/documents/cases/case_no_17/17_adv_op_010211_fr. pdf。

保承包实体为保护海洋环境提供保障、提供补救措施以便在发生损害时进行赔偿。①对于第二个问题，分庭认为在违反《公约》规定的义务并且违约与损害之间存在因果关系时，就产生了担保国的责任。在第三个问题中，分庭认为担保国施行法律的性质和范围应是可以规定并监督承包者活动的法律机制。在担保国与管理局的互动之中，担保国应与管理局的合同相符，服从现行法律法规，以便履行必要的调查及责任免除。此外，这些标准应涵盖勘探阶段完成后承包者的义务。在制定这些标准时，国家必须考虑到"合理，相关和有利于全人类利益"的方式，考虑各种选择并且本着善意行事。②

在 2010 年海底争端分庭受理此咨询案的过程中，共收到了包括中国、英国、俄罗斯等国家和国际组织共 15 份书面意见。法国并未对此案提交书面意见。法国分别于 2001 年和 2014 年与国际海底管理局签订了两份勘探合同，而法国海洋开发研究院则是相应的承包者。由于法国海洋开发研究院的国有性质，在担保国对其合同承包者的责任和义务的履行上，法国的实践是较为符合《公约》和海管局有关制度的。同时，法国通过调整本国法律法规及推进区域性合作等方式，通过行动实际明晰了国家及其企业的"区域"活动规范及责任等问题。

在《公约》第 153 条③的指导下，国际海底委员会的法律与技术

---

① 参见 Obligations Directes Incombant aux Etats qui Patronnent, Responsabilités et Obligations des Etats Dans le Cadre D'activités Menées Dans la Zone, Avis Consultatif, Ler Février 2011, TIDM Recueil 2011, paras. 121-140, https：//www. itlos. org/fileadmin/itlos/documents/cases/case_no_17/17_adv_op_010211_fr. pdf。

② 参见 Obligations Directes Incombant aux Etats qui Patronnent, Responsabilités et Obligations des Etats Dans le Cadre D'activités Menées Dans la Zone, Avis Consultatif, Ler Février 2011, TIDM Recueil 2011, paras. 212-241, https：//www. itlos. org/fileadmin/itlos/documents/cases/case_no_17/17_adv_op_010211_fr. pdf。

③ 《公约》第 153 条第 4 款规定："从本公约生效时起，大会每五年应对本公约设立的'区域'的国际制度的实际实施情况，进行一次全面和系统的审查。参照上述审查，大会可按照本部分和与其有关的附件的规定和程序采取措施，或建议其他机构采取措施，以导致对制度实施情况的改进。"

委员会(简称"法技委")提议制定示范性立法,以协助各缔约国有效引导符合和履行相关义务的活动。为响应这一倡议,海管局理事会责成管理局秘书长就各国关于"区域"活动而颁布的立法、法规和行政规定编写一份报告。2012年5月4日,包括中国在内的九个国家①和南太平洋应用地理科学委员会(SOPAC)一道合作,共同汇编了有关有关国家关于"区域"问题的立法信息和该国管辖范围内海域的相关立法规定。而法国也是南太平洋应用地理科学委员会的成员国之一。

(二)法方对于国际海底管理局"开采规章"的意见及挑战

自2016年《"区域"内矿产资源开发和标准合同条款规章工作草案》(简称"开采规章"草案)公布以来,国际海底管理局收到了来自政府、企业、个人、工业组织、非政府组织及学术科研机构各方面的多份评论意见。在其中,来自法方的评论意见主要包括法国中央政府、法国海洋开发研究院、法属波利尼西亚邮政与通信公司(OPT)三份评论意见。可以说,在参与国际海底区域活动的法律规则制定方面,法国充分考虑并调动了其国家科研力量及海外领土的力量,以发挥法国海外领土在"区域"活动中的客观地缘优势。

1. 法国政府对于"开采规章"的主要评论意见

法国政府对于"开采规章草案"发表了若干评论意见,这些立场和意见也可以较为清晰地看出法国政府的背后利益考量。

第一,在"开采规章"草案的框架和结构方面。法国认为其在结构上处理较好、逻辑上衔接顺畅,但有些主题看起来不平衡,如"区域"内的环境保护问题。在逻辑顺序方面,法国认为关于"管理局审议问题"的第十一部分应立即放在第五部分"承包商的义务"之后。法国认为,"审查"之目的是为确保承包者遵守其义务,因此这样调整更合乎逻辑。第七部分"一般规定"中的合同财务条款和

---

① 这九个国家分别是中国、德国、圭亚那、库克群岛、瑙鲁、捷克共和国、英国、汤加和赞比亚。

第十部分"争端解决"中行政审议机制和费用条款应当进行合并。①

　　同样，法国认为对第四部分的环境问题和第七部分的财务条件问题应作出进一步细化规定。首先，法国认为，在关于"开采工作计划的评估和修改"的第四部分中，关于监督承包者的义务、承诺和环境监测方法等内容还较为缺乏，应得到补充和加强；同时，应特别引入"海洋环境保护和保全"问题的指导性原则，如预防原则、生态系统方法、污染者付费原则、担保国的环境责任等，同时，也应制定相关的法律文书避免"区域"活动对海洋环境的不利影响。其次，关于第七部分，特别是关于"支付机制和承包者支付费用的义务问题"应成为 2018 年的磋商主题。② 法国认为，建立明确的税收制度至关重要，该税收制度可以确保运营商的业务决策具有法律确定性。而该税收制度应特别处理在属于担保国以外的国家的港口提取的矿物资源着陆时适用的规则。对于该部分的明确，将确定是否由国际海底管理局采用适用于其所有缔约国的单一税收制度，或者该问题是否将取决于担保国与有关港口国之间的双边关系及相关税收协定。③

　　第二，行政审查机制问题。"开采规章"草案规定了适用于对开采合同在解释或适用争议上的行政审查机制。该机制规定承包者可以要求审查由海管局或代表海管局对其采取的决定或行动。法国认为该行政审查机制具有必要性，但需进一步细化该审查机制的相关条款。④ 正如海管局讨论文件中所述，可能存在这样的情况：即考虑到成本和时效性的原因，最好采用在执行《公约》第十一部分

---

　　① 参见 Commentaires de la France sur le Projet de Règlement de L'exploitation des Ressources Minérales Dans la Zone（ISBA/23/LTC/CRP），8 Décembre 2017。

　　② 参见 Commentaires de la France sur le Projet de Règlement de L'exploitation des Ressources Minérales Dans la Zone（ISBA/23/LTC/CRP），8 Décembre 2017, p. 1。

　　③ 参见 Commentaires de la France sur le Projet de Règlement de L'exploitation des Ressources Minérales Dans la Zone（ISBA/23/LTC/CRP），8 Décembre 2017, p. 2。

　　④ 参见 Commentaires de la France sur le Projet de Règlement de L'exploitation des Ressources Minérales Dans la Zone（ISBA/23/LTC/CRP），8 Décembre 2017, p. 2。

第五节规定的争端解决程序之前就进行行政审查。① 不过，在这方面还存在哪种类型和性质的争议应该适用这种机制、如何指定审查专家、专家的意见是否具有法律约束力等问题。为此，法国建议海管局启用"第三方专家"协助处理相关技术问题，特别对开采合同进行审查并进行环境影响评价研究。值得注意的是，这种第三方评估的做法已经在法国施行并在法国《环境法典》中得到确认。②

第三，对于"区域"内活动经营期限、"开发规章"与合同的平衡问题。首先，法国认为必须对合同期限的问题作出规定，特别是可能存在合同的最长期限（或可能的续延次数）问题。例如，草案第 13 条中规定："合同的每个续约期限不得超过十年，初始合同的最长期限为三十年。"③但法国指出草案并未指定最大续延数。草案关于权利和义务转让的部分还指出"委员会应考虑转移到垄断'区域'内活动的行为。"④法国认为，该条款中"垄断"的概念应通过设定最大运营期的设定来进行界定。其次，对于草案与合同之间是否应存在一个平衡的问题，法国指出，如果考虑到法国《采矿法规》的规定，法国国内法中的相关信息将对草案产生更大的影响，而开发许可的相关信息则与开采合同的有关内容相平衡。

第四，担保国和使用开采合同作为担保的问题。首先，对于担保国的作用问题，法国强调担保国的责任和义务制度应符合 2011年 2 月 1 日国际海洋法法庭第 17 号"咨询意见案"的重要性。在这方面，担保国应保有合理注意的义务，因此，担保国并不因违反

① 参见 Document de Discussion 1: Questions Liées au Règlement des Différends Dans le Cadre du Nouveau Règlement D'exploitation Propose, Avril 2016, http：//www. isa. org. jm/files/documents/EN/Pubs/DPs/DP1. pdf。

② 参见 Commentaires de la France sur le Projet de Règlement de L'exploitation des Ressources Minérales Dans la Zone (ISBA/23/LTC/CRP), 8 Décembre 2017, p. 5。

③ 参见 Draft Regulation 14 "Term of Exploitation Contracts" of Working Draft Regulations and Standard Contract Terms on Exploitation for Mineral Resources in the Area, February 2016。

④ 参见 Draft Regulation 17 "Transfer of rights and obligations" of Working Draft Regulations and Standard Contract Terms on Exploitation for Mineral Resources in the Area, February 2016。

《公约》《执行协定》和未来将达成的"开采规章"中有关经营者的行为而承担责任。只有在证明担保国没有采取所有适当措施确保其担保承包者遵守相应义务，担保国才承担责任。① 其次，对于使用开采合同作为担保的问题。"开采规章"草案规定，相关开采合同可以进行质押或抵押以便为开采活动筹得资金，但该抵押行为必须征得海管局秘书长的事先书面同意。然而，这种担保模式并不符合法国的做法，因为法国认为开采合同并不是经营者本身的资产。因此，法国虽然在原则上不反对这种担保模式，但希望海管局能进一步明确其担保方式。其中，海管局秘书长在进行事先书面授权前，应首先取得海管局理事会和大会的书面同意。②

第五，"区块"界定问题。对于"开采规章"草案中是否明确规定了"合同区块"和"开采区块"的概念界定问题，法国认为"合同区块"可能同时包含"专门用于开采的区块"和"可能继续进行勘探的区块"的含义，而承包者应界定其自身的开采区块和勘探区块。同时，应在草案中明确指出"勘探合同的持有者将优先获得涵盖同一地区的勘探合同"。③

最后，在"开采规章"草案所用法律术语方面，法国指出草案所用法律术语与 1994 年《执行协定》的用语较为统一，但需要确保最终法律文本中争端解决部分与《公约》第十一部分所规定争议解决程序的术语兼容性。④

2. 法国海洋开发研究院对于"开采规章"的评论意见

应海管局的邀请，法国海洋开发研究院也对"开采规章"草案

---

① 参见 Commentaires de la France sur le Projet de Règlement de L'exploitation des Ressources Minérales Dans la Zone（ISBA/23/LTC/CRP），8 Décembre 2017，pp. 3-4。

② 参见 Commentaires de la France sur le Projet de Règlement de L'exploitation des Ressources Minérales Dans la Zone（ISBA/23/LTC/CRP），8 Décembre 2017，p. 5。

③ 参见 Commentaires de la France sur le Projet de Règlement de L'exploitation des Ressources Minérales Dans la Zone（ISBA/23/LTC/CRP），8 Décembre 2017，p. 4。

④ 尤其需要注意的是《公约》第 188 条第 2 款。参见 Commentaires de la France sur le Projet de Règlement de L'exploitation des Ressources Minérales Dans la Zone（ISBA/23/LTC/CRP），8 Décembre 2017，p. 2。

提交了对于若干问题的意见。

第一，在"开采规章"草案的框架和结构方面。与法国政府的评价意见一致，法国海洋开发研究院也认为草案的逻辑结构和流程清晰，但仍需作出一些修改。除了法国政府评价意见所给出的修改方案之外，法国海洋开发研究院进一步指出，海管局通过的许多"建议"(recommandations)是否具有法律约束力还并不明确。由于开采规章通过这些"建议"和有关程序进行补充，来进一步明晰操作细节，因此，在"开采规章"明确这些"建议"是否具有法律约束力非常重要。①

第二，"开采规章"中的环境规则问题。"开采规章"的环境规则是法国海洋开发研究院评论意见中的重点论述问题。由于"开采规章"草案中"环境部分"的规则制定仍处于初始阶段，海管局还需进一步开展工作，以更好地确定适用于开采阶段的环境原则和义务。其中，一般性原则应考虑到避免对海洋环境产生不利影响的国际法律文件，如联合国第 61/105 号决议(特别是第十节)等。不过，这些一般性原则需要被充分实践并定期更新，以便与最新的法律法规和科学认知相匹配。同时，应对承包者必须满足的环境目标作出进一步明晰，而管理局也应对相关申请及在合同有效期内的实践进行追踪性评估。②

"开采规章"草案第 17 条规定："应进一步制定一些包含减缓战略要素('避免''最小化''恢复''抵消')的基本原则。"同时，"应获取有关保护和保护海洋环境的数据信息，鼓励建立问责制、提升透明度及公众协商度，使规章更具约束力。"③对此，法国海洋

---

①　参见 Comments on ISA's "Draft Regulations on Exploitation of Mineral Resources in the Area" Released August 2017 (ISBA/23/LTC/CRP. 3＊), Référence：REM/2017-055, Ifremer, 19 Décembre 2017, p. 1。

②　参见 Comments on ISA's "Draft Regulations on Exploitation of Mineral Resources in the Area" Released August 2017 (ISBA/23/LTC/CRP. 3＊), Référence：REM/2017-055, Ifremer, 19 Décembre 2017, p. 2。

③　参见"Section XX Environmental Management, Monitoring and Reporting" of Working Draft Regulations and Standard Contract Terms on Exploitation for Mineral Resources in the Area, February 2016。

开发研究院认为，草案中多次提及"环境影响区"（Environmental
Impact Areas）的拟定含义，① 指出"环境影响区"是指由于开采活动
可能发生环境影响（直接、间接或累积）的海洋环境区域。环境影
响评估（EIA）除需具备专业知识外，也需对如保全参照区
（Preservation Reference Zone）这类的相关区域进行监测。② 然而，
在实际情况中，诸如保全参照区的这些区域并不会受到采矿活动直
接或间接影响。因此，法国海洋开发研究院认为草案中对环境影响
评估的结果进行限制、③ 对现有环境状况的描述、④ 拟定监测站位
置⑤和"环境影响区"的拟定定义本身，都不足以与保护参照区的现
有定义相匹配。为此，法国海洋开发研究院建议，某些使用"环境
影响区"术语的情况可能需要完成和/或替换为其他术语，如"合同
区域"或"环境影响评估研究区域"等。⑥

　　在法技委评估和批准申请时考虑的环保目标方面，"开发规
章"草案第 7 条第 4 款和第 21 条可进行交叉引用，以审查该申请是
否根据《公约》第 145 条规定对海洋环境进行有效保护和保全。对
此，海洋开发研究院提出"开采规章"是否应包含实施该标准的进
一步细节，这些细节可包括证明申请人已适用规章第 17 条中定义
的一般原则等，并可指导法技委进行相关评估。最后，在环境影响
声明方面，"开发规章"规定应按照"良好行业规范"（Good Industry

---

　　① 参见"开采规章"草案第 19 条第 2 款、第 32 条第 4 款、附件 IV，附
件 VII 等。

　　② 根据勘探规章的有关规定，承包者义务之一包括"如果承包者申请开
发权，承包者应提议专门拨作影响参照区和保全参照区的区域"。参见金永
明：《国际海底区域资源勘探规章述评》，载《海洋开发与管理》2006 年第 4
期，第 27 页。

　　③ 参见"开采规章"草案第 19 条第 2 款 a 项。

　　④ 参见"开采规章"草案附件四 d 项。

　　⑤ 参见"开采规章"草案附件七 h 项。

　　⑥ 参见 Comments on ISA's "Draft Regulations on Exploitation of Mineral
Resources in the Area" Released August 2017 （ISBA/23/LTC/CRP. 3*），
Référence：REM/2017-055，Ifremer，19 Décembre 2017，p. 3。

Practice）进行环境风险评估，并应填写法技委发布的建议书。① 对此，海洋开发研究院认为，申请者应提供一份报告以回答有关各方和秘书长的意见。通过此举可以提升流程的透明度，并可以使申请人解释对环境影响声明（Environmental Impact Statement，EIS）和环境管理和监测计划（Environmental Management and Monitoring Plan，EMMP）修订与否的理由。此类报告也应在管理局的网站上公布。②

二、法国在国际海底区域实际活动中的挑战

（一）法国在"区域"活动中的地缘政治挑战

2012 年，法国海事贸易咨询中心（Maritime Logistics&Trade Consulting）联合全球著名航运经纪商法国百利集团（Barry Rogliano Salles），对关于海洋经济发展的战略前瞻性问题作出一份前景评估报告。该报告认为，国家性质的风险包括对油气资源矿床进行开采的海域争议、资产国有化占有的争议、因冲突造成的法国资产破坏、被拒绝进入法国开采公司经营的海域。③ 同时，与国家军备相关的风险区域有两个，一是各国间地缘政治的紧张局势、二是法国与第三国之间的海域边界争议。报告进一步指出，目前受地缘政治

---

① 参见"开采规章"草案第 19 条第 2 款 b 项。

② 参见 Comments on ISA's "Draft Regulations on Exploitation of Mineral Resources in the Area" Released August 2017 （ISBA/23/LTC/CRP. 3＊），Référence：REM/2017-055，Ifremer，19 Décembre 2017，p. 4。

③ 该评估报告认为，当一国希望将其认为是其专属财产的资源国有化时，一国对属于法国公司资产的占有就成为风险。不过，这种风险仅适用于在开采油气资源方面具有重要经验和技术的国家。没有掌握重要技术的国家，往往不能对抗能够单独实施开采活动的外国公司。因此，必须将这两个因素结合起来：一个可以进行资产国有化的国家和一个拥有海洋开采专门技术的国家。例如，墨西哥、委内瑞拉、巴西等南美洲国家拥有必要的专门技术知识，大多数东南亚国家也是如此。对于非洲和中东国家而言，大量使用西方技术人员和工程师往往会将风险降至最低。参见 Jean-Pierre Histrimont & Yannick Foll & Laure Bougeard & Luc Viellard & Matthieu Anquez, Etude Prospective sur les Enjeux Stratégiques Liés au Développement de L'économie Maritime, p. 107。

局势影响而法国勘探和开发活动的主要海域包括东地中海(特别是以色列,黎巴嫩和塞浦路斯周围的油气田)、波斯湾(伊朗及其邻国和盟国-包括美国和法国)、南海(特别是现阶段的勘探活动)、北极和马洛于内群岛。当然,海域油气资源开发中的地缘政治挑战往往根据国家间关系不同而有所区别。[①] 在法国主权海域油气资源开采的争议挑战中,只有圭亚那可以被视为风险区。[②]

在深海海床底土矿物资源的勘探和开发活动中,该评估报告认为,法国的克利伯顿岛以及法属瓦利斯和富图纳群岛在较小程度上会成为主权掠夺的目标。其中,法属克利伯顿岛唯一的权益挑战方是墨西哥,墨西哥海军可能将围绕在克利伯顿岛周围的专属经济区,向参与该海域海床底土勘探和开采的法国籍船只施加压力。而法属瓦利斯和富图纳群岛是与斐济、汤加、萨摩亚、图瓦卢接壤,外籍船只可能在法国专属经济区内进行非法开采活动。在资源稀缺的背景下,包括中国、日本、韩国、印度在内的许多周边国家,可能会倾向于对西太平洋的法国专属经济区进行"非法掠夺"。[③] 如果

---

① 该评估报告认为,法国将资源国有化并进行排他性开发,可能导致相关地区的反对、造成地缘政治局势的紧张甚至冲突。因此,拒绝第三方进入相关开发区域是一种风险。波斯湾和南海似乎存在潜在风险,而西地中海可能成为一个新的紧张地区,其中,法国的海洋资源权益将受到威胁。不过,风险等级取决于地区和风险性质,对于苏里南或巴西对圭亚那矿床的挑战,风险评估为非常低/低。因此,苏里南和巴西这两个国家不太可能因该问题与法国产生外交冲突。参见 Jean-Pierre Histrimont & Yannick Foll & Laure Bougeard & Luc Viellard & Matthieu Anquez, Etude Prospective sur les Enjeux Stratégiques Liés au Développement de L'économie Maritime, p. 108。

② 法国第一阶段两个主要的钻探地点 Sinnamary 1 和 FG1-2,都位于法属圭亚那专属经济区和苏里南之间的争议海域附近;此外,2011 年发现的一块名为"Zaedyus"的矿床位于法国在南美洲的专属经济区和巴西专属经济区的海域边界附近。参见 Jean-Pierre Histrimont & Yannick Foll & Laure Bougeard & Luc Viellard & Matthieu Anquez, Etude Prospective sur les Enjeux Stratégiques Liés au Développement de L'économie Maritime, p. 107。

③ 参见 Jean-Pierre Histrimont & Yannick Foll & Laure Bougeard & Luc Viellard & Matthieu Anquez, Etude Prospective sur les Enjeux Stratégiques Liés au Développement de L'économie Maritime, p. 109。

法国公司在法国专属经济区以外进行结核开采或硫化物开采，那么其他地区可能会受到影响。

法国海洋开发研究院认为，多金属结核发现地区与地缘政治高度紧张地区并不一致。当前对于国际海底区域勘探许可申请的"竞赛"需要决策者的高度关注，而目前政治风险值较低的部分，可能会随着今后几十年资源愈发紧张的趋势而将有所增长。此外，由于海底资源开采的基础设施成本昂贵、技术相对复杂，这也将影响法国深海开采活动的预期成本效益比。[①]

(二)法国在"区域"实际活动中的法律挑战

"区域"勘探和开发活动的法律框架主要由《公约》附件三、《执行协定》组成。《执行协定》对《公约》第十一部分进行了制度性调整，它不仅规定了国际海底管理局的决策机制，详细说明了其与理事会、法律和技术委员会、总秘书处的互动关系和相互作用，同时还构建了"区域"采矿的规范性法律文本。作为拥有第二大专属经济区面积的国家，法国深海活动中的优先事项及其相应挑战，也在法律制定上得到了进一步体现。

首先，新海洋法中出现的大陆架制度规定了国家为探索和开发其自然资源而专门行使的主权权利。《公约》第 77 条规定了权利的范围及其性质。一国海洋主权权利的"专属性"意味着，如果该国不探索大陆架或开采自然资源，没有人可以从事这种活动。换句话说，大陆架扩展所预期的主权权利具有前所未有的战略重要性。1968 年法国通过颁布《大陆架法》及其执行法令，建立了关于大陆架活动的国家法律制度作为获取海洋矿物资源的基础。应特别注意到的是，法国对于新喀里多尼亚或法属波利尼西亚这些具有特定地位的海外领地，作出了更具有战略考量的法律调整。这些海外领地有权管理海洋资源的勘探和开发，而最近法国国家管辖权转移也证

---

① 参见 Jean-Pierre Histrimont & Yannick Foll & Laure Bougeard & Luc Viellard & Matthieu Anquez, Etude Prospective sur les Enjeux Stratégiques Liés au Développement de L'économie Maritime, p. 108。

实了这一趋势。这一趋势也是为确保海外领地的海洋权益而实施的，而海底资源的勘探与开发活动将在海外领地政府的管控下得到加强。

其次，《公约》达成以来的 30 多年间，法国一直在深海资源勘探和开发方面努力进行技术攻关，相关专业技术实力也已获得广泛认可。法国长期以来的深海实践也证明，法国是将工业经济和科学技术利益牢牢巩固和联合到一起的。国际海底管理局在相关勘探规章的制定上，对国家的海洋科学研究准入领域和区域都设定了一些限制，因此，法国也通过对深海活动的国家立法作出进一步定位，来明确国家在深海海域进行海洋科学研究的权利。

再次，从获取海洋自然资源的严格权利来看，目前国际社会越来越重视强调预防原则、并将生态系统的可持续性问题纳入"区域"开采的法律框架当中。可以说，现今和未来"区域"法律实践的演变将进一步发挥国际海底管理局作为一个超国家机构的优势，其权威性也将进一步增加。

(三)法国在"区域"实际活动中的技术挑战

无论对于主权国家还是国际资本市场来说，深海资源的勘探与开采都是一个新兴产业，需要进行强劲的技术攻关。在海底矿物资源的商业开发价值尚不明晰的情况下，有关部门必须不断通过技术创新来提高自己的竞争力。现阶段的法国，将促进该领域的海洋科学研究和调动其工业企业的兴趣放在了第一位。

法国强劲的海洋科学研究实力，为法国深海资源勘探与开发活动提供了良好的技术支持。为了更好地落实目标海域勘探和开发活动，海洋科学研究的技术支持必不可少。许多法国科研机构都在积极进行相关海洋科研活动，包括法国海洋开发研究院(IFREMER)、法国国家科学研究中心(CNRS)、法国发展研究中心(IRD)、法国地质矿产研究局(BRGM)、巴黎地球物理研究所及法国一众高等院校等。据数据统计，法国专门从事深海矿物资源研究的科研人员约

150 人。①

　　根据 2015 年法国《深海战略》，法国在开展国际海底区域的科研攻关中，有三所研究机构具有着不可磨灭的突出贡献。第一是法国海洋开发研究院。法国海洋开发研究院是具有管理局勘探许可的科研机构，负责法国海底矿物资源的勘探工作，并通过在技术领域的多方合作促进整个法国工业领域的发展。法国海洋开发研究院的宗旨是引导科研项目，为公共政策的开展提供支持；同时，在适当的合同框架内，研究院也向国家工业企业和未来可能的开采经营者提供服务。第二是法国国家科学研究中心和高校科研团队。在海洋科研领域，法国国家科学研究中心的研究团队由国家宇宙科学研究所（INSU）和生态-环境研究所（INEE）两部分组成，主要负责相关矿床储藏位置、沉积过程的上游技术攻关，勘探定位并评估相关矿床尺寸；同时，通过评估相关矿物物种与其固态或液态环境的相互作用，对其动态进行建模。第三是法国地质矿产研究局。法国地质矿产研究局的使命是对深海海床底土进行基础和应用研究，并开展相关专业技术及工业发展活动。法国地质矿产研究局的一个特别之处是行使国家地质工作的职能，其具体职责包括考察相关矿物资源的经济价值，帮助国家甚至欧盟了解相关矿物资源的开发价值；帮助制定与矿物原料有关的工业战略和公共政策；通过对相关矿物资源的研究，探寻法国矿物资源的知识和文化价值等。②

　　"区域"勘探技术旨在获得探索区域的地质形态等，通过多种测绘勘探工具和声学图像工具进行现场物理测量及生物多样性资源评估。在探矿地点确定后，通过相关科学潜水设备对海床地质、地

---

　　①　参见 Comité Interministériel de la Mer, Premier Ministre de la République Française, Stratégie Nationale Relative à L'exploration et à L'exploitation Minières des Grands Fonds Marins, Approuvée en Comité Interministériel de la Mer du 22 Octobre 2015。

　　②　参见 Comité Interministériel de la Mer, Premier Ministre de la République Française, Stratégie Nationale Relative à L'exploration et à L'exploitation Minières des Grands Fonds Marins, Approuvée en Comité Interministériel de la Mer du 22 Octobre 2015。

球化学和生物学沉积过程进行科学认知工作。此外，"区域"勘探还注重环境方面的监测和评估，以尽量减少深海资源开发带来的环境影响。一旦勘探阶段完成，开采阶段便势在必行。在现阶段，大多数海洋勘探和开采技术最初是为上覆水域的作业而设计的，因此，深海开采技术也成为法国当前需要进行技术攻关的重点部分。（参见图 3-2）

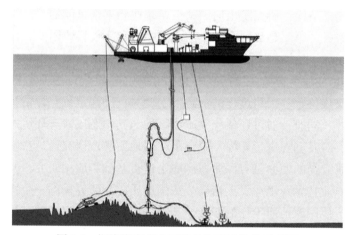

图 3-2　深海海底多金属硫化物开采结构示意图

资料来源：2012 年法国海洋高级研究中心（CESM）出版的《全球海洋资源财富》研究报告。① 法国石油服务公司德尼西部集团副总裁让-帕斯卡尔·比亚基（Jean-Pascal Biaggi）在该报告中呈现的示意图。

法国《2030 年深海资源报告》认为，对深海相关地质对象极端环境的勘探系统的技术发展是必要的，监测潜在开采资源对环境的影响还取决于观测和测量技术的发展。为此，应在三个层面考虑现有或未来的技术来定位和研究这些潜在资源。

第一是"区域"勘探技术。这是对资源及其生物多样性进行评

---

① 参见 Centre D'études Supérieures de la Marine, Planète Mer: les Richesses des Océans, Des Richesses Humaines, Naturelles et Dynamiques, N°2-Juillet 2012, p. 199。

估的重要步骤。当前，多通道发声器、化学示踪剂的水取样和水柱物理测量这些技术在定位活跃流体流出方面是有效的，但是需要进行进一步开发，以找到最有开采价值的矿物资源。为了保持法国在该领域的全球前沿地位，勘探开采的技术工具研究和本地化战略至关重要。

第二是"区域"开采技术。由于深海矿物提取的难度，深海开采技术是近50年来的法国科技企业的攻关重点之一。当前，国际社会海上钻井平台能够控制的钻头距离海床6千米内，在较为复杂的海况下，某些船只也可以控制在水下数千米处的移动装置。不过，如前所述，大多数海底勘探和开采技术最初是为浅水深度设计的，国际社会迄今为止也尚未出现对深度超过200米的固体矿物进行长期商业收集和运作的活动实践。不过，在2010年加拿大鹦鹉螺矿业公司（Nautilus Minerals）首次测试了深度为1700米的多金属硫化物收集系统，标志着海底硫化物的提取收集成为可能。此外，深层石油钻井与生产方面的技术进步，大大拓宽了现有资源的技术范围，但对于硬度更强的海底矿藏的提取技术还有待进一步研发。

第三是"区域"资源及生物多样性评估技术。水深测量和深海超高分辨率成像是勘探阶段的重要技术之一，法国一直对此进行持续研发，以确定传感器能够适用至6000米水深。法国还将开发特定工具，以更好地量化氢气流量，并且通过相关地震数据进一步探测海底沉积物中水合物的存在。此外，通过岩心钻探工具直接在深海海床底土进行取样，对深海矿物资源的丰富度和价值进行评估。此外，为了尽量减少开采深海资源带来的影响，需要使用特定工具来进行生物建模，这些工具应能指定于自然地质活动（火山活动、构造、流体的化学和微粒排放）及人为干扰。同时，这些方法涉及开发跟踪时间变化的工具，其中重要的一点是通过建立观测站观察生物种群的生态系统演变，以确定与人类活动有关的微粒排放。因此，法国研发用于海底环境保护的监控技术也至关重要。

第五节 法国海上执法实践方面

实际上，一直到近期，法国都还没有有关国家可以在海上进行管制的措施和强制行为的国内法，只有一些特别条款规定了负责警务监管的船只在不同领域的监管制度，如对渔业活动的监管、对海上航行的经济和金融监管等。这些措施不仅比较笼统，同时许多行政部门都有权介入特别警务监管行动，这都导致了一定程度的管理混乱。随着战后国际海洋污染事故的日益增多，法国对本国海上执法和管辖问题越发关注。在全球海洋国家中，法国现当代海上执法机制的构建经验无疑具有代表性意义。

一、法国海上执法机制的形成

自 20 世纪 60 年代起，全球海洋污染事件跃增，引发越来越多沿海国对海上执法管辖问题的关注，第三次海洋法会议上也针对该问题作出了详细讨论。法国对国家在海上行动的立法，尤其是针对"海上执法和使用武力"问题的规定是非常细致和严谨的。

在国家的海上行动和执法方面，1972 年 4 月 19 日，法国颁布有关"国家协调管理海上行动"的法令。该法令规定，在国家海上任务的执行当中，应在海上行为管理协调部际小组（GICAMA）的协助下，指定选派一个管理部门，负责对必要协调措施有关的行动进行研究或建议。[1] 同日，时任法国总理颁布"总理指令"，规定了五个类别的海上行动，包括海上防卫、海上警务、研究、人或物救援、技术任务。同时，该"总理指令"委托法国国家海军部，协助维护海上交通、确保航行安全、维护国家海上权益利益、打击海上污染行为。[2] 1974 年，法国颁布有关"国家在海上任务清单以及对

---

[1] 参见 Décret n° 72-302 du 19 Avril 1972 Relatif à la Coordination des Actions en Mer des Administrations de L'Etat。

[2] 参见 Le Premier Ministre, Vu le Décret n° 72-302 du 19 Avril 1972 Relatif à la Coordination des Actions en Mer des Administrations de L'Etat。

每项任务必要协调管理的任命"的法令。该法令包括 5 项防卫任务、17 项警务任务、3 项研究任务、9 项保障海上生命及物品安全、8 项技术任务。① 为了达到这些任务目标,法国内政部、国防部、卫生部、交通部、工业部等 12 个部委都需参与进来,共同协调法国海上行动。

为了调和不同的国家海上行动,1978 年 3 月 3 日,法国颁布有关《国家在海上的行动结构》的法令,正式建立海域防卫和执法制度。法国对本土的瑟堡、布雷斯特、土伦三个海事管理局设置海上普遍性警务机关(海域巡防组织)。② 同时,对每个海域大区(Région maritime)的海事管理局都设置一位负责人(海军军区司令),负责国家在不同领域的海上行动,包括捍卫在国家海域行使主权权利、维护海上秩序、打击海洋污染以及海上人类和财产救援等。③ 海军军区司令(Prefet maritime)管理所属临海大区,并负责海上总体海务管辖。海军军区司令还在国家海洋实践的所有领域,尤其是在有关国家主权及利益保护、维持海上公共秩序、营救人员或物品问题上负有责任。④ 就在该法令颁布后的数天,利比里亚籍油轮"阿莫克·卡迪兹"号(Amoco Cadiz)发生溢油事故,导致法国西北部海域发生严重污染,足见法国对待"国家海上行动"方面的前瞻性。总体来看,该法令首次将过去零散的海上管理进行统一,法国开始走上海洋综合管理的道路。在国家层面,1978 年 8 月 2 日,法国颁布法令创立海洋部际间委员会(CIMER)和海上部际代表小组,负责政府在海事方面的政策工作制定和国家在海上的行为

---

① 参见 Arrêté du 30 Avril 1974 Fixant la Liste des Missions en Mer Incombant à L'Etat Dans les Départements D'outre-mer。

② 参见 Décret n°78-272 du 9 Mars 1978 Relatif à L'organisation des Actions de L'Etat en Mer。

③ 1979 年 3 月 25 日,法国颁布法令将 1978 年法令设置的机构适用至法国的海外省和海外领土。

④ 参见 Décret n°78-272 du 9 Mars 1978 Relatif à L'organisation des Actions de L'Etat en Mer。

协调及监管。①

　　1994 年 7 月 15 日，法国颁布第 94-589 号《国家打击海盗及在海上使用武力法》，② 对"打击海盗"以及"国家行使海上警务权利"问题作出规定。第 94-589 号立法是法国海洋法上的一次创新，主要体现在两个方面：一方面，第 94-589 号立法明确了本国在海上的监管权，并对本国海上使用武力的范围和条件作出了规定。③ 另一方面，该立法对本国在公海的普遍性管辖权、尤其是打击毒品海盗问题上作出了进一步规定。④ 根据第 94-589 号立法，沿海国正式通知船旗国只存在于两种情况下：一是在该外国船只通过领海时在船上从事了刑事犯罪活动，沿海国可以进行逮捕或调查为目的的行动并通知船旗国的外交代表或领事官员；⑤ 二是当沿海国在其专属经济区内行使主权权利时，在逮捕或扣留外国船只的情形下，沿海国应通过适当途径将其所采取的行动及随后所施加的任何处罚迅速通知船旗国。⑥ 总体来看，该立法规定了国家海上的监督权力以及负责海上监管的国家船只采取强制性措施的条件。该立法的规定适用于在所有海域的法国船只，以及在法国管辖海域范围内行驶的外

---

　　① 参见 Titre Premier du Décret n°78-815 du 2 Août 1978 Portant Création du Comité Interministériel de la Mer et de la Mission Interministérielle de la Mer。

　　② 参见 Loi n° 94-589 du 15 Juillet 1994 Relative à la Lutte Contre la Piraterie et aux Modalités de L'exercice par L'Etat de ses Pouvoirs de Police en Mer。

　　③ 第 1 条规定："1982 年《公约》中明确的在公海海域、不属于国家管辖范围内海域以及国际法规定的国家领海海域的海盗打击行动适用于本法"；第 10 条规定："所有针对外国船只的这些武力措施都应该通过外交途径通知船旗国。"参见 Loi n° 94-589 du 15 Juillet 1994 Relative à la Lutte Contre la Piraterie et aux Modalités de L'exercice par L'Etat de ses Pouvoirs de Police en Mer。

　　④ 2011 年，法国颁布第 2011-12 号立法，对 1994 年第 94-589 号法律的有关条款进行了修改。参见 Loi n° 2011-13 du 5 Janvier 2011 Relative à la Lutte Contre la Piraterie et à L'exercice des Pouvoirs de Police de L'Etat en Mer。

　　⑤ 对应《公约》第 27 条第 3 款规定。

　　⑥ 对应《公约》第 73 条第 4 款规定。

国私人船只,并规定了国家在海上的一系列警察权。①

　　与第 94-589 号立法相符,1995 年 4 月 19 日,法国颁布法令对"进行海上监管的船只和航空器使用武力和进行强制措施"的手段作出进一步规定,包括鸣枪警示、武力行动和目标射击等。② 2005 年 4 月 22 日,法国颁布《强制救援条款和海上使用武力法》,对第 94-589 号立法进行进一步修订。在武警行动方面,2005 年立法规定,只有"有关当局明示许可后,法国军舰才可以出动武力进行救援"。③ 不过,第 2005 年立法对不同的海上执法活动的上级许可部门作出了区别:对于"海上执法活动期间可能发生的鸣枪警示和扣押船只"等行为,法国本土的许可单位是所在海区的海军司令,而法国海外领土上则由委派到当地政府的代表进行许可授权。④ 对于"目标射击"行为,则只能在法国总理命令下作出,而外交部应尽可能在总理作出命令之前对其提供咨询意见。⑤ 2009 年 7 月,为进一步将《公约》第七部分的有关规定转化为国内法,法国参议院提出法律草案,以落实法国作为沿海国在公海打击海盗、恐怖分子等不法行为上的国家权力。⑥

　　法国"海上执法和武力行动"的指令,是由法国海军军区司令或中央政府委派海外领土代表所作出的,他们分别对法国本土的三

---

①　参见 Loi n° 94-589 du 15 Juillet 1994 Relative à la Lutte Contre la Piraterie et aux Modalités de L'exercice par L'Etat de ses Pouvoirs de Police en Mer。

②　参见 Décret n°95-411 du 19 Avril 1995 Relatif aux Modalités de Recours à la Coercition et de L'emploi de la Force en Mer。

③　参见 Loi n° 2005-371 du 22 Avril 2005 Modifiant Certaines Dispositions Législatives Relatives aux Modalités de L'exercice par L'Etat de ses Pouvoirs de Police de Mer (1)。

④　参见上注。

⑤　参见上注。

⑥　参见 Projet de Loi Relatif à la Lutte Contre la Piraterie et à L'exercice des Pouvoirs de Police de L'Etat en Mer. Etude D'impact, Juillet 2009。

个海军军区①和海外领土的六个海外领土海域②的国家海上行动进行指挥。值得注意的是，索马里沿岸海域并不在这些覆盖海域范围内。实际上，长期以来，法国政府都没有赋予法国在印度洋海区的海军总司令的海上强制性权力。这就凸显出一个问题，就是即使有关国际性条约或协定都给予了国家在海上开展包括打击海盗在内的危及海上安全行为的行动空间，但法国在海军力量域外行动的组织和调动上的制度还存在一定的滞后性。这种情况一直到 2007 年才得以改善。2007年5月11日，法国颁布第 2007-798 号法令，其中第 4 条规定："在既不属于海军军区司令也不属于为海上行动而委派到海外领土的政府代表所管辖的海域，该海域的海军司令可作为政府委派代表，有权行使根据 1994 年 7 月 15 日立法中所规定的有关权利。"③之后，第 2007-798 号法令第 4 条的内容也进入法国《防卫法典》。④

二、法国在海上执法实践中的挑战：以打击海盗活动为例

来自海上的安全挑战往往波及全球，相互联系，并可能损害人类整体安全。⑤ 海盗活动是当前国际社会面临的非传统威胁之一。《公约》对公海和国家管辖范围内海域中所发生的、在实质上都可界定为"海盗行为"性质的行为，却规定了两套制度，这一规定对各国海上执法合作造成了一定限制。索马里沿岸等区域海盗活动的日益频繁，《公约》中"打击海盗问题"条款的局限性日益凸显，且

① 法国在大西洋、北芒什海、地中海的三个海军军区司令。

② 法国在法属波利尼西亚、新喀里多尼亚、留尼旺、法属圭亚那、马提尼克-瓜德鲁普、圣皮埃尔和密克隆群岛的六个中央政府委派代表。

③ 参见 Article 4 of Décret n°2007-798 du 11 Mai 2007 Fixant L'organisation des Commandements de Zone Maritime。

④ 参见 Décret n° 2008-1219 du 25 Novembre 2008 Relatif à Certaines Dispositions Réglementaires de la Troisième Partie du Code de la Défense (Décrets en Conseil d'Etat et Décrets Simples)。

⑤ 周忠海：《海洋法与国家海洋安全》，载《河南省政法管理干部学院学报》2009 年第 2 期，第 63 页。

该条款无法应对国际社会打击国际恐怖主义的需求。有关国际协定需要后续规定来法律补足。

按照《公约》的规定，由法国管辖的海域面积达到约 1100 万平方千米，其中 90% 以上都在其海外领土，主要分布在南太平洋、南印度洋地区，这涉及法国的海洋责任范围。海洋责任范围涵盖一系列问题，包括维护海上安全、海上救援、打击海盗行为等问题。在其中，打击海盗问题是法国当前面临的主要挑战之一。

为了维护法国在全球海域的海洋权益，法国对其海上执法和使用武力的立法及实践作出了调整，以有效应对海盗活动的新情势。虽然直到 2011 年，法国才正式出台针对"打击海盗活动"的专门性立法，但从 20 世纪 70 年代以来，法国就将"打击海盗活动"作为国家在海上执法领域的一个方面，制定了多种应对措施。21 世纪下的"打击海盗问题"不仅成为法国海上行动中亟须面对的新挑战，也是法国在《公约》有关条款的适用和解释上最为创新的部分之一。

（一）法国打击海盗活动的国际法依据

实际上，海盗在过去很长一段时间内都被认为不具有"人类的品格"，作为一种祸害被普遍指责。在拉丁语中，海盗亦被称为"人类公敌"（Hosti humani generis）。[1] 随着人权理念的不断发展，国际社会又重新赋予海盗以"人"的地位，并具有个人自由的基本权利。

1958 年日内瓦《公海公约》把来自习惯国际法中对海盗行为的界定和海盗打击规则进行了编纂，是最早涉及"打击海盗问题"的国际条约之一。[2] 而作为打击海盗活动最主要的现行国际法律文件

---

[1]　参见 Gaurier D，"The Pirate's Path：Becoming the Enemy of All Mankind"，in，Norchi Ch. H.，Proutière-Maulion G.，Piracy in comparative perspectives：Problems，Strategies，Law，Paris：Pedone-Hart，2012，pp. 25-40。

[2]　1958 年《公海公约》总共 37 条条文中，第 14 条至第 22 条都是针对海盗问题。其中，第 15 条首次明确列举了"构成海盗行为"的要素。参见 Frédérique Vallon，La Mer et Son Droit，entre Liberté et Consensualisme，L'impossible Gestion de la Piraterie et du Terrorisme，Saint-Denis：Editions Publibook，1970，p. 73。

之一的《公约》，其第七部分第 100 条至 107 条有关海盗问题的条款正是以《公海公约》作为蓝本的。

《公约》第 101 条对"海盗行为"的定义作出了清晰但具有限制性的规定。① 根据《公约》的规定，"海盗行为"的成立要求在"公海"以及"任何不属于国家管辖范围内的地方"发生；同时，第 101 条中海盗行为的"私人目的""公海"等限定语等于排除了恐怖主义行为。第 105 条也尤为重要，因为该条赋予了国家扣押海盗船舶、逮捕船上人员、扣押船上财务资料以及由扣押国司法机构判定处罚并可决定对扣押船舶、飞机或财产所应采取行动的权利。有学者认为，《公约》第 105 条"将国家可以扣押的海盗船舶延伸至了港口"是非常独特的举措，因此第 105 条应该被看做一个习惯范式。②

《公约》为各国打击海盗活动提供了法律基础，具有重要的指导意义，但《公约》对"海盗行为"的定义本身还存在局限性。首先，《公约》第 101 条对海盗行为应是"私人目的"的限制，使得"恐怖主义"难以被界定为"海盗行为"。随着海上恐怖主义活动的出现，《公约》制度已不能对这些活动作出完全有效的应对。1985 年"阿基利·劳罗"号（Achille Lauro）劫持事件③发生后，国际社会对"可否

---

① 　《公约》第 101 条规定了海洋法中"海盗行为"的构成要件。首先，第 101 条(a)项是构成"海盗行为"的主要要件，包括私人船舶或私人飞机的船员、机组成员或乘客为私人目的，对在公海上对另一船舶或飞机，或对另一船舶或飞机上的人或财物，或在任何国家管辖范围以外的地方对船舶、飞机、人或财物所进行的任何非法暴力、扣留、掠夺行为。其次，第 101 条(b)项"明知船舶或飞机成为海盗船舶或飞机的事实而自愿参加其活动的任何行为"、(c)项"教唆或故意便利(a)或(b)项所述行为的行为"的两种情况，则是构成"海盗行为"的次要要件。这两种情况存在措辞模糊和认定困难，因此也增加了海洋法中"海盗行为"界定的复杂度。

② 　参见 Jean-Paul Pancracio, Droit de la Mer, Paris：Dalloz, 2010, p. 69。

③ 　1985 年 10 月 7 日，意大利籍游轮"阿基利·劳罗"号（Achille Lauro）被巴勒斯坦解放组织劫持，以迫使以色列释放关押的 50 名巴勒斯坦囚犯，在经过两天的谈判后，劫持者同意弃船并改搭乘飞机前往突尼斯。10 月 10 日，该班机被美军拦截并被指示飞往意大利西西里岛，最后降落到美国和意大利共用的西格奈拉军事基地内。美、意两国对该事件的管辖权有争议，最后由意方逮捕了劫持船只人员。

将恐怖主义性质的劫船行为归为海盗行为"问题产生争论，因为
《公约》第 101 条体现出海盗行为的物质性动机，同时也规定海盗
行为必须是海盗在公海上或者在任何国家管辖范围以外的另一艘船
舶或飞机上的人或财物。然而，恐怖主义分子经常劫持的是自身所
在的船舶或者飞机，其是对自身所在的船舶和飞机上的人所实施的
行为。另外，《公约》第 102 条中体现的"政治性动机"也是针对在
同一船只上的船员或飞机上的机组人员的叛变行为，并不涉及另一
艘船只或飞机。

　　可见，无论是第 101 条还是第 102 条，都体现了《公约》强调
"海盗行为"的"私人目的"。然而，如果以"政治目的"而劫持另一
艘船只的行为也算作海盗行为，那么国家可以依据公海普遍管辖权
原则，对恐怖主义分子展开打击逮捕行动。1985 年"阿基利·劳
罗"号事件引发的舆论风波，使得国际社会进一步推动制定打击海
盗行为的法律规范，最直接的体现就是 1988 年 3 月 10 日《制止危
及海上航行安全非法行为公约》(以下简称《罗马公约》)的诞生。

　　《罗马公约》于 1992 年 3 月 1 日正式生效，比《公约》更早两年
生效。[①]《罗马公约》的达成主要是为了应对海上恐怖主义问题，海
盗问题则是海上恐怖主义问题中的一个重要方面。虽然《罗马公
约》中未直接出现"海盗"等有关字眼，但该公约中许多条款都反映
出海盗行为的实质特征，体现出海上恐怖主义与海盗行为之间的联
系。因此，《罗马公约》也成为当今打击海盗活动的主要国际法依
据之一。在这个问题上，《罗马公约》展现出诸多比《公约》更为进
步的地方。

　　第一，《公约》的打击海盗范围界定在公海和任何国家管辖范
围以外的其他任何地方，而《罗马公约》则适用于正在或准备驶入、
通过或来自一个国家的领海外部界限或其与之相邻国家的领海侧面
界限以外水域的船舶；《罗马公约》也没有规定海盗行为必须发生
在"另一艘船舶或飞机上"，而只是规定本船船员实施的行为不适
用公约的这项限制规定。

---

① 《公约》于 1994 年 11 月 16 日生效。

第二，无论是出于私人目的还是其他目的，《罗马公约》考虑到对罪行进行诉讼不仅是缔约国的一种权利，更是一种法律义务，具有一定强制性特征。因此，《罗马公约》对"危及海上安全行为的罪行"规定了更为具体的刑事司法条款，[①] 尤其是强调缔约国"引渡或起诉的义务"（aut dedere aut judicare）。[②]

第三，在危及海上安全行为问题上，与《公约》不同的是，《罗马公约》规定了对缔约国间争端的强制仲裁程序。[③] 根据《公约》第281条、第282条的规定，在有关《公约》条款解释和适用的问题上，争端方可通过协议并采用和平方法解决争端，[④] 然而，有学者认为《公约》第281条第1款本质上能阻止强制程序发挥作用。[⑤] 威胁海上安全的活动具有行为流动性，一国阻止和打击该行为则具有突发性和应急性，往往容易产生国家间有关管辖权、刑事司法权、审判权等多重法律问题，不利于有关争端的解决。有学者指出，就算在产生争端的缔约国中有对《罗马公约》的争端解决部分提出保留，《罗马公约》制定的争端解决机制仍有优于《公约》之处——尤

---

① 例如，《罗马公约》第5条规定："每一缔约国应当使第3条所述罪行受到适当惩罚，这种惩罚应考虑到罪行的严重性。"也就是说缔约国行使管辖权与否不由该国志愿来决定，而是一种法律义务。第6条则规定缔约国根据不同的罪行情况确立其管辖权，明确了缔约国行使管辖权的情形和范围。

② 《罗马公约》第10条规定："在其领土内发现罪犯或被指称的罪犯的缔约国，在第6条适用的情况下，如不将罪犯引渡，则无论罪行是否在其领土内发生，应有义务毫无例外地立即将案件送交其主管当局，以便通过其国内法律规定的程序起诉。主管当局应以与处理本国法中其他严重犯罪案件相同的方式作出决定。"

③ 《罗马公约》第16条第1款规定："两个或两个以上的缔约国之间有关本公约的解释或适用方面的任何争端，如在一合理时间内不能通过谈判解决，经其中一方要求，应交付仲裁。如自要求仲裁之日起六个月内，当事各方不能就仲裁的组成达成协议，其中任何一方可根据国际法院规约要求将争端提交国际法院。"

④ 参见《公约》第281条。

⑤ 参见贾兵兵：《第281条：〈联合国海洋法公约〉中的"超级"条款?》，载《当代法学》2015年第5期，第6页。

其对于《公约》第 281 条而言。①

　　总体来看，《罗马公约》进一步补充和完善了传统国际法中"海盗行为"的概念内涵，对"打击海盗行为"的国家管辖和国际合作具有推动意义。虽然国际条约只对其缔约国具有法律效力，但目前《罗马公约》缔约国已达到 196 个，足见其影响力。②

　　法国作为西方海洋强国之一，其海洋防卫意识萌芽较早，打击海盗实践悠久。早在中世纪时期，法国海商法中就存在一些打击海盗的条法，其内容多带有威慑性质。例如，1584 年法国海军司令部颁布条令规定对海盗处以滚轮酷刑，1718 年 9 月 5 日国王条令规定对海盗可以处以死刑并没收其所得，同时对庇护者或同伙处以终生苦役。③ 1950 年 11 月 4 日，欧洲理事会成员国在罗马签署《人权和基本自由欧洲公约》并于 1953 年 9 月 3 日正式生效。该公约规定了包含人身自由权和获得公正审判的权利。这也使得法国立法者将打击海盗的国际性规则与欧洲人权保护机制结合起来。

　　随着国际社会"打击海盗"意识不断增强，海盗问题成为第三次海洋法会议中的重要议题之一。也正是从 20 世纪 70 年代起，法国将"打击海盗活动"作为国家海上执法建设的一个考虑方面，在海上警务权等方面制定了详细而严格的立法和措施。"打击海盗"是法国打造和提升国家海上行动力的应对目标之一。不过，法国打击海盗立法并非一蹴而就，而是经历了系列的制定与修订程序，才逐步完善。

---

　　①　参见 Md Saiful Karim, Maritime Terrorism and the Role of Judicial Institutions in the International Legal Order, Leiden: Brill Nijhoff, 2016, p. 160。

　　②　参见 http://www.unodc.org/treaties/treaty-status-search.jspx? view = list&f = en% 23countryTreatyStatus. treaty. treaty. name. html _ s% 3A1988% 5C + Convention%5C+for%5C+the%5C+Suppression%5C+of%5C+Unlawful%5C+Acts% 5C+against%5C+the%5C+Safety%5C+of%5C+Maritime%5C+Navigation。

　　③　参见 Valérie Boré Eveno, "La nouvelle législation française relative à la lutte contre la piraterie maritime: Une adaptation contrastée au droit international", (2011) T. XXIX, Annuaire de Droit Maritime et Océanique, pp. 195-233。

(二)法国"打击海盗"立法对《联合国海洋法公约》的挑战

《公约》诞生后，缔约方需要将《公约》有关条款转化为国内法，以确保有关条款或规则具有可操作性。法国注重将《公约》的有关打击海盗条款转化为国内法，但《公约》"打击海盗"条款的特殊性也对法国国内法的制定提出了挑战。

1. 法国立法对《公约》"海盗行为"作出扩大解释

《公约》第 100 条①的规定具有一定的模糊性。首先，在《公约》各语言版本中，第 100 条"合作打击……海盗行为"的措辞就已存在细微差别：英文版本中采用"shall"一词，体现出"合作"的积极法律特征;② 法文版本则无对应情态动词而是直接使用"coopèrent"("合作")一词。③《公约》对各缔约方施加的是否为打击海盗的积极义务，这一点并不明确。其次，第 100 条中各国"合作制止海盗行为"的行动范围排除了一国的领海和专属经济区。然而，"海盗活动"的特征之一就是其流动性，他们既可以出现在公海海域，也可以出现在主权权利范围内海域，尤其是专属经济区内的海盗活动也很多。然而，《公约》中有关专属经济区的规定④与第 100 条的海盗规定存在一定矛盾之处，对于发生在一国专属经济区内的海盗活动到底适用哪套规则来界定的问题上，《公约》并没有进一步的规定。不过在实践中，专属经济区内的打击海盗活动更加类似于公海规则。可以说，人为割裂海盗的国内和国际管辖将对打击海盗问题增添消极影响，也正是因为如此，《公约》的有关条款并不具有直接适用性。

---

① 《公约》第 100 条规定："所有国家应尽最大可能进行合作，以制止在公海上或在任何国家管辖范围以外的任何其他地方的海盗行为。"

② 参见《公约》英文版本第 100 条。

③ 参见《公约》法文版本第 100 条。

④ 《公约》第 58 条对其他国家在专属经济区的权利和义务做出了规定。其中第 58 条第 2 款规定："第 88 至第 115 条以及其他国际法有关规则，只要与本部分不相抵触，均适用于专属经济区。"

2. 法国立法对国家"打击海盗行为"的权力范围作出进一步
界定

《公约》"打击海盗活动"制度是否必然带来国家海上执法权力
的扩大？这一点不是很明确。首先，《公约》第 110 条①对"海盗船
只或飞机的登临权"的规定，使得所有国家都具有了在本国领海以
外进行登临船只检查的可能性。其次，《公约》第 105 条②对"国家
对海盗船舶或飞机的扣押"问题作出了规定。可以看出，《公约》赋
予了沿海国打击海盗的较大权力空间。然而，权力空间不等于行动
力空间，但打击海盗行为的效果在很大程度上取决于国家海上行动
力。许多问题，诸如沿海国实施扣押行为是否可借助于武力、国家
海上使用武力的定义和范围、海上使用武力的情况和程度等，《公
约》并没有作出更具体的规定。不过，这也赋予各国解释和适用
《公约》打击海盗条款的更大灵活性。

一国是否具有"扣押海盗及海盗船只"的权力，还要看该国是
否有相关国内立法赋予其相应的刑事管辖权，而不是只求助于"附
近"的管辖。2009 年法国国民议会报告认为，在当时欧盟国家中只
有芬兰、瑞典、德国、荷兰具备起诉海盗的法律能力。③ 不过，这
些国家都倾向于释放在索马里逮捕的这些海盗，而不是把他们带到
自己的法庭进行司法起诉。例如，2009 年 12 月，荷兰军舰"埃文

---

① 《公约》第 110 条第 1 款规定：除条约授权的干涉行为外，军舰在公
海上遇到按照第 95 和 96 条享有完全豁免权的船舶以外的外国船舶，非有合
理根据认为有下列嫌疑的，不得登临该船：(a)该船从事海盗行为、(b)该船
从事奴隶贩卖；(c)该船从事未经许可的广播而且军舰的船旗国依据第 109 条
有管辖权；(d)该船没有国籍；或(e)该船虽悬挂外国旗帜或拒不展示其旗
帜，而事实上却与该军舰属同一国籍。

② 《公约》第 105 条规定："在公海上，或在任何国家管辖范围以外的任
何其他地方，每个国家均可扣押海盗船舶或飞机或为海盗所夺取并在海盗控
制下的船舶或飞机，和逮捕船上或机上人员并扣押船上或机上财物。扣押国
的法院可判定应处的刑罚，并可决定对船舶、飞机或财产所应采取的行动，
但受善意第三者的权利的限制。"

③ 参见 Rapport à l'Assemblée Nationale n. ° 1670 sur la Piraterie Maritime,
Déposé par M. C. Ménard, Député, p. 59。

斯登"号(Eversten)抓捕了 13 名索马里海盗,但却没有把他们送回荷兰,而是停留在印度洋,等待欧盟的"亚特兰大先锋行动"号打击海盗,并在当地找到一个国家愿意受理并进行裁决。荷兰并不愿意在自己的领土上对这些海盗行为进行直接惩罚。① 这也就是为什么许多海洋法中一些特别方面的国际条约都需要国家将其转化到国内法中去,使条约中的有关条款能够真正具有影响力。

2011 年 1 月 5 日,法国颁布第 2011-13 号立法对第 94-589 号立法进行了修改。第 2011-13 号立法全称为《有关打击海盗以及国家在海上行使武力法》,是目前为止法国打击海盗活动的主要立法。第 2011-13 号立法第 1 条第 1 款规定:"本节适用于 1982 年 12 月 10 日在蒙特哥贝湾签订的《公约》中对于海盗行为的定义。"②

然而,对于海盗行为的习惯法定义仍较为模糊。《公约》第 101 条对构成海盗行为的行为作出了详细的规定,其内容大体体现了 1958 年《公海公约》第 14 条和第 15 条的条文。而 2011-13 号立法则更加强调了这种属地管辖权,规定该行为:(1)在公海发生;(2)任何国家管辖范围以外的海域发生;(3)当国际法允许时,在国家领海水域内。可以看到,《公约》第 101 条使用的是"任何国家管辖范围以外的地方",然而法国国内法则是使用的"任何国家管辖范围以外的海域"。除了第 101 条外,《公约》其他部分并没有采取这种说法。可见,在打击海盗问题上,法国倾向于通过国内立法进一步明确国家的海上权力空间,作为国家开展海上行动的法律保障。当然,《公约》第 101 条的措辞也许是有意为之,因为第 101 条也可以理解为不排除该条所述范围以外的部分。也就是说,当海盗行为是发生在"任何国家管辖范围以外"的空间时,国家都可适用普遍管辖权。

---

① 参见 Arnaud Leroy, Rapport Fait au nom de la Commission du Développement Durable et de L'aménagement du Territoire sur le Projet de Loi Relatif aux Activités Privées de Protection des Navires (n° 1674), N° 1861 Rectifié, Enregistré à la Présidence de L'Assemblée Nationale le 9 Avril 2014, p. 26。

② 参见 Paragraphe 1 Article 1 of Loi n° 2011-13 du 5 Janvier 2011 Relative à la Lutte Contre la Piraterie et à L'exercice des Pouvoirs de Police de L'Etat en Mer。

3. 法国"打击海盗"立法对第三国管辖权问题作出规定

2011-13 号立法第 1 章第 1 条中的"当国际法允许时，在国家领海水域内"的规定并没有在《公约》中出现，其只是法国作出的规定。① 按照《公约》中的有关定义，这一条并不构成"海盗行为"的地理要件，而更像是"抢劫"或者是"持械袭击"。《公约》间接排除了在领海范围内对海盗行为的界定，实际上强化了沿海国在领海范围内的专属管辖权。也就是说，即便所犯的行为和产生的后果可能一样，但《公约》仍然将两者作出了行为界定上的区别。②

然而，这会引起一个问题，如果"海盗行为"是在公海上发生的，但是实施"海盗行为者"逃到了一个国家的管辖范围内海域，如果这种行为被继续认定为"海盗行为"的话，那么海盗将可以逃离第三国的追责，因为第三国不具备在另一国领海范围内的管辖权。另外，就算"海盗行为实施者"逃离到另一国的国家管辖海域内，但后者却往往不能保证有效地实施紧追权，因为《公约》第 111 条规定，沿海国对违反该国法律和规章的外国船舶进行紧追开始时，必须是从追逐国的内水、群岛水域、领海或毗连区开始，而紧追权在被追逐的船舶进入其本国领海或第三国领海时立即终止。如此一来，在海盗船舶进入该船籍国的领海时，该船籍国能否对海盗行为作出实质应对成为了关键因素。

这一问题在近年来日益猖獗的索马里海盗问题上体现得尤为明显，因为作为船籍国，索马里并无意愿或者并无能力应对悬挂本国国旗船舶所实施的海盗行为。因此，在这种情况下，最为有效的应对方法就是海盗船旗国本国同意外国军力进入本国管辖范围内海域以捉拿海盗。

4. 法国立法进一步明确对"海盗行为"的惩治措施

法国第 2011-13 号立法对法国《刑法典》和《刑事诉讼法典》中

① 参见 Paragraphe 1 Article 1 of Loi n° 2011-13 du 5 Janvier 2011 Relative à la Lutte Contre la Piraterie et à L'exercice des Pouvoirs de Police de L'Etat en Mer。

② 付琴雯：《法国打击海盗活动的立法、实践及其对〈联合国海洋法公约〉的挑战》，载《国际法研究》2018 年第 5 期，第 58 页。

的有关处罚规定作出进一步强化。例如，法国《刑法典》第 224-6 条规定："由一群人所在的一架飞机、一艘船只或其他交通工具以及大陆架平台上，使用暴力或威胁使用暴力进行夺取、控制的行为时，将被处以 20 年有期徒刑。"而 2011 年立法中则作出了对第 224-6 条的新规定。新的第 224-6 条规定："当该违法行为是有组织团伙所实施，将处以其 30 年有期徒刑；而当该行为伴随着酷刑或野蛮的罪行以及造成一个及以上死亡的情况时，则处以无期徒刑。"①有学者指出，考虑到在索马里沿岸的海盗团伙都是系统性有组织团伙的所为，这些情节使得"惩罚整体上得到加重"。②

第 2011-13 号立法也对法国《防御法典》进行了修改。根据《防御法典》的新规定，针对海盗嫌疑人采取剥夺其自由的措施时，军舰指挥官应该通知政府海上行动代表，代表也应"在最短时间内"通知共和国检察官。在监禁的首个 24 小时内，违反《刑法典》第 224-6 条的嫌疑人应接受健康检查，以判断其在受到限制或剥夺其自由的措施时的承受能力。③ 原《防御法典》还指出，当在船上的监禁超过了 48 小时，负责假释和监禁的法官可以将监禁时限再延长 120 小时。④

也就是说，在法律程序上，在船只上的指挥官需要向共和国的检查官提出申请，检察官需向负责的假释和监禁的法官提出。然而，在实际情况中，法官在短时间往往不可能到位。同时，找到翻译、找到通信设备使法官和监禁者取得实质联系，这些都不太可能在很短时间内做到。笔者认为，海上扣押程序的繁琐性和技术上所存在的实际困难，都这使得该条款在实施起来的时候不具有切实可行性。另外，第 2011-13 号立法第 4 条、第 5 条的规定都实质扩大

---

① 参见 Article 224-6 du Code Penal。

② 参见 L. Briand, Lutte Contre la Piraterie Maritime: la France Renforce Son Arsenal Législatif, la Gazette du Palais, n°19-20, Janv. 2011, p. 9。

③ 参见 L1521-12 du Code de la Défense。

④ 参见 L1521-14 du Code de la Défense。

了法国"打击海盗行为"的司法管辖权和行政处罚权。① 自此,扣押船只、受害者或是海盗嫌疑人无论是哪国国籍,法国法庭可以对该海盗行为作出裁定。

(三)法国"打击海盗"实践及其对《联合国海洋法公约》的挑战

欧盟许多国家在索马里沿岸附近开展的远洋渔业都受到索马里海盗的威胁,在这方面,法国在欧盟承担了打击海盗行动的主要推动者的角色。而"9·11"事件的发生也实质推动了美国主导下的北约反海盗行动,法国在北约框架下也进行了卓有成效的反海盗实践。不过,无论是在区域层面还是国家层面,法国在反海盗实践中都需要处理在第三国海域的管辖权问题。

1. 法国在区域反海盗行动中的挑战

首先是法国在欧盟框架下的反海盗行动。在欧盟组织力量打击海盗之前,法国就在印度洋地区采取了一系列打击海盗的行动。印度洋不仅是法国远洋渔业活动的重要海域,也是法国的战略区域,② 法国也在印度洋海域建立了三个海陆空作战指挥部。

面对在印度洋海域持续的安全威胁,法国在法律应对上早早作出了准备。2001 年 6 月,法国建立"海军志愿监察处"(Contrôle Naval Volontaire)。③ 该海军监察处旨在将"海洋使用者"和"公共管理者"联系起来,包含 18 艘船舶及装备以及超过 100 艘船只。同

---

① 第 4 条规定,允许海军指挥官在最后救援和共和国检察官的授权下,对没有悬挂船旗的、实施海盗行为的船只进行打击摧毁。第 5 条规定,在海盗嫌疑人被法方逮捕或是在没有与第三国家签订合作协定的情况下,扩大法国法庭对于所有海盗行为的权力。参见 Loi n° 2011-13 du 5 Janvier 2011 Relative à la Lutte Contre la Piraterie et à L'exercice des Pouvoirs de Police de L'Etat en Mer。

② 法国在印度洋海域法国拥有两个海外省(留尼旺和马约特),以及"法属南极洲和南极领地"。

③ 参见 Instruction Interministérielle Relative au Contrôle Navale Volontaire, http://circulaire.legifrance.gouv.fr/pdf/2009/04/cir_2295.pdf。

时，各船主和法国海军部也签订了自由和志愿议定书，签订了议定书的船东需向法国海军部通知其动向和意图。相应地，法国海军部会向船东们广播在船只航行海域的海上和军事情况信息，并向其提供应该遵循的航行路线。① 志愿监察活动原则上只针对悬挂法国国旗的商船以及渔船，不过，往往也可以根据特定情况适用于悬挂外国船旗的法国装备船。该监察体系自建立以来就展现出良好的运作效率。2007 年，法国授予印度洋海区司令海上执法权，其中包括强制海上救援权。②

索马里有约 150 万人直接依赖国际社会提供的紧急粮食援助生存，但在 2007 年，世界粮食计划署（WFP）的 3 艘船只却遭到海盗的袭击。③ 2008 年 2 月，加拿大联合丹麦、荷兰发起名为"艾扬"号（Alcyon）的行动，三个国家先后派出军舰为世界粮食计划署的运粮船护航。该行为也激起了以法国为代表的欧盟国家的效仿。2008 年 9 月 15 日，在法国和西班牙的动议下，欧盟一些国家运用已有手段，在联合国安理会第 1816 号决议的基础上，欧盟理事会颁布第 2008/749/PESC 号成立"EU NAVCO"共同打击海盗的行动文件。④ 随后，在 11 月 10 日，欧盟理事会通过欧洲安全和防卫政策，该政策也正式发起了名为"亚特兰大"的打击海盗行动。

"亚特兰大"行动旨在对世界粮食计划署的船只和航行在索马里沿岸的脆弱船只进行保护，也对索马里沿岸的海盗和武装抢劫行

---

① 参见 Instruction Interministérielle Relative au Contrôle Navale Volontaire, http：//circulaire. legifrance. gouv. fr/pdf/2009/04/cir_2295. pdf。

② 参见 EV1 Romain Monconduit, L'évolution Juridique de la Fonction de Préfet Maritime et de L'action de L'État en Mer en Métropole et en Outre-mer, Divison Action de L'Etat en Mer, Préfecture Maritime de la Manche et de la Mer du Nord, Juin 2012。

③ 参见 Laurent Merer, Le Retour de la Piraterie Maritime, 11 Avril 2012, https：//grotius. fr/le-retour-de-la-piraterie-maritime/#. WsxzQtOuz_Q。

④ 参见 L'action de la France Dans la Lutte Contre la Piraterie, https：//www. defense. gouv. fr/operations/operations/piraterie/dossier-de-presentation-des-operations/l-action-de-la-france-dans-la-lutte-contre-la-piraterie。

为进行威慑、防范和镇压。值得注意的是，参与该行动的大部分欧盟国家既是欧盟成员国，同时也是北约成员国，因此在打击海盗行动方面，也必然有着北约和欧盟防卫政策的双重考量。包括法国、德国、西班牙、意大利、荷兰和希腊等拥有海军力量的国家都参与了"亚特兰大"行动，不过，仍有一些国家基于自身考量而未参与其中。例如，葡萄牙倾向于只依靠北约框架内的行动，而丹麦从一开始就并未参与到欧盟系列防卫行动中来。另外，一些不具备海军实力的国家，如芬兰、卢森堡、爱尔兰、立陶宛、斯洛文尼亚、马耳他、罗马尼亚等国家，则通过提供特遣队行动、物流或卫生医疗援助对"亚特兰大"行动予以支持。

"亚特兰大"行动的法律效力也存在一定争议。欧盟理事会第2008/749/PESC号"共同行动文件"第2条d款指出："'亚特兰大'……采取必要措施，包括使用武力，以威慑、防止和干预以消除在该行动所在海域所发生的海盗行为和武装抢劫行为。"①然而，以"亚特兰大"行动为代表的区域性行动并不是一个具有法律稳定性的概念，因为它既不是自然人也不是法人，因此该共同行动文件授予"亚特兰大"使用武力的权力似乎在法律上说不通，除非该条款的内容被转化为国内法，才能保证各国对其海军力量进行实质性调动。结合上文所提到的第2007-798号法令来看，该法令为法国海军在不同管辖海域开展的海上行动措施进行了类似"责任人指挥制"的规定。

自"亚特兰大"行动开展以来，法国也意识到了区域性和国际性行动框架的重要性。2008年12月1日，时任法国总理弗朗索瓦·菲永（François Fillon）宣布，法国将协同部分欧盟国家发起统一军事行动，打击印度洋亚丁湾地区的海盗行为，保障欧盟能源与

---

① 参见 Actes Pris en Application du Titre v du Traité ue, Action Commune 2008/749/Pesc du Conseil du 19 Septembre 2008 Relative à L'action de Coordination Militaire de L'Union Européenne à L'appui de la Résolution 1816 (2008) du Conseil de Sécurité des Nations Unies（EU NAVCO），http：//www. defense. gouv. fr/content/download/172510/1861729/file/UE%202008. 749. PESC. pdf。

商品供应安全。① 另外,法国也在 2009 年 9 月 3 日公布了一项法律草案,草案第 26 条规定:"……负责国家海上监察的国家军舰和飞机的指挥官有权行使管控和强制权力,他们要么受海军军区司令的指挥、要么受国家为海上行动委派给海外领土的代表的指挥,而当该行动是在国际框架下展开的时候,则受由该框架指定的当局指挥。"②

总体来看,欧盟开展打击海盗行动是欧盟作为一个安全和防卫实体之下的一次成功尝试,为众多欧盟国家在欧盟框架和北约框架之间建立起一种新的平衡。尽管拥有众多共同成员国的欧盟和北约在打击海盗行动上还存在协调问题,但北约较早开始了实践行动,这些行动也成为区域间和国际组织间协调反海盗力量的实质基础。

其次是法国在北约框架下的反海盗行动。在"9·11"事件后,美国及其盟国组成联军开展"持久自由"军事行动(Enduring freedom)。同年 10 月,在该军事行动框架下,法国、德国、加拿大、丹麦、美国、英国等国成立"联合特遣部队 150"(Combined Task Force 150,简称 CTF-150),在亚丁湾、阿曼湾、红海、印度洋西北部(除波斯湾)等海域开展反恐和武器走私行动,也同时参与打击海盗行动,但后者并不是 CTF-150 的主要行动目标。

而 2009 年 1 月创立的"联合特遣部队 151"(Combined Task Force 151,简称 CTF-151)则是真正地开启了北约盟国打击海盗行动的序幕。CTF-151 是美国海军专为打击索马里海盗而成立,CTF-151 实际上可以看做 CTF-150 力量中单独分出来组成打击海盗的一个分支。在美国的指挥下,CTF-151 主要在亚丁湾和索马里东部海

① 参见 Déclaration de M. François Fillon, Premier Ministre, sur le Rôle de la Marine Nationale Dans la Lutte Contre la Piraterie le Long des Côtes de la Somalie et sur la Coopération Navale Européenne, Toulon le 1er Décembre 2008, http：// discours. vie-publique. fr/notices/083003819. html。

② 参见 Projet de Loi Relatif à la Lutte Contre la Piraterie et à L'exercice des Pouvoirs de Policede L'État en Mer, Présenté au Nom de M. François Fillon, Premier Ministre Par M. Hervé Morin, Ministre de la Defense, http：//www. senat. fr/leg/pjl08-607. pdf。

岸进行行动。不过，北约开展反海盗的初期行动主要是以美国为首
进行的，这不免让人怀疑北约成员国真正意义上的行动态度。

2008 年 10 月 24 日，北约为世界粮食计划署护航而发起的名
为"盟军护航行动"（Operation Allied Provider），真正体现了北约整
体上对打击海盗发展的支持。不过该行动仅仅持续了六周，在欧盟
"亚特兰大"行动后便停止了。随后在 2009 年 3 月至 6 月期间，北
约发起了第二次名为"联合保护者"（Operation Allied Protector）的护
航行动，"联合保护者"行动调动了北约海上常规反应部队（SNMG
I），该部队由五艘来自美国、加拿大、西班牙、荷兰和葡萄牙的舰
艇共同组成，并在护送行动的往返海域内全力参与打击海盗行
动。①

2009 年 8 月 17 日，北约理事会发起的"海洋盾牌行动"（Ocean
Shield）则进一步发展和动员了打击海盗行动的区域行动力量，该
行动主要背负三项使命：第一，积极寻找嫌疑海盗，对其主动攻击
进行预防，并根据有关协定，向相关海上执法机构传输海盗活动的
证据；第二，促进和支持有关区域的国家发展以促进其开展有效的
打击海盗行动；第三，促进这些区域国家与其他国家的反海盗军力
进行合作及协调。② 该行动取得了较好成效，因此北约一再延长
"海洋盾牌行动"的期限至 2016 年年底。不过，有学者认为，即使
北约的行动取得了一定成功，但仍面临着诸多政治难题和行动挑
战，前者主要体现在海盗的适应能力上，给北约海军提出了挑战，
而后者则是因为海军长时间执行反海盗行动需要北约成员国提供诸
多海上资产，除军舰外还包括直升机、卫星图像、海上巡逻飞机

---

① 参见 David Marley, Modern Piracy: A Reference Handbook, Ohio: Contemporary World Issues, 2010, p. 222。

② 参见 V. G Proutière-Maulion et Cédric Leboeuf, "Internationalisation et Privatisation de la Lutte Contre la Piraterie Maritime: Approche Comparative de la Corne de L'Afrique et du Golfe de Guinée", 2015 n°771, Droit Maritime Français, p. 657。

等，这些都需要北约成员国拿出政治勇气投资这些领域。①

2. 法国"反海盗行动"中对普遍性管辖权的挑战

2008 年 4 月，一艘名为"博南"号（Ponant）的法国籍豪华远洋游艇在从印度洋塞舌尔群岛返回地中海的途中，途经索马里和也门之间的亚丁湾海域时被海盗劫持。法国海军立刻动员周边海域军事力量对人质进行营救。② 在解救出船只人质后，法国当局证实，该行动是在索马里过渡联邦政府的许可下进入索马里领土的。③

2008 年 6 月 2 日，联合国安理会通过第 1816 号决议，根据《联合国宪章》第七章采取反索马里海盗行动。第 1816 号决议指出："自本决议通过之日起为期六个月内，在过渡联邦政府事先知会秘书长情况下，同过渡联邦政府合作打击索马里沿海海盗和武装抢劫行为的国家可：（a）进入索马里领海，以制止海盗及海上武装抢劫行为，但做法上应同相关国际法允许的在公海打击海盗行为的此类行动相一致；（b）以同相关国际法允许的在公海打击海盗行为的行动相一致的方式，在索马里领海内采用一切必要手段，制止海盗及武装抢劫行为。"④可见，第 1816 号决议中有关"海盗行为"的界定和实施"打击海盗行为"的范围已经不再局限于《公海公约》和《公约》的规定。换句话说，第 1816 号决议是国际社会针对当今海盗活动现状而作出的"新反应、细调整"。

外国船只在一定条件下可以进入索马里领海进行打击海盗行动，显然对索马里管辖海域内的主权行使造成一定限制，不过这也并不意味着执行该决议进入索马里领海进行海盗执法的国家是对索

---

① 参见何奇松：《北约海洋战略及其对中国海洋安全的影响》，载《国际安全研究》2014 年第 4 期。

② 参见 Le Ponant：L'histoire Secrète D'une Libération，Arnaud de La Grange Dans Le Figaro du 12 Avril 2008。

③ 参见 Contre-amiral Thierry Rousseau，Union Européenne：Le défi Maritime，Centre D'études Stratégiques de la Marine（CESM），No. 7 Décembre 2014，p. 79。

④ 参见联合国第 1816 号决议，https：//undocs. org/S/RES/1816（2008）。

马里主权的侵犯。① 正如有学者所认为的，1816 号决议完善了普遍管辖权制度，在索马里过渡政府无能力有效打击其管辖范围海域海盗行为的特殊情况下，让渡一部分主权权利是为了借助国际社会的共同力量打击海盗活动，这种对主权的限制并没有削弱和放弃主权，而是一国行使主权的表现和结果，因为这种对主权限制的真正幕后操纵者恰恰是主权者自身。② 外国船只进入索马里领海进行海盗执法的行动甚至被一些学者称为"反向紧追权"。

也正是在这种背景下，法国第 2011-13 号立法在《公约》之外特别扩大了"打击海盗行动"的活动范围。③ 不过，法国国内法中对海盗行为执法范围的扩大并不是与第 1816 号决议中的含义相同，因为问题并不在于"是否将国家管辖范围内海域的某些行为认定为海盗行为"，或者说"将海盗行为的认定扩展至国家管辖范围海域"，而是对于"打击海盗行为的制度是否对主权海域适用"的问题。

在第 1816 号决议中，"海盗"和"武装抢劫"行为是同时并存的，也可以看出"武装抢劫"行为更为特指在索马里领海内实施的违法行为。而法国第 2011-13 的立法指出，当国际法准许第三国的行动时，打击海盗的条款可以适用于在领海范围内的这些行为，也就是说这些行为是《公约》中的构成海盗行为的任何行为，而不是"武装抢劫"行为。④ 在 1816 号决议后，联合国安理会又先后通过了一系列有关打击索马里海盗的决议，凸显国际社会打击海盗、维

---

① 不过，在第 1816 号决议中安理会也同时强调"此授权不应被视同订立习惯国际法"，而是在接到索马里驻联合国常驻代表给安理会主席的信之后才作出的，该信转达了索马里过渡联邦政府的同意意见。

② 黄莉娜：《论海盗最国际法规则的新发展——以联合国安理会 1816 号决议为基础》，载《前沿》2011 年第 8 期，第 17 页。

③ 法国第 2011-13 号立法第 1 条明确指出："在国际法允许时，在国家领海水域内。"参见 Article 1 du Loi n° 2011-13 du 5 Janvier 2011 Relative à la Lutte Contre la Piraterie et à L'exercice des Pouvoirs de Police de L'Etat en Mer (1)。

④ 付琴雯：《法国打击海盗活动的立法、实践及其对〈联合国海洋法公约〉的挑战》，载《国际法研究》2018 年第 5 期，第 63 页。

护海上安全的共同诉求。①

第六节　法国海洋争端解决方面

海洋法中的争端解决机制是法国非常重视的一部分，法国认为建立海洋法争端解决机制具有必要性。在第一次海洋法会议上，法国无保留地签署并批准了《关于强制争端解决的任择议定书》。在第三次海洋法会议上，法国不断捍卫强制争端解决的原则，但在"核试验案"后，法国与国际法院保持了一定距离。在《公约》生效后，法国成为了国际海洋法法庭三起仲裁案件的争端方。

一、法国对海洋争端解决机制的立场与贡献

1958年10月30日，法国无保留地签署并批准了《关于强制争端解决的任择议定书》（1962年9月30日正式生效）。然而，在1974年"核试验案"后，法国与国际法院保持了一定距离。在第三次海洋法会议第四期全体会议上，各国代表团对争端解决问题进行

---

①　2008年10月7日，联合国安理会通过第1838号决议，决议呼吁在索马里沿岸公海和空域进行军事船只和军事飞行活动的国家应在严格遵守《公约》的国际法规则下，采取适当及合理的手段打击在索马里沿岸的公海和空域的海盗行为；2008年12月2日，安理会通过第1846号决议，决议主要旨在倡导建立在国际社会合作抓捕海盗之后对实施海盗和武装抢劫行为者的司法诉讼程序。第1846号决议援引了1988年《制止危及海上航行安全非法行为公约》，公约规定各成员国应对海盗订立罪名、确立对海盗行为的管辖权，接收劫持或被武力控制的船只或者劫持船只或实施威胁或恐吓的责任者或嫌疑人；2008年12月16日，安理会通过第1851号决议，对各国增加两项授权，一是鼓励所有参与打击索马里沿岸海盗行为的国家或组织与愿意羁押海盗的国家签订特别协定或安排，为本区域对海盗和武装抢劫行为的后续诉讼提供便利，其前提是征得索马里过渡联邦政府的同意；二是从2008年12月2日起的12个月内，在索马里过渡联邦政府提出请求的情况下，允许之前获得该政府同意的在其领海内打击海盗和武装抢劫的所有合作国家和组织进入索马里领土境内打击海盗。之后，安理会又先后通过第1897号决议、第1918号决议、第1976号等决议进一步强化了国际社会打击海盗的决心。

了正式讨论。在谈判过程中，法国代表团对于争端解决机制的立场主要围绕以下几个问题。

(一)强调海洋争端解决机制的必要性

法国认为，如果制定对国家行为进行有效规范的国际法，那么在新海洋法实施中设置争端解决机制是必不可少的。[①] 随着领海范围的扩大和专属经济区概念的产生，有关国家管辖海域划界正变得越来越多，大陆架和国际水域的划界也同样如此。因此，刻意模糊某些条款将会成为另一种争端的源头。今后达成的争端解决机制应该在视野上尽可能广泛，需适应国际法尤其是海洋法的特殊之处。

将适合国内使用的机制简单适用到国际争端解决上来并不现实。法国认为，国家间主权平等的原则已经必然表明，任何国际管辖都是有限并具有例外性的，求助于国际法庭只能作为争端解决的一种辅助程序。[②] 除此之外，一些海洋法特征延伸出来的一系列不同法律规范是个的复杂体系，这也反过来造成多样的争端。将这些争端根据不同类别进行分类，并在选择争端解决方式上充分考虑多种因素也具有必要性，这也使得选择适合每类争端的主体和性质的争端解决程序成为可能。[③]

(二)反对建立具有普遍性管辖权的常设法庭

在第三次海洋法会议进程中，对于"是否需要设立国际海洋法法庭"问题，主要产生了支持、反对和折中三种立场。包裹法国在内的数十个国家反对设立国际海洋法法庭。不支持建立的主要理由包括：首先，在国际法院已经存在的前提下，没有必要再

---

① 参见　A/CONF. 62/SR. 59, 59th Meeting, Third United Nations Conference on the Law of the Sea, para. 2。

② 参见　A/CONF. 62/SR. 59, 59th Meeting, Third United Nations Conference on the Law of the Sea, para. 3。

③ 参见　A/CONF. 62/SR. 59, 59th Meeting, Third United Nations Conference on the Law of the Sea, para. 3。

设立一个大体上类似的法庭。其次，海洋法范围内的争端，尤其是海底争端确实有其特殊性，但国际法院依据《国际法院规约》第26条和第50条的规定可以胜任海洋法争端的解决。不过，在第三次海洋会议最后通过的《公约》以附件形式通过了《国际海洋法法庭规约》。

法国不支持建立一个具有普遍性管辖权的常设海洋法法庭。法国认为，国家有能力在本国拥护的法律规则和情况特性中建立一种联系。① 事先建立的法庭将无法有效应对各种具体情况的不同之处，使得法庭在处理案件时将面对许多挑战。为此，法国建议在每个争端案中设立公平的第三方来解决争端，为保证实施，应为特别程序和正规仲裁建立相应条款。该特别程序应该适用于问题易于界定的某些明确领域。在某些情况下，可求助于富有资质的专家，确保从严格的技术角度客观审视该案件。同时，应避免根据争端主体因素以外考量而作出判决的风险。②

法国还指出，在《公约》的海洋渔业、海洋污染和海洋科学研究等领域，其延伸出的科学或技术问题应通过特定的机构来解决。③ 这个特定结构应该包括争端国从专家名单中挑选出来的独立专家，专家名单则由相关国际组织来准备，也就是联合国粮农组织、联合国教科文组织的政府间海洋学委员会。在谈判失败时，应强制性求助于这些特别委员会，其决定应对争端双方都具有法律拘束力。同时，争端双方也可以启动实施调查程序或和解程序。

(三)"区域"勘探和开发争端应适用特别程序机制

在"区域"争端中，应考虑未来建立的海洋法制度尤其是国际

---

① 参见 A/CONF. 62/SR. 59，59th Meeting，Third United Nations Conference on the Law of the Sea，para. 12。

② 参见 A/CONF. 62/SR. 59，59th Meeting，Third United Nations Conference on the Law of the Sea，paras. 2-5。

③ 参见 A/CONF. 62/SR. 59，59th Meeting，Third United Nations Conference on the Law of the Sea，para. 5。

管理局的特征。因此，法国也不同意在管理局框架内建立一个常设司法机构，因为管理局自身都有可能成为争端的一方，在管理局内的常设机构来处理争端并不利于争端的公平解决。① 不过，特别委员会系统可处理非管理局合同执行的争端。这种程式可以使争端解决程序适用到国家间、国家和管理局之间的各类争端中，如在区域内勘探开发活动的定义、资源评估活动以及更为经济导向性的问题。在该视域内，在提交特别委员会之前，可以制定条款使管理局技术委员会或经济计划委员会，以优先处理争议并力争达到和解。

法国代表强调，在任何案件中，多样的特别程序都不能涵盖《公约》实施中产生的所有争议。② 比起法律性或政治性的争端，特别程序主要被应用于技术类型的争端。因此，在特别程序体系之外，也应设置相应条款使仲裁程序应用于以下两个领域的争端。

第一，国际管理局所涉的有关合同争端。管理局或企业为一方、国家或公私性质的自然人或法人为另一方所签订的各类合同，除雇佣合同外，应包括对合同解释和执行的仲裁条款，在其中一个缔约方的要求下提交仲裁机构，该仲裁机构应根据每个特别案件中所涉的特殊问题来确定。第二，在《公约》中设立一个强制争端解决的普遍性条款，以便为之后的仲裁做准备。不过，在制定《公约》草案的过程中，不应提前排除缔约方应适用这些条款对条款进行不同解释的可能性。不过，法国也认为，在诉诸仲裁程序前就排除委托第三方进行和解程序将会是一个错误。③

---

① 参见 A/CONF. 62/SR. 59，59th Meeting，Third United Nations Conference on the Law of the Sea，para. 6。

② 参见 A/CONF. 62/SR. 59，59th Meeting，Third United Nations Conference on the Law of the Sea，para. 8。

③ 参见 A/CONF. 62/SR. 59，59th Meeting，Third United Nations Conference on the Law of the Sea，para. 10。

法国的方法受到了两方面的争议。首先，在某些情况下有必要进行立即处理，尤其是在船只被一国没收的情况下，而仲裁法庭建立的延误对于决定是没有益处的。在这种情况下，法国代表团支持在政府间海事协商组织下建立一个特殊机构，并授权该机构采取必要的紧急措施，不过该机构并不能对争议的解决作出过早断定。其次，虽然法律体系的统一性有利于国际公约的解释，但仲裁判决的多样性却是一个不利条件。在仲裁法律中的不同是由于仲裁判决可以覆盖很长一个时期，而法律在不断演变，仲裁判决反映了法律框架中的许多不同，在该法律框架中，仲裁者必须作出行动，而他们所涉及的问题很难被比较，即使各种判决间的差异极大。尽管应该看到一个国际法庭中法律的统一性，但是应注意到法律体系之中的演变。在当时，法国正处于"法-英大陆架仲裁案"的漩涡之中，作为正在经历仲裁案的国家，法国认为仲裁庭比法院更具优势。而基于当时的国际关系形势，仲裁的根本优势在于"信任是建立在仲裁员之上而不是法官之上的"。[1]

（四）提出设立特别仲裁法庭

总体来说，在第三次海洋法会议上，法国不断捍卫强制争端解决的原则，并对争端解决机制的设计积极提出意见。1982年《公约》的条款中也显示了法国的"偏好"：除了第287条的程序的选择按照附件七组成的仲裁法庭外，还有按照附件八组成的"处理其中所列的一类或一类以上争端"的特别仲裁法庭。这一条也可以看做法国对《公约》争端解决机制的特别贡献。

二、法国在海洋争端解决中的挑战：以法国参与国际海洋法法庭的司法案件为例

法国参与的三起国际海洋法法庭司法案例主要涉及《公约》第292条临时措施中的迅速释放问题（prompt release）。这其实也可以

---

[1] 参见 A/CONF. 62/SR. 59, 59th Meeting, Third United Nations Conference on the Law of the Sea, para. 12。

看做法国海洋战略的一个缩影，即注重海洋经济利益、海洋的可持续发展、重视海外领土在法国海洋权益主张中的地位。为此，在国际海洋法法庭上，法国积极运用《公约》有关条款来捍卫自己的利益。

（一）对于案件背景及诉讼请求的概述

1."卡姆措"号案(巴拿马诉法国)

在"卡姆措"号案①中，法国"花月"号发现巴拿马籍渔船"卡姆措"号在法属克洛泽群岛专属经济区进行非法捕鱼，遂对该船只作出扣押和捕获动作。2000年1月14日，巴拿马依据《公约》第292

---

①　"卡姆措"号是一艘悬挂巴拿马国旗的渔船，该渔船属于一家巴拿马公司。巴拿马为该船颁发了"南极犬牙鱼"许可证，允许该船只在南大西洋南纬20度至50度以及西经20度至80度的国际海域进行捕鱼作业。1999年9月28日，在法国克洛泽群岛的专属经济区内，法国"花月"号护卫舰发现该船只在专属经济区内进行捕捞作业，"花月"号所载直升机观察到该船只向海中投掷了48个绿色和白色的包裹和文件，其中一个包裹被打捞上来，发现该包裹内有34千克的新鲜犬牙鱼，法方在对船只进行搜查时还在船上发现了6公吨冷冻犬牙鱼。9月29日，根据"花月"号拟定的笔录，"卡姆措"号作出了四项违法行为：(1)在法国克洛泽群岛专属经济区内未经允许捕鱼。(2)在进入克洛泽群岛专属经济区时未申报渔船上的6公吨犬牙鱼。(3)在悬挂外国国旗时隐瞒船只身份标识。(4)企图逃避"花月"号的缉查。同时，"花月"号海军司令官通知"卡姆措"号船长逮捕该船只一事，并没收捕鱼器具，捕获产品，航行物资以及船只文件，并驱使该船只驶向留尼旺加莱港。在留尼旺，法国海事理事会制定了调查报告，该船只估价为2000万法郎，犬牙鱼估价为38万法郎。圣保罗初审法庭向船长提起诉讼，并批准扣押"卡姆措"号，释放该船只需要交纳2000万法郎保释金。10月22日，"卡姆措"号母公司及船长向圣保罗初审法庭提出紧急审理此案，以便迅速释放该船只及扣押物品，并要求减少罚款数额。12月14日，圣保罗初审法庭驳回该申请。参见 https：//www.itlos.org/fileadmin/itlos/documents/cases/case_no_5/published/A5-J-7_feb_20.pdf。

条向国际海洋法法庭对法国提起诉讼,并向法庭提出七点主张。①
法国则请求法庭:(1)巴拿马要求迅速释放船只及其船长的请求是
不可接受的;(2)如果裁决在缴纳保证金的基础上释放"卡姆措"
号,那么该保证金不应少于2000万法郎,且支付形式应为有效支
票或银行汇票。

2."蒙特·卡夫卡"号案②(塞舌尔诉法国)。在"蒙特·卡夫
卡"号案中,法国"花月"号护卫舰发现塞舌尔籍渔船在法属凯尔盖
朗群岛专属经济区内的非法捕鱼行为,并采取相应扣押和捕获措
施。2000年11月20日,塞舌尔方面根据《公约》第292条就"蒙
特·卡夫卡"号事件向国际海洋法法庭提出申请,并于11月27日

---

① 巴拿马方提出:(1)裁决法庭对依据《公约》第292条提出的请求具有
管辖权;(2)宣布巴拿马的请求是可接受的;(3)宣布法国逮捕"卡姆措"号却
迟缓地、不完全地通知巴拿马共和国,违反了《公约》第73条的义务;(4)裁
决法国未能遵守《公约》有关对"卡姆措"号船长进行迅速释放的规定;(5)裁
决法国未能遵守《公约》有关对"卡姆措"号进行迅速释放的规定;(6)裁决法
国对"卡姆措"号采取的刑事性质的临时措施未能遵守《公约》第73条第3款,
构成非法居留;(7)在扣除已扣留的价值35万法郎的货物,最后的最高保证
金为95法郎,在获得130万法郎的合理的保证金后,要求法国迅速释放"卡
姆措"号及其船长;(8)要求该保证金以一个主要欧洲银行的担保的形式支
付,并将其委托给国际海洋法法庭以便该保证金可以及时交给法国当局,以
确保法国对扣押船只和船长的释放。参见 ITLOS, Judgement, 7 February,
2000, para. 24。

② "蒙特·卡夫卡"号是一艘悬挂塞舌尔国旗的渔船,属于塞舌尔注册
的蒙特克轮船公司,塞舌尔为该船只颁发了710号国际水域捕鱼许可证。
2000年8月27日,"蒙特·卡夫卡"号出发进行捕鱼,2000年11月8日,法
国凯尔盖朗群岛专属经济区内"花月"号护卫舰登临该船只,并指责船长:
(1)未能向凯尔盖朗群岛区长宣告其存在以及船只上装载的鱼的数量;(2)未
能获得法律规定的事先许可下进行捕鱼;(3)试图避开或已避开负责监管捕鱼
活动的专员的调查。

在2000年11月8日第1/00号违法笔录后,2000年11月9日"花月"号
船长又起草了一份调查笔录,包括记载"蒙特·卡夫卡"号的捕鱼情况、航行
和通信设备、电脑设备、船只和船员文件。2000年11月20日,法方调查结
果显示:(1)"蒙特·卡夫卡"号在11月8日早上7点出现在凯尔盖朗群岛以
西90英里的法国经济区;(2)该船只在进入凯尔盖朗群岛专属经济区时并未
通告;(3)注意到和"蒙特·卡夫卡"号相同的在水域内延绳钓行为,该船只
数字组成逻辑序列,且并未有其他渔船在经济区内出现;(4)观察(转下页)

向法庭提出请求，要求法国迅速释放该船只及其船长。法庭定于
12 月 7 至 8 日对该申请进行审理。②

（接上页）到解冻的诱饵被投弃到海里；（5）在船甲板中部发现小的冻鱼以及
鱼钩；（6）在零下 20 摄氏度的冷冻仓中发现去头和去内脏的温度在零下 1.6
至零下 2.4 摄氏度之间的犬牙鱼；（7）观察到制造间有被近期清理过，仍有鲜
血和新鲜废弃物残留；（8）发现船上仍有 158 公吨犬牙鱼。笔录调查评估这
158 公吨鱼价值约为 900 万法郎，并决定这些鱼应该以限制投标的方式进行出
售，且该收益应被记入公共财政库直到取得法院法令。法国第 60/AM/00 号
调查笔录显示没收了该船只、相关设备和文件，估计船只价值为 1500 万法郎
并决定将船只带回留尼旺省 Port-des-Galets 码头。同日，留尼旺省和大区海事
总指挥前往圣保罗初审法庭要求法庭确认批准扣押船只，并在释放之前先支
付 9540 万法郎的担保金。最终，圣保罗初审法庭确认了对"蒙特·卡夫卡"号
的逮捕，并确定了释放的担保金总数为 5640 万法郎。法庭还注意到，根据
《公约》第 73 条第 2 款以及第 292 条，担保金必须"合理"，在担保金的数额、
形式和性质上的总体平衡必须合理，并且对合理性的评估应该建立在可归咎
于扣押船只船长违法行为的严重性上、扣押国根据本国法律对其进行的处罚
上以及被扣押船只和集装箱的价值上。

②　在申请书中，塞舌尔提出：（1）宣布国际海洋法法庭依据《公约》第
292 条拥有对今天所提交申请的管辖权；（2）宣布提交的该申请是可接受的；
（3）宣布法国没有通过适当途径通知塞舌尔有关"蒙特·卡夫卡"号的逮捕一
事，违反了第 73 条第 4 款；（4）宣布法国设定的担保在数量、性质和形势上
都是不合理的；（5）关于"蒙特·卡夫卡"号船长约瑟·佩雷兹·安继柏（José
Pérez Argibay）先生：作为法定诉讼程序的中间措施，要求法国允许船长参加
在汉堡短暂进行的听证；裁决法国未能遵守《公约》有关立即释放被扣押船只
船长的规定；要求法国在无需提供担保金的情况下迅速释放船长，因为船只、
货物已经可以作为合理的保证，考虑到船只是欧洲公民的事实，而不可能判
他入狱；裁决法方未能遵守《公约》第 73 条第 3 款，对船长才去的措施具有刑
事性质，在实际上构成了非法拘禁；（6）设定担保金的最高数额为 220 万法
郎，并基于：对于未能通知的 20 万法郎，200 万法郎在未通知的情况下出现
于专属经济区内 24 小时并且作为推测的唯一认可证据，捕获的 4 公吨鱼类；
（7）考虑到担保金的性质，国际海洋法法庭应考虑到被扣货物、捕鱼设备、鱼
儿以及汽油都构成了担保金的一部分，且根据我们的计算，这些物品价值为
947.6382 万法郎；（8）法庭在一个欧洲银行财政工具或由立即卸下的与吨数
等同的价值担保之间进行选择；（9）至于财政担保的形式，作为一种辅助措
施，国际海洋法法庭选择设定一个象征性财政担保，原告方要求法庭注意到
其希望由某一个主要欧洲银行作为银行担保，而不是现金支付，除非争端双
方决定以释放船只作为交换而将担保金存放在国际海洋法法庭。

　　法国在答辩状中指出，法国基于之前事实以及法律考量，保留补充或修改目前提交申请的权利，酌情要求法庭拒绝代表塞舌尔的第二项提交请求，并宣布和判决：(1)在考虑到案件情况和相关因素的下，法国主管"蒙特·卡夫卡"号迅速释放案件的法院所裁定的保证金是合理的；(2)2000年11月27日塞舌尔向国际海洋法法庭提交的申请是不可受理的。

　　3."大王子"号案①(伯利兹诉法国)

　　在"大王子"号案中，法国"雪月"号护卫舰发现"大王子"号在法属凯尔盖朗群岛的非法捕鱼行为，并对该船进行扣押。2001年3月16日，国际海洋法法庭书记官收到伯利兹方面3月15日的信件，表示委托阿尔伯特·佩雷拉(Alberto Penelas)先生已授权代表伯利兹向国际海洋法法庭提出根据《公约》第292条释放"大王子"

---

　　①　"大王子"号是一艘渔船，2000年12月26日，该船只被逮捕时悬挂着伯利兹国旗。根据伯利兹国际海商注册机构在2000年10月16日颁发的临时航行执照，该船只的所有者为Paik Commercial Corporation。根据2000年3月27日的买卖信息显示，该船只确由该公司购入，而根据1999年6月23日该船只的船级社认证，该船只属于一家在西班牙的公司。在回应国际海洋法法庭成员对船只实际所有者的问题时，原告方代表表示船只所有者为Paik Commercial Corporation，然而被告方代表表示法国无法识别船只实质所有者的身份。原告方称，在该船只被扣押时，该船只正准备悬挂巴西国旗并在巴西注册，因为巴西给该船只颁发了捕鱼许可证。"大王子"号船长Ramón Francisco Pérez Novo为西班牙国籍，包括船长在内的船员共有37人，为西班牙或智利国籍。在法国留尼旺当局听证会中，船长表示船只于2000年12月初自南非德班起航，去印度洋南部国际水域进行捕鱼。在这方面，临时航行执照背书道："船只不应进行非法捕鱼并应遵守适用于有关渔区的所有渔业规则制度。未能遵守规章制度将会被处以最高5万美元的罚款，如再犯将取消注册资格。"

　　2000年12月26日早上8点53分，在法属南极洲和南极领土的凯尔盖朗群岛专属经济区内，法国"雪月"号护卫舰登临"大王子"号。根据当天的违法调查笔录，"雪月"号船长指控"大王子"号船长：(1)在未经授权的情况下在法国管辖的凯尔盖朗群岛专属经济区内进行捕鱼活动；(2)未示意便进入凯尔盖朗群岛专属经济区且未申报该船只上有20余吨鱼。法国护卫舰护卫"大王子"号进入留尼旺省Port-des-Galtes港并于2001年1月9日在此泊岸。根据扣押记录，法国扣押了约18公吨的犬牙鱼(估价81万法郎)、捕鱼装备估价约5610欧元(368.0160法郎)、40公吨鱼饵估价约16万法郎，以及船只、装备和船上文件价值约1300万法郎。2001年1月12日，为了确定担保(转下页)

号渔船的申请。依据《法庭规则》第 75 条第 2 款，争端双方在口头审讯程序结束时提出了最后主张。伯利兹方提出了共十项主张。②

（接上页）金数额，圣保罗初审法庭考虑了如下因素：（1）海事专家尚思内（Chancerel）先生对船只价值在 1300 万法郎的评估；（2）基于船上的 18 公吨渔获和 1966 年 6 月 18 日第 66-400 号立法的有关规定，对该船只船长的罚金估计在 900 万法郎；（3）对受害者给予最少 40 万法郎的补偿金。在此基础上，圣保罗初审法庭确定了担保金总额为 1140 万法郎。法庭确认了对"大王子"号的扣押以及对该船只的释放需要交纳 1140 万法郎的担保金，该担保金可以以现金、保付支票、银行支票的形式支付。

2001 年 1 月 23 日，法国轻罪法庭宣布裁决：（1）"大王子"号在进入开尔盖朗群岛专属经济区时并未示意且未能申报船上所载鱼的吨数的事实是不可争议的；（2）"大王子"号具有非法捕鱼行为，因为在该船只遭到逮捕的时候，在距该船只 450 米处的水中发现约 15 个延绳钓钓具以及 6 个浮标；（3）不可争议的是该非法捕鱼行为是该船只被告方有意识的行为；（4）在进入专属经济区时船只并未申报且观察到的非法捕鱼行为足以证明在船舱内发现的鱼是非法捕获的；（5）发现自 2000 年 12 月 23 日起船只的航行日志就没有填写且在船上发现的犬牙鱼仍是新鲜的，这两点构成了一致推断。同时，轻罪法庭还命令没收船只及其附属装置、捕鱼设备以及扣押的渔产品，该船只的船长被判处以 20 万法郎的罚金。2001 年 1 月 31 日，船只所有者对轻罪法庭的判决提出上诉，该上诉在 2001 年 9 月 13 日再次审讯。2001 年 2 月 19 日，船只所有者向圣保罗初审法庭提交了一份申请要求在支付总额为 1140 万法郎的银行担保后立即释放该船只。2001 年 2 月 22 日，初审法庭拒绝了这一申请，其动机是："鉴于轻罪法庭已经命令没收且要求立即执行，那么本庭法官无权仅仅在银行担保的情况下就命令释放该船只给其所有者。"

② 伯利兹方提出：（1）宣布国际海洋法法庭依据《公约》第 292 条对该申请具有管辖权；（2）宣布当前申请是可以受理的；（3）宣布法国未能遵守《公约》第 73 条第 2 款的规定，因为法国在对"大王子"号释放问题上提出的保证金的数额、性质和形式都是不合理的；（4）宣布法国未能遵守《公约》第 73 条第 2 款，因为法国规避了该条所规定的迅速释放的义务，且法国以该船只已被没收且已被立即执行为由，拒绝了在对方缴纳合理的担保金后迅速释放该船只；（5）裁决法国应在对方提交了法庭确定的担保金或其他财政担保后，迅速释放"大王子"号；（6）证明和判决担保金或其他财政担保应该包括一笔数额为 206149 欧元或等值法郎；（7）裁定（a）法国当局在"大王子"号船上扣留的 18 公吨鱼价值 123848 欧元（b）捕鱼设备价值 24393 欧元（c）捕鱼材料价值 5610 欧元，总计 153851 欧元，与该货币数额等值应被看做财政电脑包，且如有必要时，应归还给我方；（8）裁定担保金应该以银行担保的形式提供；（9）裁定法国将船只归还给船主时及不归还给船主时银行担保的措辞应包含的不同要点；（10）裁定法国只有在持有的担保的货币等值物不足以支付法国国内法院最终判决中裁定的数额时，才可以使用银行担保。

法国提请国际海洋法法庭拒绝代表伯利兹提出的全部请求，法国认为 2001 年 3 月 21 日伯利兹提出的有关船只迅速释放的请求是不可受理的，在任何情况下法庭都对该案件的审理和裁决没有管辖权，因此法庭应拒绝该请求。

（二）对于国际海洋法法庭管辖权的审议

1. 在"卡姆措"号案中，国际海洋法法庭确认对该案的管辖权

双方都是《公约》缔约方，巴拿马是船旗国，双方未能在扣押船只 10 日内将问题提交给其他法庭管辖。申请的提出满足《公约》第 292 条第 2 款以及《法庭规则》的第 110 条和第 111 条。

2. 在"蒙特·卡夫卡"号案中，国际海洋法法庭确认对该案的管辖权

塞舌尔和法国都是《公约》缔约方，塞舌尔是该案件中的船旗国，双方也都没有在扣押之日的两日内向其他司法机构提出申请。塞舌尔的申请满足《公约》第 292 条以及《法庭规则》第 110 条、第 111 条。同时，塞舌尔方面也强调了该案件的可接受性，塞方认为，法方使"蒙特·卡夫卡"号船长处于法院监视之下，构成了对船长的拘谨，违反了第 73 条第 3 款，而塞方未能收到以适当形式通知其该船只的扣押，违反了第 73 条第 4 款。① 不过，法方则反对国际海洋法法庭对该案件的管辖权，根据《公约》第 292 条，法庭的权限不足以扩大到对原告的指控做出裁决。法方认为，对方的指控并不以事实为根据，否认国内法院对船长的监视就等于拘禁，因为这种监视并没有剥夺船长的自由。② 法方表示，在 2000 年 11 月 9 日留尼旺警局向塞舌尔驻巴黎总领事传真了一封信，通知了对该船只和船长采取措施的有关信息。在"卡姆措"号案中，《公约》第 292 条的程序下有关对违反第 73 条第 3 和第 4 款的指控是不可

---

① 参见 Affaire du Monte Confurco（Seychelles c. France），Prompte Mainlevée. Arrêt du 18 Décembre 2000, paras. 61。

② 参见 Affaire du Monte Confurco（Seychelles c. France），Prompte Mainlevée. Arrêt du 18 Décembre 2000, paras. 62。

受理的①实际上，判决书和本案法官意见部分也对国际海洋法法庭的权限作出了扩大解释：国际海洋法法庭重申，第292条第3款规定的程序仅涉及撤销和释放问题，并对具有管辖权的法院或法庭的行为不构成影响，法庭也并不是一个与法国国内法院的判决相对立的上诉法庭。尼尔森（Nelson）法官通过比较国际海洋法法庭和国内主管法院的角色，认为根据第292条要求迅速释放的权利，的确对国内司法审判权利构成了干预，但这种权力只限制于释放问题上，也就是适用于某些特定条款，包括第73条、第220条和第226条。然而，国际海洋法法庭认为"这并不能阻止对案件是非曲直的审理采取必要的措施，以便最终对担保金的合理性进行恰当的评估"。法庭也界定了审议的范围，法庭认为一国的法律和判决可以作为"与问题直接有关的法律行为"②，但正如法庭在油轮"塞加"号判决中裁定的那样，释放程序"应该迅速地处理并达成"③法庭在证据的探寻和审议上是有限的。④

3. 在"大王子"号案中，国际海洋法法庭最终认定对该诉讼请求不具备管辖权

相较于"卡姆措"号和"蒙特·卡夫卡"号的情况，本案的管辖权问题较为复杂，伯利兹和法国双方对于国际海洋法法庭的管辖权展开激烈辩论。

原告方伯利兹认为，"大王子"号是在2000年12月26日进入凯尔盖朗群岛专属经济区的，而不是在此日期之前，船长违反船只所有者给其的指令而进入到了该区域，该船只并未在凯尔盖朗群岛专属经济区内捕鱼，圣保罗初审法庭根据《公约》第73条第2款确定的"担保金或其他财政担保"并不充分，该担保金或其他财政担

---

① 参见 Affaire du Camouco（Panama c. France），Prompte Mainlevée, Arrêt du 7 Février 2000, paras. 59。

② 参见 Affaire du Camouco（Panama c. France），Prompte Mainlevée, Arrêt du 7 Février 2000, paras. 72。

③ 参见 M/V"SAIGA"Case, Judgment of 4 December 1997, paras. 47。

④ 参见 Affaire du Camouco（Panama c. France），Prompte Mainlevée, Arrêt du 7 Février 2000, paras. 74。

保在数额、性质和形式上都是不合理的。圣保罗初审法庭在2001年2月22日拒绝了在缴纳1140万法郎银行担保后释放扣押船只，这违反了《公约》第73条第2款的规定，在初审法庭确定获得扣押船只的担保金后的仅仅数天，法国轻罪法庭就宣布没收船只，这是一种"诡计"（或构成一种"法律欺诈"），如果这种没收是被允许的，那么《公约》第73条第2款将会成为"一纸空文"。尽管轻罪法庭已经下令没收该船只，但根据《公约》第73条第2款以及第292条，释放船只仍然是一种可行的解决办法。为了进一步论证圣保罗初审法庭裁定的担保金数额不合理，原告指出在国际市场上一艘像"大王子"号这样船龄和同样性能的船只价格在36万欧元左右（2361600法郎）。另外，法国当局确定的鱼的价值、捕鱼用具和装备都应该被看做构成担保金的一部分。

被告方法国认为，原告的请求并不符合《公约》第292条的范围，因此该请求不可受理，且法庭对该案件没有管辖权。法国国内法院已经根据《公约》第292条第3款对该案件作出实体裁决并命令没收船只。在该阶段国际海洋法法庭根据第292条要求审理船扣押船只释放问题已不再可能，如果法庭审理了伯利兹的请求，那么这将影响到法国主管该案件法院对案件实体部分的判决，这将违背《公约》第292条第3款的规定。法国还认为，原告所说的圣保罗初审法庭在确定担保金后轻罪法庭颁布没收命令是"诡计"的说法是完全站不住脚的。根据《公约》第292条，法庭对本身否认了判决公正性和缺乏正确程序的控诉不具有管辖权。对于没收船只，法国轻罪法庭是完全根据法国立法的有关规定作出判决的，且本不必要公开信息。

根据法国的观点，法国法中"进行没收"的权利可以在《公约》第73条找到依据。第73条承认沿海国界定违规捕鱼和对违规者进行处罚的权力，不过这种权力的唯一限制，就是第73条第3款中所规定的"不得包括监禁，或任何其他方式的体罚"。作为一种处罚的方式，"没收"并不仅仅只在法国立法中作出了规定，在其他许多国家立法中同样作出了规定。另外，法国指出，该申请其实并不是一个迅速释放的问题，而更多的是法国主权权利行使以及认为法国没收渔船的法律不符合《公约》而产生的争端。法国强调在批准《公约》时就已经根据《公约》第 298 条第 1 款（b）项的规定，对《公约》第 297 条第 2、第 3 款有关在主权权利或管辖权的法律执行中的争端上不接受《公约》第十五部分第二节中的任何强制程序。法国认为该申请毫无根据，原告提出的迅速释放的请求已经由合适的法国司法机构作出没收的判决并执行。

国际海洋法法庭对"大王子"号管辖权问题进行审议。首先，法庭援引《公约》第 292 条的规定，伯利兹和法国都是《公约》的缔约方。原告方控诉被告方未能遵守《公约》第 73 条第 2 款有关迅速释放扣留船只的规定，被告方设定的担保金数额并不合理，且双方都未根据《公约》第 292 条第 2 款在扣留之日起的 10 日内将扣留问题提交到其他法院或法庭，因此，根据第 292 条，国际海洋法法庭对该请求具有管辖权。

被告方法国认为，"大王子"号已由法国国内法庭采取了没收措施，因此该申请是无根据且不可接受的。法庭认为，重要的是确定哪个实体对于迅速释放的请求具有诉讼资格（locus standi）。根据《公约》第 292 条的规定，船旗国有权向法院或法庭提出释放请求，而其他实体可以代表船旗国提出请求。最初的证据表明伯利兹在作为原告方提出申请时是船旗国，为了履行证据义务，原告方提供了（a）2001 年 3 月 15 日伯利兹总法务官的信件；（b）伯利兹国际商船海事登记处（IMMARBE）的临时航行许可；（c）2001 年 3 月 20 日伯利兹国际商船海事登记处出具的证明。而被告方法国则是向法庭出具了（a）2001 年 1 月 4 日伯利兹外交部长给法国驻萨尔瓦多大使的照会；（b）2001 年 3 月 26 日伯利兹国际商船海事登记处给法国驻伯利兹城荣誉领事的信。

需要知道的问题是，该船只在临时航行许可过期后是否仍在伯利兹注册，或者无论诉讼情况如何，自 2001 年 1 月 4 日算起该船只被注销注册后是否重新注册。法庭认为，争端双方提交有关临时航行许可过期的文件具有矛盾和不一致之处，这使得法庭申请对提交时船只的法律情况提出合理怀疑。在油轮"塞加"号案中，法庭注意到即便争端双方对于法庭的管辖权不具有异议，但在"法庭应

该确认对于提交给其的案件具有管辖权"①这一点上，国际法院在
1972 年国际民用航空组织理事会管辖权上诉案的判决中也指出：
"法院应不能减少确信自身具有的和应有的管辖权，如有需要，应
强制审议该管辖权。"②

　　因此，法庭必须审议其管辖权的各个方面，且确认该申请是否
根据《公约》第 292 条第 2 款"由（代表）船旗国"提出。在油轮"塞
加"号案中，法庭认为"船只的国籍是一个实质性问题，与其他具
有争议的事实一样，该问题应该在争端双方提供的证据手段基础上
加以强调"。③ 为此，法庭注意到《公约》第 91 条对于船只国籍的规
定。在伯利兹，根据 1989 年的商船注册法令，在该国悬挂伯利兹
船旗的权利来自在该国注册行为的完成。因此，除非像"大王子"
号这样的渔船是在伯利兹注册的，否则伯利兹就不是船旗国。有必
要检视是否有充足证据证明船只是在伯利兹注册且在相关时间内悬
挂该国国旗的权利。

　　在本案中提交给法庭的文件中，伯利兹给"大王子"号颁发的
唯一文件就是根据 1989 年商船注册法令而颁发的临时航行许可。
该通知文件明确标注其有效日期直到 2000 年 12 月 29 日。原告方
并未指出船只所有者延长其临时航行许可或以其他合法证明代替。
法庭注意到 2001 年 3 月 26 日和 3 月 30 日伯利兹国际商船海事登
记处的证明，该文件指出授权船只所有者作为该申请的"求助对
象"。不过，法庭认为，伯利兹国际商船海事登记处中所强调的
"尽管临时航行许可和船只停泊文件到期，但船只仍然被认为是在
伯利兹注册"并不为证据所支持。法庭的观点是，确认该船只"仍
然被认为是在伯利兹注册"是一个假定的因素，并不构成伯利兹是
其船旗国的充分依据。而伯利兹国际商船海事登记处提供的文件并
不能构成是《公约》第 91 条第 2 款含义下的"文件"。

---

①　参见 Arrêt du 1ᵉʳ Juillet 1999, paras. 40。
②　参见 Appel Concernant la Compétence du Conseil de L'OACI, Arrêt,
C. I. J., Recueil 1972, p. 52。
③　参见 Arrêt du 1ᵉʳ Juillet 1999, paras. 66。

　　法庭认为，伯利兹国际商船海事登记处的通知是以行政通信的形式呈现，且没有提及任何有关"伯利兹海事注册"的字样以及法律要求的任何其他措施。该通知应该与临时航行许可以及 2001 年 1 月 4 日伯利兹外交部的照会共同进行解读。临时航行许可于 2000 年 12 月 29 日失效，而伯利兹发给法国的有关船只注册的照会可以看做官方通知，照会中写道："由于这是该船只第二起违反规定行为，那么伯利兹当局对该船只的惩罚就是在当日也就是 2001 年 1 月 4 日撤销对该船只的注册。"当在这份文件中的一项措施是以该文件公布之日起产生效力，那么该措施的生效便不能取决于之后的某一件事件。在找回中已经特地指出"船只注册的撤销……从今日起"，那么撤销注册这一举动就应被认为是从 2001 年 1 月 4 日起产生效力。另外，在 2001 年 3 月 15 日伯利兹总法务官的信件中，并没有对伯利兹国际商船海事登记处通知中的注册和船只国籍问题作出解释。在油轮"塞加"号案中，法庭认为船旗国的行为在任何时候都构成评估争端的一个重要因素，无论是对船只的国籍还是注册问题。① 法庭认为原告方对现有争端的反应并不是一直基于"大王子"号是一艘拥有该国国籍的事实依据上。

　　相反，在 2001 年 1 月 4 日，伯利兹通知法国撤销对"大王子"号的注册，并从即日起生效。法庭也注意到伯利兹 1989 年商船注册法于 1996 年进行了修改以加强对船只撤销注册的权力。该法第 25 条规定："当在伯利兹国际商船海事登记处注册的船只，妨碍到现行法律或者其从事的活动违反了现行法律条款、规定、决议或该法律作为基础的通报、伯利兹为缔约方的国际条约、联合国决定的制裁，伯利兹国际商船海事登记处的负责人可以撤销对该船只的注册并处以最高 5 万美元的罚款。"颁发给"大王子"号的临时航行许可的背书其实也符合第 25 条的内容，在这一点上，法庭注意到伯利兹担当着打击非法捕鱼活动的国际责任。考虑到临时航行许可已到期，在 2001 年 1 月 4 日的照会中也撤销了对"大王子"号的注册，在全面考虑所有提交的证据之后，法庭认为原告所提交的证明

---

　　①　参见 Arrêt du 1er Juillet 1999, para. 68。

文件不能证明在申请达成的时候伯利兹是船旗国。最终，法庭依据《公约》第 292 条认为对于"大王子"号的诉讼请求不具有管辖权。

（三）对于案件可受理性的审议

1. 在"卡姆措"号案中，法国认为该案件不具备可受理性

第一，法国认为《公约》第 292 条中"迅速释放"表示"迅速"和"紧急"，巴拿马在"卡姆措"号扣押了三个月之后才提出的申请，但巴拿马表示是在等待确认保证金的数额。巴方称，直到 1999 年 12 月 14 日圣保罗初审法院批准扣押船只时，巴方才获知应提供 2000 万法郎保证金。同时，巴方指责法方"延迟地和不完全地"通知措施违反了《公约》第 73 条第 4 款，即便法国驻巴拿马大使馆在 1999 年 10 月 1 日将情况通报给巴拿马外交部，该船只也已被扣很长时间了。法方则表示，在 1999 年 10 月 1 日时，法属留尼旺就通知了巴拿马有关"卡姆措"号船只在克洛泽群岛专属经济区内非法捕鱼并扣押了该船只一事，然后巴方否认接收过该通知。

关键在于这种延迟是否造成了禁止反言问题。法国认为在忽略迅速作出反应的时候，诉方就已经通过其行为作出一种反言情况。吴卡思法官（Vukas）认为，诉方选择采取法国司法途径，而并未采取第 292 条的国际程序，并直到 2000 年 1 月 7 日才采取行动。他认为这种不作为的可能性造成禁止反言，但并不构成不可接受性。他认为，这种不可受理性建立在巴拿马对"迅速释放"的错误解释上。实际上，该程序是 1999 年 10 月 22 日在初审法庭进行审理的，而并不是 2000 年 1 月在海洋法法庭。

国际海洋法法庭认为，法方在申请过程中的拖延现象的争辩毫无意义。法庭认为，在任何情况下，《公约》第 292 条都要求一旦国际海洋法法庭认定在申请过程中证据充足，那么则应迅速释放船只或船员。这并不要求船旗国在船只或船员被扣押之后在一个特定时间进行申请。《公约》第 292 条第 1 段提及的 10 天期限是使双方可以将扣押的释放问题提交给一个双方都同意的法院或法庭。这并不意味着申请未能在 10 天内向法院或者法庭提出申请或者在 10 天后立刻向国际海洋法法庭提出就不能被认为是第 292 条"迅速释

放"的申请。

法国认为的第二个不可接受性的理由，是该案仍在国内法律程序审理之中。这也就排除了平行法律审理的可能。在判决书和法官意见部分中指出了"用尽当地救助"的问题。

对于《公约》第295条的"用尽当地救助"是否适用于第292条的迅速释放程序问题，法国认为，无论是国内审理还是求助于国际审理，都是为了寻求同样的结果，而这种申请并不旨在构成不同于国内审判的第二条上诉道路。第295条的用尽当地救济不应该被认为是提起第292条行为的必要条件。对此，巴拿马认为国内审理并不对其使用第292条赋予的权利造成任何影响。法庭和持不同意见的法官对于提前用尽救济问题比较保守。法庭认为，不应在第292条下要求提出用尽当地救助的条款或替他类似条款。第292条是为了保护那些因为未能按提供合理保证书而被长时间扣押的船只及船员，通过提供有关保证而保护沿海国的利益，而不妨碍之后的任何国内法行为。第292条是一种独立的程序，而并不是针对国内判决的一种上诉，所有对第292条的目标和目的造成损害的限制都不能用来解释。

尼尔森法官(Nelson)发表独立意见认为，第292条的目标和目的使得承认第295条"用尽当地救济"规则与第292条的适用具有联系变得更为困难。吴卡思法官则进一步发展了该观点，他认为，释放程序旨在"不对事件造成影响、不在任何情况下排斥扣押国的管辖权"。同时，他也强调了需要考虑到迅速性以及组成迅速性的要件，以及使船旗国可以在满足第292条第3款的条件下将问题提交给国际法庭。他认为，迅速释放的条款的目的并不要求用尽当地救济作为提交申请的条件。对此，安德森法官(Anderson)回应道："第292条规定的程序并不是为了作出与法国国内判决相反的审理，也不是为了再次审理。它更是一个建立在《公约》基础上的独立程序。"他也提出需审视第295条的用尽当地救济是否可以扩展到第292条以及直接适用到该条引起的事件上。第295条假定了一个争端，第292条则声称一种侵犯并提出在保证金基础上的"一种争端的形式"。

　　另外，法庭注意到第 292 条允许在扣押之日算起的一个短时间内提交释放申请，在实践中，在这么短的时间内通常是不可能用尽当地救济的。① 吴卡思法官承认，船只所有者可以倾向选择扣押国当地法庭。安德森法官确定"现有程序和在国家司法前的程序"在司法实践的一个方面。他提倡在面对国内司法审议时"谨慎采取国际司法行为"。国内司法能更好地对事实和国家法律进行合理考量，它具有更大的"评估余地"，不会仅仅只考虑那些具有说服力的动机。然而，在空间上，权利司法机关确定保证金数目远低于惩罚金的最大金额，上诉法院也确认了这一点。不过，法官也指出该案件迅速地提交到了另一级司法机关审理并随后到达国际海洋法法庭。法官认为这不是一个"合乎所愿"的情况，国际海洋法法庭只有在国内司法系统已经非部分地、而是全部地、彻底地利用过的情况下，才能作出最好的裁决。可以看到，诉诸于国际海洋法法庭并非不可接受的，但也并不是合乎所愿的。

　　第三，法国指出该案件在法国国内仍处于上诉未决阶段，因此排除了本案的可受理性，并希望国际海洋法法庭不要干预法国法庭处理同样问题的职能。在该问题上，判决和不同意见法官具有分歧。首先，法庭认为不应该将用尽当地救济的或其他类似规则在第 292 条下进行解释，这是不合逻辑的。第 292 条是为了释放因未能按当地司法裁决提供合理担保而被持续扣押的船只和船员，或者当地法律无法保证被扣押者在提供合理的担保之后的释放时才得以适用，而这样的扣押造成的损失本来是完全可以避免的。同样，在提供合理担保或第 292 条提及的法院或法庭确定的其他财政担保后进行释放，这样既保证了沿海国的利益，也没有影响国内法庭对案件中船只、船主或船员进行审理。

　　正如上述所说的，法院认为，第 292 条规定了一种独立的法律补救方法，并不是针对国内法院的判决的一种上诉。因此这也暗含可接受性的意思。尼尔森法官也指出"应避免动摇和破坏第 292 条

---

① 参见 Affaire du Camouco（Panama c. France），Prompte Mainlevée, Arrêt du 7 Février 2000, para. 58。

的宗旨和目标"。① 吴卡思法官认为,巴拿马的行为违反了"未决诉讼"的教义,"未决诉讼"禁止对同一事件进行竞争性的司法审理。同时,国内上诉进程已经接近尾声,且上诉判决的结果可以与国际海洋法法庭的相对立。因此,巴拿马方对第 292 条的解释与该条本身的宗旨和目标并不相符,因此该案件是不可受理的。

安德森法官也不赞同在"第 292 条之下要求用尽当地救济或其他类似规则"的逻辑是合理的。但在实践层面,法庭认为同时在两个法院(法庭)开启诉讼是一个并不合乎所愿的情况。国际海洋法法庭法官应该考虑到国内审理的情况,甚至应该等待国内判决结果,这并不是代表要与条款的目的相违背,也会避免对国内审理程序造成影响。最终,国际海洋法法庭接受了延迟申请,但拒绝了对推迟紧急程序的先决审理。

(四)对于违反《公约》第 73 条第 2 款的审议

1. 在"卡姆措"号案中

国际海洋法法庭对于《公约》第 73 条适用于"卡姆措"号船长被指控违反了法国专属经济区渔业资源的相关法律没有异议。实体部分的审议核心在于法国的举措是否违反第 73 条。

法官首先反对根据《公约》在专属经济区内的国家的权利。沿海国在专属经济区的权利主要来自三个条款:第 61 条,要求沿海国采取养护措施;第 62 条第 4 款规定,在专属经济区内捕鱼的其他国家的国民应遵守沿海国的法律和规章中所制订的养护措施和其他条款和条件;同时,安德森法官和沃尔夫伦法官(Wolfrum)都指出,第 73 条第 1 款建立了对生物资源养护的主权权利以及赋予沿海国采取为确保公约制定的法律规章得到遵守所必要的措施,包括登临、检查、逮捕和进行司法程序。而第 292 条第 1 款保护了第 58 条第 1 款规定下船只在外国经济区内活动的权利。

法国认为,根据《公约》第 73 条第 2 款,提供担保或其他保证

---

① 参见 Affaire du Camouco (Panama c. France), Prompte Mainlevée, Arrêt du 7 Février 2000, para. 2。

是释放扣押船只和船员的必要条件。巴方至今并未提供任何可以要求迅速和立即释放"卡姆措"号的担保，因此，巴方的指控证据不足。而巴方称，根据第 292 条的规定，提供担保并不是提交申请的先决条件。国际海洋法法庭澄清道，提供担保金或其他担保并不是在第 292 条下提出申请的必要条件。可以参照 1997 年 12 月 4 日对"塞加"号的判决，在该判决中，法庭指出：根据《公约》第 292 条，提供担保金或其他担保是必需的，但这并不是提起诉讼的必需条件。换句话说，为了援引第 292 条，担保金或其他担保如果实际没有产生效用，即使在《公约》条款下提供了，但违反了该条款也是提起诉讼的基础。在该案中，没有提供担保金则是违反了《公约》第 73 条第 2 款。当不可能提供担保金的时候、当担保金提供被拒绝的时候或沿海国法律没有对担保金的提供作出规定以及要求的担保金被控不合理的时候，迅速释放的要求仍有其价值。而巴方认为，法国法院所判决的 2000 万法郎的担保金是"不合理的"。国际海洋法法庭需要确定法国法院判决的保证金数额是否合理。

　　判决并没有明晰"合理的"的定义，但法官尤其是持不同意见的法官从形式上和实质上都对其进行了讨论，首先，在国内法院确定的国际担保金上的"合理性"的概念是不是单一的？国际担保金是否也需要通过国际海洋法法庭来确定，又或者是两者都进行确定？《公约》第 292 条第 1 款以及第 73 条第 2 款都对"合理的保证书或其他财政担保"作出了规定，而国际海洋法法庭第 65 至 70 段的判决也分析了保证书合理性的依据。国际担保似乎忽略了第 73 条第 2 款和第 292 条中有关"合理的"标准，同时，依据《法庭规则》第 113 条第 2 款，担保金或其他财政担保的行使和数额应由法庭最后认定。法庭最后认定，担保金或其他财政担保数额应为 800 万法郎，除非双方另有协议，则担保金的方式为银行担保。

　　实际上，两个担保金都看似符合"合理性"概念。判决第 67 段也已经陈述了对于担保金合理性的评估，第 57 段也指出"法院或者法庭根据第 292 条确定合理的保证金"。在第 70 段，法庭根据几点考量判定法国法院判决的国家担保金并不合理，并在第 74 段确定了担保金数额。这些段落似乎都在根据担保的"合理性"标准作出确定。特雷弗斯法官(Treves)认为,这种步骤并不够明确,并认为海洋法法庭应该对合理的担保金使用同一种定义,以确定担保金是否合理并确认数额。而这种概念是一个国际条款还是国内条款,在法庭上产生出两张观点:特雷弗斯法官认为,"合理的保证金"的概念只可能是扎根于《公约》下的国际性的概念,而并不与国内的概念有着必然联系。而沃尔夫伦法官认为,国际海洋法法庭在作出判决之前,应考虑国内判决中确定的保证金。沿海国具有制定立法、执行以及进行惩罚的自由决定权,其中也包括了确定罚金。而这些法律适用的行为也都是国家主权权利的一部分。因此,国际海洋法法庭不能用自己的裁决替代沿海国的自由裁量权,并对这些法律提出拷问以及创造自己的体系。① 法庭对法国有关担保金的判决的质疑是有限的,这主要是需要确认该判决是否合法、专断、被滥用或不成比例。② 国际海洋法法庭最终确定的保证金数额太低,这也对沿海国对生物资源养护的有关法律的适用造成了限制。③

的确,担保金的数额是"卡姆措"号案中的关键性问题。判决陈述了"对担保金或其他财政担保合理性评估"的数个因素,包括:被控违法行为的严重性;实施制裁或可实施制裁的严重性;被扣押船只的价值;法国强制征收的担保金数额。法方指出,对"卡姆措"号可执行的罚金为 500 万法郎,并声明根据《公约》第 73 条第 3款,"卡姆措"号船长并未受到监禁,同时,该船只所属公司负有连带责任,对后者的处罚金额可以是对船长的五倍,但国际海洋法法庭注意到该公司并未遭到起诉。案件双方对于"卡姆措"号渔船的价值具有争议,巴方提供专家意见表示该船只价值为 3717571 法郎,法方并未对该意见表示反对,同时,法方对该船只为 2000 万法郎的价值评估没有足够的证据证明。法庭还注意到,法方已经没

---

① 参见 Affaire du Camouco (Panama c. France), Prompte Mainlevée, Arrêt du 7 Février 2000, para. 18。

② 参见 Affaire du Camouco (Panama c. France), Prompte Mainlevée, Arrêt du 7 Février 2000, para. 14。

③ 参见 Affaire du Camouco (Panama c. France), Prompte Mainlevée, Arrêt du 7 Février 2000, para. 15。

收和售卖了在"卡姆措"号上搜获的价值 38 万法郎的货物。最终，法庭认为法国国内法院判决中要求提供的 2000 万担保金并不合理。

从上述可以看出，国际海洋法法庭所指出的严重性具有两个标准，一个是被控行为的严重性，以及一系列惩罚行为的严重性。对于前者，判决中陈述了如下被控行为：在未经申报的情况下进入专属经济区并在未经批准的情况下在专属经济区内捕鱼，并扣押了 6 公吨犬牙鱼，隐瞒鉴别标识信息以及试图逃跑。安德森法官认为，的确这种判断是有道理的并且这些行为都是可受到法庭进行刑事问责的。不过，被控行为的严重性是由处罚严重性来诠释的。不过，判决并没有提及担保金和处罚之间的关系。最终法院判决，法方应在巴方提供担保金后迅速释放被扣押船只及其船长，巴方应向法方提供的保证金为 800 万法郎。梁法官（Laing）指出，800 万法郎占到法方认为罚款可达到并高于 3000 万法郎的 26%，而在"塞加"号案中们这一比例仅是 9%，因此，梁法官指责国际海洋法法庭并没有解释清楚它的方法。[①] 对于该判决，持反对意见的法官们认为，该担保金对于之后的处罚金来说太低了，沃尔夫伦法官认为，这将限制沿海国实施其法律的权利，担保金覆盖了对船长提出的处罚金的最大数额，而不是有可能对船只所属公司进行处罚的费用。特雷弗斯法官认为，即便法国要求的 2000 万担保金有些夸张，但在考虑到船只所述公司可能的责任下，800 万的保证金数额过低。

2. 在"蒙特·卡夫卡"号案中

法庭注意到原告方认为法国未能遵守《公约》第 73 条第 2 款"被逮捕的船只及其船员，在提出适当的保证书或其他担保后，应迅速获得释放"。原告指出圣保罗初审法院设定的总额为 5640 万释放"蒙特·卡夫卡"号船只及其船长的担保金不是《公约》第 292 条下的"合理的担保金或其他财政担保"。法庭应该依据《公约》第 292 条行使权力，确定担保金的合理数额并在提交担保金后释放船只并在无需担保金的情况下就释放船长，因为他不可能被判入狱。

---

① 参见 Affaire du Camouco（Panama c. France），Prompte Mainlevée, Arrêt du 7 Février 2000, p. 4。

原告认为该担保金的数额应设定在 220 万法郎。被告方要求法庭坚持法国法院在案件背景和所有相关因素考虑下设定的保证金是合理的。

法庭注意到为了诉讼目的应根据《公约》第 73 条确定何为合理的担保金。第 73 条第 1 段规定："沿海国行使其勘探、开发、养护和管理在专属经济区内的生物资源的主权权利时，可采取为确保其依照本公约制定的法律和规章得到遵守所必要的措施，包括登临、检查、逮捕和进行司法程序。"第 73 条第 2 段规定："被逮捕的船只及其船员，在提出适当的保证书或其他担保后，应迅速获得释放。"第 73 条实际上指明了两种利益，一是沿海国采取适当措施以保证其法律和规章得到遵守的利益，二是船旗国确保其船只得到迅速释放以及其船员免于拘禁的利益。该条使得船只和船员的释放建立在提供担保金或其他财政担保的基础上。类似的是，《公约》第 292 条的目标也是为了调和船旗国船只和船员得到迅速释放的利益以及扣留过确保获得处罚金的利益。《公约》第 73 条和第 292 条体现的利益的平衡为法庭评估担保金的合理性提供了指导性标准。当确定扣留过确定担保金或其他财政担保是否合理的评估时，法庭会将扣押国法律和法庭判决作为相关因素进行考虑。不过，法庭希望明确的是，在《公约》第 292 条之下，法庭并不是一个反对国内法院判决的上诉机构。

法庭的观点是，担保金数额不应该太过分且不应与违反行为的严重性无关。《公约》第 292 条是用来确保沿海国在确定担保金时，确保《公约》第 73 条第 2 款对担保金的"合理"确定是建立在对相关因素的评估上。

《公约》第 292 条第 3 款规定："法院或法庭应不迟延地处理关于释放的申请，并且应仅处理释放问题，而不影响在主管的国内法庭对该船只、其船主或船员的任何案件的是非曲直。扣留国当局应仍有权随时释放该船只或基船员。"然而，在诉讼之前，法庭并不排除对案件的事实和背景进行审议以便对担保金的合理性作出必要的合理的评估。合理性不能被事实孤立开来。然而，应该强调的是，正如法庭在 M/V"塞加"号案中所持的观点那样，依据第 292

条第3款所规定的，一个迅速释放程序的特点应该"毫无延迟"地处理和达成。这也同时意味着法庭在可以审理富有争议的事实以及寻找支持双方控诉证据中的迅速释放程序具有一定限制性。同时，在《公约》第292条之下法庭应决定由什么组成合理的保证金，这种决定必须基于公约和不与《公约》不兼容的其他国际法规则。

在"卡姆措"号案中，法庭特别指出与担保金或其他财政担保合理性评估的相关因素。① 显然这绝不是一个完整的因素清单，也并不意味着法庭想要制定严格的规则以确定每个因素的精确重要性。这些因素实际上是对"合理性标准"的补足，正如法庭在油轮"塞加"号案中指出的那样："法庭的观点是，合理性标准包含担保金或其他财政担保的数额、性质和方式，而这三者的总体平衡必须合理。"②

至于该案件中违反行为的严重性，主要涉及在专属经济区内渔业资源的养护问题。法方指出，在担保金合理性的评估上，在该区域内进行非法捕鱼的行为应该作为其中一个因素考虑进来。该非法捕鱼是在《南极海洋生物资源保护公约》（CCAMLR）下对于犬牙鱼养护措施和未来资源的一种威胁。法方认为"在所有可以被称为该案件'事实背景'的情况中，该事实具有根本重要性。这是在该区域内非法捕鱼的主要背景"。对此法庭表示注意到该论据。

法庭也注意到在法国法之下可施加于所控违反行为的惩罚范围，在法国法之下对于这种违反行为的惩罚是严重的。然而，塞方辩称认为，船只船长所犯的唯一违反行为就是在进入凯尔盖朗群岛专属经济区时未能进行通知，同时也未能通知船上所装载的鱼类吨数，而船只并未在该经济区内进行捕鱼。法庭注意到塞方承认"蒙特·卡夫卡"号的确在进入专属经济区时未能通知，并进一步注意到该船只上配备有可以发送和接收电讯信息的无线电和国际海事通信卫星（INMARSAT）设备。

争端双方似乎并未在法国法下实施的惩罚表示争议。这些法律

---

① 参见"Camouco"Case, Judgement of 7 February 2000, para. 67。

② 参见 M/V"SAIGA"Case, Judgment of 4 December 1997, para. 82。

提供了罚款、损害判定及对船只、捕鱼用具和非法渔获的可能没收。但塞方认为法国法院所裁定的最高惩罚过于夸张了，而基于本案的事实则并不应该施加这些惩罚，且法国法院的实践并没有为如此高的处罚作出辩解。

争端双方对于"蒙特·卡夫卡"号的价值认定也并不一致。圣保罗初审法院确定该船只的价值为 1500 万法郎，并于 2000 年 12 月 7 日基于专家意见确定该船只价值为 150 万美元，而塞方基于专家意见确定该船只价值在 40 万至 45 万美元之间。在口头诉讼中，代表控方且被告方并未提出质疑的证据专家鉴定"蒙特·卡夫卡"号的价值约为 34.5680 万美元，且该船只的机械装置和外壳并未投保。法庭认为该评估是合理的。

至于船只的货物，争端双方都估计"蒙特·卡夫卡"号船只装载的货物价值为 900 万法郎。值得提出的是，被告方当局估计查封的捕鱼用具价值为 30 万法郎，该价值估计并未受到控方的争议。被告方同时辩称，由于查封鱼和捕鱼用具并不是在"国际海洋法法庭跟前所为"，因此这是法国法律下另一起不同的诉讼。然而，国际海洋法法庭认为查封的鱼和捕鱼用具的价值应作为一个与评估担保金合理性的相关因素而考虑进来。鱼、捕鱼用具和船只的没收都是受到同一违法行为的影响，根据《公约》第 292 条，法庭认为这应该作为同一个诉讼程序的一部分。圣保罗初审法院认定 158 公吨的犬牙鱼是在船上发现的，且认定该船只是在进入凯尔盖朗群岛专属经济区时为进行事先通知以及申报船上所载鱼的总量的情况下被发现的，这也构成了该船只凯尔盖朗群岛专属经济区进行非法捕鱼的整体推论。而法庭意识到专家意见表明并不是所有船只上的鱼都可以在凯尔盖朗专属经济区以外捕捞到。不过，法庭也并不认为圣保罗初审法院的推论与先于提交到法庭获得的信息具有完全的一致性。这些信息并不能成为在船只上的总体捕获或实质捕获是在开尔盖朗专属经济区内发生的推论的充足依据，也无法提供明确迹象表明该船只被拦截之前的期间内是在专属经济区内的。基于上述考虑以及对该案件的全盘考量，法庭认为在《公约》第 292 条含义下法国法院裁定的 5640 万法郎担保金是"不合理的"。

没有争议的是，"蒙特·卡夫卡"号受到了拘禁，然而，争端双方在该船只船长是否受到拘禁问题上的观点并不一致。该船长受到了法国法院的监视，其护照也被法国当局收走，因此他无法离开留尼旺省。法庭认为，在本案情况下，要求依据《公约》第292条第1款释放该船长是合理的。基于上述原因，法庭裁定，对于未能遵守《公约》第73条第2款的指控是可接受的，控方对于该诉讼的目的是具有充分依据的，因此法方必须在法庭裁定的担保金或其他财政担保的基础上立刻释放"蒙特·卡夫卡"号船只及其船长。

本 章 小 结

《公约》作为框架性协定，其法律条款的解释和适用，需要各缔约方在海洋实践中进行补充和诠释。法国通过积极推进各领域海洋活动，利用《公约》的模糊或空白之处，在实践中作出有利于本国的解释。从原则上看，"空白之处"即"发挥空间"，然而，缔约方对于《公约》条款的"发挥"，是否符合《公约》的原则和价值体系，以及是否牵扯到别家"利益之绳"，这都是法国在海洋法实践中所需要面对的《公约》的挑战。此外，《公约》规则可调整的范围有限，全球海洋活动的挑战复杂多样，包括海洋划界实践、渔业养护实践、海上执法等实践中的争端，都无法仅仅通过《公约》规则来消解。因此，本章考察了法国如何平衡和利用《公约》规则，作出最有利于本国的解释来应对和化解海洋法实践中的挑战。本章主要对法国实施包括《公约》在内的国际海洋法规则作出了法律评价研究，对于后文探讨法国实施《公约》的经验奠定了基础。此外，本章作为法国对《公约》嗣后实践研究的一部分，对于考察缔约方对于《公约》条款的解释和适用具有重要作用。

第四章 法国实施《联合国海洋法公约》的经验及对中国的启示

随着中国进入全面建设"海洋强国"的时代，通过梳理主要海洋大国的海洋发展史，分析其海洋实践方法和路径，总结其海洋实践经验教训，可为当前中国解决海洋争端及面向海洋发展提供启示。[①] 法国作为当前海洋法事务领军国家之一，其海洋法规则的制定和海洋法实践的经验具有典型性。通过对中、法两国在海洋战略、海洋管理机制、海洋法律构建和海洋执法机制四个方面进行梳理和比对分析，对我国的海洋法发展提出新的改革灵感。

第一节 法国实施《联合国海洋法公约》的成功经验

对于法国来说，实施《公约》最为核心的三个方面，在于通过国际法维护和调和其海洋权益、通过国内法确保法国不同海域利益的共进、通过进一步发展科学技术落实海域的"蓝色开发"。为此，在对《公约》条款解释和适用的过程中，法国尽可能作出了对本国有利的解释；通过推进有关规则的国内法制定，扩大本国海洋法实践的法律解释空间；通过加强国家海洋行动力的建设，积极应对本国海洋法实践中的挑战。

一、法国巧用《联合国海洋法公约》规则的"模糊地带"

今天的法国，在海洋军事实力、海洋经济开发能力、海洋科技

[①] 参见胡杰：《海洋战略与不列颠帝国兴衰》，社会科学文献出版社2012年版，序言。

水平、海洋资源环境可持续发展能力、海洋事务综合调控管理能力以及海洋治理机制与法规建设方面都居于世界领先水平，取得了举世瞩目的成就。然而，海洋地理空间的分散性、海洋事务及其挑战的多样化，都考验着法国在海洋事务的横向维度和竖向维度上的协调处理。法国作为大陆法系的代表性国家，将国际条约有关规则转化为国内法，是维护和确保相关部门领域工作开展的必要手段。《公约》的解释和适用，历来带有国家利益色彩。《公约》中仍存在诸多模糊不清的条款、甚至是空白地带，都增加了国际法向法国国内法转化的难度。从另一个角度来看，越是模糊的条款，越是给予了缔约方对《公约》的解释空间。这种适用空间最集中的体现就是缔约方的具体实践及实践中的挑战。因此，《公约》"模糊地带"的存在也给予了国家进一步解释和适用相关规则的灵活性。

首先，对于法国来说，实施《公约》其中一个有利的"模糊地带"，在于海洋法实践主体的界定不够明确的问题上。作为可主张专属经济区面积世界第二大的国家，法国拥有大陆架面积是其陆地国土面积的 20 倍，同时，法国专属经济区面积的 90% 以上都在其海外领土。可见，法国海外领土是法国实施《公约》规则的重要载体，也是维护《公约》所赋予的各类海洋权益的核心部分。然而，《公约》并未对法国这一类拥有诸多远洋群岛和海外边远地区的大陆国家施以更多的规制。

尽管第三次海洋法会议中对"非独立领土"这一类特别主权实体进行了讨论，但在最终通过的《公约》中，却并未对这一类特殊的主权实体作出概念和权利界定。1982 年《公约》最终确定的有关条款用词也颇为折中，并未涉及未完全独立或自治领土与其管理国之间的关系以及《公约》有关条款适用主体的国际法地位等问题。例如，《公约》第 140 条规定："'区域'内活动……并特别考虑到发展中国家和尚未取得完全独立和联合国按照其大会第 1514（XV）号决议和其他有关大会决议所承认的其他自治地位的人民的利益和需要。"①

---

① 参见《公约》第 140 条。

　　《公约》实施主体模糊性带来的影响，在法国深海勘探和开发活动上体现得尤为明显。正如 2015 年法国《深海战略》中所强调的，由于新喀里多尼亚和法属波利尼西亚的地理优势，确保这两个地区政府在推进"区域"活动上的行动和管辖能力尤为重要。当然，中央政府对海外领土政府和国家企业开展活动所进行的监管也同样重要。在这种情况下，在国际海洋法律制度以内，对法国提出考验的是如何有效协调法国本土和其海外领土在海洋利用和开发上的挑战应对；在国际海洋法律制度以外，对法国提出考验的是如何更好地调整和平衡法国本土和其海外领土的权力关系，以及对联合国和国际社会施加的舆论压力作出应对。例如，2016 年 12 月 6 日，联大部分通过了关于法属波利尼西亚民族自决进程的决议草案。该草案的两大主题直接影响到法国在该地区的主权权益和战略利益：首先，草案指出考虑到战略性材料的有关问题，应加强法属波利尼西亚政府对该地区自然资源尤其是海底资源的控制权；其次，草案认为法国应提高对该地区环境、生态、卫生和在太平洋地区进行核试验的行动透明度，尤其是在核爆破以及应对放射性影响方面。[①] 值得注意的是，联大的决议受到了来自法国中央政府和法属波利尼西亚地方政府两方面的强烈反对：在 2016 年初访问法属波利尼西亚地区时，法国时任总统弗朗索瓦·奥朗德（François Hollande）承认核试验带来的环境和健康损害，但表示将采取措施进行弥补，并提出将进一步修正法律，以具体落实该地区在其专属经济区内海床底土自然资源的勘探和开发的权利，还指出"独立运动者威胁将自然资源问题加入有关决议草案的行为是站不住脚的"。同时，法波地区总统爱德华·福里奇（Edouard Fritch）要求将该地区从"联合国非自治领土"名单中去除出去，并强调进入该名单并非该政府意愿。该地区 70% 选民都选择自治而非独立，由联合国进行的 外部裁决

① 参见 Nations Unies, La Quatrième Commission Entend des Pétitionnaires sur la Polynésie Française, les Îles Falkland/ Malvinas, Gibraltar, la Nouvelle-Calédonie et les Vierges Américaines。

毫无根据且毫无效用。① 此外，同样重要的是，法国在将《公约》有
关规则转化为国内法的时候，如何考虑本土和海外领土的适用兼容
性问题(当然也可以通过后续法令将有关规则适用至其海外领土地
区)，也是法国在解释和适用《公约》规则中所需要考虑的问题。

　　总体来看，一些海洋法中的特殊问题，如法国过去在南太平洋
的核试验及其后续影响问题、法国作为南极领土主张国所涉及的相
关海洋法问题等，这些都是新海洋法中较为独立的部门，国际社会
也有对这些问题作出相应的、专门的条约体系进行规制。同时，
《公约》与针对这些特殊问题的专门性条约之间的关系，也使得一
些海洋问题的解决变得更为复杂。无论是海上核试验问题、海洋和
平非军事化利用问题还是南极问题，法国都并未大幅度利用《公
约》的规则进行主张或规避，而是通过其国内法及《公约》体系以外
的国际法律制度，作出进一步界定和规制。这些举措既反映了法国
重视海洋权益、利用海洋资本的决心，同时也可以看出《公约》体
系与国家海洋实践之间关系仍存在不够协调之处。在当前全球海洋
挑战的形势下，《公约》的有关规定也未必能尽善尽美，需要缔约
方继续付诸努力，通过后续谈判和相关协定完善和补足。

二、法国注重《联合国海洋法公约》下国内海洋立法的转化与创新

　　如前所述，在联合国三次海洋法会议期间，法国已经开始对有
关规则作出同步性制定，有的国内法甚至先于《公约》的达成。《公
约》的通过，标志着新海洋法的诞生和国际海洋法律制度的形成。
然而，《公约》的诞生本身并不是完美的，它是各谈判国利益妥协
的产物。无论是在《公约》规则的国内法转化中，还是在实施《公
约》规则的方式中，法国都有诸多创新之处。

　　法国的海洋法实践充分体现出了法律的"可预见性"这一特点。

---

　　①　参见 Nations Unies, La Quatrième Commission Entend des Pétitionnaires
sur la Polynésie Française, les Îles Falkland/ Malvinas, Gibraltar, la Nouvelle-
Calédonie et les Vierges Américaines。

例如，早在 1976 年，法国就颁布有关海洋污染防治和海上事故应对处理办法的立法，提前将尚未达成的海上污染防治国际规则转化为国内法。[①] 又如，在"无害通过"问题上，法国政府认为《公约》并未作出令人满意的规则制定，具有很强的模糊性，因此，除 1985 年法国颁布法令将《公约》第 19 条的内容转化为国内法外，[②] 还作出了一些补充规定，随后又通过修订《交通法典》，将法国的"无害通过"立场进行进一步明确。2009 年 7 月，法国参议院提出草案，进一步将《公约》第七部分有关内容转化为国内法，以夯实法国作为沿海国在涉及公海有关挑战中的国家权力。[③] 此外，90 年代初，欧盟正式建立，随后法国等欧盟国相继批准《执行协定》和《公约》，除了将《公约》有关规定作出相应国内法转化外，许多政策和措施也将欧盟海洋战略中"可持续发展"这个重要议题结合起来，这也赋予了《公约》有关规则新的意义。

在"海洋无主物"（res nullius）原则和"海洋共有物"（res communis）原则的长久历史争论中，国际社会似乎更加倾向于后者。随着国际海底及其资源有关法律制度的产生及发展，又诞生出了人类共同继承财产原则。有学者指出，"区域"及其资源的法律地位只能根据其特性和大多数的意愿来决定，而不能拘束于传统的概念。[④]《公约》重要的第十一部分既是如此，整个《公约》更是如此。作为一项"伞形制度"，几乎所有规则都是在参会国协调意志作用之下的妥协结果。换句话说，这些规则往往使国家让渡或分享一部分权利，并随之承担某些义务。不过，当一国同意将某种权利让渡

---

①　参见 Loi n° 76-599 du 7 Juillet 1976 Relative à la Prévention et à la Répression de la Pollution Marine par les Opérations D'immersion Effectuées par les Navires et Aéronefs, et à la Lutte Contre la Pollution Marine Accidentelle。

②　参见 Décret n° 85-185 du 6 Février 1985 Portant Réglementation du Passage des Navires Étrangers Dans les Eaux Territoriales FrançAises。

③　参见 Projet de Loi Relatif à la Lutte Contre la Piraterie et à L'exercice des Pouvoirs de Police de L'Etat en Mer. Etude D'impact, Juillet 2009. https://www.senat.fr/leg/etudes-impact/pjl08-607-ei/pjl08-607-ei.html。

④　魏敏：《海洋法》，法律出版社 1987 年版，第 229 页。

或分享时，一国就不再是本国法律或政策的完全掌控者。然而，无论是海洋污染问题、海洋非法捕鱼问题还是海上安全等问题，如果只依赖于《公约》体系的"一揽子措施"，那么海洋活动实践中的这些最实质的问题将无法得到有效处理，本国海洋权益将根本无法保障。笔者相信，法国政府明白本国海洋立法不能跳脱《公约》框架的道理。这是因为，如采取过于个性的国内立法，那么在这些涉及全球海域的海洋实践问题和挑战中，本国法律、别国法律以及新海洋法系统都将无法进行有效兼容和协调，影响应对海洋挑战的处理效率。不过，通过法国的海洋法实践可以看出，法国对于《公约》条款的解释和适用态度较为积极、尺度较为创新。通过剖析法国作为《公约》缔约方在其嗣后实践中的方法和经验，检视在海洋法挑战的应对中如何通过海洋立法和海洋执法方面的创新之处，都可以得出值得我国思考或借鉴的经验。

三、法国重视国家海上行动力建设应对相关海洋挑战

法国的海上实践丰富而多样。法国在海洋科研领域的实力有目共睹，在海洋运输业具有高效的航运队伍，在海洋造船领域的能力突出，在海洋观测和监测领域的力量突出，在深海捕捞和海底资源开采中居于世界领先地位，在旅游业也具有独特优势。因此，法国需整合发挥自身的海洋优势，进一步提高海上行动能力。[①] 一国的海上行动能力决定了该国在海上活动实践中的尺度和成效，换句话说，国家海上执行力是国家海洋实践的保障。法国海上行动能力的建设，是法国一个最具代表性的、有别于其他海洋国家海洋法实践的成果。《国家在海上行动法》是法国在《公约》机制下的一次真正意义上的创新，因为其确立了法国海上行使监管权的制度，这在当时国家海洋事件中都是少有的。

值得注意的是，法国海上行动力的强劲，其中一个主要原因就是依靠法国海军。法国海军主要是围绕着海空部队和核潜艇部队而

---

① 参见 Secrétariat Général de la Mer, Livre Bleu: Stratégie Nationale Pour la Mer et les Océans, Décembre 2009, pp. 4-5。

组织的，毫无疑问是全球最强的海军力量之一。虽然在近些年来，法国战舰数量和吨位不断减少，但不可忽视的一点是，法国的战时海军是"法国国家海军"，就像国家防卫队一样，有一部分是服务于公共目的的。因此，除了传统的国防任务外，"法国国家海军"可以参与到开展海上警务活动和打击海上违法行为中来。

　　法国海上执法力量受到法国海军的保证，海上执法体制的改革也与海军密切相关。1978 年法国成立海域巡防组织，该组织纳编有法国海军、宪兵（法国海军的一支准海军部队）和海关等单位，管辖范围包括领海和专属经济区，总计约 1000 万平方千米。平时对于海域内的一般事务，由各个部门各司其职，但在遇到突发事件时，海军军区司令负责海上行为管理的协调，并在涉及有关海上特别重大事件时接受其他机关部门的传讯。根据法国国防部 2016 年的数据，法国海军包括 84 艘具有海上行动力的船只、10 艘核潜艇。主要资产包括 1 艘航空母舰、3 艘两栖攻击舰、1 艘水陆两栖运输码头船、4 艘防空护卫舰、7 艘反潜护卫舰和 11 艘轻型护卫舰。潜水艇力量包括 6 艘攻击型潜水艇和 4 枚弹道导弹潜水艇。为了支持国家在海上的行动，法国海军配备 4 艘大型补给油船。除此之外，还有 3 艘特许海上补给船、11 艘拖船和 12 艘教练船。①

　　1994 年 7 月 15 日，法国颁布第 94-589 号法律的颁布，详细规定国家海上监督权力和负责海上监管的国家船只采取强制性措施的条件。该法适用于在所有海域的法国船只和在法国管辖海域范围内行驶的外国私人船只，并规定了一系列海上警察权。另外，第 2 条规定了用于非商业目的的政府船舶的豁免权，与《公约》第 32 条作出直接对应，并进一步规定，警务权利的行使适用于在法国管辖范围内海域的外国船只，在公海，除了船旗国法律有例外外，则在疑似海盗、贩运奴隶、未经许可的广播、船上走私的情况下适用；同时，第 3、4 条规定了政府船只船长和政府航空器指挥官行使识别和登临权的条件；第 6 条则规定了行使紧追权的具体规则，直接对

---

　　① 参见法国国防部网站，http：//www. defense. gouv. fr/marine/decouverte/equipements-moyens-materiel-militaire/sous-marins。

应《公约》第 111 条。

总体来看，法国非常重视国家海上行动力的法律补缺，对机构、人事、职能范围都在进行更为科学化的调整，真正做到国家不同部门海上行动协调上的有法可依；法国对于海上刑事执法权和行政执法权的规定也是较为明确的。另外，法国从很早就注意海上警察权的规范制定，这使国家在海上行动时真正具有"爪牙"。

第二节　法国海洋法实践经验对中国的启示

《公约》的达成推动了世界各国海洋法律的体系化建设，这也是国际海洋治理中的法律内核。在《公约》机制下，我国海洋法律实践迈出了长足的一步，海洋法律机制已初步形成。然而，随着我国海洋经济的发展，我国海洋问题仍面临众多"内忧外患"。吸纳法国海洋法的有益经验、针对性地梳理我国海洋法律机制建设的现状与不足，在比较分析下，可为中国海洋法实践提供一定的启示。

一、我国海洋法律制度的现状

（一）我国海洋战略定位由"大"到"强"

早在 2003 年 5 月，我国就颁布了《全国海洋经济发展规划纲要》，纲要指出我国是"海洋大国，管辖海域广阔，海洋资源可开发利用的潜力很大。加快发展海洋产业，促进海洋经济发展，对形成国民经济新的增长点，实现全面建设小康社会目标具有重要意义"。同时，纲要提出"逐步把我国建设成为海洋强国"的口号，成为我国海洋事业战略规划的重要里程碑。2008 年 2 月，国务院又颁布《国家海洋事业发展规划纲要》，提出"加强对海洋经济发展的调控、指导和服务"。

党的十六大以来，提出"实施海洋开发"的战略，党的十七大提出"发展海洋产业"战略。2012 年，党的十八大报告明确提出"建设海洋强国"的目标，显示出我国海洋事业的发展步入了新的发展阶段。2017 年 10 月，党的十九大上，习近平主席提出"坚持陆海统筹，加快建设海洋强国"，这比起十八大报告要多了"加快"二字。正如 2017 年 6 月国家海洋局局长王宏所指出的："我国经济形态和开放格局呈现出前所未有的'依海'特征，一是我国经济已是高度依赖海洋的开放型经济，随着经济社会的发展，这种经济形态将长期存在并不断深化；二是改革开放以来，我国利用两个市场、两种资源，形成了大进大出、两头在海的经济格局。"①可见，在今后我国必然也会对海洋经济产业投入更多的精力。

"海洋强国"战略是我国在当前经济和社会形势下的必然选择，通过国家层面的顶层设计可以更好地对我国海洋经济发展、海洋权益的维护提供保障。不过，对于"海洋强国"的具体指标和内涵，我国并没有作出更为详细的界定，放眼世界也同样没有统一的认定标准。不过，自"海洋强国战略"提出以来，我国学者对此展开了丰富的论述和剖析，从不同视角阐述了中国"海洋强国"的内涵和构建路径。笔者认为，我国目前海洋战略的实质是从前者强调海洋"资源和经济量"体量性，到后者强调"蓝色、科技、海洋管理能力"的质量性战略转型，其中不变的是对海洋所延伸出来的政治、经济、传统安全和非传统安全利益的重视，变的是我国对"海洋强国"之所以区别"海洋大国"的不同特征有着更加清晰的界定。

通过梳理"海洋大国"与"海洋强国"的有关学术论著②，笔者

---

① 参见"海洋局局长：增强全民海洋意识提升海洋强国软实力"，国家海洋局 2017 年 6 月 9 日报道，http：//www. gov. cn/xinwen/2017-06/09/content _5201055. htm.

② 部分著作例如：金永明《论中国海洋强国战略的内涵与法律制度》，载《南洋问题研究》2014 年第 1 期；张尔升等《海洋话语弱势与中国海洋强国战略》，载《世界经济与政治论坛》2014 年第 2 期；梁亚滨《中国建设海洋强国的动力与路径》，载《太平洋学报》2015 年第 1 期；孙悦民、张明《海洋强国崛起的经验总结及中国的选择》，载《国际展望》2015 年第 1 期；曹文振、胡阳《"一带一路"战略助推中国海洋强国建设》，载《理论界》2016 年第 2 期；王芳《中国海洋战略的理论与实践》，载《中国工程科学》2016 年第 2 期；张俏《习近平海洋思想研究》，大连海事大学 2016 年博士学位论文；葛红亮《中国"海洋强国"战略：观念基础与方法论》，载《亚太安全与海洋研究》2017 年第 4期，等等。笔者在本处仅是对我国学者有关"海洋强国"的论述进行的一种认识性归纳，并不代表或总结所有学者的观点和立场。

认为我国学界对国家"海洋强国"战略的特征，在实施的原则上主要强调"和平""和谐""合作"，在改革领域上突出"科技""环境""海洋法制""海洋人才""海洋综合管理""海上力量"的重要关切。的确，因为无论是国家领土主权与海洋权益的维护还是海洋经济（近海、远海、海底区域）的发展、海上安全的保障、国际上中国"强而不霸"的海洋国家形象塑造、中国的国际海洋话语权构建等方面，都离不开以上这些关键词。总体来看，中国"海洋强国"的战略目标，体现出我国已经逐步从认识海洋过渡到经略海洋的阶段，海洋事务的发展更具有整体性、前瞻性，与我国建设"21世纪海上丝绸之路"的构想是相辅相成的。

（二）我国海洋法律制度逐步完善

随着全球海洋产业的不断发展，中国拥有18 000多千米的大陆岸线，依照《公约》200海里专属经济区制度和大陆架制度，中国可拥有约300万平方千米的管辖海域，沿海岛屿6500多个，4亿多人口生活在沿海地区。[①]

自国际海洋法成文化编纂以来，我国海洋法律意识也逐渐增强。在第一次海洋法会议后，1958年9月4日，我国颁布《中华人民共和国政府关于领海声明的决议》（以下简称《领海声明》），规定中国领海宽度为12海里。虽然当时中国由于未能获得联合国的承认而没有参加该会议，但中国通过颁布《领海声明》表达了在领海问题上的立场。中国扩大领海宽度的态度也与许多第三世界国家的立场相一致，获得了许多第三世界国家的支持。

值得注意的是，《领海声明》还具有重要的政治意义。正如有学者所说的："人们既要尊重《公约》的权威性和合法性，又不得不灵活地面对现实，因地制宜、因时制宜、因事制宜。"[②]随着1982

---

① 国家海洋局编：《中国海洋21世纪议程》，海洋出版社1996年，第1页。

② 王逸舟：《〈联合国海洋法公约〉与中国》，载《太平洋学报》1996年第2期，第14页。

年《公约》的通过，我国开始启动一系列涉海立法和改法工作。目前，我国已制定了涉及海洋主权权益的法律 20 件、行政法规及国务院有关批复 60 件，还颁布实施了大量规章，为我国主张和维护海洋主权权益、管理和使用海洋提供了一定的法律依据。[①] 例如，在 20 世纪 80 年代，我国就颁布了《海洋环境保护法》，又相继颁布了一系列有关的管理条例，对保护和合理利用我国的海洋资源和履行海洋保护义务都有着重要意义；随后又通过《海上交通安全法》《渔业法》《矿产资源法》等，内容涉及维护我国海洋权益的许多方面。而中国在 1992 年颁布的《领海及毗连区法》以及 1998 年颁布的《专属经济区和大陆架法》都是基本依据《公约》的相关内容而制定的，是《公约》制度在中国国内法的直接体现，为中国捍卫国家管辖范围内海域的合法权益提供了依据。总体来讲，从表 5-1 可见，我国海洋法律制度主要是从 1982 年《公约》通过之后开始发展的，并逐步完善配套法规，形成了覆盖面较为全面的国家海洋法律框架。(参见表 4-1)

表 4-1　　　　　　　　　**我国海洋管理主要法律依据**

确认和维护我国管辖范围内海域的主权或主权权利	颁布时间
《中华人民共和国政府关于领海声明的决议》	1958 年 9 月 4 日
《领海及毗连区法》	1992 年 2 月 25 日
《海岛保护法》	2009 年 12 月 26 日
《关于批准〈制止危及海上航行航权非法行为公约〉及〈制止危及大陆架固定平台安全非法行为议定书〉的决定》	1991 年 6 月 29 日
《关于海南行政区建置的决定》	1984 年 5 月 31 日
《关于设立海南省的决定》	1988 年 4 月 13 日
《关于批准〈联合国海洋法公约〉的决定》	1996 年 5 月 15 日
《专属经济区和大陆架法》	1998 年 6 月 26 日

---

① 全国人大常委会法制工作委员会国家法室编：《中国海洋权益维护法律导读》，中国民主法治出版社 2014 年版，第 1 页。

续表

确认和维护我国管辖范围内海域的主权或主权权利	颁布时间
《关于批准〈中越两国在北部湾领海、专属经济区和大陆架的划界协定〉的决定》	2004 年 6 月 25 日
《关于领海基线的声明》	1996 年 5 月 15 日
《关于我国加入〈禁止在海床洋底及其底土安置核武器和其他大规模毁灭性武器条约〉的批复》	1990 年 10 月 31 日
《关于钓鱼岛及其附属岛屿领海基线的声明》	2012 年 9 月 10 日
《无居民海岛保护与利用管理规定》	2003 年 7 月 1 日
《关于印发修订后的〈中国农业部与印尼海洋事务与渔业部就利用印尼专属经济区部分总可捕量的双边安排〉的通知》	2004 年 7 月 23 日
《专属经济区渔政巡航管理规定》	2005 年 11 月 14 日
《海岛名称管理办法》	2010 年 6 月 28 日
《海洋特别保护区管理办法》	2010 年 8 月 31 日
《中国海监海盗保护与利用执法工作实施办法》	2010 年 12 月 13 日
《领海基点保护范围选划与保护办法》	2012 年 9 月 11 日
开发和利用海洋资源	颁布时间
《海上交通安全法》	1983 年 9 月 2 日
《渔业法》	1986 年 1 月 20 日
《矿产资源法》	1986 年 3 月 19 日
《海域使用管理法》	2001 年 10 月 27 日
《深海海底区域资源勘探开发法》	2016 年 2 月 26 日
《渔业法实施条例细则》	1987 年 10 月 20 日
《铺设海底电缆管道管理规定》	1989 年 1 月 20 日
《涉外海洋科学研究管理规定》	1996 年 6 月 18 日
《深海海底区域资源勘探开发许可管理办法》	2017 年 4 月 27 日

续表

海洋环境的保护及保全	颁布时间
《海洋环境保护法》	1982 年 8 月 23 日
《海洋石油勘探开发环境保护管理条例》	1983 年 12 月 29 日
《海洋倾废管理条例》	1985 年 3 月 6 日
《防治海洋工程建设项目污染损害海洋环境管理条例》	1990 年 5 月 25 日
《防治陆源污染物污染损害海洋环境管理条例》	1990 年 6 月 22 日
《海洋自然保护区管理办法》	1995 年 5 月 29 日
《防止船舶污染海洋环境管理条例》	2009 年 9 月 9 日

资料来源：根据我国发布的有关海洋立法综合整理。

(三)我国海洋综合管理框架初步建立

1992 年 6 月，联合国环境发展大会通过《21 世纪议程》，议程第 17 章指出，根据《公约》各项条款所反映的国际法规定了各国的权利和义务，并提供了一个国际基础，可借以对海洋和沿海环境及其资源进行保护和可持续发展。这需要在国家、次区域、区域和全球各级对海洋和沿海区域的管理和开发采取新的方针。这些方针的内容要一体化，范围要以防备和预测为主。方案领域包括沿海国承诺对在其国家管辖范围内沿海区和海洋环境进行综合管理和可持续发展。

实际上，我国是世界上最早开展海洋管理实践的国家之一。对海洋的管理可以追溯到 3000 多年前的周代，当时不但设置了专管渔业工作的官员，还规定了禁渔期，并将此作为治国大政之一，对盐业生产的管理也有近 2000 年的历史。① 之后的历届朝代都有不同的有关海盐业、渔业等生产事务的管理记载。18 世纪以后，清朝闭关锁国政策、19 世纪以来帝国主义的侵略都使得我国海洋事

① 李国庆：《中国海洋综合管理研究》，海洋出版社 1998 年版，第 420 页。

务及其管理遭到了严重阻滞。不过，自 1949 年中华人民共和国成立以来，我国的海洋事业又重新得到发展，海洋管理问题也开始得到重视。中华人民共和国成立至今的国家海洋管理机制建设，走过了从"分兵把口"的分散管理逐步到"统筹协调"的综合管理的漫长过程。笔者依据我国海洋管理体制的变革特征，将该过程大体分为 3 个阶段。

1. 分散管理阶段(1949—1989)

1949 至 1964 年，这段时期从中央到地方，都是根据海洋自然资源的属性及其开发产业，按照行业部门管理为主，基本上是陆地各种资源开发部门管理职能向海洋的延伸。1964—1978 年，是海军统管和海洋局分管相结合的阶段。1964 年，第二届全国人大审议批准成立国家海洋局，由海军代管。当时设立国家海洋局的宗旨是为了把分散的、临时的协作力量转化为一支稳定的海洋工作力量。1974 年，我国成立南海区渔业指挥部，直属国务院、中央军委领导，进一步推进了我国国防事业的建设。不过，在这个时期我国海洋管理体制仍是单一集中管理下的分散管理体制。

1978 至 1988 年，是我国由分散管理与综合管理相结合的过渡阶段。1978 年，我国宣布全面推行改革开放政策，原先国家海洋局承担的宗旨和职能已经不能满足新时期我国海洋事业的需求。1983 年，国家海洋局调整为国务院直属管辖，主要任务除了负责组织协调全国海洋工作外，还负担组织、实施海洋调查、海洋科研、海洋管理和海洋公益服务四个方面的具体任务。

1988 年，国务院机构再次改革，国家海洋局拓展成"国家海洋局-海区海洋分局-海洋管区-海洋监察站"的四层综合管理系统。该系统的建立保证了海洋主管部门的直接管理职责及其任务有秩序地执行。① 总体来看，在经历了前前后后 40 多年的分散海洋管理体制后，国家海洋局开始真正践行统一和综合管理的职能。至此，我

---

① 李国庆：《中国海洋综合管理研究》，海洋出版社 1998 年版，第 424 页。

国"海洋综合管理与分部门分级管理相结合"的体制开始形成。①

2. 海洋综合管理体制初步形成阶段(1998—2013)

1998 年 3 月 10 日,我国成立国土资源部。1993 年被归到国家科学技术委员会管理下的国家海洋局,被调整到国土资源部之下,成为国土资源部管理的监督管理海域使用和海洋环境保护、依法维护海洋权益和组织海洋科技研究的部管国家局。纵观几十年来我国海洋管理体制的演变,海洋统一综合管理有利于集中海洋力量,加速我国海洋事业的发展,有利于提高我国海洋管理工作的整体效益,有利于完善基础能力条件,增强海洋执法能力和海洋科研能力。②

为了进一步补全我国海洋管理与实践的法律维度,2001 年 10 月,我国颁布《海域使用管理法》,这是我国在海域使用管理方面的第一部法律,是我国使用和管理海域的法律依据,标志着我国海洋管理机制的一次重大进步。该法第 3 条规定:"海域属于国家所有,国务院代表国家行使海域所有权。任何单位或者个人不得侵占、买卖或者以其他形式非法转让海域。单位和个人使用海域,必须依法取得海域使用权。"有学者强调,"属于国家所有"的规定是符合我国《宪法》的,这也是我国法律第一次对海域的性质作出如此明确的规定。③ 同时,该法明确了在海域管理制度中的海洋功能区划制度、海洋使用申请审批制度、海洋使用权登记制度、海域有偿使用制度、海域使用统计制度和海域使用监督检查制度。该管理体制确立了国家对海域权属(包括海域所有权和海域使用权)实行统一管理的基本体制,而不是分部门管理的体制。④ 同时,随着各

---

① 李滨勇等:《刍议我国新形势下的海洋综合管理》,载《海洋开发与管理》2014 年第 8 期,第 12 页。

② 高艳:《海洋综合管理的经济学基础研究——兼论海洋综合管理体制创新》,中国海洋大学 2004 年博士学位论文,第 60 页。

③ 王铁民:《对〈海域使用管理法〉有关条款的理解》,载《海洋开发与管理》2002 年第 1 期,第 37 页。

④ 陈艳:《海域使用管理的理论与实践研究》,中国海洋大学 2006 年博士学位论文,第 101 页。

地方行政机构的职能完善，也承担起共同分担海洋事务的角色。

2008 年 2 月，国务院批准了《国家海洋事业发展规划纲要》。这是新中国成立以来首次发布的海洋领域总体规划，是海洋事业发展新的里程碑，对促进海洋事业的全面、协调、可持续发展和加快建设海洋强国具有重要的指导意义。[①] 2008 年 7 月，国务院办公厅印发了国家海洋局新的"三定"规定，极大提升了国家海洋局的地位和作用，强化了海洋战略研究和对海洋事务综合协调两大职能，新增了海洋经济运行监测、评估及信息发布等多项职能，明确了综合协调海洋监测、科研、倾废、开发利用等 6 个方面的行政责任，增加了内设机构和领导职数。

3. 海洋综合管理机制全面强化阶段（2013 年至今）

2013 年 3 月 10 日，党的十八届二中全会审议通过了《国务院机构改革和职能转变方案》（以下简称《方案》），其中对我国海洋管理机制作出进一步改革，改革主要集中于推进海上统一执法、重建国家海洋局的两个重点领域，以进一步加强国家海洋管理的综合协调。[②] 2017 年 3 月，全国海域管理工作会议在北京召开。在会议上，国家海洋局副局长石青峰指出，今后海域管理工作要紧紧围绕建设"海洋强国"的总目标，以供给侧结构性改革为主线，以提高海洋事业发展的质量效益为中心，深化管理内涵，创新管理方式，全面提升海洋综合管控能力，大力推进海域资源配置市场化建设，促进海域资源的集约节约利用，为沿海经济社会发展提供有力保障。

自此，我国海洋综合管理进入了更为科学合理的深化推进阶段，不仅符合我国"一带一路"倡议下海洋事务发展的前景和需求，也符合国际社会尤其是发达国家海洋综合管理的发展脉络，对于我国全面建设"海洋强国"具有重要意义。

---

① 参见国务院批准并印发《国家海洋事业发展规划纲要》。

② 参见《关于国务院机构改革和职能转变方案的说明》，http：//www.gov.cn/2013lh/content_2350848.htm。

二、我国海洋法的实践、特点及不足

(一)我国海洋法实践仍缺乏国家综合性海洋政策的指导

对于我国海洋法实践存在的问题,学界普遍提出要加强有关立法制定,主要主张有"海洋入宪"、制定"海洋基本法"和补缺"海洋单项法"三个部分。在"海洋入宪"方面,我国宪法对"海洋"只字未提,"海洋入宪"有利于确立海洋及海洋事务的重要地位,有利于统筹我国整个海洋法律体系的建设,更有利于提高我国公民的海洋意识。但我国学者对于"海洋入宪"和制定"海洋基本法"先行后续的问题还存在争论。笔者赞同"两者并不冲突、可以共同推进"的观点。正如马明飞教授指出的:"宪法的修改是一个极其复杂的过程……在'海洋入宪'短时间无法实现的情况下,急需《海洋基本法》规范和统筹海洋法律体系,统领海洋事务,在条件成熟后,再将'海洋入宪'。"[1]目前,我国已将制定海洋基本法列入国家立法机关的工作计划。

进入 21 世纪以来,不断有专家学者呼吁尽早出台《海洋基本法》,以明确我国海洋战略和政策。党的十八大报告提出建设海洋强国战略后,制定国家海洋战略和海洋基本法提上了国家议事日程。李克强总理代表国务院向十二届全国人大四次会议所做的政府工作报告中提到"加强海洋战略顶层设计,制定海洋基本法"。由此可见,我国是通过推进制定《海洋基本法》,来加强我国"海洋强国"战略。我国学者郁志荣指出,《海洋基本法》是帮助政府贯彻落实海洋政策和实现海洋战略目标,具体地讲是为国家海洋管理提供组织保障。而中国制定《海洋基本法》首先必须明确中国的海洋政策。[2] 目前中国还没有出台一个清晰明确的国家综合性海洋政策,

---

① 马明飞:《我国〈海洋基本法〉立法的若干问题探讨》,载《江苏社会科学》2016 年第 5 期,第 186 页。

② 郁志荣、全永波:《中国制定〈海洋基本法〉可借鉴日本模式》,载《中国海商法研究》2017 年第 1 期,第 75 页。

虽然先后出台了一系列海洋部门法和海洋发展战略和规划，但是仍缺乏足够的系统性。

(二) 我国海洋法实践中的主权争端问题仍很复杂

1996 年 5 月 15 日，我国正式批准《公约》，1998 年我国颁布《专属经济区和大陆架法》，宣布建立 200 海里专属经济区制度，我国国家管辖海域由 38 万平方千米的领海和内水区域扩大到近 300 万平方千米，大陆架面积近 130 万平方千米。然而，正如有学者指出的，"以《公约》为依据处理争端，同样需要面对许多复杂的、有时是不可测的因素，同样需要把对海洋边界争论本身的分析与其他领域的观照结合起来……《公约》只是必要条件，而不是充分条件。"[①]

目前，我国海洋权益争端主要集中在岛礁主权争端、海域划界争端、海洋资源争端三个方面。海洋资源争夺是引起岛礁主权和海域划界争端的重要原因，岛礁主权争端是各国非法觊觎我国岛礁海洋资源的产物，海域划界争端则是岛礁主权和海洋资源争夺的具体表现形式和落实主张的方法。

1. 岛礁主权争端

我国岛礁主权争端主要包括南海的南沙群岛主权争端、中沙群岛的黄岩岛争端、东海的钓鱼岛问题。下面就有关主权声索国对这些岛礁的非法主张和立场进行简要梳理。

第一，南海岛礁主权争端。南海是东北朝西南走向的半封闭海，总面积约 350 万平方千米，南海诸岛分为东沙群岛、中沙群岛、西沙群岛和南沙群岛。当前所谓的"南海主权争端"主要是指南沙群岛的争端。

南沙群岛是我国南海诸岛中位置最南、岛礁数目最多、分布面积最广的群岛，自古以来就是中国的领土。南沙群岛具有重要的地缘政治和地缘经济价值：在地缘战略上，该群岛位于太平洋

---

① 王逸舟：《〈联合国海洋法公约〉与中国》，载《太平洋学报》1996 年第 2 期，第 13 页。

和印度洋的咽喉部位，是世界上多条海上航道的必经之道，是扼守马六甲海峡、巴士海峡、巴林塘海峡、巴拉巴海峡的关键所在，又位于越南金兰湾基地和菲律宾的苏比克湾基地之间，是沟通太平洋与印度洋、联系亚欧大陆的交通要冲；在地缘经济上，南沙群岛及其附近海域蕴藏着丰富的海洋矿产资源，包括石油和天然气资源，以及近年来探明的深海多金属结核等矿产资源，同时，南沙群岛的渔业资源也非常丰富。随着岛礁附近蕴藏的油气资源的发现，过去这些无人问津的这些小岛突然变得价值连城，而《公约》中对于岛屿在海洋法律地位上的确定、岛屿可主张的专属经济区和大陆架的重要性更是点燃了南海周边国家非法侵占我国南沙岛礁的嚣张气焰。

南海问题涉及六国七方。越南、菲律宾、马来西亚、文莱对我国南沙群岛提出了全部或部分的岛礁主权要求，印尼虽然没有对岛礁提出声索，但对于南沙群岛西南侧部分海域主张管辖权。目前，有43个岛礁分别被这些国家强占，并对这些岛礁进行开发建设，掠夺那里的油气资源及其他资源。中国大陆实际控制岛屿仅有11个，而中国台湾则控制着南沙群岛中面积最大的太平岛。

第二，黄岩岛问题。我国对于黄岩岛的主权受到菲律宾的争议。自20世纪90年代以来，菲律宾就作出对我国黄岩岛主权提出挑衅的行动。

1997年5月底，时任菲律宾总统拉莫斯公然宣称菲律宾拥有勘探和开发黄岩岛资源的主权，因为黄岩岛在菲律宾专属经济区之内，正式提出对黄岩岛的主权要求。之后，菲律宾在黄岩岛附近海域频繁抓扣、逮捕和驱赶中国渔船。2009年2月17日，菲律宾国会通过"领海基线法案"，将中国的黄岩岛和南沙群岛部分岛礁划为菲律宾领土。2012年4月10日，中菲两国在黄岩岛发生对峙事件。4月18日，菲律宾政府发表《菲律宾关于巴霍的马辛洛克及其附近水域的立场》(简称《菲律宾立场文件》)，意图证明对黄岩岛的主权主张。《立场文件》声称"黄岩岛是菲律宾领土不可或缺的一部分……菲律宾对黄岩岛礁石的主权和管辖权……同样不是基于其邻近或者其位于《公约》下(菲律宾)200海里专属经济区或大陆架内的事实"，而是"依据它自独立以来对巴霍的马辛洛克行使的有效占领和有效管辖"。①

第三，钓鱼岛主权争端。钓鱼岛是中国的固有领土。中国最先发现、命名和利用钓鱼岛，并对钓鱼岛实行了长期管辖，中外地图均标绘钓鱼岛属于中国。②

日本官方和学者却称钓鱼岛是日本的领土，并依据国家中的"先占"原则对钓鱼岛实行实际控制。从近代起，日本就开始觊觎中国的钓鱼岛。1895 年甲午战争之后，日本逼迫中国签下不平等的《马关条约》，侵占了台湾岛以和包括钓鱼岛在内的附属岛屿。1943 年 12 月 1 日，中、美、英三国领导人发表《开罗宣言》，强调"剥夺日本自 1914 年第一次世界大战开始以后在太平洋上所夺得的或占领之一切岛屿，在使日本所窃取于中国之领土，例如满洲、台湾、澎湖群岛等，归还中华民国。日本亦将被逐出于其以暴力或贪欲所攫取之所有土地。"

1945 年 7 月 26 日，中、美、英三国发表《波茨坦公告》，其中第 8 条规定："开罗宣言之条件必将实施，而日本之主权必将限于本州、北海道、九州、四国及吾人所决定其他小岛之内。"同年 9 月 2 日，日本签署投降书。至此，《开罗宣言》《波茨坦公告》《日本投降书》形成了国际法上权利与义务的协议关系，构成限制日本主权的法律基础，也是钓鱼岛回归中国的法律依据。③ 不过，在当时特殊的历史背景下，我国政府未能对钓鱼岛实际行使主权。1953 年，钓鱼岛被驻琉球美军管辖。1968 年，联合探勘亚洲近海地区矿物资源合作委员会发布一份研究报告，称在琉球群岛、中国台湾至日本本土间的大陆礁层边缘地带，黄海及渤海，都可能蕴藏有丰富的石油资源。从这时候起，日本进一步实施吞并钓鱼岛的计划，

---

① 参见 Philippine Position on Bajo and the Waters，http：//www. officialgazette. gov. ph/2012/04/18/philippine-position-on-bajo-de-masinloc-and-the-waters-within-its-vicinity/。

② 参见中国外交部《钓鱼岛是中国的固有领土白皮书》。

③ 管建强：《国际法视角下的中日钓鱼岛领土主权纷争》，载《中国社会科学》2012 年第 12 期，第 132 页。

并于 1972 年实现了对钓鱼岛的实质控制。然而，当年为了尽快实现中日建交，周恩来总理提出搁置钓鱼岛及其有关岛屿的主权争议，留待将来条件成熟时再解决。到目前为止，日本对历史事实置若罔闻、公然违反国际法，继续对钓鱼岛进行控制和设施建设，并采取挑衅行动和发出挑衅言论。

2. 海域划界问题

第一，海域划界争端。我国濒临海域包括渤海、黄海、东海、南海。渤海为中国内海，除了渤海外，其余三个海域均与邻国存在海洋边界划定问题。

在黄海海域，我国与朝鲜、韩国存在海域划界问题。中朝两国存在海域划界重叠区域，1977 年 6 月，朝鲜颁布《关于建立朝鲜民主主义共和国经济水域的政令》，提出 200 海里专属经济区主张，并主张根据"纬度等分线"划定双方专属经济区，而我国则主张适用中间线划分。1996 年起，我国与朝鲜启动了双边海洋法磋商机制，但尚未取得实质性进展。2005 年 12 月 24 日，中朝签署《中朝政府间关于海上共同开发石油的协定》，对两国毗连海域进行共同开发。

中国和韩国之间最窄处仅约 104 海里，专属经济区和大陆架存在重叠区域。我国自 1996 年起也开始与韩国举行多次海洋法磋商，就海域划界及其他海洋法问题交换意见。两国不仅在 2000 年签署了《中韩渔业协定》，还在海洋资源开发与环境保护、抢险救灾、海上搜救、反恐等多个领域开展了多种合作。不过，双方对于划界步骤、方法和各自划定的直线基线都存在严重分歧，韩国认为黄海属于单一连续的大陆架，应适用等距离中间线原则，而我国认为应适用公平原则及相关情况原则进行划界。在经过两国有关部门多年的积极推动和磋商之后，2015 年 12 月 22 日，中韩两国宣布正式启动海域划界谈判。

值得注意的一点是，有学者指出，在我国分别于朝鲜和韩国进行海上划界时，就不可避免地会遇到如何正确处理它们之间的关系，使它们双方能互相承认分别与我国划定的边界线以及中朝、中韩边界在黄海的交会点。①

在东海海域，我国与韩国、日本存在海域划界问题。在东海北部，中日韩三国存在海域划界争端。1974 年，日韩两国在我国没有参加的情况下，签订《日韩共同开发大陆架协定》，该协定所指的开发海域的西面已经延伸至我国东海大陆架的中部地带，显然构成了对我国海洋权益的严重侵犯。1998 年 11 月 28 日，日韩两国又签订渔业协定，将中日韩三国交界水域划定为日韩两国的专属经济区。我国对此表示强烈抗议，将中方排除在外而擅定界限是违反国际法的。另外，在 2012 年 12 月 26 日，韩国向大陆架界限委员会提交在东海 200 海里以外大陆架划界申请。韩国政府枉顾东海大陆架为我国陆地领土自然延伸的事实，申请将韩国的东海大陆架界限延伸至冲绳海槽，并提出适用中间线原则进行划界。矛盾的是，韩国与日本签署的"共同开发区"协定中，却规定适用自然延伸原则，向大陆架界限委员会提交的该划界申请也适用该原则。

1996 年，日本颁布《专属经济区和大陆架法》，采用中间线法划定与周边国家的专属经济区。对于大陆架划界，中国坚持大陆架自然延伸原则，以冲绳海槽为自然分界线，在该分界线基础上按照公平原则进行划界；日本则不认为冲绳海槽构成分界线，而主张采用等距离中间线原则划分。1997 年 11 月，我国与日本签署的渔业协定，将两国主张的重叠区域定为"暂定措施水域"，该水域的北部界限受到了韩方的质疑。② 不过，1999 年日韩签署《日韩新渔业协定》，在韩国济州岛南部划定了所谓的"日韩共管暂定水域"，侵占我国管辖海域近 10 万平方千米。

在南海海域，由于自 20 世纪 70 年代以来南海周边国家通过各种言论和行动对我国南海诸岛主权提出挑战，使我国南海海域面临着复杂的海洋领土争端。到目前为止，我国和该海域有关争端方只

---

① 张海文：《关于我国海洋权益问题研究》，载《海洋国策研究文集》，海洋出版社 2007 年版，第 550 页。

② 薛桂芳：《国际渔业法律政策与中国实践》，中国海洋大学出版社 2008 年版，第 194 页。

签订了一个海域划界协定，即2000年我国与越南签订的《关于两国在北部湾领海、专属经济区和大陆架的划界决定》。虽然该协定解决了两国在北部湾的海域划界争端，但越南仍侵占我国30余个南海岛礁。另外，菲律宾、马来西亚、文莱、印尼也与我国存在岛礁主权争端，这些国家都通过单方颁布立法、侵占岛礁、修筑工事等方式对我国南海岛礁的主权提出声索，因此在主权争端未决的现状下，南海海域划界的问题变得更为扑朔迷离。

第二，外大陆架划界问题。根据《公约》第18次缔约方会议通过的第183号决议的规定，有条件的国家应在2009年5月13日之前提交外大陆架划界案，准备尚不充分的国家可在2009年5月13日之前发表声明提出外大陆架申请的意向和初步信息。

在地质地理上，我国东海、南海的部分大陆架可以扩展到200海里以外，但是东海和南海为半封闭海，属于海洋地理不利国家，我国与周边邻国的海域划界主张存在争议，因此日本、韩国、越南、菲律宾等国都纷纷提交外大陆架划界案或初步信息。

2009年5月11日，我国提交了外大陆架划界初步信息，主要内容是我国东海部分外大陆架的划界。根据初步信息，中国在东海的外大陆架外部界限位于冲绳海槽轴部，同时，中国保留就其他海域提出划界案的权利。① 2012年9月16日，我国决定向大陆架界限委员会提交东海部分海域200海里外大陆架划界案。② 划界案的执行摘要再次强调"地貌与地质特征表明东海大陆架是中国陆地领土的自然延伸，冲绳海槽是具有显著隔断特征的重要地理单元，是中国东海大陆架延伸的终止。中国东海大陆架宽度从测算中国领海宽度的基线量起超过二百海里"。同时强调"根据《大陆架界限委员会议事规则》附件一第2段，中国政府谨通知委员会，中国与韩

---

① 参见《外交部就我国提交200海里外大陆架初步信息答问》，http://www.gov.cn/xwfb/2009-05/12/content_1311341.htm。

② 参见《中华人民共和国东海部分海域二百海里以外大陆架外部界限划界案执行摘要》，http://www.un.org/Depts/los/clcs_new/submissions_files/chn63_12/executive%20summary_CH.pdf。

国、日本在本划界案涉及的海域尚未完成大陆架划界。根据《公约》第76条第10款，委员会对本划界案的建议将不妨害今后中国与相关国家之间的大陆架划界"。

时任外交部边海司司长邓中华表示，中国政府一贯主张中国在东海的大陆架自然延伸到冲绳海槽，从中国的领海基线量起超出了200海里。此次提交东海部分海域200海里外大陆架划界案，是中国政府基于这一客观事实及国际法对沿海国大陆架权利的相关规定作出的决定。

3. 海洋资源权益争端

海洋资源权益争端是岛礁主权争端和海域划界争端的重要原因和关键因素，海洋资源的纷争和解决对后两者问题的解决产生重要甚至直接的影响。

第一，黄海海域。黄海海域对于中国东北亚地区具有重要的地缘意义。黄海地处亚欧大陆东端、亚洲大陆与太平洋结合部位，是历史上沙俄由北向南扩张陆权和美日由东向西扩张海权而激烈碰撞的核心区域。在这一地区的国际关系舞台上，除了黄海周边的中、朝、韩、日四国以外，还包括北方的俄罗斯和充当"世界宪兵"的美国，都在进行博弈。[1]

1994年10月，美国一艘航空母舰擅自进入黄海，在没有对中方进行任何通知的情况下，擅自驶入中国领海，并跟踪一艘刚刚完成训练的中国核潜艇，为此，中美两国战机发生对峙。2009年5月1日，美国海军"胜利号"又在未经我方允许的情况下进入黄海海域的我国专属经济区内。2010年，美国借"天安"号事件，将本国航母驶入黄海，虽然美国称这一行动意在威慑朝鲜，但不难看出美国也欲借此事对中国进行警告。

黄海海域具有油气资源开发和渔业资源开发的资源价值。1967年，美国海洋学家埃莫里和日本教授新野弘发表《朝鲜海峡及中国东海的地层与石油远景》，认为在黄海、东海及南海大陆架上可能

---

① 李靖宇、刘琨：《关于环黄海区域的国家安全问题探讨》，载《东北亚学刊》2012年第1期，第48页。

蕴藏丰富的石油资源。1968 年，埃莫里等科学家发表《东海和黄海的地质构造和水文特征》报告，认为黄海沉积盆地有很大可能蕴藏石油和天然气，而东海的中日韩三国大陆架交界处可能存在着世界上最有希望尚未勘探的海底矿产资源。这在天然缺乏矿物燃料资源的东北亚国家引起了极大轰动，除了地缘战略意义外，丰富的油气资源也成为我国与朝鲜、韩国产生划界争端的重要原因。

1970 年 1 月，韩国颁布《海底矿物资源开发法》，单方面划定大陆架范围。1972 年，韩国宣布在黄海海域建立"海上特区"并设立"租让区"，允许外国石油公司在黄海大陆架上开采石油和天然气。中国政府对此表示强烈抗议，并曾经迫使美国等国家的石油开发企业终止在黄海的勘探活动。1991 年，韩国分别在 5 月和 9 月两次租用外国石油公司的勘探平台，对黄海中部位于中方一侧的海域进行钻探活动，中方通过外交途径迅速作出反应，并迫使韩国石油勘探平台撤离。[①]

除了海底矿物资源外，黄海还具有可观的渔业资源。中韩两国在黄海海域的渔业纠纷时有发生。近年来，韩国海警多次扣留中国籍渔船并收取高额罚金，甚至造成中国渔民死伤。

第二，东海海域。东海位于中国东海岸和太平洋之间，是东亚国家和地区的海上交通枢纽，具有重要的地缘战略意义。另外，根据《埃莫里报告》的结论，东海大陆架被认为可能蕴藏巨大的油气资源，这也使得韩国与日本纷纷觊觎东海海域油气资源，对东海岛礁提出主权要求以及进行非法钻探活动。

第三，南海海域。南海海域具有极为丰富的海底矿物资源和渔业资源。据初步估计，整个南海的石油储量约在 230 亿吨至 300 亿吨之间，约占中国总石油资源量的三分之一，有"第二个波斯湾"之称。南海周边国家非法在南海海域进行油气资源的商业开采，已

---

① 中国海洋年鉴编纂委员会、中国海洋年鉴编辑部编：《中国海洋年鉴（1991—1993）》，海洋出版社 1994 年版，第 132 页。

经形成了相当大的生产能力。[①] 据统计，越南、马来西亚、菲律宾、印度尼西亚、文莱等国在我国南沙群岛及其附近海域已投入开采的油井达到 1800 多口，每年仅在我国所属海域开采的石油就超过 1500 万吨。越南在南沙开采石油已获利超过 250 亿美元，而且这个数字仍在增长中，越南因此成为南海争端中最大的既得利益者。马来西亚近年来也划出多个深海油气区块进行招标，其出口石油的 70% 来自我国的"九段线"内。

(三) 我国涉海事务多部门协调机制仍存不足

随着海洋国务秘书总局的建立，法国形成较为完善的涉海部门协调机制。实际上，除了法国以外，许多国家也相继作出建立涉海部门协调机制的努力。美国成立了国家海洋委员会、总统海洋政策咨询委员会和区域海洋委员会，并于 2005 年 9 月发布了《国家海洋安全战略》。韩国成立了海洋水产部，对海洋事务实行高度集中统一的管理。日本政府设立了"海洋权益相关部长级会议"，负责制定和组织实施保护领土、领海和海洋权益的综合性海洋战略。东盟等国家也积极改革其海洋事务管理机构，以保证其海洋利益的最大化。

我国近年来海洋事务综合管理的建设成果也是有目共睹的。早在 90 年代，时任国家海洋局管理司司长鹿守本就呼吁对海洋进行综合治理。但是，作为典型的陆海复合型国家，中国长期以来重视陆地资源的开发，而相比起来海洋资源开发与利用的程度不高、技术也不成熟，国民意识中"重陆轻海"的概念也导致对海洋发展与管理不够重视。有学者指出，海洋管理体制久议不决，海洋管理机构改革方案难以出台，摇摆不定，主要原因就是缺乏现代意义上海洋管理理论的支撑。国家海洋管理如果走一步看一步，就会落后、矛盾、低效。[②] 同时，我国国土面积大、海岸线长、管辖海域广，

---

① 薛桂芳：《新形势下我国海洋权益面临的挑战及对策建议》，载《行政管理改革》2012 年第 7 期，第 21 页。

② 郁志荣：《注重海洋意识与海洋理论》，载《瞭望》2007 年第 34 期，第 64 页。

海洋管理体制采用条块分割式的管理，权力分散，未能形成科学的综合管理。笔者认为，在这种形势下，动各部门的利益蛋糕有难度，建立一个类似法国 SGmer 那样的高级别高层次的海洋事务机构的可能性不大。对于我国海洋事务的管理发展来说，统筹涉海多部委的协调合作是必要举措，也是目前最具可行性的方法。

近年来，我国的实践也的确在往高级别的海洋事务议事协商机构上发展，但在具体实施上却有一定难度。笔者认为主要问题在于我国海洋事务议事协调机构不统一，各协调机构之间的关系还待进一步界定。

实际上，我国在 20 世纪 80 年代就已经作出整合协调涉海各部门力量的尝试。1986 年，国务院海洋资源研究开发保护领导小组，组织协调各方面的力量促进海洋事业的发展。该小组挂在国家科委名下，事务部门设在国家海洋局中。据我国海洋法专家、当时的领导小组专家组成员刘楠来的会议，这一组织存在的时间很短，两三年之后就悄无声息了。他所在的专家组有十来个人，印象中只讨论了一部《海岸带法》，就不见下文。[1]

我国有关海洋事务的议事协调机构不止一个。1994 年 8 月，国务院成立国家边防委员会，2005 年 11 月更名为国家边海防委员会，是国务院和中央军委领导下军地涉及边海防事务的综合协调机构，具体工作由总参谋部承担，成员单位有近 40 个国家单位机关。2012 年，国家成立中央海洋权益工作领导小组（简称"中央海权办"）这一高层次协调机构，负责协调国家海洋局、外交部、公安部、军方等多个涉海部门。2013 年，国务院机构改革《方案》提出设立高层次的议事协调机构国家海洋委员会，由国家海洋局承担工作，以加强我国海洋事务的统筹协调。

从机构隶属关系看，国家边防委员会是国务院下属的议事协调机构；中央海权办与中央外事工作领导小组办公室合署办公，是中共中央政治局的议事协调机构；国家海洋委员会的定位是"高层次

---

[1]　韩永：《谁来管理中国的海洋》，载《中国新闻周刊》2012 年第 43 期，第 28 页。

议事协调机构",不是实体办事机构,没有单位确定编制,日常工作由国家海洋局承担,而国家海洋局是隶属于国土资源部的国家局。我国《立法法》第 71 条规定:"国务院部委管理的国家局无权制定和公布部门规章。"同时,在公众可获取的网络信息中,笔者还未能发现国家海洋委员会履职运作的有关信息。这些机构隶属部门不同,但负责的职能工作却有许多相似之处,几个机构之间的关系和权限也并没有作出进一步界定。

(四)我国海上执法体系建设仍待完善

2013 年,国务院《方案》提出将现国家海洋局及其中国海监、公安部边防海警、农业部中国渔政、海关总署海上缉私警察的队伍和职责整合,重新组建国家海洋局,由国土资源部管理。主要职责是,拟订海洋发展规划,实施海上维权执法,监督管理海域使用、海洋环境保护等。国家海洋局以中国海警局名义开展海上维权执法,接受公安部业务指导。海洋执法是个庞大的系统工程,我国自海洋管理之初便采取分散性海洋执法主体模式,并未建立对海洋事务进行统一指导与协调的海洋管理和执法部门,这使得国家无法指定针对海洋机构的专门法律。[①] 2018 年,国务院进一步提出机构改革方案,整合组建自然资源部,作为国务院组成部门,自然资源部对外保留国家海洋局牌子。

第一,我国海上执法法律依据缺位。相比起法国在 19 世纪末就创设了海洋渔业规范的基本条款,在 20 世纪 60 年代末将《伦敦渔业协定》转化为国内法,并颁布领海法和大陆架法,在 70 年代颁布经济区法。我国海洋立法起步较晚,例如在 80 年代颁布《渔业法》、在 90 年代才出台《领海与毗连区法》和《专属经济区和大陆架法》、在 21 世纪初出台《海域使用管理法》等海洋法律,虽然在海洋立法方面已经有了长足的进步,但是许多立法都过于宽泛、过于原则,除了规定军舰不享有无害通过权外,许多内容都是对《公约》的直接体现,

---

① 参见王敏宁:《主要海洋国家涉海管理体制机制及对我国的启示》,载《世界海运海事管理》2012 年第 3 期。

没有更进一步的规定。例如，海上紧追权是国际法为保护沿海国的权益而赋予沿海国的一项重要的海洋执法权，然而在我国立法中只有在《领海和毗连区法》《专属经济区和大陆架法》中可以找到一些有关紧追权的原则性规定，存在许多立法欠缺，包括执法主体不明确、紧追开始的构成要件不明确、缺乏对追逐船舶或飞机被接替继续追逐的规定等，总体来讲我国法律对紧追权的规定笼统、分散、缺乏可操作性，这不可避免地给海上执法带来困难，影响行使紧追权的效率。① 可见，海洋法律的缺位使得我国海上执法在实践中很难在现有法律法规中找到执法依据，加大了海上执法的难度。

第二，有关法律法规层级不高，难以保证海洋执法的执行力。法国海洋执法的系列举措都是先进行立法再设立机构或进行机构改革。而我国是采取的先进行机构改革，然而海洋管理和执法体制的专门性法规却没有跟上。国家海洋局是隶属国土资源部的副部级国家局，只能制定一些法规。在2013年《方案》提出后，中国海警局成为我国海上行政执法的主体。虽然中国海警局已经挂牌成立，但还没有履职。有学者援引一个例证②，认为中国海警作为海上综合执法主体在实质上并未真正实现"四龙合一"。③ 换句话说，中国海警局的执法依据还是这"四条龙"分别起草和制定的法律法规，不仅法律效力层级低，各法律法规间也缺乏有效沟通协调，导致海上执法仍面临着"有法难依、有规难推进"的现实局面。

第三，海上执法主体分散、执法权力有待进一步明确。2013年《方案》出台后，中国海上执法力量主要来自中国海警局和中国

---

① 余民才：《紧追权的实施与我国海上执法》，载《中国海洋法学评论》2005年第1期，第91页。

② 2015年5月25日，中国海警局在北京举行了挂牌以后的首场新闻发布会。当天参加中国海警局首场发布会的四位官员，仍然分别身着原公安边防、海关缉私警察、中国渔政、中国海监的制服。参见董冠洋：《中国海警局举行首场记者会——明确海上维权职责》，http://www.chinanews.com/gn/2015/05-25/73001。

③ 李佑标：《关于中国海警海上综合执法依据的法学思考》，载《武警学院学报》2016年第3期，第45页。

海事局。① 交通运输部直属的中国海事局仍然保留原来的海事行政执法职能，行使部分海上行政执法权。② 2018 年 6 月，中共中央批准《深化党和国家机构改革方案》和《武警部队改革实施方案》，海警队伍整体划归中国人民武装警察部队领导指挥，调整组建中国人民武装警察部队海警总队，称中国海警局，中国海警局统一履行海上维权执法职责。③

虽然国家已经对海上执法力量整合提供了政策上的支持，但在执法主体上尚未实现整合，也没有相关立法法规进行配套。有学者指出，在中央层面，交通运输部海事局的相关职能仍独立于中国海警局，两者部分职能交叉（如防治船舶海洋污染），削弱了海上执法的综合性和全局性；在地方层面，相关机构设置杂乱，如地方渔政和海监机构，各省市或将两者合二为一，或独立设置，且隶属关系复杂。④ 执法主体不明确很有可能会造成各方竞争管理或无人管理，在出现纷争时却又相互推诿的情况。

第四，人员及装备既无法应对现行海上局势，也无法满足海上执法的需求。据数据统计，中国海洋运输承载着中国对外贸易约 90% 的运输量，中国的海运企业有 240 余家，海运船队总运动力规

---

① 国家海洋局以中国海警局的名义进行海上维权执法活动，行使海上行政执法权。包括管护海上边界、维护海上安全及治安秩序、海上重要目标的安全警卫、渔业执法、海域及海岛的保护及使用、海洋资源环境保护、海洋科研、参与海难救助等。

② 包括水上交通安全监管、船舶及相关设施检验和登记、防治船舶污染、航海保障等。

③ 2018 年 6 月调整改革后的中国海警局主要履行海上维权执法职责。海上维权执法职责包括：执行打击海上违法犯罪活动、维护海上治安和安全保卫、海洋资源开发利用、海洋生态环境保护、海洋渔业管理、海上缉私等方面的执法任务，以及协调指导地方海上执法工作。参见全国人民代表大会常务委员会关于中国海警局行使海上维权执法职权的决定，中国人大网 2018 年 6 月 22 日报道，http://www.npc.gov.cn/npc/xinwen/2018-06/22/content_2056585.htm。

④ 王杰、陈卓：《我国海上执法力量资源整合研究》，载《中国软科学》2014 年第 6 期，第 27 页。

模是 1.42 亿载重吨，约占世界 8% 的份额，在全球居于第四位。①
在近海沿岸地区，我国面临着维护和调解中国渔业的渔民海上纷
争、过度捕捞，国内企业向海排放污染物等问题；在领海和毗连区
海域，需面对违法海关、财政、出入境、卫生等问题；在专属经济
区面临着资源开发活动、海洋环境保护和保全、打击 IUU、打击海
上违法行为等问题；也许面对大陆架上覆水域、海床底土和上空空
域的一系列海上活动违法问题。而近年来，国际社会海上恐怖主义
尤其是海盗问题日益猖獗，对我国国家安全构成明显威胁。这些海
洋问题都需要国家拥有足够的海上执法力量作为基础，而执法力量
则主要体现在人员和装备资源上。

我国整体海上执法力量资源和装备是较为落后的。虽然通过
2013 年的整合，中国海监、渔政、海关缉私、边防海警以中国海
警局的名义开展活动，但到目前为止，中国海警局还未履职，四个
部门仍然各自执法，再加上中国海事局，一共有五支队伍肩负我国
海上执法的任务。（参见表 4-2）

表 4-2　　　　　五支海上执法队伍现有设施设备情况

执法力量	执法人员	设施数量	设备情况
中国海监	1 万余人	船艇 400 余艘、快艇 31 艘、固定翼飞机和直升机共 10 架	千吨级以上船艇很少
中国渔政	3.6 万余人	执法船艇 2700 余艘	千吨级以上船艇很少
中国海关缉私	1.4 万余人	各类缉私艇 145 艘	大多在 300 吨以下
中国海警局	1.4 万余人	船艇 312 艘	千吨级以上 3 艘
中国海事局	1.7 万余人	船艇 170 艘，固定翼飞机和直升机共 17 架	3000 吨级以上船舶 6 艘

资料来源：张晓楠：《我国海上执法力量资源整合与配置研究》。② 表略有改动。

---

①　李文华：《交通海权》，新华出版社 2014 年版，前言第 2 页。
②　张晓楠：《我国海上执法力量资源整合与配置研究》，大连海事大学 2015
年硕士论文，第 28 页。

通过数据可见，我国拥有的船艇数量是较多的，但都大多都是小吨位船舶，船舶配备仅能承担常规治安执法活动。在这五支队伍中，只有公安部的边防海警配有少量的武器装备，是目前中国海上执法的主要武装力量。但受制于机构整合困难、经费紧张等因素，海警船的武器装备也远未实现高规格、合理化配置，难以完成远距离、大型海上执法任务，在捍卫我国在专属经济区和大陆架上的违法行为上、在打击海上恐怖主义尤其是打击海盗等犯罪行为上，都难以完成捍卫我国海洋权益的重大使命。另外，有学者指出我国目前缺乏具备海上综合业务素质的新型海警人才。①

三、法国海洋法实践经验对中国的启示

（一）考虑一种国家"海洋元政策"②的概念

作为海洋开发的发达国家，法国既没有"海洋入宪"、也没有制定海洋基本法，不过，法国政府出台了综合性的海洋元政策，即

---

① 周华伟、张童：《以中国海警局的设立为视角，论完善我国海上统一行政执法制度》，载《水运管理》2013 年第 8 期，第 26 页。

② 对本节所建议的"海洋政策"一词的界定：目前国内外学界没有对"海洋政策"的概念形成较为统一的观点。有学者将海洋政策解释为"国家机关、政党及其他政治团体维护国家海洋利益和实现海洋事业发展的行动准则和规范，是一系列有关海洋事业的战略原则、法令、措施、办法、方法和条例的总称。广义的海洋政策包括海洋法律和法规，政治领导人的讲话精神，以及有关海洋事业的政策性价值观、战略思想和原则等内容"。笔者对于该学者广义上"海洋政策"的意义解读表示认同，按照这种解读，无论是在国家顶层设计上提出的建设"海洋强国"的理念和战略，中央政府出台的如《中国海洋 21 世纪议程》、《国家海洋事业发展规划纲要》(简称《纲要》)等政策；部委机关出台的如《海洋伏季休渔制度政策》(农业部)、《船舶及其有关作业活动污染海洋环境防治管理规定》(交通部)的部令或政策，地方政府出台的如《福建省实施海洋强省战略研究》、《广东省海岸带综合保护与利用总体规划》等，通通都是组成我国"海洋政策"的一部分，属于广义上的"海洋政策"。笔者所建议的"海洋政策"，是中央政府制定公布的国家综合性海洋战略(或政策)，或者可称为"海洋元政策"。

2009 年法国政府公布的《国家海洋战略蓝皮书》。①《蓝皮书》总共
84 页，代表了法国海洋政策的明确立场，有利于法国政府协调提
升海洋管理、开发和利用的整体效益。法国《蓝皮书》指出，随着
《公约》制度下专属经济区的建立，法国拥有近 1100 万平方千米的
管辖海域，仅次于美国居世界第二位。不过，各个海洋要素之间存
在相互依赖性，每个部门和行业间应打破壁垒，共同成为法国海洋
综合政策的组成部分，并在制定政策时考虑时间和空间上的不同层
次。同时，海洋各政策的制定，应考虑环境、经济、社会的反面选
择，以及其带来的长远后果。

相比之下，中国出台的"海洋政策"类型的文件，要么较为口
号化和纲领化、缺乏实践指导意义，要么是各个涉海部门自行出
台。例如，交通部建航道、农业部要建渔港，国家海洋局本来在海
岸带管理上具有协调权，但海洋局只是国家局，在实践中，很难真
正在大部间起到协调作用，只能靠它们自己协商。然而，许多部委
以"本部利益最大化、本部责任最小化"的观念去制定出台文件，
各部门之间的利益沟壑难以逾越。因此，制定一个统筹性质的国家
海洋元政策是必要的，了解海洋政策在海洋法构成中扮演的角色，
可以使得海洋法律体系更具系统性和科学性。

决定法国海洋法律政策的若干不同因素具有一定的矛盾性。作
为沿海国，法国希望扩大其能力范围，因此追求海洋自由，但这也
意味着别的国家也可以提出相同的主张。但是，法国同样明白，法
律并不仅仅是作为一个调解或管理的角色，它同时也可以作为一个
加速器的角色。法国海洋《蓝皮书》明确了未来法国海洋发展的四
大优先领域：第一，面向未来且有利于环境；第二，促进海洋经济
的可持续发展；第三，推动法国海外领土的海洋维度；第四，维护
和提高法国在欧洲乃至在全球的地位。总结起来，法国海洋元政策
的核心要素有四项，即海洋环境保护、海洋经济利益、海外领土权
益、海洋话语权。目前，除了法国外，世界还有许多海洋强国都把

---

① 参见本书第一章内容。

制定海洋元政策作为国家海洋政策制定的重中之重。①

　　我国也不乏提出一些具有宏观指导性质的文件。例如，《中国海洋21世纪议程》共包括11章，包括战略和对策；海洋产业的可持续发展；海洋与沿海地区的可持续发展；海岛可持续发展；海洋生物资源保护和可持续利用、科学技术促进海洋可持续利用；沿海区、管辖海域的综合管理；海洋环境保护；海洋防灾、减灾；国际海洋事务；公众参与。《中国海洋21世纪议程》是根据1992年联合国环境与发展大会通过的《21世纪议程》的精神所编写的，每个章节也都是按照"导言、方案领域、行动依据、目标、行动依据"的编写逻辑，内容涵盖海洋事务各个方面，具有纲领性指导意义。又如，2008年《纲要》提出了海洋资源可持续利用（5点）、海洋环境和生态保护（4点）、海洋经济统筹协调（3点）、海洋公益服务（7点）、海洋执法与权益维护（3点）、国际海洋事务（3点）和海洋科技与教育（6点）共7大方面、31个小方面的重点任务，也提出了管理协调、依法行政、人才战略、提高能力、加大投入和增强海洋意识共6点实施规划的保障措施。2013年国家海洋局发布《国家海洋事业发展"十二五"规划》。《规划》提出"十二五"时期海洋事业发展的目标，包括：稳步提高海洋综合管理能力、显著增强海洋可持续发展能力、明显优化海洋公共服务能力、不断强化海洋巡航执法能力、大幅提升海洋科技创新能力共5点。《规划》还包括海洋资源管理、海域集约利用、海岛保护与开发、海洋环境保护、海洋生态保护和修复、海洋经济宏观调控、海洋公共服务、海洋防灾减灾、海洋权益维护、国际海洋事务、国际海域资源调查与极地考察、海洋科学技术、海洋教育和人才培养、海洋法律法规、海洋意识和文化及保障措施等共15章的内容。

　　通过不完全的梳理可以发现，我国颁布的这些纲领性文件，涵盖了海洋事务的方方面面，内容全面详细。然而，什么内容都涵盖，会造成发重点不突出，主次区分不明显。例如，就算是《规

---

　　①　许丽娜、毕亚林、程传周：《我国现行海洋政策类型分析》，载《海洋开发与管理》2014年第1期，第11页。

划》提出了 5 大发展目标，也都是发展和强化"某种能力"，但在实践中，发展"5 种能力"实际还是涉及了我国几乎所有的涉海部门，而我国涉海部门"多龙治水"的毛病从未在根本上解决过。海洋问题的复杂性造成了涉海法律法规的多元化，这种多元化目前最直接的体现就是涉海规章和措施来源的"多头开花"。

有学者指出，制定具有可操作性的海洋综合政策，可以改善理论常倡导、实践常缺位的停滞局面。[1] 我国制定海洋元政策，需要跳脱出老思维，明确海洋发展优先领域。其中，海洋综合管理机制的建设是个大问题。笔者认为，应该把"加强涉海部门协调"放该部分的重要位置，并且真正做到"可协调"。中国和法国国情不同、海洋事业发展程度不同，法国海洋元政策确定的四大优先领域对于中国的海洋现状并不具有参考意义。不过，笔者认为，国家海洋元政策如果做到(1)有主有次、有先有后，明确我国海洋发展政策中的优先领域；(2)理论性和可操作性兼备；(3)海洋开发与海洋保护理念并重。这都有利于突出目前我国海洋事业的主要矛盾，有利于涉海部门也按照主次矛盾进行沟通和协调，对于我国海洋事务的建设是有益的。

(二)思考我国海洋事务高层次跨部委协调机制之所以建立的实际意义

我国涉海部门众多，包括海军在内，我国中央层面的涉海管理部门有 17 个部委和机构，[2] 整个海洋综合管理体制被诟病为"九龙治水"，涉及每个部门的调整都牵扯到每个部门的实权和利益，多方协调绝非易事。本来设立有关海洋的议事协调机构就是为了对各涉海部门的权责和利益进行统筹协调，以进一步整合力量应对中国海洋事务，但现在却连海洋议事协调机构都出现了"多头开花"的

---

① 许丽娜、毕亚林、程传周：《我国现行海洋政策类型分析》，载《海洋开发与管理》2014 年第 1 期，第 12 页。

② 参见国家海洋局海洋战略研究所：《中国海洋发展报告（2012）》，海洋出版社 2012 年版。

局面，这些议事机构的参与单位也大多是涉海部门，许多都是重叠的，这不但会加重涉海部门领导和职员的工作负担，造成一定程度资源浪费，同时也势必影响每个议事机构职能的发挥，而进一步增加我国海洋管理事务的复杂性。这种局面造成的很重要一个原因就是我国行政管理部门本身就足够庞大冗杂，各部门管辖权力模糊、各行各事的风格已经不是一朝一夕的事。那么，对部际协调部门的建立和规范就首先应该秉持做减法的原则而不是做加法。

海洋事务综合协调机制的运作好坏，直接影响到我国海上应急行动的启动效率。参加过 80 年代"国务院海洋资源研究开发保护领导小组"建立的张海峰、刘楠来、许森安等多位专家表示，以后若成立类似的协调机构，需要从这一段历史中吸取教训：一是级别一定要够高，"最好由常务副总理或者总理挂帅。因为就算是一位副总理，协调这么多部门也有难度，特别是还要协调军队"。二是，力度一定要够，因为其协调的都是利益，有的还是重大的利益。而要做到这两者，都需要高层的足够重视。不可否认，目前我国涉海协调机构的级别够高，参与部委够多，但笔者认为，我国涉海事务协调机构的地位应该得到进一步提升，尤其是国家海洋委员会的等级还略显不足，几个海洋议事协调机构间需进一步统一和整合。同时，有学者指出，政府应该根据实际需要合理设置服务机构，合理界定职能部门职责和权限，并以法律形式固定下来。只有这样，才能使得依法行政成为常态，才能推进问责制，做到各司其职、各负其责，而不是等问题成堆时，再组织个临时机构去"治理整顿"。①

（三）考虑我国海上执法机制之所以需要加强的理由和路径

第一，注重海上活动的特点以及海上执法的紧急特征。法国的海岸线应急保障机制也是法国国家海上行动的一部分，由法国各个

① 刘新萍、王海峰、王洋洋：《议事协调机构和临时机构的变迁概况及原因分析——基于 1993—2008 年间的数据》，载《中国行政管理》2010 年第 9 期，第 46 页。

海军军区司令负责协调。在法国本土的瑟堡、布雷斯特和土伦三个海军军区中都设有一个国家海上行动指挥部(DAEM)。国家的海上行动甚至会涵盖对捕鱼活动的警务管辖。法国海事应急保障包含许多方面，包括防治和打击海上污染、打击海上偷渡行为、打击公海非法贩运行为、防止来自海上并可能影响内陆的恐怖主义行为等。海域应急保障机制甚至还包括对海底文物遗迹的保护、领海海床底土开发的保护等，不过，对于海床底土的具有管辖权的是陆上各省省长而不是海区司令，省长不仅对于海岸低潮线以外300米海域具有管辖权，该管辖权也延伸到了大陆架，也就是说，在这些区域进行开发所都需要获得省长的授权许可。不过，法国工业、研究和环境区域指挥部(DRIRE)会对开发活动授权特许进行审理调查，因为海底开发活动在法律上是属于采矿授权。同时，陆上省长具有对勘探、保护和开发海底古迹的特别警务权，以及授予沿岸海产养殖许可权。①

　　法国是多起油船海难事故污染的受害国，尤其是在经历了1999年"埃里卡"号和2002年"威望"号的事故后，法国深刻地意识到各个管理部门间的责任落实、协调合作和海上行动方法一致性的问题，并开始作出进一步调整。之后法国在2004年颁布的第2004-112号立法和2005年第2005-1514号立法，分别对法国本土和海外领土的国家海上行动及组织作出了规定，而在2010年7月22日，法国颁布第2010-834号法令宣布组建法国海岸巡防职能行动中心(COFGC)，这些都标志着法国海上执法体系构建的不断完善。不过，在维护海上安全、实施海上执法和完善应急机制方面，无论是法国的立法还是欧盟的立法，许多都是海洋事故发生之后才出现的。法国立法部门"创可贴"式的立法和管理的短板一直备受诟病，因此，这也是法国目前所需面对的挑战和调整的重点之一。

　　海上应急制度也是我国海上执法问题中的一个重要方面。海上应急对于各部门的反应和协作效率具有着很高要求，但是，即便目

---

①　参见 Jean-Paul Pancracio, Droit de la Mer, Édition Paris：Dalloz, 2010, p.165。

前议事协商机构的建立，各部门间的协调也依然成问题。2014 年 3 月，时逢马航客机失联一事，在 2014 年全国两会上，全国政协委员施平表示，在海上搜救失联客机的行动中，我国海军、海警、海事、外交等多部门出动力量参与，但应急速度依然不够快。这就需要有一个跨部门的机构统一协调各个涉海部门，在突发事件中作出快速反应。①

第二，制定海上执法活动的专门性立法。随着海上活动的增多和多样化，海域中面临的危险也越来越多，法国为了维护海上秩序也作出一系列的立法规制。然而，我国海警执法还缺少系统、专门的法律依据，仅能在零零散散的法律文件中寻找法律依据。有学者指出，我国海警海上综合执法的主体资格模糊，海上综合执法仍然"师出无名"，目前亟须一部"海警法"来界定海警从法律上定性是警察还是行政执法队。② 实际上，不仅仅是海警定位，我国海上执法活动开展和实施的权源模糊，执法主体定位及性质、执法手段及尺度也都不明确。例如，海警转隶武警从而划归军队指挥体制以后，仍然承担海上维权执法任务的海警船，是军舰还是国家公务船舶的这个问题，官方还语焉不详，我国国际法学界对此议题也存在较大争议。同时，也可见在有关我国海上行动的政策理论与执行实操之间，还存在较大差异。这些都是我国今后或可通过专门性立法来进行明确的问题。

第三，明确中国海警角色定位，建设海上执法"准军事力量"。在上文中笔者已经提到，法国在很早就已经非常重视国家海军在海上执法行动中的作用，无论是 1974 年总理指令、1978 年第 78-272 号国家海上行动筹备法令还是 1994 年第 94-589 号法令等，都将海军作为不可或缺的一部分。例如，利用海军力量确保对专属经济区的监管，因为只有海军才拥有足够的能力和资源，在公海行使有效

---

① 参见 2014 年全国两会"海洋之音"的报道，http：//www.soa.gov.cn/xw/ztbd/2014/gylh/hyzy/201403/t20140312_30854.html。

② 李佑标：《关于中国海警海上综合执法依据的法学思考》，载《武警学院学报》2016 年第 3 期，第 47 页。

管辖，尤其是在抗击污染和海上非法运输等问题上；又如，在打击外国渔船在法国管辖水域的违法行为上（尤其是在法国的海外领土上），使其遵守法国和国际上的有关制度。

在中华人民共和国成立之初，最初开展的海上执法活动是由我国海军行使的，海军从20世纪60年代开始代管国家海洋局直至改革开放，并组建海上公安巡逻队，成为公安部边防海警的前身。之后，海上执法资源逐渐分散到有关行政部门，虽然2013年《方案》整合了五支海上执法队伍，但海上执法资源仍然是分散的。同时，我国海警局仍然属于行政执法机构，能否有效应对21世纪的海上问题，尤其是海上安全问题，还需要考验。虽然在领导指挥体制调整后，海上维权执法成为武警部队的三类主要任务和力量构成之一，武警海上维权执法的力量构成仍未确定。①

近些年来，各海洋强国日益强调海洋的系统治理和开发，除了法国之外，美国、韩国、日本等发达国家都已建立起本国海上执法维权的"准军事力量"。然而，目前我国海上执法队伍与海军缺乏一个有效配合机制，并且我国现有两支海上执法力量，与海军的互动更为复杂和不易协调。② 虽然我们可以依据国际海洋法，在海洋权益上"守住自己的，分享公有的"，但现实的海洋政治显示，没有强大的海上力量做后盾，则很有可能既守不住自己的，更分享不了公有的。③

第四，保持务实态度，加大与海域邻国的海上执法合作。2005年，法国和马达加斯加签订"法-马海域监管合作协定"。马达加斯加拥有58.7万平方千米的国土面积以及近5000千米长的海岸线，是世界第四大岛。法国在法属印度洋诸岛和留尼旺岛建立了专属经济区，与马达加斯加的专属经济区毗邻。该协定对之前法国与塞舌

---

① 参见《2018年1月国防部例行记者会文字实录》，http://www.mod.gov.cn/shouye/2018-01/25/content_4803285.htm。

② 王杰、陈卓：《我国海上执法力量资源整合研究》，载《中国软科学》2014年第6期，第28页。

③ 陆水明、陈璐：《海洋意识与海防建设》，载《南京政治学院学报》2005年第1期，第83页。

尔为加强渔业管制而进行的联合巡逻活动进行了进一步的补全。

同样，南非也法国和西印度洋沿海国采取了有关渔业活动监管方面的共同合作。2006 年 12 月 19 日，法国和塞舌尔签订在印度洋海域(尤其是在莫桑比克海峡)打击非法捕鱼的合作协定。该协定于 2007 年 11 月 5 日正式达成。该协定第 2 条对建立信息交换和"合作监管"作出了规定，并规定，如果其中一国管辖水域内展开了紧追行为时，如紧追行为进展到另一协定国水域，另一协定国应该在其管辖水域内继续展开紧追行动。[1] 这种合作主要包括合作监管、开展联合巡逻活动，也包括国家间信息和数据的交换等，合作方式非常多样。有学者指出，国与国之间应当建立适当的、科学的标准直接进行合作。在合作的过程中，国外统一高效的海洋管理、执法体制也会促进我国的提高。[2]

(四)基于"合作共赢"理念推进中、法两国的海洋合作

近年来，法国作出了符合本国领土主权和海洋权益的重大战略调整，巩固法国"海洋强国"地位。而自十八大以来，中国也正式提出建设"海洋强国"主张。习近平指出，我国拥有广泛的海洋战略利益，需要坚持陆海统筹，以合作共赢方式扎实推进"海洋强国"建设。2018 年初公布的《中华人民共和国和法兰西共和国联合声明》，首次明确了两国在海洋空间领域的合作。[3] 2018 年 10 月

---

① 参见 V. F. Coulée, Pratique Française du Droit International, Annuaire Français de Droit International, 2007, p. 895。

② 阎铁毅:《中国海洋执法体制改革建议》，载《行政管理改革》2012 年第 7 期，第 38 页。

③ 第 17 条指出:"中法两国愿继续深化在空间科学技术与应用领域的合作，希望积极推进中法海洋卫星和天文卫星的研制工作，保证顺利按时发射。两国着力加强在运用空间技术开展气候变化联合研究和在空间探索方面的合作。"参见《中华人民共和国和法兰西共和国联合声明》，https://www.fmprc.gov.cn/web/gjhdq_676201/gj_676203/oz_678770/1206_679134/1207_679146/t1524590.shtml。

29 日，历时 13 年合作研制的"中法海洋卫星"在酒泉发射成功。①中法海洋卫星的发射成功，对于人类认识、开发和利用海洋具有重要的意义，同时，通过在海洋活动的许多领域的合作，学习和借鉴法国的先进经验和技术，有利于提升我国的海洋科学研究能力。中、法两国都是陆海大国，其利益拓展空间在海上，但随之面临的许多传统或非传统的威胁也来自海上。基于国际海洋政治经济的新形势、海洋法规则的新发展，对两国区域海洋合作的要素进行检视，有利于我国进一步认识海洋、经略海洋。

第一，在亚洲-太平洋海洋事务方面。我国东部和南部大陆海岸线 1.8 万多千米，内海和边海的水域面积约 470 多万平方千米，海域分布有大小岛屿 7600 多个；法国的专属经济区总面积达到 1100 万平方千米，其中在太平洋地区的占 62%、印度洋地区占 24%。中法两国都利用着专属经济区和大陆架主张带来的海洋资源利益优势，享有资源互补可能。

全球化加剧各类威胁同时也增强了国家间的相互依赖。法国国防部报告指出，法国在亚太地区有着重要安全利益和捍卫地区安全的责任，尤其是打击恐怖主义、海盗、有组织犯罪、非法运输、大规模杀伤性武器以及确保海洋航道安全方面。而这些也是中国目前正面临着的重要议题。2013 年，法国国防白皮书指出："如同其欧洲伙伴一样，法国虽没有受到亚洲各国潜在冲突的直接威胁，但也是其中诸多事务的相关方，也是在印度洋和太平洋地区的长期存在力量。法国繁荣与否与亚太地区密不可分。"②不过，法国也提出要加强在南海地区"规律而可见的存在"，并把亚太地区政策加入最

---

① 张泉、胡喆、戴盈：《海风海浪同步观测攻克系统级合作难题——揭秘首颗中法合作海洋卫星》，参见新华网 2018 年 10 月 29 日的报道，http://www.xinhuanet.com/world/2018-10/29/c_129981474.htm。

② 参见 Livre Blanc sur la Défense et la Sécurité Nationale 2013, p. 36。

新的法国军事规划法。① 2017 年 3 月 22 日，日本共同社透露法国舰队将穿越南海，在美属关岛等亚太地区与日美英进行四国联合演习。②

不过，法国在高敏感领域的"硬态度"并不等于切断中法两国在亚太地区事务的合作红线，两国在非传统安全威胁的议题上有着共同的利益关切，在经济、市场方面有着实际的利益往来：一方面，全球化使国际社会面临的非传统安全愈发增多，在加剧各类威胁的同时也增强了国家间的相互依赖。法国声称在亚太地区有着重要安全利益和捍卫地区安全的责任，尤其是打击恐怖主义、海盗、有组织犯罪、非法运输、大规模杀伤性武器以及确保海洋航道安全方面。这些也是中国目前正面临着的重要议题，同时，"海洋"是这些问题产生的重要地理媒介，也是应对这些问题的补缺突破口，中国可突出"利益共同体"的概念，与法国在这些全球性议题上与法国展开航行安全、公海执法、海洋共同开发等议题的对话。另一方面，法国的专属经济区总面积达到 1100 万平方千米，其中在太平洋地区的占 62%、印度洋地区占 24%。中法两国都利用着专属经济区和大陆架主张带来的海洋资源利益优势，享有资源互补可能；同时，正如有学者指出的，中国应采取多种途径实施多元化的能源战略，突破单一的能源外交模式，走多边合作的道路。③ 笔者认为，法国是中国面向太平洋扩展能源路径的一个潜在突破口。例如，近年来新喀里多尼亚开始向中国出口红土镍矿，而法国对于中国的稀土资源也有着极大的需求。

同时，两国可以加大在海洋低敏感领域的合作和对话。国家负

---

① 参见 Quoc-Thanh Nguyen. France Unveils Its Defense Strategy in the South China Sea and Beyond. The Diplomat, September 27, 2016, http：// thediplomat. com/2016/09/france-unveils-its-defense-strategy-in-the-south-china-sea-and-beyond/。

② 参见《参考消息》2017 年 3 月 22 日的报道。http：//www. cankaoxiaoxi. com/world/20170322/1795171. shtml。

③ 杨泽伟：《中国能源安全问题：挑战与应对》，载《世界经济与政治》2008 年第 8 期，第 56 页。

有保护海洋脆弱生态环境、保护当地居民免受生态灾害的责任。例如，在全球气候谈判中，两国或可共同展现更加积极的姿态。中法两国都是全球气候变化的利益攸关方，也是全球气候谈判的重要参与者。受地理气候等客观因素影响，法国许多海外领土岛屿与气候变化谈判中的"小岛国联盟"的立场是较为一致的，而法国本身则属于欧盟谈判体系一员，因此总体来说法国在应对气候变化方面有着更为多样的利益诉求。而中国既可以在该领域与法国开展更为积极的合作，学习欧盟的应对经验，同时，中国和法国也在南太平洋岛屿国家和地区应对气候变化、海平面上升等议题上有着更多对话的可能。

第二，在两极海洋事务方面。中国和法国都是近北极国家，也同为北极理事会的观察员国。两国在北极既具有经济、科研等传统利益，也具有生态、安全等非传统利益。不过，由于在地缘上存在天然缺陷，中国和法国在北极海洋利益的争取无法通过陆域和海域层面进行主张，但两国仍可以通过与北极国家开展能源和安全合作，以及推进北极科学研究、环境保护等软层面的活动，加强对北极事务的参与。

近年来，随着中国参与北极事务的意愿逐渐提高、能力不断增强、贡献日益突出，国际社会对中国参与北极事务的态度渐趋欢迎。① 不过，虽然都是北极事务的利益攸关方，但中法两国在北极地区的合作还需要克服一些现实障碍：法国一直对亚洲国家尤其是中国在北极活动的性质提出质疑。法国认为，中国目前通过与北极圈国家在外交上的互动和经济上的合作实现在北极的"软着陆"。例如，在法国国民议会有关两极事务的报告中指出，中国与格陵兰岛自治政府之间的合作关系、中国借冰岛财政危机之时与其签订自

---

① 参见孙凯：《参与实践、话语互动与身份承认——理解中国参与北极事务的进程》，载《世界经济与政治》2014 年第 7 期，第 42~62 页。

由贸易协定都是典型的例子。①

在南极，法国是最早对南极洲提出领土主权的七个国家之一，也是《南极条约》的原始协商国。自20世纪60年代以来，法国就积极参与南极地区事务的管理和政策制定，同时通过制定有关国内立法规制法国在南极的权利与义务。然而，法国对于中国在南极的活动异议颇大。例如，2009年中国第三个南极科考站昆仑站建成，位于南极内陆冰盖的最高点冰穹A地区，法国指出昆仑站是所有科考站中海拔最高的，对其在南极的活动目的提出质疑；同时，对于媒体捕捉到科考站树立"欢迎来到中国"字样的旗帜，法国国民议会报告中指责该行为有违《南极条约》的宗旨和精神。②

法国是在南极地区有影响力的大国，通过科研和环保领域强化在南极地区的实质性存在。法国在南极的科学研究活动丰富，在法属亚南极地区和南极大陆均设有科考站，也建立了其南极特别保护区。而作为《南极条约》的协商国和发展中大国，中国拥有日益强劲的科研实力和建设力量。中法两国或可通过"软层面"的合作来缓和"硬鸿沟"，在秉持"合作共赢"的理念上展开科研合作；同时，两国共同面临环境保护、气候变化等全球性议题以及过度捕鱼、南极矿物资源勘探等地区性议题，在这些问题上，各国立场并不一致。而中法两国文化交流历史源远流长，中法关系总体上顺利，两国或可扩大其友好关系合作的领域，在努力承担应有的国际义务的同时，积极开展在两极议题上的对话，确保南极的和平稳定和科研

---

① 参见 M. Christian Cointat, Rapport D'information Faitau nom de la Commission des Lois Constitutionnelles, de Législation, du Suffrage Universel, du Règlement et D'administration Générale (1) et du Groupe D'études sur L'Arctique, L'Antarctique et les Terres Australes (2), sur la Présence Française en Arctique, en Antarctique et Dans les Terres Australes, N°132, Sénat, p. 107。

② 参见 M. Christian Cointat, Rapport D'information Faitau nom de la Commission des Lois Constitutionnelles, de Législation, du Suffrage Universel, du Règlement et D'administration Générale (1) et du Groupe D'études sur L'Arctique, L'Antarctique et les Terres Australes (2), sur la Présence Française en Arctique, en Antarctique et Dans les Terres Australes, N° 132, Sénat, p. 55。

自由。另外，法国在南极地区的经验也值得中国借鉴。例如，学习法国在有关南极事务的立法规范经验。与法国相比，中国并不具备地缘优势，也不是南极领土的主张国。同时，中国有关南极地区的立法也并不完善，过分依赖于《南极条约》等国际法规范，这使我国在南极事务上显得十分被动。①

总体来说，中国需要通过制定有关国内法规范，明确中国在两极地区的海洋事务立场，尤其是海洋科学研究和海洋环境保护的态度。同时，在全球气候变化的大背景下，突出探讨两极地区国际层面的议题，通过在两极地区实际性的海洋科研和保护工作彰显其国家责任也有利于塑造中国正面的国际法形象、提高中国的国际海洋话语权。

本 章 小 结

对于《公约》条款的解释和适用，历来带有国家利益的色彩。《公约》各缔约方作出的嗣后实践，都不尽相同却又带有一定共性特征。这是由于各缔约方的海洋利益方面各有侧重，但本国"领土主权与海洋权益"往往都会摆在最重要的位置。法国在对《公约》实施过程中积累了丰富有益的经验，是对《公约》条款作出较大程度解释和适用的国家，为《公约》许多模糊性条款提出了一种具有参考价值的解读。此外，法国在海洋事务管理机制构建、国家海洋综合政策制定、国家海上行动能力建设方面均作出了积极尝试，可以为其他缔约方在海洋事务管理和海洋法实践提供有益参考。同样作为《公约》的缔约方，中国和法国在国家海洋利益中具有相似之处，在海洋法实践中也都面临着一些共同挑战，不过，无论在参与国际海洋法律制度的建设、推进国内海洋立法、践行国家海洋法实践的方面，中国实践较法国实践而言还有较大的差距。因此，本章在检视法国实施《公约》的成功经验的基础上，对我国海洋法律制度实

---

① 参见周菲：《法国对南极事务的参与以及对中国的借鉴经验》，载《法国研究》2015 年第 3 期。

践的现状进行梳理，对我国海洋法实践的特点及问题进行剖析，基于科学的理论，在对中、法两国海洋法实践作出比较研究的基础上，提出了对我国海洋法实践的一些建议，希望为我国海洋事务的发展作出有益启示和参考。

结　　论

法国依托地缘优势，从很早就开展对海洋资源的开发、利用与保护。早期法国开拓海外利益收获颇丰，现代法国海洋各领域实力强劲。因此，在国际海洋法律制度形成以前，法国都是"海洋自由原则"的绝对支持者。然而，长期以"陆上强国"自居的法国，对"海洋"的兴趣时断时续。除了法国沿岸的居民以外，法国主要舆论对于有关海洋事务并不敏感。在最初的海洋法会议中，受习惯规则约束的法国，表现出了较为强硬的反对态度。

随着联合国对海洋法编纂工作的推进，任何国家都无法置身事外。从 20 世纪 60 年代开始，法国在海洋法成文编纂中扮演着积极的角色。在《公约》规则制定期间，法国同步推进国内立法的制定；在正式批准《公约》后，法国成为重要的嗣后实践者。通过积极开展涉海实践、践行涉海规则，法国逐步成长为全球海洋事务的领军国家。在这个过程当中，法国表现出一些特别之处，启人思考。

第一，法国海洋立法和涉海实践的发展，深受法国地缘主体多样性的影响。《公约》制度下法国管辖海域面积达到约 1100 万平方千米，是世界上仅次于美国的第二大海洋区域。不过，其中 90% 以上都由法国海外领土组成。法国海外领土主要分布在南太平洋、南印度洋地区，岛屿属性强烈，在法国在《公约》嗣后实践的战略考量具有重要意义：（1）作为法国在《公约》体系下主张各种海洋权利的核心主体，法国海外领土海域所拥有的自然资源，开发利用潜力巨大，这为法国海外领土的发展提供了机遇。（2）法国政府充分考虑海外领土在海洋事务中的机动力。法国海外领土的存在，可以使得法国在欧洲以外的海域事务中拥有话语权。在参加区域性涉海事务中，法国可由中央政府和相关当地政府共同参与，也可根据欧

盟制定的补充性原则，按照国家海洋政策规定的原则和目标，并在
与中央政府磋商的基础上，委派当地政府代表法国参加。（3）在解
决海洋争端中，法国多样的领土海域，为其在涉海实践中增加了更
多筹码。根据《公约》最基本的"陆地统治海洋原则"，在领土主权
没有明确确定的情况下，很多海洋争端无从解决。但反过来讲，因
为《公约》的通过，专属经济区和大陆架的法律概念和权益界定得
以明晰，各国对于这些海域的权益主张的博弈，反而可能扩大或激
化已有争端。因此，法国多样化海洋领土的存在，综合提升了法国
在海洋领域的影响，增强了法国在全球海洋纷争解决中的能动性。

第二，由于法国采取了与《公约》制定过程进行"共进式"立法
的模式，因此，在批准《公约》时法国并不需要再对其国内法进行
重大修改。在三次联合国海洋法会议横跨的数十年间，法国已经在
很大程度上通过颁布法律法规来适应新的海洋法，并根据《公约》
所定义的标准划定法国主权或管辖范围内海域。可以说，法国的海
洋实践，在《公约》谈判过程中就已经被影响了。

在《公约》达成后，法国仍然推进国内相关立法的制定，积极
界定《公约》所述活动的有关法律制度，包括 20 世纪 80 年代的《深
海法》《海洋渔业法》《海洋科学研究法令》，以及 90 年代有关国家
海上行动的立法等。有的立法，如法国对深海资源勘探和开发的单
边性立法，是法国不同意适用《公约》有关规则的体现；而有的立
法，如法国在海洋环境污染防治方面的立法，则体现出法国希望在
《公约》框架下，国家通过立法实践进行进一步完善和加强《公约》
规则的体现；还有一些立法，如法国国家海上行动及适用武力方面
的立法，则是根据国际法的有关手段，来进一步加强国家的海上强
制执行权。也就是说，《公约》作为"一揽子协定"，在某些规则模
糊的情况下，法国对《公约》规则的内化并不绝对，而是根据自身
考量来进行的调整和适用。

《公约》对法国的生效，对其海洋立法带来的内延性影响，仅
仅是一些较为细微的方面。这也使得法国在实施《公约》有关规则
中显得更加从容和灵活。例如，法国在签署《公约》时所做的声明，
也表达了该国希望对《公约》第十一部分作出新的法律调整的意愿，

这也为法国之后的国内立法调整奠定了基础。

第三，在《公约》的嗣后实践中，法国对于条约规则既有完全遵约的部分、也有发展创新的部分。当然，也不缺乏对《公约》规则提出挑战的部分。具体而言，《公约》对于法国不同海洋权益领域的影响有所不同，法国在实施《公约》有关规则中的方法和程度也不尽相同且有所侧重：(1)法国的海洋渔业活动便是一个典型例证。专属经济区内的渔业资源管理是沿海国的责任，缔约方在《公约》第五部分的基础上行使该领域的主权。不过，法国每年捕获量的绝大部分，都来自其专属经济区内的捕捞行为，只有少部分才在公海或第三国专属经济区捕捞。可以说，《公约》对法国专属经济区内捕鱼活动的影响有限。(2)法国对国际海底区域资源的实践是另一个典型例证。着眼于未来的赢利前景、维护未来可能的国家利益，法国在《公约》生效前就已成为国际海底区域的先驱投资者。同时，法国积极推动《公约》第十一部分的修改，并在1994年《执行协定》达成后才正式批准《公约》。尽管还未进入到商业化开采阶段，但法国从未间断对深海区域的科学研究工作，并通过在国家战略和国内立法上的双重支持，来表明自己对国际海底区域的持续兴趣。在这个并不是立刻有利可图的领域，法国仍然呈现出积极主动的姿态，通过持续的海洋实际行动，来证明这种积极姿态的合理性。

缔约方对《公约》嗣后实践领域的侧重，或紧或慢、或轻或重，但无论是在哪个领域，都需要国家建设其海上力量，作为对其涉海实践的保障。《公约》规则的模糊性，也给法国的海洋防务领域带来重要挑战。法国经济极大依赖于海上航运，这也使得法国采取了更为大胆的姿态应对海上挑战。面临络绎不绝的海洋区域威胁，往往需要保持海上行动力量的调动自由。不过，过去长期支持"海上航行自由"原则的法国，也意识到坚持海上航行自由的绝对主义，无法使法国在方方面面的海洋活动中受益，反而会受到"反向威胁"。因此，随着《公约》制度的演进，法国也通过加强国家管辖范围内海域的海域活动管理，来维护自身的海洋权益。当然，保留和加强海洋军事威慑性力量(尤其是海上核力量)，也是法国采取的典型做法。

　　第四，区域海洋治理机制建设是法国海洋法实践中的一个特殊部分。其中，又以欧盟框架内的区域海洋合作机制为代表。根据《公约》第 310 条的规定，法国在《公约》批准书的交存中附上了一份法国加入欧洲联盟的声明，声明指出法国将部分权力移交给欧盟。这不仅使得欧盟区域海洋治理对法国具有了更关键的意义，也反过来赋予了法国在欧盟区域海洋治理中更重要的作用。

　　近年来，欧盟对海洋法律管控方面进行了更为严格的建设，主要集中在海洋及国家海岸环境保护、港口安全、海洋渔业等方面。法国在欧盟平台开展涉海活动主要通过两种方式，第一种是让渡一部分主权权利给欧盟，最典型的例子就是欧盟共同渔业政策；第二种是通过欧盟平台与各国深入协作以落实海洋政策，如整顿航运业、提高海上安全的"埃里卡计划"等。法国左临北海、西面大西洋拉芒什海峡、南面地中海，这些海域占据着国际海运枢纽位置，同时也有着重要的地缘战略意义。共享海域的欧洲国家面临着许多共同海洋议题，包括海路安全、海洋污染防治、渔业政策等，这些问题的解决都是单靠一个国家所无法做到的。总体上看，欧盟对区域海洋共同治理作出了有益的尝试，也为法国对《公约》的嗣后实践增添了积极作用。此外，法国通过更加务实的方式推动区域性共融，避免海洋争议性问题成为区域性合作的绊脚石。

　　除了联合国法律体系和《公约》制度外，联合国粮农署、国际海事组织、国际劳工组织等国际组织，亦为法国的涉海事务调整作出了贡献。同时，法国参与制定和签署的国际协定，例如渔业协定、打击海洋污染方面的协定等，也都体现了法国积极参与国际海洋协作的意愿。可以说，不仅仅是欧盟层面，在对《公约》嗣后实践的过程中，法国充分考虑了不同层面的涉海事务合作。法国在长期海洋实践中所保持的"多层次"治理机制，从某种程度上来说，也是跟其在大国关系中所推行的"多极化"理念有某种内在一致性。可以说，在《公约》制度下法国海洋法实践呈现务实积极、协调共进的态度，这也使人们不免期待这个全球海洋事务的领军国家，可以在未来全球海洋治理中继续扬帆起航、乘风破浪。

参 考 文 献

一、联合国海洋法会议文件

[1] 第一次联合国海洋法会议文件及会议记录 http://legal.un.org/
diplomaticconferences/1958_los/

[2] 第二次联合国海洋法会议文件及会议记录 http://legal.un.org/
diplomaticconferences/1960_los/

[3] 第三次联合国海洋法会议文件及会议记录 http://legal.un.org/
diplomaticconferences/1973_los/

二、外文文献

(一) 外文论著

[1] WATT E, COLES R. Ship Registration: Law and Practice[M]. 3rd
ed. London: Informa Law from Routledge, 2018.

[2] ORTOLLAND D. La délimitation des espaces maritimes, Atlas
géopolitique des espaces maritimes: frontières, énergie, pêche et
environnement[M]. Paris: Éditions Technip, 2015.

[3] FÉRAL F, SALVAT B. Gouvernance, enjeux et mondialisation des
grandes aires marines protégés: recherche sur les politiques
environnementales de zonage maritme, le challenge maritime de la
France de Méditerranée et d'Outre-mer[M]. Paris: L'Harmattan,
2015.

[4] GRBEC M. Extension of coastal state jurisdiction in enclosed and
semi-enclosed seas: A Mediterranean and Adriatic perspective[M].

London: Routledge, 2014.

[5] SHAW M. International Law, 7th edition [M]. Cambridge: Cambridge University Press, 2014.

[6] ROYER P. Géopolitique des mers et des océans: qui tient la mer tient le monde[M]. Paris: Presses universitaires de France, 2012.

[7] CYRILLE P.-C.. Géopolitique des océans-L'Eldorado maritime[M]. Paris: Éditions Ellipses, 2012.

[8] DENÈNE M, PASTOREL J.-P.. La 'loi du pays' en Polynésie française[M]. Paris: L'Harmattan, 2011.

[9] HEREDIA J. M. S.. Sûreté maritime et violence en mer [M]. Bruxelles: Éeditions juridiques Bruylant, 2011.

[10] MAHAN A.T. Influence of sea power upon the French Revolution and empire 1793-1812 [M]. Cambridge: Cambridge University Press, 2011.

[11] TAILLEMITEE. Histoire ignorée de la marine française [M]. Paris: Édition Perrin, 2010.

[12] PANCRACIO J.-P. Droit de la mer[M]. Paris: Édition Dalloz, 2010.

[13] UZAN L. Les chemins de l'océan: océans et mondialisation[M]. Aix-en-Provence: Éditions du Gerfaut, 2009.

[14] ISNARD J, MOULIN A.J.. De la mer à la terre. Les enjeux de la marine française au XXIème siècle [M]. Paris: Librairie Académique Perrin, 2006.

[15] SCIALOM M. La France nation maritime? [M]. Paris: Economica, 2006.

[16] AUFFRAY D. La politique maritime à l'heure mondiale [M]. Paris; Budapest; Torino: l'Harmattan, 2004.

[17] BUCHET C, MEYER J, POUSSOU J.-P. La puissance maritime [M]. Presses de l'Université Paris-Sorbonne, Collection Histoire maritime, 2004.

[18] GAIGNON aignon J. L, LACROIX D. La Pisciculture marine en

France: contexte, situation, enjeux, IFREMER[M]. Versailles: Editions QUAE GIE, 2004.

[19]ANDERSON E.W. International Boundaries: A Geopolitical Atlas, 1st ed[M]. London: Routledge, 2003.

[20]HUWART O. Sous-marins français, 1944-1954: La Décennie du renouveau[M]. Paris: Marines Editions, 2003.

[21]ESTIVAL B. La marine française dans la guerre d'Algérie[M], Nantes: Marines Editions, 2001.

[22]FOX G.H., ROTH B.R.. Democratic Governance and International Law[M].Cambrige: Cambridge University Press, 2000.

[23]LEGOHEBEL H. Histoire de la Marine française[M]. Paris: PUF, 1999.

[24]PETER J. Les barbaresques sous Louis XIV: le duel entre Alger et la Marine du roi (1681-1698)[M]. Paris: Economica, 1997.

[25]ODEKE A. Bareboat and Charter (Ship) Registration[M]. 1st ed. Berlin: Springer, 1997.

[26]VIGARIÉ A. La mer et la géostratégie des nations[M]. Paris: Economica: Institut de stratégie comparée, DL, 1995.

[27]CABANTOUS A. Les citoyens du large: les identités maritimes en France: XVIIe-XIXe siècle[M]. Paris: Aubier, 1993.

[28]DUCOIN J. Naufrages, conditions de navigation et assurances dans la marine de commerce du XVIIIe siècle: le cas de Nantes et de son commerce colonial avec les îles d'Amérique[M]. Paris: Librairie de l'Inde, 1993.

[29]ACERRA M. Rochefort et la construction navale française: 1661-1815[M]. Paris: Librairiede l'Inde Éditions, 1993.

[30]PHARAND D, LEANZA U. The Continental Shelf and the Exclusive Economic Zone: Delimitation and Legal Regime, 1st ed [M].Leyde: Martinus Nijhoff Publishers 1993.

[31]REYNAUD A. Le plateau continental de la France[M]. Paris: Librairie général de droit et de jurisprudence, 1984.

[32] ANDRASSAY J. International Law and the Resources of the Sea, First Edition edition[M]. New York: Columbia University Press, 1977.

[33] BERGE F. Le sous-secrétariat et les sous-secrétaires d'État aux colonies. Histoire de l'émancipation de l'administration coloniale [M]. Paris: Revue française d'histoire d'outre-mer, 1960.

[34] GIBELG. Le droit international public de la mer, Tome III, La mer territoriale et la zone contigue[M]. Paris: Recueil Sirey, 1934.

[35] NICOLAS L, BELOT P, REUSSNER A. La puissance navale dans l'histoire, 3 Volumes[M]. Paris: Editions maritimes et d'outre-mer, 1968-1974.

[36] SIMÉON N, PERNOUD G. Louis XIV et la mer [M]. Paris: Édition Conti, 2007.

[37] VERGÉ-FRANCESCHI M. Dictionnaire d'histoire maritime [M]. Paris: Éditions Robert Laffont, 2002.

[38] NATIONS UNIES. Manuel de formation à l'établissement du tracé des limites extérieures du plateau continental au-delà des 200 mille marins et à la formulation des demandes adressées à la Commission des limites du plateau continental[M]. Nations unies: Division des affaires maritimes et du droit de la mer, bureau des affaires juridiques, mars 2006.

[39] COOL P.J., CARLETON C.. Continental Shelf Limits: The Scientific and Legal Interface[M]. Oxford: Oxford university Press, 2000.

[40] BRIOIST P. Espaces maritimes au XVIIIe siècle[M]. Neuilly-sur-Seine: Atlande, 1997.

[41] DALLIER P, FORTEAU M, PELLET A.. Droit International Public, 8th ed. Éditions[M]. Paris: L.G.D.J., 2009.

[42] BUTEL P. Européens et espaces maritimes, vers 1690, vers 1790 [M]. Talence: Presses Universitaires de Bordeaux, 1997.

[43] QUÉREL P. Vers une marine atomique: la Marine française: 1945-

1958[M]. Bruxelles:Bruylant Editions,1997.

[44] PAPON P. Le sixième continent: géopolitique des océans [M].
Paris: O. Jacob, 1996.

[45] ANDRÉ R. Le plateau continental de la France [M]. Paris:
Librairie générale du droit et de la jurisprudence (LGdJ), 1984.

[46] HONG S.-Y., VAN DYKE J. M.. Maritime Boundary Disputes,
Settlement Process, and the Law of the Sea[M]. Leidon: Martinus
Nijhoff Publishers, 2009.

[47] DE BERNADI C. L'applicabilité du droit international et du droit
communautaire dans les territoires d'outre-mer [M]. Paris:
Ellipses, 1998.

[48] TREVES T, PINESCHI L. The Law of the Sea, The European
Union and its Member States [M]. Leidon: Martinus Nijhoff
Publishers, 1997.

[49] TERRASSIER N. Stratégie de développement du transport maritime
de lignes régulières[M].Paris: Édition Moreux, 1997.

[50] HAAS P.M.. Epistemic Communities and the Dynamics of
International Co-operation, Rittbeger Volker, Regime theory and
international relations[M]. Oxford: Oxford University Press, 1995.

[51] HAAS P.M.. Saving the Mediterranean: the Politics of
International Environmental Cooperation [M]. New York:
Columbian University Press, 1990.

[52] DE FONTBRUNE V.G.. L'exploitation des ressources minérales des
fonds marins: législations nationales et droit internationale [M].
Paris: Édition A. Pédone, 1985.

[53] Académie des sciences d'outre-mer/Office de la recherche
scientifique et technique outre-mer (ORSTOM), Outre-mer
français et exploitation des océans [M]. Paris: Académie des
sciences d'outre-mer et ORSTOM, 1981.

[54] TAPIE V.l.. France in the Age of Louis XIII and Richelieu[M].
Corners edition, 1974.

（二）外文论文

［1］THÉRY H. À quoi sert la Guyane? ［J］. Outre-Terre, 2015(2):
211-235.

［2］OUDE ELFERINK, A. G., JOHNSON C. Outer Limits of the
Continental Shelf and "Disputed Areas": State Practice concerning
Article 76(10) of the LOS Convention［J］. The International Journal
of marine and costal law, 2014(6):461-487.

［3］ARCHAMBEAU O. L'Espace Maritime Mondial Redécoupé, un
Eldorad'eau pour la France［J］. Hermès, La Revue, 2012(2):138-
140.

［4］EUDELINE H. La France dans la planète mer［J］. Outre-Terre,
2012(3-4): 565-578.

［5］CYRILLE P.-C.. L'Eldorado maritime: entre prédation et gestion
concertée［J］.Revue Études, tome 415/3, septembre 2011.

［6］MARFFY-MANTUANO A. Gouvernance internationale de la
biodiversité marine dans une perspective de développement durable
［J］. Annuaire du droit de la mer 2010, tome Xv, institut du droit
économique de la mer (iNdEMER), éditions Pédone, 2011(15).

［7］TIDM. Responsabilités et obligations des États qui patronnent des
personnes et des entités dans le cadre d'activités menées dans la
Zone, avis consultatif de la Chambre pour le règlement des
différends relatifs aux fonds marins［J］. Annuaire Français de Droit
International, 2011,57:439-476.

［8］JOST C. Clipperton. Jeux et enjeux géopolitiques et économiques
dans le Pacifique nord-oriental, Diplomatie［J］. Affaires stratégiques
et relations internationales, Areion Group, 2010(13):51-55.

［9］TASSIN V. J. M.. L'exploration et l'exploitation des ressources
naturelles du plateau continental à l'heure de l'extension au-delà des
200 milles marins［J］. Annuaire du droit de la mer 2010, tome Xv,
iNdEMER, éditions Pédone, 2010.

[10]TASSIN V.J. M.. Les défis de l'extension du plateau continental. La consécration d'un nouveau rapport de l'État à son territoire [J]. Annuaire du droit de la mer 2010, tome Xv, iNdEMER, éditions Pédone, 2010.

[11]RICHARD M. Chronique du plateau continental au-delà des 200 milles (2010-2011)[J]. Annuaire du droit de la mer 2010.

[12]CARLISLE R. Second Registers: Maritime nations respond to flags of convenience[J]. The Northern Mariner/le marin du nord, 2009 (3): 319-340.

[13]RICHARD M. Chronique du plateau continental au-delà des 200 milles (2007-2008), Annuaire du droit de la mer 2007, tome Xii, inDEMER[J]. Paris: éditions Pédone, 2008.

[14]ROSINSKI H. L'évolution de la puissance maritime [J]. Stratégique, 2008(1): 17-52.

[15]COULÉE V.F. Pratique française du droit international [J]. Annuaire français de droit international, 2007(53): 872-906.

[16] CROWDER L. B. et al. Resolving Mismatches in U. S. Ocean Governance[J]. Washington, D.C.: Science, 2006 (313): 617-618.

[17] CLINCHAMPS N. Les collectivités d'outre-mer et la Nouvelle-Calédonie: le fédéralisme en question[J]. Pouvoirs, 2005(113): 73-93.

[18] COULÉE V. F. Pratique française du droit international [J]. Annuaire français de droit international, 2005(51): 812-813.

[19]DIÉMERT S. Le droit de l'outre-mer[J]. Pouvoirs, 2005(2): 101-112.

[20]FABERON J.Y.. La France et son outre-mer: un même droit ou un droit différent? [J]. Pouvoirs, 2005(2): 5-19.

[21]MARTIN E. Trente dans de préservation interrégionale et intergouvernementale de l'environnement marin en Méditerranée: le modèle de l'accord Ramoge [J]. Annuaire du droit de la mer,

2005, tome X, Paris: Edition A. Pedone.

[22]RICHARD M. L'accord entre la France et le Canada sur l'exploration et l'exploitation des champs d'hydrocarbures transfrontaliers du 17 mai 2005[J]. Annuaire du droit de la mer 2005.

[23]ZILLER J. L'Union européenne et l'outre-mer[J]. Pouvoirs, 2005 (2): 125-136.

[24]DEFFIGIER C. La zone de protection écologique en méditerranée, un outil efficace de lutte contre la pollution par les navires ? Commentaire de la loi n° 2003-346 du 15 avril 2003 relativeà la création d'une zone de protection écologique au large des côtes du territoire de la République (2e partie)[J]. Revue Juridique de l'Environnement, 2004(3): 129-141.

[25]LALY-CHEVALIER C. Les catastrophes maritimes et la protection des côtes françaises[J]. Annuaire français de droit international, 2004(50): 581-606.

[26]LAVALLE R. Not quite a sure thing: the maritime areas of rocks and low-tide elevations under the UN Law of the Sea Convention [J]. The International Journal of Marine and Coastal Law, 2004 (19):43-69.

[27]MARTIN E. Chronique "Défense et sécurité" [J]. Annuaire du droit de la mer, Tome IX, Paris: Edition A. Pedone, 2004.

[28]SAVADOGO L. La Convention sur la protection du patrimoine culturel subaquatique[J]. Revue Générale de droit International Public, 2003(107):31-71.

[29]TCHIKAYA B. Les compétences internationales des départements français d'outre-mer, in «Les collectivités territoriales non-étatiques dans le système juridique international[J]. SFDI, Ed. A. Pédone, 2002: 63.

[30]SCAPEL C. L'insécurité maritime: l'exemple de la pollution par les hydrocarbures[J]. Revue de droit commercial, maritime, aérien et

des transports, 2001: 4.

[31] QUÉNEUDEC J.P..Chronique du Droit de la Mer(1991-2000) [J] . Annuaire français de droit international, 2000(46) : 483-495.

[32] LEQUSNE C. Quand l'Union européenne gouverne les poissons: pourquoi une politique commune de la pêche ?[J] . Les études du Centre d'études et de recherches internationales, Centre de recherches internationales de Sciences Po (CERI) , 1999(61): 1-36.

[33] KARAGIANNIS S. Les Rochers qui ne se Prêtent pas à l'Habitation Humaine ou à une Vie Économique Propre et le Droit de la Mer [J] . Revue belge de droit international, 1996(29) : 559-624.

[34] STEVENSON J.R., OXMAN B.H.. The Future of UN Convention on the Law of the Sea[J] . The American Journal of International Law, 1994(88) : 488-499.

[35] TOH R, PHANG S.Y. Quasi-Flag of Convenience Shipping: The Wave of the Future[J] . Transportation Journal, 1993(33) : 31-39.

[36] ELISABETH Z. La sentence franco-canadienne concernant St Pierre et Miquelon[J] . Annuaire français de droit international, 1992 (38) : 480-500.

[37] STROHL P. Réflexions sur la responsabilité pour les dommages nucléaires dans l'espace maritime[J] . Annuaire de droit maritime et aérien, Université de Nantes, 1991.

[38] HIGHET K. Les «Principes Équitables» en Matière de Délimitation Maritime[J] . Revue québécoise de droit international, 1989 (5) : 275-289.

[39] SANGUIN A.L. Un litige franco-canadien actuel: la zone économique des 200 milles à Saint-Pierre-et-Miquelon[J] . Norois, 1988(137) : 85-96.

[40] BARBERIS J. Le régime juridique international des eaux souterraines[J] . Annuaire français de droit international, 1987 (33) : 129-162.

[41] HELIN J.C.. La "loi littoral" et les pouvoirs de police des mers [J]. Annuaire de droit maritime et aérien, Université de Nantes, 1987.

[42] QUÉNEUDEC J.P.. Chronique du Droit de la Mer[J]. Annuaire français de droit international, 1987(33): 639-646.

[43] SAINT-PAUL F. La France investisseur pionnier des fonds marins [J]. Annuaire français de droit international, 1987(33): 681-688.

[44] LABOUZ M.F.. Les aspects stratégiques de la question de l'Antarctique[J]. Revue générale de droit international public, 1986(3): 580.

[45] ROGER J. L'incident de pèche franco-espagnol du 7 mars 1984 dans le golfe de Gascogne [J]. Annuaire français de droit international, 1986(32): 736-740.

[46] QUÉNEUDEC J.P.. Chronique du Droit de la Mer. La réglementation du passage des navires étrangers dans les eaux territoriales française[J]. Annuaire français de droit international, 1985(31): 783-789.

[47] QUÉNEUDEC J.P.. La position française sur le problème de l'exploitation des fonds océaniques[J]. Norois, 1984(121):9-13.

[48] AREND A.C.. Archaeological and historical objects: The International Legal Implications of UNCLOS III [J]. Virginia Journal of International Law, 1982, 22(4): 777-804.

[49] DE LACHARRIÈRE G. La loi française sur l'exploration et l'exploitation des ressources minérales des grands fonds marins[J]. In: Annuaire français de droit international, volume 27, 1981.

[50] VOELCKEL M. Aperçu de quelques problèmes techniques concernant la détermination des frontières maritimes[J]. Annuaire français de droit international, 1979(25): 693-711.

[51] LUCCHINI L. A propos de l'Amoco-Cadiz — la lutte contre la pollution des mers: Evolution ou révolution du Droit international

[J]. Annuaire français de droit international, 1978(24):721-754.

[52]LUCCHINI L. A propos de l'Amoco-Cadiz — la lutte contre la pollution des mers: Evolution ou révolution du Droit international [J]. Annuaire français de droit international, 1978 (24): 721-754.

[53]ORREGO-VICUNA F. Les législations nationales pour l'exploitation des fonds marins et leur incompatibilité avec le Droit international [J]. Annuaire français de droit international, 1978 (24): 810-826.

[54]TREVES T. La pollution résultant de l'exploration et de l'exploitation des fonds marins en Droit international[J]. Annuaire français de droit international, 1978(24): 827-850.

[55]ELISABETH Z. L'Affaire de la Délimitation du Plateau Continental entre la République Française et le Royaume-Uni de Grande Bretagne et d'Irlande du Nord-Décision du 30 juin 1977 [J]. Annuaire français de droit international, 1977(23):359-407.

[56]KISS A.C.. La convention pour la protection de la Mer Méditerranée contre la pollution [J]. Revue Juridique de l'Environnement, 1977(2): 151-157.

[57]FISCHER G. La Conférence d'examen du Traité sur la dénucléarisation des fonds marins[J]. Annuaire français de droit international, 1977(23):809-819.

[58]QUÉNEUDEC J.P.. Chronique du Droit de la Mer[J]. Annuaire français de droit international, 1977(23):730-744.

[59]DE LACHARRIÈRE G. La Zone Économique Française de 200 milles[J]. Annuaire Français de Droit International, 1976(22): 641-652.

[60]WODIE F. Les intérêts économiques et le Droit de la mer[J]. R.G. D.I.P., 1976(3):738-784.

[61]BEURIER J.P., CADENAT P.Les positions de la France à l'égard du droit de la mer[J].R.G.D.I.P., 1975(4):1028-1069.

[62] AZADON T.S.. International Law and Nuclear Test Explosions on the High Seas[J]. Cornell International Law Journal, 1974(8): 45-70.

[63] MARIANI G. C. De Caracas à Genève: vers une solution de la Conférence sur le droit de la mer[J]. Annuaire de droit maritime et aérien, Université de Nantes, 1974.

[64] MARTRAY J. Les positions de la France à la troisième conférence des Nations unies sur le droit de la mer-De Caracas 1974 à Genève 1975[J]. Annuaire de droit maritime et aérien, Université de Nantes, 1974.

[65] DESMARESCAUX J. La Polynésie française et le Centre d'expérimentations du Pacifique [J]. Revue de la Défense Nationale, 1971(306):1773-1793.

[66] LÉVY J.P.. La Troisième Conférence sur le droit de la mer[J]. Annuaire français de droit international, 1971(17): 784-832.

[67] QUÉNEUDEC J.P.. Chronique du Droit de la Mer[J]. Annuaire français de droit international, 1971(17): 753-783.

[68] FISHER G. Chronique du contrôle des armements[J]. Annuaire français de droit international, 1970(16): 63-84.

[69] QUÉNEUDEC J.P.. Chronique du droit de la mer[J]. Annuaire français de droit international, 1970(16): 733-742.

[70] JOYBERT C.-A.. La dissuasion peut-elle être tournée? [J].Revue défense nationale, 1969:1950.

[71] DE HARTINGH F. La position française à l'égard de la Convention de Genève sur le plateau continental[J]. Annuaire Français de Droit International, 1965(11): 725-734.

[72] MONCONDUET F. L'extension des zones de pêche réservées aux pêcheurs français — Application de la Convention de Londres du 9 mars 1964 [J]. Annuaire français de droit international, 1967 (13): 685-690.

[73] VOELCKEL M.La Convention du 1er Juin 1967 sur l'exercice de la

pêche en Atlantique Nord [J]. Annuaire Français de Droit International, 1967(13):647-672.

[74]LUCCHINI L. Actes de contrainte exercés par la France en Haute Mer au cours des opérations en Algérie (à propos de l'arrêt du Conseil d'Etat Société Ignazio Messina et Cie) [J]. Annuaire français de droit international, 1966(12):805-821.

[75]DE HARTINGH F. La position française à l'égard de la Convention de Genève sur le plateau continental [J]. Annuaire Français de Droit International, 1965(11):725-734.

[76]VIGNES D.H.. La Conférence européenne sur la pêche et le droit de la mer[J]. Annuaire français de droit international, 1964(10): 670-688.

[77] BERGE F. Le sous-secrétariat et les sous-secrétaires d'État aux colonies. Histoire de l'émancipation de l'administration coloniale [J]. Revue française d'histoire d'outre-mer, 1960(47):301-376.

[78]FOYER J. Lettre du Général de Gaulle à M. Krouchtchev, Index chronologique des documents intéressant le Droit international parus à La Documentation française [J]. Annuaire français de droit international, 1960(1): 1216-1227.

[79]WALKER W.L. Territorial Waters: the Cannon Shot Rule[J]. The british Yearbook of International Law, 1945(22): 210-231.

(三) 外文政策文件、研究报告

[1]FRASSA C A. Rapport d'information fait au nom de la commission des lois constitutionnelles, de législation, du suffrage universel, du Règlement et d'administration générale (1) sur les Îles Éparses, à la suite d'un déplacement du groupe d'études sur les Terres australes et antarctiques françaises[R]. Paris: Sénat, 2020.

[2]Projet de loi. Projet de loi ratifiant l'ordonnance n° 2019-414 du 7 mai 2019 modifiant la loi n° 94-589 du 15 juillet 1994 relative à la lutte contre la piraterie et aux modalités de l'exercice par l'Etat de

ses pouvoirs de police en mer, n° 659[R]. Paris: Sénat, 2019.

[3]Académie de Marine, Communications et mémoires, Année académique 2011-2018[S]. Paris: Académie de Marine, 2018.

[4]IFREMER. Le programme de l'EXTRAPLAC: Programme français d'extension du plateau continental [EB/OL]. Paris: Secrétariat général de la mer, 2017.

[5]Organisation des Nations unies pour l'alimentation et l'agriculture, La situation mondiale des pêches et de l'aquaculture [EB/OL]. FAO, 2016. http://www.fao.org/3/i5555f/i5555f.pdf.

[6]BUDOC R L. Les ports ultramarins au carrefour des échanges mondiaux [R]. Paris: Le Conseil économique social et environnemental, 2015.

[7]GIACOBBI P, QUENTIN D. Rapport d'Information Deposé par la Comimision des Affaires Étrangères, en Conclusion des Travaux d'une Mission d'Information Constituée le 4 mars 2015, «la Diplomatie et la Défense des Frontières Maritimes de la France-Nos Frontières Maritimes: pour un Projet Politique à la Hauteur des Enjeux»[R]. Paris: Assemblée Nationale, 2015.

[8]Permimer Ministre. Stratégie nationale de sûreté des espaces maritimes[EB/OL]. La Comité Interministériel de la Mer (2015-10-22) [2017-09-20]. https://www. gouvernement. fr/sites/default/files/contenu/piece-jointe/2015/11/strategie_nationale_de_surete_des_espaces_maritimes.pdf.

[9]CNRS, IFREMER. Expertise scientifique collective Impacts environnementaux de l'exploitation des ressources minérales marines profondes, Synthèse du rapport [EB/OL]. CNRS, IFREMER. (2014-06-01) [2017-10-25]. https://www. actu-environnement. com/media/pdf/news-22000-Rapport-ressources-marines-profondes-CNRS-Ifremer.pdf.

[10]Ministère de la Défense. La France et la sécurité en Asie-Pacifique [R]. Paris: Ministère de la Défense, 2014.

[11]ANTOINETTE J E, Joël GUERRIAU J, TUHEIAVA R. Les Zones Économiques Exclusives Ultramarines: le Moment de Vérité, in Rapport n° 430 (2013-2014) fait au nom de la Délégation sénatoriale à l'outre-mer[R]. Paris: Sénat, 2014.

[12]AYMERIC M. La politique maritime intégrée, in Union Européenne: Le défi maritime [R]. Paris: Centre d'études stratégiques de la Marine, 2014.

[13]Agence des aires marines protégées. Délimitations de l'espace maritime français[EB/OL]. Groupe de travail géoinformations pour la mer et le littoral, [2014-11-01]. https://cartographie. afbiodiversite.fr/sites/default/files/delimitations_espace_maritime_ fr.pdf.

[14]Livre blanc sur la défense et la sécurité nationale[EB/OL]. Paris: Direction de l'information légale et administrative, 2013[2017-07-31]. http://www.livreblancdefenseetsecurite.gouv.fr/pdf/le_livre_ blanc_de_la_defense_2013.pdf.

[15]GRIGNON G au nom de la délégation à l'Outre-mer. L'extension du plateau continental au-delà des 200 miles marins: un atout pour la France[R]. Paris: les Avis du Conseil économique, social et environnemental, Les éditions des Journaux Officiels, 2013.

[16]JEANNY L, et al. Rapport d'information fait au nom de la commission des affaires étrangères, de la défense et des forces armées au nom du groupe de travail sur la maritimisation, n° 674 [R]. Paris: Sénat, 2012.

[17]ADAM P, VITEL P.Rapport d'information déposé en application de l'article 145 du Règlement par la commission de la défense nationale et des forces armées sur l'action de l'État en mer sur l'action de l'État en mer[R]. Paris: Assemblée nationale, 2012.

[18]JEANNY L, TILLARD A, RENÉ B, MICHEL B, JOËL G, PHILIPPE P.Rapport d'information fait au nom de la commission des affaires étrangères, de la défense et des forces armées au nom

405

du groupe de travail sur la maritimisation, no, 674, Sénat, 17 juillet 2012.

[19] LORGEOUX J, TRILLARD A. Maritimisation: la France face à la nouvelle géopolitique des oceans, Rapport d'information fait au nom de la commission des affaires étrangères, de la défense et des forces armées n° 674 (2011-2012) [R]. Paris: Sénat, 2012.

[20] La documentation française. Les outre-mer face au défi du changement climatique, Rapport au Premier ministre et au Parlement[R]. Paris: La documentation française, 2012.

[21] LARCHER S. Rapport n° 616 du 27 juin 2012 sur la proposition de résolution européenne de MM. Maurice Antiste, Charles Revet et Serge Larcher visant à obtenir la prise en compte par l'Union européenne des réalités de la pêche des régions ultrapériphériques françaises[R]. Paris: Sénat, 2012.

[22] Sénat. Projet de loi autorisant l'approbation de l'accord-cadre entre le Gouvernement de la République française et le Gouvernement de la République de Maurice sur la cogestion économique, scientifique et environnementale relative à l'île de Tromelin et à ses espaces maritimes environnants[R]. Paris: Sénat, 2012.

[23] Ministère de l'enseignement supérieur et de la recherche. Stratégie territoriales pour les outre-mer[EB/OL]. (2011-06-01) [2017-08-07] https://cache.media.enseignementsup-recherche.gouv.fr/file/Stratom/51/5/L2_STRATOM_version_finale2_mcgs_201515.pdf.

[24] ROCHETTE J, DRUEL E. Les zones marines protégées en haute mer dans le cadre de la Convention OSPAR: état des lieux et perspectives d'avenir, institut du développement durable et des relations internationales (iddRi) [R/OL]. Paris: Sciences Po, 2011. [2017-09-06]. https://www.iddri.org/sites/default/files/import/publications/id_1103_rochette_druel_ospar_zones_marines_protegees.pdf.

[25] Premier ministre. Livre bleu: Stratégie nationale pour la mer et les

océans,［EB/OL］. Paris, 2009［2017-05-09］. https://www.vie-
publique.fr/sites/default/files/rapport/pdf/104000028.pdf.

［26］Livre bleu sur Stratégie nationale pour la mer et les océans［R］.
Paris: Premier ministre, 2009.

［27］Haut-commissariat de la République en Polynésie française.
Politique maritime de la Polynésie française- vers une politique
maritime intégrée［EB/OL］. Haut-commissariat de la République
en Polynésie française et Polynésie française.(2009-07-16)［2017-
09-30］. https://www.tahiti-infos.com/attachment/254172/.

［28］ETOGA G.La gouvernance de la biodiversité marine et côtière dans
le golfe de Guinée［R］. New York: The United Nations, 2009.

［29］Livre Blanc sur la défense et la sécurité nationale［R］. Paris:
Direction de l'information légale et administrative, 2008.

［30］GOC. Submission of the Global Forum on Oceans, Coasts, and
Islands to the UN Ad Hoc Open-Ended Informal Working Group to
study issues relating to the conservation and sustainable use of
marine biological diversity beyon areas of national jurisdiction［C/
OL］. New York: Global Oceans Conference, 2008.［2017-08-31］.
https://www. cbd. int/doc/meetings/mar/ewbcsima-01/other/
ewbcsima-01-gfoci-en.pdf.

［31］COINTAT C. Rapport d'information fait au nom de la commission
des Lois constitutionnelles, de législation, du suffrage universel,
du Règlement et d'administration générale (1) et du groupe
d'études sur l'Arctique, l'Antarctique et les Terres australes (2),
sur la présence française en Arctique, en Antarctique et dans les
Terres australes, N° 132［R］. Paris: Sénat, 2007.

［32］OCDE. L'évaluation environnementale stratégique, guide des
bonnes pratiques dans le domaine de la coopération pour le
développement［R/OL］. Éditions OCDE, 2007. ［2017-12-09］.
https://www. oecd. org/fr/environnement/environnement-developpe-
ment/37354750.pdf.

[33] Secrétaire général de la mer. Une ambition maritime pour la France: Rapport du groupe POSÉIDON "Politique maritime de la France" [EB/OL]. Centre d'analyse stratégique et Secrétaire général de la mer. (2006-12-01) [2017-05-27]. http://www. ifmer.org/assets/documents/files/documents_ifm/rapportPoseidon. pdf.

[34] PNUE. Ecosystems and Biodiversity in Deep Waters and High Seas, UNEP Regional Seas Reports and Studies [R]. Suisse: PNUE/UICN, 2006.

[35] Ministère de l'Ecologie et du Développement durable. Rapport sur la mise en œuvre de la stratégie nationale de développement durable[R], 2005.

[36] JEAN-PIERRE GRAND R. M, Rapport fait au nom de la Commission des Affaires Économiques, de l'Environnement et du territoire sur le projet de loi, adopté par le sénat, relatif à la création d'une zone de protection écologique au large des côtes du territoire de la République[S]. Paris: Assemblée Nationale, 2003.

[37] Comité Interministériel pour le développement durable / Premier Ministre. Stratégie nationale de développement durable[R]. Paris: Premier ministre de la République Française, 2003.

[38] Assemblée Nationale. Rapport d'information déposé par la délégation de l'Assemblée nationale pour l'Union européenne sur la sécurité maritime en Europe [R]. Paris: Assemblée Nationale, 2003.

[39] Didier Quentin. Rapport d'information déposé par la délégation de l'Assemblée Nationale pour l'Union Européenne sur la réforme de la politique commune de la pêche[R]. Paris: Assemblée Nationale, 2002.

[40] MARINI P.La politique maritime et littorale de la France, enjeux et perspectives, Office parlementaire d'évaluation des politiques publiques, Rapport du Sénat[R]. Paris: Sénat, 1998.

[41] MARIANI G. Mélanges juridiques, Centre National de la Recherche Scientifique. Série: Rapports économiques et juridiques [R]. Paris: Centre National pour l'Exploitation des Océans, 1981.

[42] Loi n° 76-655 du 16 juillet 1976 relative à la zone économique et à la zone de protection écologique au large des côtes du territoire de la République, parue au Journal officiel de la République française du 18 juillet 1976.

[43] Centre National pour l'Exploitation des Océans (CNEXO), La France et le Droit de la mer, Ouvrage collectif de la RCP no.258 [R]. Centre National de la Recherche Scientifique. Nice: Université de Nice, Institut du Droit de la Paix et du Développement, 1974.

(四) 外文论文集、会议录、媒体

[1] DENHEZ R. L'extension du plateau continental: la Commission des limites du plateau continental des Nations Unies face aux enjeux contemporains, Sciences de l'Homme et Société / Géographie [D]. Reims: Université de Reims Champagne-Ardenne, 2014.

[2] BLANDINE B, GAËLLE H, SUZANNE L. Approvisionnement en métaux critiques: un enjeu pour la compétitivité des industries française et européenne? document de travail du Commissariat général à la stratégie et à la prospective (CGSP), N° 2013-04, juillet [C]. Paris: Commissariat général à la stratégie et à la prospective (CGSP), 2013.

[3] CATHERINE C. Quels moyens et quelle gouvernance pour une gestion durable des océans ? Avis et rapport du CESE [C]. Paris: Les éditions des Journaux Officiels, n° 20131-15, juillet 2013.

[4] BEALL J, ALAIN F. De la gestion préventive des risques environnementaux: la sécurité des plateformes pétrolières en mer, les avis du Conseil économique, social et environnemental (CESE) [C]. Paris: Les éditions des Journaux Officiels, 2012.

[5] KOH T, JAYAKUMAR S. The Negotiating Process of the Third United Nations Conference on the Law of the Sea., in Robert Beckman&Tara Davenport, The EEZ Regime: Reflections after 30 Years 79-80[C]. Berkeley: Law of the Sea Institute, UC Berkeley-Korea Institute of Ocean Science and Technology Conference 2012.

[6] RÉMY-LOUIS B. Pour un renforcement de la coopération régionale des Outre-mer, Avis et rapport du CESE[C]. Paris: Les éditions des Journaux Officiels, 2012.

[7] YVES F, DENIS L. Les ressources minérales marines profondes. Étude prospective à l'horizon 2030, IFREMER, collection «Matière à débattre & décider»[C]. Versailles: Éditions Quæ, 2012.

[8] JEAN G. Rapport n° 3994 fait au nom de la commission des affaires étrangères sur le projet de loi, adopté par le Sénat, autorisant l'adhésion au protocole sur les privilèges et immunités de l'Autorité internationales des fonds marins, Assemblée nationale, XIIIème législature, 22 novembre 2011[C]. Paris: Assemblée nationale, 2011.

[9] GEORGES Y. Clipperton, un atoll français du Pacifique (4) L'île de la Passion, de toutes les passions-Potentiel et perspectives économiques[N]. Agora vox, 2011-12-03.

[10] ANNICK G, LOUIS G. Rapport d'information fait au nom de la commission des affaires étrangères sur La délimitation des frontières maritimes entre la France et le Canada, Assemblée nationale, XIIIème législature, 10 décembre 2008[C]. Paris: Assemblée nationale, 2008.

[11] BALGOS M. C., BARBIÈRE J., BERNAL P. A., CICIM-SAIN B., VANDEWEERD V. et WILLIAMS, L. C. Reports from de third global conference on oceans, coasts, and islands: moving the global oceans agenda forward, Co-chairs'report, January 23-28 [C]. Paris: UNESCO, 2006.

[12] GÉRARD A. Pisciculture marine: éléments de prospective,

IFREMER[C]. Plouzané：ifremer，2006.

[13]CRPM. Conférence des régions périphériques maritimes d'Europe，
Actes du séminaire « Littoral en danger. Comment les régions
maritimes d'Europe s'adapteront-elles au climat à venir ?» [C].
Marseille：CRPM，2005.

[14]GUÉRIN M. Conflits d'usage à l'horizon 2020. Quels nouveaux
rôles pour l'État dans les espaces ruraux et périurbains ? Rapport
du Commissariat général du Plan[C]. Paris：Commissariat général
du Plan，2005.

[15]WIJNOLST N. European maritime policy conference Proceedings of
17 novembre 2005[C]. Delft：Delft University Press，2005.

[16] LE VISAGE C. L'Etat et ses services dans la préparation de
l'opération de délimitation，Le processus de délimtation maritime.
Etude d'un cas fictif[C]. Monaco：Colloque INDEMER，2003.

[17]CLUS-AUBY C，PASKOFF R，VERGER F. Impact du
changement climatique sur le patrimoine du Conservatoire du
littoral，Scénarios d'érosion et de submersion à l'horizon 2100，
Note technique n°2，septembre[C]. Paris：Ministère de l'Écologie
et du Développement durable/Conservatoire du littoral，2004.

[18] COMMISSARIAT GÉNÉRAL DU PLAN. Rapport du groupe de
travail Mer et littoral，Mer et littoral，préparation du huitième Plan
1981-1985[C]. Paris：La Documentation Française，1998.

[19]FRANQUE DE Luxembourg D. Armées françaises du XXIe siècle
face aux nouvelles menaces [C]. Boulogne-Billancourt：ETAI，
2003.

[20]BENOÎT G，COMEAU A. Méditerranée. Les perspectives du plan
bleu sur l'environnement et le développement [C]. La Tour-
d'Aigues：Éditions de L'Aube，2005.

[21]MARCHAND M，TISSIER C.. Analyse du risque chimique en
milieu marin. L'approche méthodologique européenne，IFREMER

［C］. Plouzané：IFREMER，2005.

［22］EUZENES P，LE FOLL F. Pour une gestion concertée du littoral en Bretagne，Conseil Économique et Social de la Région Bretagne ［C］. Rennes：CESER，2004.

［23］IFREMER. La France se dote d'une zone de protection écologique ［N］. Ifremer evironnement，2003-05-07.

［24］FALQUE M，LAMOTTE H. Droits de propriété，économie et environnement. Les ressources marines，Collection Actes，Thèmes & commentaires［C］. Paris：Éditions Dalloz，2002.

［25］HUBERT L. La France délaisse son ' or bleu' ［N］. Le Figaro，2002-04-05.

［26］GROSRICHARD F. La France tarde à faire valoir ses droits pour l'extension du plateau continental. un territoire de 550 000 km2 à prospecter［N］. Le Monde，2002-04-05.

［27］LEQUESNE C，SUREL Y. L'intégration européenne entre émergence institutionnelle et recomposition de l'État. Colloque CEVIPOF-CERI［C］. Paris：SciencePo，2000.

［28］TREVES T. Codification du droit international et pratique des états dans le droit de la mer ［C］. Hague：The hague academy of international law，1990.

［29］RUZIÉ D. La dénucléarisation des fonds marins［N］. Le Monde diplômatique，1971-03-18（18）.

［30］Commission des communautés européennes. Mémorandum concernant l'applicabilité du traité de la Communauté économique européenne au plateau continental［C］. Bruxelles：Commission des communautés européennes，1970.

［31］GIRARD C. Le fond et le sous-sol des océans offrent de grandes possibilités d'utilisation à des fins militaires ［N］. Le Monde Diplomatique du 20 juillet 1969.

三、中文论著

（一）中文著作

[1]陈德恭．国际海底资源与海洋法［M］．北京：海洋出版社，1986．

[2]陈德恭．现代国际海洋法［M］．北京：海洋出版社，2009．

[3]邓妮雅．海上共同开发管理模式法律问题研究［M］．武汉：武汉大学出版社，2020．

[4]董世杰．争议海域既有石油合同的法律问题研究［M］．武汉：武汉大学出版社，2020．

[5]傅崐成．海洋法专题研究［M］．厦门：厦门大学出版社，2004．

[6]高建军．国际海洋划界论——有关等距离/特殊情况规则的研究［M］．北京：北京大学出版社，2005．

[7]高健军．《联合国海洋法公约》争端解决机制研究［M］．北京：中国政法大学出版社，2010．

[8]高建军(译)．200海里外大陆架外部界限的划定——划界案的执行摘要和大陆架界限委员会的建议摘要［M］．北京：海洋出版社，2014．

[9]高之国，等．国际海洋法的新发展［M］．北京：海洋出版社，2005．

[10]贺其治．国家责任法及案例浅析［M］．北京：法律出版社，2003．

[11]黄伟．单一海洋划界的法律问题研究［M］．北京：社会科学文献出版社，2011．

[12]李浩培．条约法概论［M］．北京：法律出版社，1988．

[13]李景光，等．世界主要国家和地区海洋战略与政策选编［M］．北京：海洋出版社，2016．

[14]李林，吕吉海等．中国海上行政法学探究［M］．杭州：浙江大学出版社，2013．

[15]李国庆．中国海洋综合管理研究［M］．北京：海洋出版社，

1998.

[16]李文华. 交通海权[M].北京：新华出版社，2014.

[17]李红云. 国际海底与国际法[M].北京：现代出版社，1996.

[18]刘亮. 大陆架界限委员会建议的性质问题研究[M].武汉：武汉大学出版社，2020.

[19]刘书剑. 外国深海海底矿物资源勘探和开发法[M].北京：法律出版社，1986.

[20]全国人大常委会法制工作委员会国家法室. 中国海洋权益维护法律导读[M].北京：中国民主法治出版社，2014.

[21]吴慧. 国际海洋法法庭研究[M].北京：海洋出版社，2002.

[22]薛桂芳. 国际渔业法律政策与中国实践[M].青岛：中国海洋大学出版社，2008.

[23]薛桂芳，等.《联合国海洋法公约》与国家实践[M].北京：海洋出版社，2011.

[24]杨泽伟. 国际法析论(第五版)[M].北京：中国人民大学出版社，2022.

[25]杨泽伟. "一带一路"倡议与国际规则体系研究[M].北京：法律出版社，2020.

[26]杨泽伟. 主权论：国际法上的主权问题及其发展趋势研究[M].北京：北京大学出版社，2006.

[27]杨泽伟. 国际法(第四版)[M].北京：高等教育出版社，2022.

[28]杨泽伟.《联合国海洋法公约》若干制度评价与实施问题研究[M].武汉：武汉大学出版社，2018.

[29]袁古洁. 国际海洋划界的理论与实践[M].北京：法律出版社，2001.

[30]中国商务部欧洲司中国驻欧盟使团经商参处. 欧盟商务政策指南[M].北京：清华大学出版社，2006.

[31]张海文，等.《联合国海洋法公约》释义集[M].北京：海洋出版社，2006.

[32]赵理海. 海洋法问题研究分析[M].北京：北京大学出版社，

1996.

[33]张梓太，沈灏，张闻昭．深海海底资源勘探开发法研究[M]．
上海：复旦大学出版社，2015.

（二）中文译著

[1][美]安德鲁·S.埃里克森，莱尔·J.戈尔茨坦，卡恩斯·洛
德．中国走向海洋[M]．北京：海洋出版社，2015.

[2][加]巴里·布赞．海底政治[M].时富鑫译．北京：三联书店，
1981.

[3][法]费尔南·布罗代尔．法兰西的特性：空间与历史[M]．顾
良，张泽乾译．北京：商务出版社，1994.

[4][英]J. G.梅里尔斯．国际争端解决（第五版）[M]．韩秀丽，
李燕纹，林蔚，石珏译．北京：法律出版社，2013.

[5][英]劳特派特(修订)．奥本海国际法(上卷·第二分册)[M]．
王铁崖，陈体强译．北京：商务印书馆，1989.

[6][美]马汉．海权对历史的影响(1660—1783)[M]．安常容，成
忠勤译．北京：解放军出版社，2008.

[7][法]米歇尔·卡尔莫纳．黎塞留传[M]．曹松豪，唐伯新译．
北京：商务印书馆，1996.

[8][澳]普雷斯科特．海洋政治地理[M]．王铁崖，邵津译．北京：
商务印书馆，1978.

[9][法]皮埃尔·米盖尔．法国史[M]．桂裕芳等译．北京：中国
社会科学出版社，2010.

[10][法]乔治.杜比．法国史(上、中、下)[M].吕一民等译．北
京：商务印书馆，2010.

[11][斐]萨切雅·南丹．1982年联合国海洋法公约评注[M]．毛
彬译．北京：海洋出版社，2009.

[12][法]亚历山大·基斯．国际环境法[M]．张若思译．北京：法
律出版社，2000.

（三）中文学位论文

[1] 陈艳. 海域使用管理的理论与实践研究 [D]. 青岛：中国海洋大学，2006.

[2] 高艳. 海洋综合管理的经济学基础研究——兼论海洋综合管理体制创新 [D]. 青岛：中国海洋大学，2004.

[3] 李国选. 中国和平发展进程中的海洋权益 [D]. 武汉：武汉大学，2015.

[4] 王岩. 国际海底区域资源开发制度研究 [D]. 青岛：中国海洋大学，2007.

[5] 吴少杰. 联合国三次海洋法会议与美国关于海洋法问题的政策（1958—1982）[D]. 长春：东北师范大学，2013.

[6] 徐晶. 国际海洋法法庭管辖权研究 [D]. 上海：华东政法大学，2013.

[7] 张俏. 习近平海洋思想研究 [D]. 大连：大连海事大学，2016.

[8] 张相君. 区域海洋污染应急合作制度的利益层次化分析 [D]. 厦门：厦门大学，2007.

[9] 张晓楠. 我国海上执法力量资源整合与配置研究 [D]. 大连：大连海事大学，2015.

[10] 赵晋. 论海洋执法 [D]. 北京：中国政法大学，2009.

（四）中文期刊论文

[1] R·G·波尔，周忠海. 拉丁美洲国家在第三次海洋法会议上的作用和影响 [J]. 中外法学，1980（3）：51-60，80.

[2] 白佳玉，冯蔚蔚. 大陆国家远洋群岛制度的习惯国际法分析与我国适用 [J]. 广西大学学报（哲学社会科学版），2018，40（02）：82-90.

[3] 卜凌嘉. 从新近国际司法判决看岛屿在海洋划界中的作用 [J]. 太平洋学报，2016（2）：5-16.

[4] 曹文振，胡阳. "一带一路"战略助推中国海洋强国建设 [J]. 理论界，2016（2）：50-58.

[5] [美]戴维 A·柯尔森. 英、法大陆架争议的仲裁[J]. 费宗祎摘译. 国外法学, 1979(4): 38-42.

[6] 陈新丽, 冯传禄. 法国海权兴衰及战略研究述略[J]. 太平洋学报, 2016(9): 55-63.

[7] 陈梁, 夏亮. 船源海洋污染事故中海员责任刑事化法律问题初探——以欧盟及其部分成员国法、美国法和相关国际公约为视角[J]. 中国海商法研究, 2016, 27(3): 35-49.

[8] 冯传禄. 法国海权研究综述[J]. 法国研究, 2014(3): 9-13.

[9] 冯洁菡. 大陆架的权利基础: 自然延伸与距离标准[J]. 法学论坛, 2010(5): 22-28.

[10] 付琴雯. 法国海域划界问题的立法、实践及挑战[J]. 武大国际法评论, 2017(3): 129-143.

[11] 付琴雯. 法国打击海盗活动的立法、实践及其对《联合国海洋法公约》的挑战[J]. 国际法研究, 2018(5): 51-64.

[12] 葛红亮. 中国"海洋强国"战略: 观念基础与方法论[J]. 亚太安全与海洋研究, 2017(4): 56-65, 124.

[13] 耿庆军, 高原. 新喀里多尼亚独立历程及前景分析[J]. 太平洋学报, 2014(11): 86-93.

[14] 管建强. 国际法视角下的中日钓鱼岛领土主权纷争[J]. 中国社会科学, 2012(12): 123-137, 208.

[15] 广部和也. 海洋污染与国际条约[J]. 沈重译. 国外法学, 1980(10): 20-25.

[16] 郭静, 刘丹. 论群岛制度与大陆国家远洋群岛的实践[J]. 南海学刊, 2016(2): 65.75.

[17] 何奇松. 北约海洋战略及其对中国海洋安全的影响[J]. 国际安全研究, 2014, 32(4): 80-103, 158.

[18] 黄莉娜. 论海盗罪国际法规则的新发展——以联合国安理会1816 号决议为基础[J]. 前沿, 2011(8): 16-18, 147.

[19] 黄莉娜. 国际法视角下的索马里海盗问题[J]. 法学评论, 2010, 28(02): 97-102.

[20] 黄瑶, 黄靖文. 无人居住岛屿主张专属经济区和大陆架的新

近国家实践——兼论对我国主张南沙岛礁海域权利的启示[J]. 武大国际法评论, 2014, 17(2).

[21] 贾宝林. 当前国内海洋政策研究述评[J]. 中国水运, 2010 (12): 57-58, 60.

[22] 金永明. 国际海底资源开发制度研究[J]. 社会科学, 2006 (3): 112-120.

[23] 金永明. 专属经济区内军事活动问题与国家实践[J]. 法学, 2008(3).

[24] 金永明. 论中国海洋强国战略的内涵与法律制度[J]. 南洋问题研究, 2014(1).

[25] 李志文. 我国国际海底资源开发法律制度中的地位探索[J]. 社会科学辑刊, 2016, (06): 40-45.

[26] 李滨勇, 等. 刍议我国新形势下的海洋综合管理[J]. 海洋开发与管理, 2014(8): 9-14.

[27] 李红云. 国际海峡的通行制度[J]. 海洋与海岸带开发, 1991 (1): 63-64.

[28] 李靖宇, 刘琨. 关于环黄海区域的国家安全问题探讨[J]. 东北亚学刊, 2012(1): 48-53.

[29] 李佑标. 关于中国海警海上综合执法依据的法学思考[J]. 武警学院学报, 2016(3): 44-47.

[30] 李源. 法德重启海洋战略的逻辑-化解"陆海复合型"困局[J]. 欧洲研究, 2014, 32(2): 97-114, 7.

[31] 梁亚滨. 中国建设海洋强国的动力与路径[J]. 太平洋学报, 2015, 23(1): 79-89.

[32] 刘新萍, 王海峰, 王洋洋. 议事协调机构和临时机构的变迁概况及原因分析——基于1993—2008年间的数据[J]. 中国行政管理, 2010(9): 42-46.

[33] 陆水明, 陈璐. 海洋意识与海防建设[J]. 南京政治学院学报, 2005(1): 81-84.

[34] [波]路易斯·E·艾格莱特. 第三次联合国海洋法会议与非独立国家[J]. 魏敏译. 国外法学, 1980(3): 35-39.

[35]罗国强，叶泉．争议岛屿在海洋划界中的法律效力——兼析钓鱼岛作为争议岛屿的法律效力[J]．当代法学，2011（1）：112-124.

[36]马明飞．我国《海洋基本法》立法的若干问题探讨[J]．江苏社会科学，2016（5）：180-187.

[37]梅雪芹．工业革命以来西方主要国家环境污染与治理的历史考察[J]．世界历史，2000（6）：20-28，128.

[38]阮雯，等．欧盟共同渔业政策发展历程及最新改革浅析[J]．渔业信息与战略，2014，29（3）：226-232.

[39]沈洋．十八世纪法国海权衰落原因探析[J]．法国研究，2011（2）：96-99.

[40]孙凯．参与实践、话语互动与身份承认——理解中国参与北极事务的进程[J]．世界经济与政治，2014（7）：42-62，157.

[41]孙悦民，张明．海洋强国崛起的经验总结及中国的选择[J]．国际展望，2015（1）：52-70，154-155.

[42]天南．专属经济区和大陆架划界（三）——等距离的作用和地位[J]．海洋信息，1995（6）：5-6.

[43]王超．国际海底区域资源开发与海洋环境保护制度的新发展——《"区域"内矿产资源开采规章草案》评析[J]．外交评论（外交学院学报）．2018，35（04）：81-105.

[44]王杰，陈卓．我国海上执法力量资源整合研究[J]．中国软科学，2014（6）：25-33.

[45]王建廷，莫非．对我国紧追权的立法分析[J]．海洋开发与管理，2006，（6）：100-103.

[46]王敏宁．主要海洋国家涉海管理体制机制及对我国的启示[J]．世界海运海事管理，2012（3）：38-40.

[47]王铁民．对《海域使用管理法》有关条款的理解[J]．海洋开发与管理，2002（1）：35-41.

[48]肖锋．《联合国海洋法公约》第十一部分及其修改问题[J]．甘肃政法学院学报，1996（2）：55-61.

[49]许丽娜，毕亚林，程传周．我国现行海洋政策类型分析[J]．

海洋开发与管理,2014(1):9-13.

[50]薛桂芳. 新形势下我国海洋权益面临的挑战及对策建议[J]. 行政管理改革,2012(7):20-25.

[51]薛桂芳.《联合国海洋法公约》体制下维护我国海洋权益的对策建议[J]. 中国海洋大学学报(社会科学版),2005(6).

[52]阎铁毅. 中国海洋执法体制改革建议[J]. 行政管理改革,2012(7):35-38.

[53]杨泽伟. 论海上共同开发的发展趋势[J]. 东方法学,2014(3):71-79.

[54]杨泽伟. 国际海底区域"开采法典"的制定与中国的应有立场[J]. 当代法学,2018(2):26-34.

[55]杨泽伟. "21世纪海上丝绸之路"建设的风险及其法律防范[J]. 环球法律评论,2018(1):163-174.

[56]杨泽伟. 论海上共同开发争端的解决及中国的选择[J]. 东方法学,2018(2):14-21.

[57]杨泽伟. 海上共同开发的先存权问题研究[J]. 法学评论,2017(1):121-127.

[58]杨泽伟. 论21世纪海上丝绸之路建设与国际海洋法律秩序的变革[J]. 东方法学,2016(5):45-54.

[59]杨泽伟. 第二次世界大战对现代国际法发展的影响[J]. 法治研究,2015(6):152-159.

[60]杨泽伟.《海洋法公约》第82条的执行:问题与前景[J]. 暨南学报(哲学社会科学版),2014,36(4):29-35.

[61]余民才. 紧追权的实施与我国海上执法[J]. 中国海洋法学评论,2005(1):94-107,400-421.

[62]郁志荣,全永波. 中国制定《海洋基本法》可借鉴日本模式[J]. 中国海商法研究,2017(1):71-76.

[63]郁志荣. 注重海洋意识与海洋理论[J]. 瞭望,2007(34):64.

[64]张善宝. 浅析国际海底生物资源开发制度的构建[J]. 太平洋学报,2016,24(03):1-9.

[65]张尔升,等. 海洋话语弱势与中国海洋强国战略[J]. 世界经

济与政治论坛，2014(2)：134-146.

[66] 张海文. 海洋强国战略是国家大战略的有机组成部分[J]. 国际安全研究，2013(6)：57-69，151-152.

[67] 张海文. 关于岛屿拥有海域的权利问题的研究[J]. 海洋开发与管理，1992(2)：43-46.

[68] 赵红野. 论沿海国对毗连区海底文物的管辖权[J]. 法学研究，1992(3)：76-83.

[69] 郑凡. 地中海的环境保护区域合作：发展与经验[J]. 中国地质大学学报(社会科学版)，2016(1)：81-90.

[70] 郑怀东，刘学光. 欧盟海洋渔业管理政策面临的挑战、走向及对我国的启示[J]. 中国水产，2012(1)：48-50.

[71] 周菲. 法国对南极事务的参与以及对中国的借鉴经验[J]. 法国研究，2015(3)：15-21.

[72] 周华伟，张童. 以中国海警局的设立为视角，论完善我国海上统一行政执法制度[J]. 水运管理，2013(8)：25-27.

[73] 周忠海. 海洋应只用于和平目的[J]. 太平洋学报，2011，19(9)：1-12.

附　　录

一、法国海洋活动实践的主要国际法律依据

序号	名称（以法国批准时间排序）
1	La Convention internationale pour l'unification de certaines règles en matière d'abordage 1910 年布鲁塞尔《统一船舶碰撞若干法律规则的国际公约》
2	La Convention internationale pour l'unification de certaines règles en matière d'assistance et de sauvetage maritimes（Convention Bruxelles du 23. 09. 1910） 1910 年布鲁塞尔《统一海上救助若干法律规则的国际公约》
3	La Convention sur le régime international des ports maritimes（convention du 09. 12. 1923） 1923 年《国际海港制度公约与规范》
4	La Convention Internationale pour l'unification de certaines règles concernant les immunités de navires d'Etat（Convention Bruxelles du 10. 04. 1926） 1926 年《统一国有船舶豁免的某些规则的公约》
5	La Conventions sur les Eaux territoriales et la Zone Contigüe, sur la Haute-Mer, sur le Plateau Continental, sur la pêche et la Conservation des Ressources Biologiques de la Haute-Mer et Accord Obligatoire sur les différends du 29 avril 1958.（Convention de Genève） 1958 年日内瓦《公海捕鱼和生物资源养护公约》及《关于强制解决争端的任择签字议定书》

序号	名称（以法国批准时间排序）
6	La Convention internationale pour l'unification de certaines règles relatives à la compétence pénale en matière d'abordage et autres événements de navigation（Convention Bruxelles du 10. 05. 1952） 1952 年《统一船舶碰撞或其他航行事故中刑事管辖权方面某些规定的国际公约》
7	La Convention internationale pour l'unification de certaines règles relatives à la compétence civile en matière d'abordage（Convention Bruxelles du 10. 05. 1952） 1952 年《船舶碰撞民事管辖权某些规定的国际公约》
8	La Convention internationale de Londres sur les lignes de charge（marques de franc-bord）（Convention du 05. 04. 1966） 1966 年《国际船舶载重线公约》
9	La Convention internationale et de son annexe visant à faciliter le trafic maritime international du 9 avril 1965（décret 68-204 du 29. 02. 1968） 1965 年《便利国际海上运输公约》
10	La Convention internationale pour la conservation des thonidés de l'Atlantique（CICTA）（décret 71-259 du 02. 04. 1971） 1969 年《大西洋金枪鱼养护国际公约》（ICCAT）
11	La Convention sur le commerce international de Washington des espèces de faune et de flore sauvages menacées d'extinction（convention du 03. 03. 1973） 1973 年《濒危野生动植物种国际贸易公约》（《华盛顿公约》）
12	La convention（Oslo）pour la prévention de la pollution marine par les opérations d'immersion effectuées par les navires et aéronefs（décret 74-494 du 17. 05. 1974） 1974 年《防止船舶和飞机倾倒废弃物造成海洋污染公约》（《奥斯陆公约》）
13	La convention internationale（Bruxelle）sur l'intervention en haute-mer suite à une pollution par hydrocarbures et de la convention internationale sur la responsabilité civile pour les dommages dus à la pollution par les hydrocarbures（décret 75-553 du 26. 06. 1975） 1969 年《国际干预公海油污事故公约》及《国际油污损害民事责任公约》

序号	名称（以法国批准时间排序）
14	La Convention de Londres sur le règlement international de 1972（Colreg）pour prévenir les abordages en mer（décret 77-733 du 06. 07. 1977） 1972 年《国际海上避碰规则公约》（COLREG）
15	La Convention internationale de 1974 pour la sauvegarde de la vie humaine en mer（Solas）et son protocole de 1988（décret 80-369 du 14. 05. 1980） 1974 年《国际海上人命安全公约》（SOLAS）
16	La Convention internationale de Londres sur le jaugeage des navires（décret 82-725 du 10. 08. 1982）complétée par le Protocole de 1973 sur l'intervention en haute mer en cas de pollution par des substances autres que les hydrocarbures（décret 86-1076 du 24. 09. 1986）accompagné de ses amendements à la liste des substances figurant en annexe au protocole de Londres de 1973 sur l'intervention en haute mer en cas de pollution par des substances autres que les hydrocarbures（décret 93-1134 du 24. 09. 1993） 1969 年伦敦《国际船舶吨位丈量公约》与 1973 年《干预公海非油类物质污染议定书》
17	La Convention de 1972 sur la prévention de la pollution des mers résultant de l'immersion de déchets（Décret 77-1145 du 28. 09. 1977）et son protocole de 1996（décret 2006-401 du 03. 04. 2006） 1972 年《防止倾倒废物及其他物质污染海洋的公约》及 1996 年议定书
18	La Convention de Barcelone sur la protection de la mer Méditerranée contre la pollution（décret 78-1000 du 29. 09. 1978）et son protocole relatif à la protection de la mer Méditerranée contre la pollution d'origine tellurique（décret 85-65 du 16. 01. 1985） 1978 年《地中海污染防治公约》
19	La Convention de Londres（Marpol）sur la prévention de la pollution par les navires（décret 83-874 du 27. 09. 1983） 1973 年《国际防止船舶造成污染公约》（MARPOL）
20	La Convention de Hambourg sur la recherche et le sauvetage maritime（décret 85-850 du 05. 06. 1985） 1979 年《国际海上搜寻救助公约》

序号	名称（以法国批准时间排序）
21	La Convention des Nations Unies sur les conditions d'immatriculation des navires（convention du 07. 02. 1986） 1986 年《联合国船舶登记条件公约》
22	L'accord concernant la coopération en matière de lutte contre la pollution de la mer du Nord par les hydrocarbures et autres substances dangereuses，（accord de Bonn）（Décret 89-929 du 20. 12. 1989）et son recueil de preuves concernant les rejets en provenance des navires（recueil） 1969 年《关于合作处理北海油污染事件的协定》（《波恩协定》）
23	La Convention des Nations Unies（Vienne）contre le trafic illicite de stupéfiants et de substances psychotropes（décret 91-271 du 08. 03. 1991） 1988 年联合国《禁止非法贩运麻醉药品和精神药物公约》
24	La Convention de Rome pour la répression d'actes illicites contre la sécurité de la navigation maritime（décret 92-178 du 05. 02. 1992）et son protocole pour la répression d'actes illicites contre la sécurité des plates-formes fixes situées sur le plateau continental（décret 92-266 du 20. 03. 1992） 1988 年《制止危及海上航行安全非法行为公约》及《制止危及大陆架固定平台安全非法行为议定书》
25	L'accord entre le Gouvernement de la République française et le Gouvernement du Royaume-Uni de Grande-Bretagne et d'Irlande du Nord relatif au modus vivendi établi en matière de pêche autour des îles Anglo-Normandes，（décret 95-135 du 03. 02. 1995） 1995 年《法兰西共和国政府与大不列颠及北爱尔兰联合王国政府关于海峡群岛周围的渔业协定》
26	La Convention européenne pour la protection du patrimoine archéologique（Malte）（décret 95-1039 du 18. 09. 1995） 1969 年《欧洲保护考古遗产公约》（《马耳他公约》）
27	La Convention internationale de 1990 sur la préparation，la lutte et la coopération en matière de pollution par les hydrocarbures（décret 96-663 du 22. 07. 1996） 1990 年《国际油污防备、反应和合作公约》

续表

序号	名称（以法国批准时间排序）
28	La Convention des Nations Unies（Montégo Bay）sur le droit de la mer（décret 96-774 du 30. 08. 1996） 1982 年《联合国海洋法公约》
29	L'Accord relatif à la création en Méditerranée d'un sanctuaire pour les mammifères marins，fait à Rome le 25 novembre 1999（décret 2002-1016 du 18. 07. 2002） 1999 年法国、意大利、摩纳哥《建立地中海海洋哺乳动物保护区协议》
30	La Convention internationale de 1989 sur l'assistance（décret 2002-645 du 23. 04. 2002） 1989 年《国际救助公约》
31	Le protocole relatif aux aires spécialement protégées et à la diversité biologique en Méditerranée（décret 2002-1454 du 09. 12. 2002） 1995 年《地中海特别保护区和生物多样性议定书》
32	L'Accord relatif à la pêche dans la baie de Granville entre la République française et le Royaume-Uni de Grande-Bretagne et d'Irlande du Nord（décret 2004-75 du 15. 01. 2004） 2000 年《法兰西共和国与大不列颠及北爱尔兰联合王国在格兰维尔湾捕鱼的协定》
33	L'accord aux fins de l'application des dispositions de la Convention des Nations unies sur le droit de la mer du 10 décembre 1982 relatives à la conservation et à la gestion des stocks de poissons dont les déplacements s'effectuent tant à l'intérieur qu'au-delà de zones économiques exclusives（stocks chevauchants）et des stocks de poissons grands migrateurs（décret 2004-215 du 08. 03. 2004） 1995 年《执行 1982 年 12 月 10 日〈联合国海洋法公约〉有关养护和管理跨界鱼类种群和高度洄游鱼类种群的规定的协定》（《渔业协定》）
34	L'accord sur la conservation des cétacés de la mer Noire，de la Méditerranée et de la zone atlantique adjacente（décret 2004-432 du 19. 05. 2004） 2004 年《关于养护黑海、地中海和毗连大西洋海域鲸目动物的协定》（ACCOBAMS）

序号	名称（以法国批准时间排序）
35	La Convention des Nations Unies（Palerme）contre la criminalité transnationale organisée（convention de Palerme）et son protocole（décret 2004-446 du 19.05.2004） 2000 年《联合国打击跨国有组织犯罪公约》（巴勒莫公约）及其各项议定书
36	Leprotocole relatif à la coopération en matière de prévention de la pollution par les navires et, en cas de situation critique, de lutte contre la pollution de la mer Méditerranée（décret 2004-905 du 26.08.2004） 1976 年《在紧急情况下消除地中海区域石油和其他有害物质污染的协作议定书》
37	La convention n° 180 de l'Organisation internationale du travail concernant la durée du travail des gens de mer et les effectifs des navires（décret 2004-1216 du 18.11.2004）/ La Convention n° 185 de l'Organisation internationale du travail concernant les pièces d'identité des gens de mer（convention n°185）/ Convention n° 188 de l'Organisation internationale du travail de 2007 concernant le travail dans la pêche（convention n°188） 国际劳工组织 1978 年《海员工时和船舶配员公约》（《第 180 号公约》）、1958 年《海员身份证件公约》（《185 公约》）、2007 年《捕捞工作公约》（《第 188 号公约》）
38	L'accord concernant la coopération en vue de la répression du trafic illicite maritime et aérien de stupéfiants et de substances psychotropes dans la région des Caraïbes（décret 2008-1047 du 10.10.2008） 2003 年《加勒比区域合作惩治麻醉药品和精神药物非法海上和空中贩运协定》
39	La Convention internationale sur le contrôle des systèmes antisalissure nuisibles sur les navires（décret 2008-1125 du 03.11.2008） 2001 年《国际控制船舶有害防污底系统公约》
40	Le code de normes internationales et pratiques recommandées applicables à une enquête de sécurité sur un accident de mer ou un incident de mer（code pour les enquêtes sur les accidents）（Décret 2010-1577 du 16.12.2010） 2008 年《海上事故或海上事件安全调查国际标准和建议做法规则》（《事故调查规则》）

序号	名称(以法国批准时间排序)
41	La Convention internationale de 2001 sur la responsabilité civile pour les dommages dus à la pollution par les hydrocarbures de soute (convention «Hydrocarbures de soute») (décret n° 2011-435 du 20.04.2011) 2001 年《国际燃油污染损害民事责任公约》
42	L'accord sur les privilèges et immunités du Tribunal international du droit de la mer (décret 2012-950 du 02.08.2012) 1997 年《国际海洋法法庭特权和豁免协定》
43	La Convention du travail maritime (décret 2014-615 du 13.06.2014) 2006 年《海事劳工公约》
44	Le Protocole relatif à la protection de la mer Méditerranée contre la pollution résultant de l'exploration et de l'exploitation du plateau continental, du fond de la mer et de son sous-sol (décision du 17.12.2012) 1994 年《保护地中海免受因勘探和开发大陆架、海床及其底土污染议定书》
45	La Convention sur la protection du patrimoine culturel subaquatique (décret 2013-394 du 13.05.2013) 2001 年《保护水下文化遗产公约》
46	Le Protocole relatif à la gestion intégrée des zones côtières (GIZC) de la Méditerranée (décret 2013-531 du 24.06.2013) 2008 年《地中海海岸带综合管理议定书》
47	La Convention internationale de Nairobi sur l'enlèvement des épaves (décret 2016-615 du 18.05.2016) 2007 年《内罗毕国际船舶残骸清除公约》
48	L'accord relatif aux mesures du ressort de l'Etat du port visant à prévenir, contrecarrer et éliminer la pêche illicite, non déclarée et non réglementée (décret 2016-1293 du 29.09.2016) 2009 年《关于预防、制止和消除非法、不报告和不管制捕捞的港口国措施协定》(未生效)
49	La Mise en oeuvre pour l'Union Européenne de l'accord relatif à la mise en oeuvre de la convention sur le travail dans la pêche, 2007 (directive 2017/159 du 19 décembre 2016) 关于执行欧洲联盟批准的国际劳工组织 2007 年通过的《渔业部门工作公约》

序号	名称（以法国批准时间排序）
50	La Convention d'Athènes de 2002 relative au transport par mer de passagers et de leurs bagages（décret 2017-935 du 10. 05. 2017） 2002 年《海上旅客及其行李运输雅典公约》
51	La Convention internationale pour le contrôle et la gestion des eaux de ballast et sédiments des navires（décret 2017-1347 du 18. 09. 2017） 2004 年《船舶压载水和沉积物控制和管理国际公约》

二、法国海洋活动实践的主要国内法律依据①

（一）与法国涉海活动有关的法典/法规

序号	名　　称
1	Code de l'Environnement（extrait pollution marine-partie législative-LivreII）（C. Env） 《环境法典》(第二册-海洋污染)

---

　①　根据法国的立法体制及规定，法国法律文本效力位阶主要包含四级，从上至下分别是：（1）宪法（La Constitution）；（2）一切法律（La loi，是法国国民议会和参议院通过立法程序进行投票的书面规则和一般规则。法律在议会的倡议下开始拟议。在法律颁布之前，可能需要接受宪法委员会的宪法审查）；（3）一切法令法规（Le décret，是一切由共和国总统或总理签署作出的法令。被称为"国务委员会法令"的法令，必须经过协商才能达成。在规范的等级制度中，法令低于它必须遵守的法律）；（4）一切命令法规（L'arrêté，是由一般或个别范围行政机关作出的法律行为(经常是法国地理区域政府作出的)；以及法国部长（部长或部际命令）、大区区长（命令）或市长可以下达命令或市政章程）；（5）一切由政府部门作出的通告（La circulaire，在法国公共职能中，通告是一个部门的文本，旨在对法律或法规（法令、命令）的文本进行解释，以便本文以统一的方式应用于各地域。不过，通告仅具有建议性质，不具法律效力）。参见 http：//www. vie-publique. fr/decouverte-institutions/institutions/administration/action/voies-moyens-action/quelle-est-hierarchie-entre-ces-differents-textes. html；http：//www. sante. cgt. fr/Loi-decret-arrete-circulaire。

序号	名　称
2	Code du Travail Maritime（C. T. M） 《海事劳工法典》
3	Code des Douanes（extrait-TitreIX-navigation et Titre XII-répression）（C. D） 《海关法典》(第九部分-航行/第十二部分-打击)
4	Code des Postes et Communications Electroniques（extrait-Licence radio）（C. P. C. E） 《邮政和通讯法典》(无线电许可部分)
5	Code Disciplinaire et Pénal de la Marine Marchande 《海商刑事及规范法典》
6	Code rural et de la pêche maritime（partie legislative et réglementaire-Livre IX-Pêche maritime et aquaculture marine） 《乡村和渔业法典》(第九册-海洋渔业和水产养殖的立法和监管)
7	Code du Patrimoine（Biens cultures maritimes extraits-partie législative-livre V（C. P. L）et partie règlementaire-livre V（C. P. R） 《遗产法典》(第五册-海洋文化遗产)
8	Code de l'entrée et du séjour des étrangers et du droit d'asile（C. E. S. E. D. A） 《外国人和庇护所入境和居留法典》
9	Code Général de la propriété des personnes publiques（C. G. P. P. P） 《知识产权法典》
10	Code des transports（partie V-Transport et navigation maritmes）（C. Tr） 《交通法典》(第五部分-交通和海洋航行)

（二）与法国海域划界有关的法律法规

序号	名　称
1	Décret du 19 octobre 1967 définissant les lignes de base droites et les lignes de fermeture des baies servant à la détermination des lignes de base à partir desquelles est mesurée la largeur des eaux territoriales 1967 年 10 月 19 日《关于确定测量领海宽度的直线基线和作为基线的海湾封闭线》的法令

续表

序号	名　称
2	Application de la loi n° 68-1181 du 30 décembre 1968 relative à l'exploration du plateau continental et à l'exploitation de ses ressources naturelles（décret 71-360 du 06. 05. 1971） 1968 年 12 月 30 日第 68-1181 号《关于大陆架的勘探和开发其自然资源法》（通过 1971 年 5 月 6 日第 71-360 号法令执行，以及第 71-361 号法令执行刑罚措施部分）
3	Loi n° 71-1060 du 24 décembre 1971 relative à la délimitation des eaux territoriales françaises 1971 年 12 月 14 日第 71-1060 号《法国领海划界法》
4	La Conventions franco-espagnoles sur la délimitation de la mer territoriale et de la zone contigüe dans le golfe de Gascogne et sur la délimitation des plateaux continentaux des deux Etats dans le golfe de Gascogne（décret 75-1127 du 09. 12. 1975） 1975 年 12 月 9 日第 75-1127 号《关于法国和西班牙在比斯开湾的领海和毗连区划定和两国在比斯开湾的大陆架划界协定》的法令
5	Loi n° 76-655 du 16 juillet 1976 relative au plateau continental, à la zone économique exclusive et à la zone de protection écologique au large des côtes du territoire de la République 1976 年 7 月 16 日第 76-655 号《共和国领土沿岸经济区法》
6	Décrets d'application de la création d'une zone économique au large des côtes des différents territoires de la République française（14 décrets） 有关《在法兰西共和国各地区沿海地区建立经济区》的一系列法令（共 14 项法令）
7	Décret n°77-130 du 11 février 1977 portant création, en application de la loi 76-655 du 16 juillet 1976, d'une zone économique au large des côtes du territoire de la République bordant la mer du nord, la Manche et l'Atlantique, depuis la frontière franco-belge jusqu'à la frontière franco-espagnole 1977 年 2 月 11 日第 77-130 号关于《依照 19769 年 7 月 16 日〈共和国领土沿岸经济区法〉确立从法国一比利时交界处到法国一西班牙交界处的北海、英吉利海峡和大西洋分界》的法令

序号	名　　称
8	Loi n° 77-485 du 11 mai 1977 modifiant la loi n° 68-1181 du 30 décembre 1968 relative à l'exploration du plateau continental et à l'exploitation de ses ressources naturelles 1977 年 5 月 11 月第 77-485 号《修订 1968 年 12 月 30 日第 68-181 号〈大陆架勘探和其自然资源开发法〉》的法律。
9	Accord entre la République française et le Royaume-Uni de Grande-Bretagne et d'Irlande du Nord relatif à la délimitation du plateau continental à l'Est de la longitude 30 minutes Ouest du méridien de Greenwich (décret 83-190 du 09. 03. 1983) 1983 年 3 月 9 日关于《法兰西共和国与大不列颠及北爱尔兰联合王国之间关于格林威治子午线以西 30 分东经大陆架划界的协定》的法令
10	Décret n°85-185 du 6 février 1985 portant réglementation du passage des navires étrangers dans les eaux territoriales françaises 1985 年 2 月 6 日第 85-185 号关于《外国船舶通过法国领海的管理》的法令
11	Accord entre la France et le Royaume-Uni de Grande-Bretagne et d'Irlande du Nord relatif à la délimitation de la mer territoriale dans le pas de Calais (décret 89-284 du 02. 05. 1989) 1989 年 5 月 2 日第 89-284 号《关于法国和大不列颠及北爱尔兰联合王国在加莱海峡的领海划界协定》的法令
12	Accord entre La République française et le Royaume-Uni de Grande-Bretagne et d'Irlande du Nord relatif à l'achèvement de la délimitation du plateau continental dans la partie méridionale de la mer du Nord (décret 92-585 du 26. 06. 1992) 1975 年 12 月 9 日第 75-1127 号关于《法兰西共和国与大不列颠及北爱尔兰联合王国之间关于完成北海南部大陆架划界的协定》的法令
13	Accord entre la République française et le Royaume de Belgique relatif à la délimitation de la mer territoriale (décret 93-832 du 28. 05. 1993) 1992 年 6 月 26 日第 92-585 号关于《法兰西共和国与大不列颠及北爱尔兰联合王国之间关于完成北海南部大陆架划界的协定》的法令
14	Accord entre la République française et le Royaume de Belgique relatif à la délimitation du plateau continental (décret 93-833 du 28. 05. 1993) 1993 年 5 月 28 日第 93-833 号关于《法兰西共和国与比利时王国关于大陆架划界的协定》的法令

序号	名　　称
15	La Convention de Montégo-Bay（décret 96-774 du 30. 08. 1996） 1996 年 8 月 30 日关于"批准《联合国海洋法公约》"的法令
16	Décret n°99-324 du 21 avril 1999 définissant les lignes de base droites et les lignes de fermeture des baies servant à la détermination des lignes de base à partir desquelles est mesurée la largeur des eaux territoriales françaises adjacentes aux régions Martinique et Guadeloupe 1999 年 4 月 21 日第 99-324 号关于《确定马提尼克和瓜德罗普地区测量法国领海宽度基线》的法令
17	Décret n° 2002-827 du 3 mai 2002 définissant les lignes de base droites et les lignes de fermeture des baies servant à la définition des lignes de base à partir desquelles est mesurée la largeur des eaux territoriales françaises adjacentes à la Nouvelle-Calédonie 2002 年 5 月 3 日第 2002-827 号关于《定义直线基线和用于确定新喀里多尼亚地区测量法国领海宽度基线的海湾封闭线》的法令
18	Accord entre la République française et le Royaume-Uni de Grande-Bretagne et d'Irlande du Nord relatif à l'établissement d'une ligne de délimitation maritime entre la France et Jersey（décret 2004-74 du 15. 01. 2004） 2004 年 1 月 15 日第 2004-74 号关于《法兰西共和国和大不列颠及北爱尔兰关于建立法国和英国泽西岛之间海上边界协定》的法令
19	Décret n° 2007-1254 du 21 août 2007 portant publication de l'accord entre le Gouvernement de la République française et le Gouvernement de la République de Madagascar portant sur la délimitation des espaces maritimes situés entre la Réunion et Madagascar, signé à Saint-Denis le 14 avril 2005（1） 2007 年 8 月 21 日第 2007-1254 号关于《公布法国与马达加斯加在留尼汪岛与马达加斯加之间海域划界协议（于 2005 年 4 月 14 日在圣丹尼签署）》的法令

序号	名　称
20	Réglementation applicable aux îles artificielles, aux installations, aux ouvrages et à leurs installations connexes sur le plateau continental et dans la zone économique et la zone de protection écologique ainsi qu'au tracé des câbles et pipelines sous-marins（décret 2013-611 du 10. 07. 2013） 2013 年 7 月 10 日第 2013-611 号关于《适用大陆架、经济区和生态保护区的人工岛屿、设施、装置、相关设施以及海底电缆和管道布设的规定》
21	Accord sous forme d'échange de lettres entre le Gouvernement de la République française et le Gouvernement du Royaume-Uni de Grande-Bretagne et d'Irlande du Nord relatif à la délimitation de la zone économique exclusive（décret 2014-1491 du 11. 12. 2014） 2014 年 12 月 11 日第 2014-1491 号关于《法兰西共和国政府与大不列颠及北爱尔兰联合王国政府之间关于专属经济区划界的换文协定》的法令
22	Accord entre le Gouvernement de la République française et le Gouvernement de la République italienne relatif à la délimitation des mers territoriales et des zones sous-juridiction nationale entre la France et l'Italie（Accord du du 21. 03. 2015） 2015 年 3 月 21 日关于《法兰西共和国政府和意大利共和国政府关于法国和意大利之间领海和国家管辖范围以内海域划界的协定》
23	Définitions des lignes de base à partir desquelles est mesurée la largeur de la mer territoriale française adjacente au territoire de la France métropolitaine et de la Corse（décret 2015-958 du 31. 07. 2015） 2015 年 7 月 31 日第 2015-958 号关于《测量法国本土和科西嘉岛领海宽度而划定基线》的法令
24	Espaces maritimes relevant de la souveraineté ou de la juridiction de la République française（ordonnance 2016-1687 du 08. 12. 2016） 2016 年 12 月 8 日第 2016-1687 号关于《法兰西共和国主权或管辖范围内海域》的条例

序号	名　称
25	Portail national des limites maritimes（décret 2017-821 du 05. 05. 2017） 2017 年 5 月 5 日第 2017-821 号关于《国家海洋边界》的法令
26	Limite extérieure de la mer territoriale au large du territoire métropolitain de la France（décret 2018-681 du 30. 07. 2018） 2018 年 7 月 30 日第 2018-681 号关于《法国本土领海外部界限》的法令

（三）与海洋航行、船只有关的法律法规

序号	名　称
1	Règlementation de la police du pavillon des navires de commerce，de pêche et de plaisance（décret du 19 août 1929） 1929 年 8 月 19 日关于《商船、渔船和游船的警务规章制度》的法令
2	Modification des limites des affaires maritimes（navigation jusqu'au 1er obstacle）（décret du 17 juin 1938） 1938 年 6 月 17 日法令对海事事务限制的一些修改
3	Modalités du contrôle douanier de la navigation de plaisance et conditions d'application du régime de l'importation temporaire aux navires de plaisance étrangers arrivant par mer.（arrêté du 21. 11. 1963） 1963 年 11 月 21 日关于"游船航行的海关监管和外国游船抵达临港口的适用条件"条令
4	Délivrance de titres de navigation, droits de pêche, permis de conduire les moteurs à des plaisanciers étrangers ou apatrides.（circulaire 206 du 16 juillet 1965） 1965 年 7 月 16 日第 206 号关于"向外国或无国籍船员发放航行-捕鱼-驾驶执照许可"的政府通告
5	Statut des navires et autres bâtiments de mer（francisation）（loi 67-5 du 03. 01. 1967） 1967 年 3 月 3 日第 67-5 号关于《确认船舶及其他海船的法国国籍地位》法律

序号	名　　称
6	Armement et ventes maritimes（décret 69-679 du 19. 06. 1969） 1969 年 6 月 19 日第 69-679 号关于《军备和海上销售》的法令
7	Institution d'une prime pour la découverte d'écueils dangereux pour la navigation dans les eaux territoriales françaises（arrêté du 14. 02. 1973） 1973 年 2 月 14 日《为在法国领海航行发现的危险珊瑚礁设立保险费》的命令
8	Réglementation du passage des navires étrangers dans les eaux territoriales françaises（décret 85-185 du 06. 02. 1985） 1985 年 2 月 6 日第 85-185 号《对法国领海的外国船只通过的管制》的法令
9	Organisation du secours, de la recherche et du sauvetage des personnes en détresse en mer（instruction du 29. 05. 1990） 1990 年 5 月 29 日关于"组织救援、搜寻海上遇险人员"的指令
10	Utilisation des navire de plaisance（privée，location，activités de prestation de transport）（circulaire du 01. 12. 1994） 1994 年 12 月 1 日关于"游船的使用(私人，租赁，运输服务活动)"的政府通告
11	Application du principe de la libre circulation des services aux transports maritimes à l'intérieur des États membres（cabotage maritime）（règlement CE 3577-92 du 07. 12. 1992）et application droit français（Partie V livre V code du transport） 关于适用 1992 年 12 月 7 日欧共体第 3577-92 号关于"成员国内部海上运输"条例和适用法国《交通法典》第五部分关于"法国海上执法、海上运输服务的自由流动的原则"
12	Responsabilités des compagnies et de l'équipage d'un navire（arrêté du 22. 06. 1998） 1998 年 6 月 22 日关于"海运公司和船员的责任"的命令
13	Enquêtes techniques après événement de mer（loi 2002-3 du 03. 01. 2002） 2002 年 3 月 3 日第 2002-3 号关于《海上事件后的技术调查》法律

序号	名　　称
14	Création du registre international français（loi 2005-412 du 03. 05. 2005）et Création du guichet unique prévu par la loi 2005-412 du 3 mai 2005 relative à la création du registre international français（décret 2006-142 du 10. 02. 2006） 2005 年 5 月 3 日第 2005-412 号关于《创建法国国际船舶登记制度"的法律以及 2006 年 2 月 10 日第 2006-142 号有关"根据创建法国国际船舶登记制度而创建单独注册窗口》的法令
15	Exonérations du droit annuel de francisation et de navigation（décret 2007-1262 du 21. 08. 2007）. 2007 年 6 月 21 日第 2007-1262 号关于《免除船舶法国船籍注册和航行的年度费用》的法令
16	Balisage des concessions individuelles et des zones collectives de concessions de cultures marines（circulaire du 14 mai 2007） 2007 年 5 月 14 日关于"个人和集体海洋养殖特许权标记"的政府通告
17	Circulation, stationnement et mouillage des navires français et étrangers dans les eaux intérieures ainsi que dans la mer territoriale française de la Manche et de la Mer du Nord（arrêté preféctoral 2008-10 du 10. 04. 2008） 2008 年 10 月 10 日关于"法籍和外籍船只在法国内水以及拉芒什海峡和北海之间法国领海的航行和停泊"的海区命令
18	Surveillance de la navigation maritime（décret 2011-2108 du 30. 12. 2011） 2011 年 12 月 30 日第 2011-2108 号关于《海上航行监管》的法令
19	Navigation et mouillage des navires français et étrangers dans les eaux intérieures ainsi que dans la mer territoriale française de la zone maritime Atlantique（arrêté preféctoral 2015-52 du 01. 09. 2015） 2015 年 9 月 1 日第 2015-52 号关于"法籍和外籍船只在内水和大西洋海域的法国领海的航行和锚泊"的大区命令
20	Immatriculation des navires et autres bâtiments en mer（arrêté du 21. 10. 2016） Mouillage des navires dans les eaux intérieures et territoriale française de Méditerranée（arrêté preféctoral 155-2016 du 24. 06. 2016） 2016 年 10 月 21 日关于"船只和其他船舶在海上登记"的命令以及 2016 年 6 月 24 日第 155-2016 号关于"法国地中海海域领水的船只停泊"大区命令

序号	名　　称
21	Echanges d'information sur la navigation maritime（arrêté du 27.01.2017） 2017 年 1 月 27 日关于"海上航行信息交换"的命令
22	Navigation des navires sous-marins privés dans les eaux intérieures et territoriales française de Méditerranée（arrêté préfectoral 223-2017 du 25 juillet 2017） 2017 年 7 月 25 日第 223-2017 号关于"在法国地中海领水的私人潜艇航行"的大区命令
23	La signalisation maritime（décret 2017-1653 du 30.11.2017） 2017 年 11 月 30 日第 2017-1653 号关于《海事信号》的法令
24	Permis d'armement（arrêté du 04.12.2017） 2017 年 12 月 7 日关于"武装许可"的命令
25	Réglementation de la navigation et la pratique de la plongée le long du littoral des côtes françaises de Méditerranée（arrêté préfectoral 19-2018 du 14.03.2018） 2018 年 3 月 14 日第 19-2018 号关于"沿法国地中海海岸航行管理和潜行的规则"大区命令
26	Pratique des loisirs et sports nautiques dans les eaux territoriales et intérieures françaises de la zone maritime de la Manche et de la Mer du Nord（arrêté préfectoral 41-2018 du 29.05.2018） 2018 年 5 月 29 日第 41-2018 号关于"在拉芒什海峡和北海法国领水进行休闲活动和水上运动"的大区命令
27	Pratique des activités nautiques le long du littoral de l'Atlantique.（arrêté préfectoral 2018-90 du 28.06.2018） 2018 年 6 月 28 日第 2018 - 90 号关于"沿大西洋海岸的实际航海活动"的大区命令

（四）与海洋公共领域有关的法律法规

序号	名　　称
1	Situation administrative de certaines îles relevant de la souveraineté de la France（décret60-555 du 01.04.1960） 1960 年 4 月 1 日第 60-555 号关于《法国主权下某些岛屿的行政管理情况》法令

序号	名　称
2	Déconcentration administrative en ce qui concerne le domaine public maritime（décret 70-229 du 17. 03. 1970） 1970 年 3 月 17 日第 70-229 号关于《海洋公共领域的行政分权》的法令
3	Limites latérales de compétence des préfets pour l'administration du domaine public maritime immergé（arrêté du 21. 06. 1978） 1978 年 6 月 21 日关于"法国大区区长对于海洋公共领域管理权限的横向限制"命令
4	Prospection, recherche et exploitation des substances minérales non visées à l'article 2 du code minier et contenues dans les fonds marins de domaine public métropolitain（Loi 76-646 du 16. 07. 1976） 1976 年 7 月 16 日第 76-646 号关于《勘探、研究和开采根据〈采矿法典〉第 2 条中未列出并包含在法国本土海域海底的矿物》的法律
5	Aménagement, protection et mise en valeur du littoral（loi littoral）（loi 86-2 du 03. 01. 1986） 1986 年 3 月 3 日第 86-2 号关于《沿海地区的治理、保护和发展》的法律
6	Réglementantion sur le mouillage d'engins dans les eaux de la région maritime Méditerranée（arrêté préfectoral n° 67/97 du 12. 09. 1997） 1997 年 9 月 12 日第 67/97 号关于"地中海海域装备系泊规则"大区命令
7	Peines d'amende applicables aux infractions de grande voirie commises sur le domaine public maritime en dehors des ports（décret 2003-172 du 25. 02. 2003） 2003 年 2 月 25 日第 2003-172 号关于《适用于港口外公共海域的高级别犯罪罚款》法令
8	Prospection, recherche et exploitation de substances minérales ou fossiles contenues dans les fonds marins du domaine public et du plateau continental métropolitains（décret 2006-798 du 06. 07. 2006） 2006 年 7 月 6 日第 2006-798 号关于《勘探、研究和开采法国本土海域及大陆架海底的矿物》法令

续表

序号	名 称
9	Gestion durable et intégrée du domaine public maritime naturel (circulaire du 20. 01. 2012) 2012 年 1 月 20 日关于"海洋公共领域的可持续综合管理"的政府通报
10	Modalités de gestion administrative des autorisations d'exploitation des cultures marines et modalités de contrôle sur le terrain (arrêté du 29. 02. 2012) 2012 年 2 月 29 日关于"海洋养殖管理办法的行政管理程序"的命令

(五) 与法国国家海上行动有关的法律法规

序号	名 称
1	Attribution des préfets maritimes en ce qui concerne les pouvoirs de police des eaux et rades (Ex-"pouvoirs de police et réglementation de la pêche côtière") (décret du 01. 02. 1930) 1930 年 2 月 1 日有关《指派海区区长对海域行使警察权》的法令(例如规定了"警察权和沿海捕鱼规定")
2	Droit de l'Etat sur les bâtiments et les aéronefs étrangers dans les eaux française (Instruction interministérielle du 28. 05. 1936) et circulaire portant que les navires de commerce étrangers ne jouissent pas du privilège de l'exterritorialité (Circulaire du 29 juillet 1899) 1936 年 5 月 28 日关于《法国水域中外国船只和航空器》的国家法律以及 1899 年 7 月 29 日关于"通知外国商船不享有治外法权"的政府通报
3	1987 年 12 月 31 日《关于开展打击贩毒活动和修刑法某些条款》的法案
4	Emploi de la force en mer à l'encontre des navires étrangers dans les opérations de police des pêches (instruction du 20. 01. 1989) 1989 年 1 月 20 日关于"在渔业管制行动中对外国船只使用武力"的指令

序号	名　称
5	Modalités de l'exercice par l'Etat de ses pouvoirs de police en mer（loi 94-589 du 15. 07. 1994） 1994 年 7 月 15 日第 94-589 号关于《国家海上行使警察权方式》的法律
6	Modalités de recours à la coercition et de l'emploi de la force en mer（décret 95-411 du 19. 04. 1995） 1995 年 4 月 19 日第 95-411 号关于《诉诸和使用海上武力的方式》的法令
7	Application de l'article 16 de la loi no 94-589 du 15 juillet 1994 modifiée relative auxmodalités de l'exercice par l'Etat de ses pouvoirs de contrôle en mer（décret 97-545 du 28. 05. 1997） 1997 年 5 月 28 日第 97-545 号关于《适用 1994 年 7 月 15 日第 94-589 号法律第 16 条"涉及国家行使海上控制权的方式"》的法令
8	Commandements de force maritime et d'élément de force maritime（décret 97-506 du 20. 05. 1997） 1997 年 5 月 20 日第 97-506 号关于《海事和海上部队指挥》的法令
9	Organisation territoriale de la défense（décret 2000-555 du 21. 06. 2000） 2000 年 6 月 21 日第 2000-555 号关于《国防机构组织》的法令
10	Organisation de l'action de l'Etat en mer（décret 2004-112 du 06. 02. 2004） 2004 年 2 月 6 日第 2004-112 号关于《国家海上行动的组织结构》的法令
11	Organisation outre-mer de l'action de l'Etat en mer（décret 2005-1514 du 06. 12. 2005） 2005 年 12 月 6 日第 2005-1514 号关于《国家海上行动在海外领土的组织结构》的法令
12	Attributions des commandants supérieurs dans les départements et régions d'outre-mer, dans les collectivités d'outre-mer et en Nouvelle-Calédonie（décret 2007-26 du 05. 01. 2007） 2007 年 1 月 5 日第 2007-26 号关于《海外省和地区、海外行政区域和新喀里多尼亚高级指挥官的职责》的法令

序号	名　称
13	Liste des missions en mer incombant à l'Etat dans les zones maritimes de la Manche-mer du Nord, de l'Atlantique, de la Méditerranée, des Antilles, de Guyane, du sud de l'océan Indien et dans les eaux bordant les Terres australes et antarctiques françaises（arrêté du 22. 03. 2007） 2007 年 3 月 22 日关于"在北海、大西洋、地中海、法属安的列斯群岛、法属圭亚那、南印度洋和法属南部和南极领地附近海域的海上特派团名单"的命令
14	Application de l'article 23 de la loi n° 94-589 du 15 juillet 1994 relative aux modalités de l'exercice par l'Etat de ses pouvoirs de police en mer（décret 2007-536 du 10. 04. 2007） 2007 年 4 月 10 日第 2007-536 号关于《适用 1994 年 7 月 15 日第 94-589 号法律第 23 条"涉及国家行使海上警察权的方式"》的法令
15	Pavillon de la fonction garde-côtes（Instruction 505 SGMer du 11 mars 2011） 2011 年 3 月 11 日法国海洋国务秘书总局第 505 号关于"海岸警卫队旗帜"的指令
16	Application de l'article 4 de la loi n° 94-589 du 15 juillet 1994 relative à la lutte contre la piraterie et aux modalités de l'exercice par l'Etat de ses pouvoirs de police en mer（décret 2011-1213 du 29. 09. 2011） 2011 年 9 月 29 日第 2011-1213 号关于《适用 1994 年 7 月 15 日第 94-589 号法关于打击海盗行为和国家行使其海上警察权的程序》的法令
17	Délimitation des zones maritimes（arrêté du 28. 10. 2011） 2011 年 10 月 28 日关于"海域划定"的命令
18	Lutte contre la piraterie maritime et Exercice des pouvoirs de police de l'Etat en mer（circulaire du 13 juillet 2011） 2011 年 7 月 13 日关于"打击海盗和国家在海上行使警察权"的政府通报
19	Statut des forces armées françaises en République des Seychelles dans le cadre de l'opération militaire destinée à protéger les navires de pêche français（décret 2013-806 du 04. 09. 2013） 2013 年 9 月 4 日第 2013-806 号关于《法国武装部队在塞舌尔共和国的地位（作为保护法国渔船的军事行动的一部分）》的法令

序号	名　称
20	Corps européen de garde-frontières et de garde-côtes（règlement 1624-2016 du 14.09.2016） 2016 年 9 月 14 日第 1624-2016 号关于"欧洲边境和海岸警卫队"的条例
21	Création de la capacité nationale de renfort pour les interventions à bord des navires（décret 2016-1475 du 02.11.2016） 2016 年 11 月 2 日第 2016-1475 号关于《强化对于船只活动进行干预的国家权力》的法令

（六）与法国海洋污染防治有关的法律法规

序号	名　称
1	Liste des marchandises dangereuses（code O. N. U）dont le transport par mer est réglementé.（extrait code IMDG） 《国际海运危险货物规则》清单 IMDG-Code 2
2	Contrôle des produits chimiques（décret 85-217 du 13.02.1985） 1985 年 2 月 13 日第 85-217 号关于《化学品管制》的法令
3	1993 年 2 月 15 日第 1/93 号"禁止在博尼法乔海峡的油轮运输石油和船舶运输危险或有毒物质的活动"的大区命令
4	Création de chenaux d'accés aux ports du littoral mediterranée pour les navires-citernes transportant des hydrocarbures et les navires transportant des hydrocarbures et les navires transportant des substances dangereuses（arrêté préfectoral n° 76/2000 du 13.12.2000） 2000 年 12 月 13 日第 76/2000 号关于"为地中海沿岸港口设立通道，供运载石油的船舶和运载石油的船舶以及运载危险物质的船舶"的大区命令
5	Installations de réception portuaires pour les déchets d'exploitation des navires et les résidus de cargaison（directive 2000-59 du 27.11.2000） 2000 年 11 月 27 日第 2000-59 号关于"船舶废物和货物残余物的港口接收设施"的命令

序号	名　　称
6	Juridictions compétentes en matière de pollution des eaux de mer par rejets des navires（décret 2002-196 du 11. 02. 2002） 2002 年 2 月 11 日第 2002-196 号关于《对船舶排放污染海洋的司法管辖权》的法令
7	Recherche et répression de la pollution par les navires, engins flottants et plates-formes（Instruction du 15. 07. 2002） 2002 年 7 月 15 日关于"调查和打击船舶和大陆架平台污染"的命令
8	Réglementation de la navigation aux approches des côtes françaises de la mer du Nord, de la Manche et de l'Atlantique en vue de prévenir les pollutions marines accidentelles（arrêté interprefectoral 2002 Premar Brest et Cherbourg） 2002 年布雷斯特和瑟堡海区关于"对途径北海，英吉利海峡和大西洋的法国海岸进行航行指引以防止意外海洋污染"的大区命令
9	Signalement des incidents et accidents de mer dans la zone de protection écologique sous juridiction française en méditerranée.（arrêté préfectoral n° 6/2004 du 30. 01. 2004） 2004 年 1 月 30 日第 6/2004 号关于"通报法国地中海管辖范围内生态保护区内的海上事故"的大区命令
10	Signalement des accidents et incidents de mer dans la zone économique bordant les côtes françaises de la mer du nord, de la manche et de l'atlantique en vue de prévenir les pollutions marines accidentelles（arrêté interprefectoral 2004 Premar Brest et Cherbourg） 2004 年布雷斯特和瑟堡海区关于"沿法国在北海、拉芒什海峡和大西洋沿岸和专属经济区因事故导致的海洋污染的通报"的命令
11	Informations à fournir au port par les capitaines de navires sur les déchets d'exploitation et les résidus de cargaison de leurs navires（arrêté du 05. 07. 2004） 2004 年 7 月 5 日关于"船长提供有关其船舶操作废物和货物残余物的信息"命令

序号	名　称
12	Pollution causée par les navires et introduction de sanctions, notamment pénales, en cas d'infractions de pollution（directive 2005-35 du 07. 09. 2005） 2005 年 9 月 7 日第 2005-35 号关于"船舶造成的污染以及对污染违法行为进行包括刑事制裁的处罚"的指令
13	Adaptation de la réglementation relative à la lutte contre la pollution du milieu marin（POLMAR）（Instruction du 11. 01. 2006） 2006 年 1 月 11 日关于"修订有关防止海洋环境污染规章（POLMAR）"的指令
14	Accès aux ports français de l'Atlantique et de la Manche occidentale pour les navires transportant des hydrocarbures et certaines substances dangereuses（arrêté prefectoral n°2006/69 Premar Brest） 2006 年 2006-69 号关于"运输石油和某些危险物质的船舶进入法国大西洋和西部海峡港口"大区命令
15	Coordination des actions de constatation des actions des pollutions volontaires（Instruction du 26. 07. 2008）de Prémar Atlantique,（Instruction du 27. 02. 2009）de Prémar Manche Mer du Nord,（Instruction du 19. 07. 2010）de Prémar Méditerranée 2008 年 7 月 26 日法国大西洋海区、2009 年 2 月 27 日法国北海海区、2010 年 7 月 19 日法国地中海海区关于"自愿打击污染协调行动"的指令
16	Communication d'informations et inspection des navires soupçonnés de pollution（arrêté du 27. 04. 2007） 2007 年 4 月 27 日关于"涉嫌污染的船舶信息通报和检查"的命令
17	Réglementation de l'accés aux ports du Havre-Antifer, du Havre, de Rouen et de Caen desnavires transportant des hydrocarbures ou des substances dangereuses en dérogation à l'arrêté N° 2002/99 Brest et 2002/58 Cherbourg（arrêté préfectoral ° 18 / 2008 prémar Manche-Mer du Nord） 2008 年 18 号北芒什海关于"运载石油或有害物质进入勒阿弗尔、鲁昂和卡昂港口的规章"的大区命令

序号	名　　称
18	Introduction accélérée des prescriptions en matière de double coque ou de normes de conception équivalentes pour les pétroliers à simple coque (règlement n° 530/2012 du 13.06.2012) 2012 年 6 月 13 日第 530/2012 号关于"加速引入双壳船体或要求单壳油轮进行等效设计标准"的条例
19	Surveillance, déclaration et vérification des émissions de dioxyde de carbone du secteur du transport maritime (règlement n° 757/2015 du 29.04.2015) 2015 年 4 月 29 日第 757/2015 号关于"海运部门监测、报告和核实海洋航行碳排放量"的条例
20	Réduction de la teneur en soufre de certains combustibles liquides (annexe 6 convention Marpol) (directive 2016-802 du 11.05.2016) 2016 年 8 月 11 日第 2016-802 号关于"降低某些液体燃料的硫含量（《Marpol》公约附件 6）"的指令
21	Réglementation de la navigation aux approches des côtes françaises de Méditerranée en vue de prévenir les pollutions marines accidentelles (arrêté préfectoral n° 259/2016 du 30.11.2016) 2016 年 11 月 30 日第 259/2016 号关于"对法国地中海海岸进行近海航行管制以防止因意外造成的海洋污染"的大区命令
22	Recueil de preuves concernant les rejets en provenance des navires (recueil) "来自船舶倾倒的证据"的汇编
23	Recueil international des règles relatives à la construction et à l'équipement des navires transportant des produits chimiques dangereux en vrac (recueil I.B.C) "关于散装运输危险化学品船舶构造和设备的国际规则"的汇编

（七）与海洋水下文化遗产有关的法律法规

序号	名　　称
1	Réglementation des fouilles archéologiques et biens culturels maritimes (voir code du patrimoine) 《遗产法典》（对考古发掘和海洋文化遗产管理的部分）

序号	名　称
2	Police des épaves maritimes（loi 61-1262 du 24. 11. 1961） 1961 年 11 月 24 日第 61-1262 号关于《对海洋无主物进行管制》的法律
3	Régime des épaves maritimes（décret 61-1547 du 26. 12. 1961） 1961 年 12 月 26 日第 61-1547 号关于《海洋无主物制度》的法令
4	Epaves de biens relevant du département des armées（Instruction 1237-515 du 28. 06. 1968） 1937 年 6 月 28 日第 1237-515 号关于"属于武装部队财产的沉船"的指令
5	Mesures concernant dans les eaux territoriales et les eaux intérieures les navires et engins flottants abandonnés（décret 87-830 du 06. 10. 1987） 1987 年 10 月 6 日第 87-830 号关于《在领水内废弃船只和浮船的措施》的法令
6	Loi n° 89-874 du 1 décembre 1989 relative aux biens culturels maritimes et modifiant la loi du 27 septembre 1941 portant réglementation des fouilles archéologiques 1989 年 12 月 1 日第 89-874 号《关于海洋文化财产修订 1941 年 9 月 27 日〈考古发掘管理法〉》的法律
7	Organisation du département des recherches archéologiques subaquatiques et sous-marines（arrêté du 04. 01. 1996） 1996 年 1 月 4 日关于"水下和水下考古研究部门组织结构"的命令
8	Biens culturels maritimes（arrêté du 08. 02. 1996） 1996 年 2 月 8 日关于"海洋文化财产"的命令
9	Règles d'attribution de primes et d'indemnisation consécutives à la découverte d'engins de guerre dans le domaine public maritime jusqu'à 20 milles marins des côtes.（Instruction 20708 du 07. 05. 2004） 2004 年 5 月 7 日第 20708 号关于"在距离海岸 20 海里的公共海域中发现战船遗迹后颁发奖金和补偿的规则"的指令
10	Mesures concernant, dans les eaux territoriales et les eaux intérieures, les navires et engins flottants abandonnés（circulaire du 11. 05. 2010） 2010 年 5 月 11 日关于"在领海和内陆水域处理废弃船只和浮船的措施"政府通告

（八）与法国海洋渔业活动有关的法律法规

（1）法国国内立法层面

序号	名　　称
1	Réglementation de la pêche côtière dans les quatre premiers arrondissements maritimes（décret du 04.07.1853）et Règlement sur la pêche maritime côtière dans le 5eme arrondissement maritime（décret du 19.11.1859 5ème arrond） 1853 年 7 月 4 日、1859 年 11 月 19 日关于《法国第一至第五海事区的近海捕捞规章》的法令
2	Réglementation de la pêche maritime côtière（décret du 10.05.1862） 1862 年 5 月 10 日关于《沿海捕捞规章》的法令
3	Interdiction de l'emploi, contre les poissons, d'armes à feu ou des substances explosives（décret du 05.11.1891） 1891 年 11 月 5 日关于《禁止使用枪支或爆炸性物质进行捕鱼》的法令
4	Interdiction du pétard girondin pour la pêche maritime（décret du 30.12.1933） 1933 年 12 月 30 日关于《禁止炸药包进行海上捕鱼》的法令
5	Réglementation de la pêche sous marine sur l'ensemble du littoral métropolitain（arrêté du 01.12.1960） 1960 年 12 月 1 日关于"对法国本土沿岸进行水下捕捞的规章"的法令
6	Procédure à suivre en matière de contrôle international des pêches maritimes prévu par les conventions internationales（loi 70-1264 du 23.12.1970）et Application de la loi 70-1264 du 23 décembre 1970 relative à la procédure à suivre en matière de contrôle international des pêches maritimes prévu par les conventions internationales（décret 73-372 du 14.03.1973） 1970 年 12 月 23 日第 70-1264 号关于《国际公约规定的海洋渔业国际管制领域应遵循的程序》的法律，1973 年 3 月 14 日第 73-372 号法令宣布实施

序号	名　称
7	Transactions sur la poursuite des infractions en matière de pêches maritimes (décret 89 554 du 02.08.1989) 1989 年 8 月 2 日第 89 554 号关于《起诉海洋渔业犯罪交易》的法令
8	Organisation interprofessionnelle des pêches maritimes et des élevages marins et à l'organisation de la conchyliculture (loi 91 411 du 02.05.1991) 1991 年 5 月 2 日第 91 411 号关于《海洋渔业和海洋养殖场的跨专业组织和贝类养殖组织》的法律
9	Quotas de capture de coquilles Saint-Jacques (Pecten maximus) dans les eaux sous juridiction ou souveraineté françaises (arrêté du 27.09.1993) 1993 年 9 月 27 日关于"在法国主权范围内或管辖水域内的扇贝捕获配额"的命令
10	Réglementation technique pour la pêche professionnelle en Méditerranée continentale (arrêté du 19.12.1994) 1994 年 12 月 19 关于"地中海专业捕鱼技术法规"的命令
11	Mesure de gestion de la pêche côtière en méditerranée (arrêté du 11.04.1997) et Mesures de gestion de la pêche du thon rouge en Méditerranée continentale (arrêté du 11.04.1997) 1997 年 4 月 11 日关于"地中海沿岸捕鱼的管理措施"以及"地中海蓝鳍金枪鱼的管理措施"命令
12	Orientation sur la pêche maritime et les cultures marines (loi 97-1051 du 18.11.1997) 1997 年 11 月 18 日第 97-1051 号关于《海洋捕捞和海洋养殖的定位》的法律
13	Délai d'immatriculation des pêcheurs professionnels au registre du commerce et des sociétés (décret 98-406 du 22.05.1998) 1998 年 5 月 22 日第 98-406 号关于《专业捕鱼商及捕鱼公司注册截止日期》的法令
14	Conditions d'exercice de la pêche dans les eaux de la Méditerranée continentale (arrêté PACA du 10.06.1999) 1999 年 6 月 10 日关于"在地中海水域捕鱼的条件"的 PACA 法令

序号	名　称
15	Organisation générale du contrôle des pêches maritimes et des produits de la pêche（circulaire du 08. 09. 2000） 2000 年 9 月 8 日关于"海洋渔业和渔业产品总体管理机制"的政府通告
16	Réglementation de la pêche des coquilles Saint Jacques（arrêté du 12. 05. 2003） 2003 年 3 月 12 日关于"扇贝捕捞规定"的命令
17	Accord conclu dans le secteur de la pêche maritime hauturière（arrêté du 30. 10. 2003） 2003 年 10 月 30 日关于"在近海捕鱼活动的协定缔结"的命令
18	Règles relatives à la première mise en marché des coquilles Saint-Jacques pour les producteurs ressortissant des Etats membres de l'Union européenne.（arrêté du 09. 07. 2004） 2004 年 7 月 9 日关于"欧盟成员国国民生产者首次销售扇贝有关的规则"的命令
19	Liste des animaux de la faune marine protégés sur l'ensemble du territoire（arrêté du 20. 12. 2004） 2004 年 12 月 20 日关于"全国受保护海洋动物名单"的命令
20	Réglementation de la pêche du corail dans les eaux territoriales de la République française en Méditerranée（arrêté du 29. 06. 2005 et arrêté du 06. 07. 2006） 2005 年 6 月 29 日、2006 年 7 月 6 日关于"对法兰西共和国在地中海的领海内珊瑚捕捞的管制"的命令
21	Réglementation concernant la pêche, la capture, la détention, la mise sur le marché, le transport, la transformation et la vente au consommateur final de poissons sous taille（Circulaire du 19. 09. 2005） 2005 年 9 月 19 日关于"关于捕捞、持有、投放市场、运输、加工和销售小型鱼类给消费者的规定"政府通告
22	Liste des tortues marines protégées sur le territoire national et les modalités de leur protection（arrêté du 14. 10. 2005） 2005 年 10 月 14 日关于"在国家领土上受到保护的海龟名单及其保护方式"命令

序号	名　　称
23	10 de la CICTA établissant un programme de documentation des captures de thon rouge（arrêté du 04. 07. 2008） 2008 年 7 月 4 日关于"ICCAT 建立蓝鳍金枪鱼捕捞记录计划"的命令
24	Exigences et recommandations en matière de certification de conformité des poissons et céphalopodes de la pêche en mer（arrêté du 15. 01. 2009） 2009 年 1 月 15 日关于"海洋捕捞中鱼类和头足类动物认证的要求和建议"的命令
25	Conditions d'exercice de la pêche dans les estuaires et de la pêche des poissons migrateurs（CIPE）（arrêté du 26. 01. 2009） 2009 年 1 月 26 日关于"河口捕鱼和洄游鱼类捕捞的条件（CIPE）"的命令
26	Liste des ports désignés ainsi que les modalités de débarquement et de transbordement ou d'accès aux services portuaires des navires de pêche battant pavillon tiers dans le cadre de la réglementation communautaire sur la lutte contre la pêche illicite, non déclarée et non réglementée（arrêté du 22. 12. 2009） 2009 年 12 月 22 日关于"根据共同体'打击非法、未报告和无管制捕捞（IUU）规则'，对第三国渔船在登陆和转运或获得港口服务的指定港口清单和安排"的命令
27	Schéma de certification des captures pour les importations sur le territoire communautaire français à partir des navires de pêche de pays tiers et pour les exportations à destination des pays tiers des produits de la pêche visés par la réglementation communautaire sur la pêche illicite, non déclarée et non réglementée（arrêté du 22. 12. 2009） 2009 年 12 月 22 日关于"从第三国渔船进口到法国共同体领土的渔获量的认证计划，以及关于'非法、未报告和无管制捕捞'（IUU）的共同体规则所涵盖的向第三国出口的渔业产品的捕捞监管计划"的命令
28	Ports maritimes français dans lesquels sont autorisés les débarquements et transbordements de poissons congelés issus de la zone de la convention de la Commission des pêches de l'Atlantique du Nord-Est par des navires battant pavillon de pays tiers（arrêté du 19. 01. 2010） 2010 年 1 月 19 日关于"根据东北大西洋渔业委员会公约规定，对来自悬挂第三国国旗的船只冷冻鱼到达法国海洋港和转运的授权"命令

序号	名　　称
29	Prescriptions applicables aux équipements du système de surveillance des navires par satellite embarqués à bord des navires de pêche sous pavillon français ainsi qu'aux opérateurs de communications qui assurent la transmission des données associées (arrêté du 03. 02. 2010) 2010 年 2 月 3 日关于"法国籍渔船上的卫星监视系统设备和传输相关数据的通信运营商的要求"的命令
30	Prescriptions applicables aux équipements d'enregistrement et de communication électroniques des données relatives aux activités de pêche, embarqués à bord des navires de pêche sous pavillon français, ainsi qu'aux opérateurs de communications qui assurent la transmission des données (arrêté du 03. 02. 2010) 2010 年 2 月 3 日关于"法国籍渔船上负责数据传输的通信运营商的电子记录和通信数据设备要求"的命令
31	Jacques dans les eaux françaises des zones CIEMIV, VII et VIII (arrêté du 15. 07. 2010) 2010 年 7 月 15 日关于在"国际海洋考察理事会(ICES)规定的 IV 区,VII 区和 VIII 区的法国水域进行扇贝捕捞"的命令
32	Contrôle de la pêcherie d'anchois (Engraulis encrasicolus) dans les zones CIEMVIII, VII e et h (arrêté du 29. 04. 2011) 2011 年 4 月 29 日关于"控制国际海洋考察理事会(ICES)规定的 VIII 区, VIIe 区中凤尾鱼捕捞"的命令
33	Fixation de mesures techniques pour la pêche professionnelle au gangui en Méditerranée (arrêté du 16. 05. 2011) 地中海专业捕捞黑帮技术措施的制定(2011 年 5 月 16 日法令)
34	Règles d'organisation et de fonctionnement du Comité national des pêches maritimes et des élevages marins ainsi que des comités régionaux, départementaux et interdépartementaux des pêches maritimes et des élevages marins (décret 2011-776 du 28. 06. 2011) 2011 年 6 月 28 日第 2011-776 号关于《国家海洋渔业和海洋畜牧委员会以及区域、部门和部门间海洋渔业和海洋养殖委员会的组织和运作规则》的法令

序号	名 称
35	Liste des mammifères marins protégés sur le territoire national et les modalités de leur protection（arrêté du 01. 07. 2011） 2011 年 7 月 1 日关于"在国家领土上受到保护的海洋哺乳动物名单及其保护方式"的命令
36	Remplacement des comités locaux et à la création des comités départementaux et interdépartementaux des pêches maritimes et des élevages marins（arrêté du 09. 12. 2011） 2011 年 12 月 9 日关于"建立海洋渔业和海洋养殖部门和部门间委员会以取代地方委员会"的命令
37	Règles d'emport et d'utilisation des équipements d'enregistrement et de communication électroniques des données relatives aux activités de pêche à bord des navires sous pavillon français ainsi que des navires sous pavillon étranger qui se trouvent dans les eaux sous juridiction française（arrêté du 10. 01. 2012） 2012 年 1 月 10 日关于"法国籍船舶和法国管辖水域以内外国船只捕捞活动电子记录和通信设备的运输和使用规则"的命令
38	Organisation et aux missions du Centre national de surveillance des pêches（arrêté du 17. 04. 2012） 2012 年 4 月 17 日关于"国家渔业监测中心的组织和任务"的命令
39	Plan de gestion pour la pêche professionnelle au chalut en mer Méditerranée par les navires battant pavillon français（arrêté du 28. 02. 2013） 2013 年 2 月 28 日关于"悬挂法国国旗的船只在地中海进行专业拖网管理计划"的命令
40	Contenu et modalités de la formation de sensibilisation au respect des règles de la politique commune de la pêche et à la lutte contre la pêche illicite（arrêté du 21. 02. 2014） 2014 年 2 月 21 日关于"遵守共同渔业政策和打击非法捕鱼规则的意识培训的内容和方法"命令
41	Liste des comités régionaux des pêches maritimes et des élevages marins, leur ressort territorial, leur siège ainsi que le nombre de membres de leur conseil（arrêté du 17. 03. 2014） 2014 年 3 月 17 日关于"海洋渔业和海洋农场区域委员会名单、领土管辖权、总部和理事会成员人数"的命令

序号	名　　称
42	Plans de gestion pour les activités de pêche professionnelle à la senne tournante coulissante, à la drague, à la senne de plage et au gangui en mer Méditerranée par les navires battant pavillon français（arrêté du 13.05.2014） 2014 年 8 月 27 日"对专业捕鱼受（欧盟）TAC 和捕捞配额限制物种的休闲垂钓"的命令
43	Pêche de loisir des espèces dont la pêche professionnelle est soumise à TAC et quotas（arrêté du 27.08.2014） 2014 年 8 月 27 日关于"格兰维尔湾地区及邻近水域的专业网捕受（欧盟）TAC 和捕捞配额"的命令
44	Obligations déclaratives en matière de pêche maritime（arrêté du 18.03.2015） 2015 年 3 月 18 日关于"海上捕捞领域的报告义务"的命令
45	Modalités de mise en oeuvre des exemptions de minimis à l'obligation de débarquement prévue à l'article 15, paragraphe 1, du règlement（UE）n° 1380/2013 du Parlement européen et du Conseil relatif à la politique commune de la pêche（arrêté du 08.06.2015） 2015 年 6 月 8 日关于"欧洲议会和理事会共同渔业政策第 1380/2013 号条例（EU）第 15(1) 条规定的实施最低限度豁免的程序"的命令
46	Régime d'effort de pêche pour certaines activités de pêche professionnelle en mer Méditerranée par les navires battant pavillon français（arrêté du 08.06.2016） 2016 年 6 月 8 日关于"悬挂法国国旗的船只在地中海进行某些专业捕鱼活动计划"的命令
47	Prescriptions applicables aux équipements d'enregistrement et de communication électroniques des données relatives aux activités de pêche, embarqués à bord des navires de pêche sous pavillon français, ainsi qu'aux opérateurs de communications qui assurent la transmission des données au format ERS en version 3（arrêté du 15.07.2016） 2016 年 7 月 15 日关于"悬挂法国国旗渔捕捞活动的电子记录和通信设备要求以及以 ERS 第 3 版格式提供数据传输的通信运营商的要求"的命令

序号	名　　称
48	Conditions d'approbation des équipements d'enregistrement et de communication électroniques des données relatives aux activités de pêche et des équipements du système de surveillance des navires par satellite embarqués à bord des navires de pêche sous pavillon français ainsi que les conditions de qualification des opérateurs de communications qui assurent les transmissions des données associées（arrêté du 03. 11. 2016） 2016 年 11 月 3 日关于"悬挂法国国旗渔船上卫星船舶监视系统的捕捞活动和设备的电子记录和通信设备的批准条件和运营人资格的条件确保相关数据传输的通信"的命令
49	Régime national de gestion pour la pêche professionnelle de bar européen（Dicentrarchus labrax）dans le golfe de Gascogne（divisions CIEM VIIIa, b）（arrêté du 24. 11. 2016） 2016 年 11 月 24 日关于"在比斯开湾专业捕捞欧洲鲈鱼的国家管理制度"的命令
50	Modalités de répartition du quota de thon rouge（Thunnus thynnus）accordé à la France pour la zone «océan Atlantique à l'est de la longitude 45° Ouest et Méditerranée» pour l'année 2017（Arrêté du 06. 06. 2017） 2017 年 6 月 6 日关于"授予 2017 年法国在大西洋东、45°西经和地中海区域捕捞蓝鳍金枪鱼配额"的命令
51	Conditions de mise en œuvre du permis de mise en exploitation en application du livreIX, du titre II, du chapitre 1er, de la section 1 et de la sous section 2 de la partie réglementaire du code rural et de la pêche maritime（arrêté du 06. 07. 2017） 2017 年 7 月 6 日关于"《乡村及渔业法典》第九部分第二编第 1 章第 1 节'海上捕鱼的监管部分'适用条件"的命令
52	Règles d'emport et d'utilisation des équipements d'enregistrement et de communication électroniques des données relatives aux activités de pêche professionnelle au format ERS en version 3, à bord des navires sous pavillon français, ainsi que des navires sous pavillon étranger qui se trouvent dans les eaux sous juridiction française（arrêté du 28. 07. 2017） 2017 年 7 月 28 日关于"悬挂法国国籍船舶、外国船只在法国管辖水域进行捕鱼活动中携带和使用的录音设备的数据通信规则"的命令

序号	名　　称
53	Mise en œuvre d'un traitement informatisé des comptes rendus des contrôles de la pêche maritime dénommé « SATI V2 » (arrêté du 23. 10. 2017) 2017 年 10 月 23 日关于"实施对海上捕捞控制报告的计算机化处理(SATI V2)"的命令
54	Création d'un traitement de données à caractère personnel relatif à la traçabilité des produits de la mer et de l'aquaculture par le système d'information dénommé SALTO (Système automatisé en ligne de traçabilité pour les opérateurs de la pêche et de l'aquaculture) (arrêté du 28. 12. 2017) 2017 年 12 月 28 日关于"海洋水产养殖经营者通过信息系统创建水产养殖个人数据处理可追溯性(SALTO)"的命令
55	Plan de contrôle et de suivi des débarquements pour les navires titulaires d'une autorisation européenne de pêche au gangui (arrêté du 16. 03. 2018) 2018 年 3 月 16 日关于"持有欧洲捕鱼许可证船只的卸货控制和监测计划"的命令
56	Conditions d'exercice de la pêche de loisir réalisant des captures de thon rouge (Thunnus thynnus) dans le cadre du plan pluriannuel de reconstitution des stocks de thon rouge dans l'Atlantique Est et la Méditerranée pour l'année 2018 (arrêté du 27. 03. 2018) 2018 年 3 月 27 日关于"恢复执行对东部大西洋和地中海蓝鳍金枪鱼休闲捕捞"的命令
57	Création de zones de pêche à accès réglementé dans le golfe du Lion (GSA 7) (arrêté du 23. 04. 2018) 2002 年 4 月 23 日关于"在狮子湾建立捕鱼限制进入区(GSA 7)"的命令
58	Conditions d'exercice de la pêche des crustacés (arrêté du 02. 07. 2018) 2018 年 7 月 2 日关于"甲壳类动物的捕捞条件"的命令
59	Plan de contrôle et suivi des débarquements pour les navires titulaires d'une autorisation européenne de pêche à la senne de plage (arrêté du 07. 08. 2018) 2018 年 8 月 7 日关于"持有欧洲围网许可证船只的卸货监测及管控计划"

（2）欧盟渔业法律措施层面

序号	名　称
1	Modalités de l'enregistrement des informations relatives aux captures des poissons. (règlement 2807-83 du 22. 09. 1983) 1983 年 9 月 22 日第 2807-83 号关于"如何记录鱼类捕捞量的信息"的条例
2	Règles détaillées pour la détermination du maillage des filets de pêche. (règlement 2108-84 du 23. 07. 1984) 1984 年 7 月 23 日第 2108-84 号关于"确定渔网网眼尺寸的详细规则"的条例
3	Echantillonnage des captures pour la détermination du pourcentage d'espèces cibles et d'espèces protégées dans les pêches effectuées à l'aide de filets à petites mailles (règlement 954-87 du 01. 04. 1987) 1987 年 4 月 1 日第 954-87 号关于"采用小网筛网确定渔获物中目标物种和受保护物种百分比的渔获量取样"的条例
4	Modalités particulières relatives aux marquage et à la documentation des navires de pêches. (règlement 1381-87 du 20. 05. 1987) 1987 年 5 月 20 日第 1381-87 号关于"渔船标识和记录的具体程序"的条例
5	Modalités d'applications en ce qui concerne l'inspection des navires de pêche. (règlement 1382-87 du 20. 05. 1987) 1987 年 5 月 20 日第 1382-87 号关于"渔船检验的申请程序"的条例
6	Communication de statistiques sur les captures nominales des États membres se livrant à la pêche dans l'Atlantique du Nord-Est (divisions et sous-divisions CIEM) (règlement 3880-91 du 17. 12. 1991) 1991 年 12 月 17 日第 3880-91 号关于"报告在东北大西洋进行捕捞的国际海洋理事会成员名义渔获量统计数据"的条例
7	Politique commune de la pêche sur le territoire des Etats membres ou de la zone communautaire (réglement 3760-92 du 20. 12. 1992) 1992 年 12 月 20 日第 3760-92 号关于"欧共体成员国或共同体区域内施行共同渔业政策"的条例

序号	名　　称
8	Régime de contrôle applicable à la politique commune de la pêche. (règlement 2847-93 du 12. 10. 1993) 1993 年 10 月 12 日第 2847-93 号关于"适用共同渔业政策的管制制度"的条例
9	Conditions dans lesquelles les navires de pêche de pays tiers peuvent débarquer directement et commercialiser leurs captures dans les ports de la Communauté (réglement 1093-94 du 06. 05. 1994) 1994 年 5 月 6 日第 1093-94 号关于"第三国渔船可以直接卸货并在共同体相关港口销售渔获物的条件"的条例
10	Mesures techniques de conservation des ressources de pêche en méditerranée. (règlement 1626-94 du 27. 06. 1994) 1994 年 6 月 27 日第 1626-94 号关于"保护地中海渔业资源的技术措施"的条例
11	Communication de statistiques sur les captures nominales des États membres se livrant à lapêche dans certaines zones en dehors de l'Atlantique du Nord (règlement 2597-95 du 23. 10. 1995) 1995 年 10 月 23 日第 2597-95 号关于"在北大西洋以外某些地区进行捕捞的成员国报告其渔获量数据"的条例
12	Conditions additionnelles pour la gestion interannuelle des totaux admissibles des captures et quotas (règlement 847-96 du 06. 05. 1996) 1996 年 5 月 6 日第 847-96 号关于"总捕捞量许可和配额的年度管理的附加条件"的条例
13	Normes communes de commercialisation pour certains produits de la pêche (règlement 2406-96 du 26. 11. 1996) 1996 年 11 月 26 日第 2406-96 号关于"某些渔业产品的共同营销标准"的条例
14	Mesures techniques de conservation des ressources de pêche (Interdiction des filets maillants dérivants) (règlement 894-97 du 29. 04. 1997) 1997 年 4 月 29 日第 894-97 号关于"保护渔业资源的技术措施(禁止漂网)"的条例

序号	名　　称
15	Conservation des ressources de pêche. (règlement 850-98 du 30. 03. 1998) 1998 年 3 月 30 日第 850-98 号关于"养护渔业资源"的条例
16	Liste des types de comportement qui enfreignent gravement les règles de la politique commune de la pêche (règlement 1447-1999 du 24. 06. 1999) 1999 年 6 月 24 日第 1447-1999 号关于"严重违反共同渔业政策规则的行为类型清单"的条例
17	Application du règlement 850 pour les chaluts à perche. (règlement 1922-99 du 08. 09. 1999) 1999 年 9 月 8 日第 1922-99 号关于"适用第 850 号条例有关横梁拖网"的条例
18	Mesures techniques de conservations pour certains stocks de grands migrateurs. (règlement 973-2001 du 14. 05. 2001) 2001 年 5 月 14 日第 973-2001 号关于"某些高度洄游鱼类的技术保护措施"的条例
19	Schéma de documentation des captures pour le Dissostichus (légine) (réglement 1035-2001 du 22. 05. 2001) 2001 年 5 月 22 日第 1035-2001 号关于"齿鱼捕捞文件计划"的条例
20	Mesures concernant le stock de merlu et conditions associées pour le contrôle des activités des navires de pêche. (règlement 1162-2001 du 14. 06. 2001) 2001 年 6 月 14 日第 1162-2001 号关于"鳕鱼种群和控制渔船活动的相关条件及措施"的条例
21	Mesures de contrôle applicables aux activités de pêche de certains stocks de poissons grands migrateurs (règlement 1936-2001 du 27. 09. 2001) 2001 年 9 月 27 日第 1936-2001 号关于"适用于某些高度洄游鱼类种群捕捞活动的控制措施"的条例
22	Conditions spécifiques d'accès aux pêcheries des stocks d'eau profonde et exigences y afférentes. (règlement 2347-2002 du 16. 12. 2002) 2002 年 12 月 16 日第 2347-2002 号关于"获取深海鱼类的捕鱼具体条件和相关要求"的条例

序号	名　称
23	Conservation et exploitation durable des ressources halieutiques dans le cadre de la politique commune de la pêche. (règlement 2371-2002 du 20. 12. 2002) 2002 年 12 月 20 日第 2371-2002 号关于"在共同渔业政策范围内保护和可持续开发渔业资源"的条例
24	Règles détaillées pour la détermination du maillage et de l'épaisseur de fil des filets de pêche (règlement 129-2003 du 24. 01. 2003) 2003 年 1 月 24 日第 129-2003 号关于"确定渔网网眼尺寸和线粗细的详细规则"的条例
25	Système de suivi et de vérification du thon (règlement 882-2003 du 19. 05. 2003) 2003 年 5 月 19 日第 882-2003 号关于"金枪鱼监测和核查系统"的条例
26	Mesures spécifiques au titre du règlement (CE) n° 2347/2002 en ce qui concerne les captures et les débarquements d'espèces d'eau profonde intervenant lors des activités de pêche saisonnière du Danemark dans le Skagerrak et en mer du Nord (règlement 876-2003 du 21. 05. 2003) 2003 年 5 月 21 日关于"斯卡格拉克和北海丹麦季节性捕捞活动期间发生的深海物种捕捞和着陆的第(EC)2347/2002 号条例的具体措施"的条例
27	Interdiction concernant l'enlèvement des nageoires de requin à bord des navires (règlement 1185-2003 du 26. 06. 2003) 2003 年 6 月 26 日第 1185-2003 号 guanyu "禁止在船上拆卸鲨鱼鳍"的条例
28	Gestion de l'effort de pêche concernant certaines zones et ressources de pêche communautaires (règlement 1954-2003 du 04. 11. 2003) 2003 年 11 月 4 日第(EC)1954/2003 号关于"管理某些共同体捕鱼区和资源捕捞量"的条例
29	Modalités d'application du système de surveillance des navires par satellite (règlement 2244-2003 du 18. 12. 2003) 2003 年 12 月 18 日第 2244-2003 号关于"实施船舶监测卫星系统的程序"的条例

序号	名　称
30	Mesures relatives aux captures accidentelles de cétacés dans les pêcheries（règlement 812-2004 du 26. 04. 2004） 2004 年 4 月 26 日第 812-2004 号关于"在捕鱼活动中意外捕获鲸目动物的措施"的条例
31	Agence communautaire de contrôle des pêches（règlement 768-2005 du 26. 04. 2005） 2005 年 4 月 26 日第 768-2005 号关于"共同体渔业管理局"的条例
32	Plan de reconstitution du flétan noir dans le cadre de l'Organisation des pêches de l'Atlantique du Nord-Ouest（règlement 2115-2005 du 20. 12. 2005） 2005 年 12 月 20 日第 2115-2005 号关于"西北大西洋渔业组织框架内格陵兰大比目鱼的恢复计划"的条例
33	Mesures de reconstitution des stocks de merlu austral et de langoustine évoluant dans la mer Cantabrique et à l'ouest de la péninsule Ibérique（règlement 2166-2005 du 20. 12. 2005） 2005 年 12 月 20 日第 2166-2005 号关于"恢复坎塔布连海和伊比利亚半岛以西的南部鳕鱼和挪威龙虾种群的措施"的条例
34	Plan pluriannuel pour l'exploitation durable du stock de sole du golfe de Gascogne（règlement 388-2006 du 23. 02. 2006） 2006 年 2 月 23 日第 388-2006 号关于"可持续开发比斯开湾唯一种群的多年计划"条例
35	Modalités d'application de l'article 28, paragraphes 3 et 4, du règlement（CE）n° 2371/2002 relatif à la conservation et à l'exploitation durable des ressources halieutiques dans le cadre de la politique commune de la pêche（règlement 1042-2006 du 07. 07. 2006） 2006 年 7 月 7 日第 1042-2006 号关于"适用共同渔业政策下渔业资源养护和可持续利用的第 2371/2002 号条例（EC）第 28（3）和（4）条的详细规则"的条例
36	Envoi de données statistiques sur les débarquements de produits de la pêche dans les États membres（règlement 1921-2006 du 18. 12. 2006） 2006 年 12 月 18 日第 1921-2006 号关于"成员国渔业产品上岸量统计数据收集"的条例

序号	名　　称
37	Enregistrement et communication électroniques des données relatives aux activités de pêche et les dispositifs de télédétection（règlement 1966-2006 du 21.12.2006） 2006 年 12 月 21 日第 1966-2006 号关于"捕捞活动和遥感设备数据的电子记录和通信"的条例
38	Plan pluriannuel pour l'exploitation durable du stock de sole dans la Manche occidentale（règlement 509-2007 du 07.05.2007） 2007 年 5 月 7 日第 509-2007 号关于"拉芒什海峡西侧可持续开采库存的多年计划"的条例
39	Mesures techniques de conservation pour certains stocks de grands migrateurs（réglement 520-2007 du 07.05.2007） 2007 年 5 月 7 日第 520-2007 号关于"某些高度洄游鱼类的技术保护措施"的条例
40	Mesures de reconstitution du stock d'anguilles européennes（règlement 1100-2007 du 18.09.2007） 2007 年 9 月 18 日第 1100-2007 号关于"重建欧洲鳗鱼种群的措施"的条例
41	Plan pluriannuel de reconstitution des stocks de thon rouge dans l'Atlantique Est et la Méditerranée（règlement 1559-2007 du 17.12.2007） 2007 年 12 月 17 日第 1559-2007 号关于"东大西洋和地中海蓝鳍金枪鱼多年恢复计划"的条例
42	Protection des écosystèmes marins vulnérables de haute mer contre les effets néfastes de l'utilisation des engins de pêche de fond（règlement 734-2008 du 15.07.2008） 2008 年 7 月 15 日第 734-2008 号关于"保护脆弱的海洋生态系统免受公海渔具使用带来的有害影响"的条例
43	Système communautaire destiné à prévenir, à décourager et à éradiquer la pêche illicite, non déclarée et non réglementée（règlement 1005-2008 du 29.09.2008） 2008 年 9 月 29 日第 1005-2008 号关于"预防、制止和消除'非法，未报告和无管制捕捞'（IUU）的共同体制度"的条例

序号	名　称
44	Modalités d'application du règlement（CE）n° 1966/2006 du Conseil concernant l'enregistrement et la communication électroniques des données relatives aux activités de pêche et les dispositifs de télédétection（règlement 1077-2008 du 03.11.2008）
45	Communication de statistiques sur les captures nominales des États membres se livrant à la pêche dans certaines zones en dehors de l'Atlantique du Nord（règlement 216-2009 du 11.03.2009） 2009 年 3 月 11 日第 216-2009 号关于"在北大西洋以外某些成员国渔获量统计数据报告"的条例
46	Communication de statistiques sur les captures et l'activité de pêche des États membres se livrant à la pêche dans l'Atlantique du Nord-Ouest（règlement 217-2009 du 11.03.2009） 2009 年 3 月 11 日第 217-2009 号关于"在西北大西洋地区成员国捕捞量和捕捞活动统计数据的通报"的条例
47	Communication de statistiques sur les captures nominales des États membres se livrant à la pêche dans l'Atlantique du Nord-Est（règlement 218-2009 du 11.03.2009） 2009 年 3 月 11 日第 218-2009 号关于"在东北大西洋地区成员国捕捞量和捕捞活动统计数据的通报"的条例
48	Plan pluriannuel de reconstitution des stocks de thon rouge dans l'Atlantique Est et la Méditerranée（règlement 302-2009 du 06.04.2009） 2009 年 4 月 6 日第 302-2009 号"在东部大西洋和地中海的蓝鳍金枪鱼多年期恢复计划"的条例
49	Modalités d'application du règlement（CE）n° 1005/2008 du Conseil établissant un système communautaire destiné à prévenir, à décourager et à éradiquer la pêche illicite, non déclarée et non réglementée（règlement 1010-2009 du 22.10.2009） 2009 年 10 月 22 日关于"适用欧盟理事会预防、阻止和消除'非法、不报告和不管制'（IUU）的 n°1005/2008 号规定"的条例
50	Régime communautaire de contrôle afin d'assurer le respect des règles de la politique commune de la pêche（règlement 1224-2009 du 20.11.2009） 2009 年 11 月 20 日第 1224-2009 号关于"确保与共同渔业政策规则相符的共同体管控制度"的条例

序号	名　　称
51	Modalités d'application du règlement（CE）n° 1006/2008 concernant les autorisations pour les activités de pêche des navires de pêche communautaires en dehors des eaux communautaires et l'accès des navires de pays tiers aux eaux communautaires（règlement 201-2010 du 10. 03. 2010） 2010 年 3 月 10 日第 201-2010 号关于"适用共同体水域外渔业活动和第三国船只到共同体水域活动之权限规则"的条例
52	Modalités d'application du règlement（CE）n° 1224/2009 instituant un régime communautaire de contrôle afin d'assurer le respect des règles de la politique commune de la pêche（Règlement 404-2011 du（04. 04. 2011） 2011 年 4 月 4 日第 404-2011 号关于"适用（CE）n° 1224/2009 号建立为确保与共同渔业政策规则相符的共同体管控体系"的条例
53	Dispositions relatives à la pêche dans la zone couverte par l'accord de la CGPM（Commission générale des pêches pour la Méditerranée）（règlement 1343-2011 du 13. 12. 2011） 2011 年 12 月 13 日第 1343-2011 号关于"地中海渔业委员会协议所覆盖的渔业区域规章"的条例
54	Politique commune de la pêche（règlement 1380-2013 du 11. 12. 2013） 2013 年 12 月 11 日第 1380-2011 号关于"共同渔业政策"的条例
55	Modalités d'imposition d'amendes et d'astreintes et modalités de retrait de l'agrément des organismes habilités à effectuer l'inspection et la visite des navires en application des articles 6 et 7 du règlement（CE）n° 391/2009（Règlement 788-2014 du 18. 07. 2014） 2014 年 7 月 18 日第 788-2014 号关于"根据第（CE）n° 391/2009 条例第 6、第 7 款进行船舶检查规则增加罚款措施"的条例
56	Plan pluriannuel de reconstitution des stocks de thon rouge dans l'Atlantique Est et la Méditerranée（règlement 1627-2016 du 14. 09. 2016） 2016 年 9 月 14 日第 1627-2016 号关于"在东部大西洋和地中海的蓝鳍金枪鱼多年期恢复计划"的条例
57	Conditions spécifiques pour la pêche des stocks d'eau profonde dans l'Atlantique du Nord-Est ainsi que les dispositions relatives à la pêche dans les eaux internationales de l'Atlantique du Nord-Est（Règlement 2336-2016 du 14. 12. 2016） 2016 年 12 月 14 日第 2336-2016 号关于"在东北大西洋深海捕鱼和在北大西洋国际水域捕鱼的特殊条件"的条例

序号	名　称
58	Définition des caractéristiques des navires de pêches（règlement 1130-2017 du 14.06.2017） 2017 年 6 月 14 日第 1130-2017 号关于"渔船的特征界定"的条例
59	Mesures de gestion, de conservation et de contrôle applicables dans la zone de la convention de la Commission internationale pour la conservation des thonidés de l'Atlantique（CICTA）（règlement 2107-2017 du 15.11.2017） 2017 年 11 月 15 日第 2107-2017 号关于"适用于国际大西洋金枪鱼养护委员会（ICCAT）地区的管理、养护和控制措施"的条例
60	Gestion durable des flottes de pêche externes（règlement 2403-2017 du 12.12.2017） 2010 年 12 月 12 日第 2403-2017 号关于"外部捕捞船队的可持续管理"的条例
61	Possibilités de pêche et les conditions associées pour certains stocks halieutiques et groupes de stocks halieutiques, applicables dans les eaux communautaires et, pour les navires communautaires, dans les eaux soumises à des limitations de capture（réglement 43-2009 du 16.01.2009） 2009 年 1 月 16 日第 43-2009 号关于"适用于共同体水域、共同体船只及受捕捞限制的水域的某些鱼类种群及其捕捞机会和相关条件"的条例
62	Possibilités de pêche pour certains stocks halieutiques et groupes de stocks halieutiques, applicables dans les eaux de l'UE et, pour les navires de l'UE, dans les eaux soumises à des limitations de capture pour 2010（règlement 23 rectifié en 53-2010 du 14.01.2010）et son modificatif（réglement 219-2010 du 15.03.2010） 2010 年 3 月 15 日第 219-2010 号关于"适用于欧盟水域、欧盟船只的某些鱼类种群、捕捞机会、捕捞限制水域（2010 年 1 月 14 日第 53-2010 号条例及其第 23 修正案）"的条例
63	Possibilités de pêche des navires de l'UE pour certains stocks ou groupes de stocks halieutiques ne faisant pas l'objet de négociations ou d'accords internationaux pour 2012（règlement 43-2012 du 17.01.2012）et son modificatif（règlement 692-2012） 2012 年 1 月 17 日第 43-2012 号关于"欧盟船只在某些未经国际谈判就开展对某些鱼类捕捞活动的可能性"条例及其修正案（第 692-2012 号条例）

序号	名　称
64	Possibilités de pêche des navires de l'UE pour 2013 pour certains stocks ou groupes de stocks halieutiques ne faisant pas l'objet de négociations ou d'accords internationaux（réglement 39-2013 du 21.01.2013）et son modificatif（réglement 297-2013 du 21.01.2013） 2013 年 1 月 21 日第 39-2013 号关于"2013 年欧盟船舶对不受国际谈判或协议约束的某些鱼类或鱼群的捕捞机会"的条例及其修正案（2013 年 1 月 21 日第 297-2013 号条例）
65	Possibilités de pêche pour 2014 pour certains stocks halieutiques et groupes de stocks halieutiques, applicables dans les eaux de l'Union et, pour les navires de l'Union, dans certaines eaux n'appartenant pas à l'Union（réglement 43-2014 du 20.01.2014） 2014 年 1 月 20 日第 43-2014 号关于"2014 年欧盟船舶对不受国际谈判或协议约束的某些鱼类或鱼群的捕捞机会"的条例
66	Possibilités de pêche pour certains stocks halieutiques et groupes de stocks halieutiques, applicables dans les eaux de l'Union et, pour les navires de l'Union, dans certaines eaux n'appartenant pas à l'Union（réglement 104-2015 du 19.01.2015） 2015 年 1 月 19 日第 104-2015 号关于"2015 年欧盟船舶对不受国际谈判或协议约束的某些鱼类或鱼群的捕捞机会"的条例
67	Possibilités de pêche pour 2016 pour certains stocks halieutiques et groupes de stocks halieutiques, applicables dans les eaux de l'Union et, pour les navires de pêche de l'Union, dans certaines eaux n'appartenant pas à l'Union（réglement 72-2016 du 22.01.2016）et son modificatif（règlement 1903-2016 du 28.10.2016） 2016 年 1 月 22 日第 72-2016 号关于"2016 年欧盟船舶对不受国际谈判或协议约束的某些鱼类或鱼群的捕捞机会"的条例及其修正案（2016 年 10 月 28 日第 1903-2016 号条例）
68	Possibilités de pêche pour 2017 pour certains stocks halieutiques et groupes de stocks halieutiques, applicables dans les eaux de l'Union et, pour les navires de pêche de l'Union, dans certaines eaux n'appartenant pas à l'Union（réglement 127-2017 du 20.01.2017）et son modificatif（réglement 1398-2017 du 25.07.2017） 2017 年 1 月 29 日第 127-2017 号关于"2017 年欧盟船舶对不受国际谈判或协议约束的某些鱼类或鱼群的捕捞机会"的条例及其修正案（2017 年 7 月 25 日第 1398-2017 号条例）

序号	名　　称
69	Possibilités de pêche pour 2018 pour certains stocks halieutiques et groupes de stocks halieutiques, applicables dans les eaux de l'Union et, pour les navires de pêche de l'Union, dans certaines eaux n'appartenant pas à l'Union（réglement 120-2018 du 23.01.2018）et son modificatif（réglement 511-2018 du 23.03.2018） 2018 年 1 月 23 日第 120-2018 号关于"2018 年欧盟船舶对不受国际谈判或协议约束的某些鱼类或鱼群的捕捞机会"的条例及其修正案（2018 年 3 月 23 日第 511-2018 号条例）

三、与法国海洋划界有关的双边/多边协定、划界仲裁①

序号	名　　称
1	1963 年 5 月 18 日《关于构成 1918 年 7 月 17 日关于建立法国与摩纳哥政治关系条约第 4 条的协议的摩纳哥领海划界问题解决办法的换文》（生效日期：1963 年 5 月 18 日）
2	1972 年 3 月 27 日《加拿大与法国关于双方渔业事务的协议》（生效日期：1972 年 3 月 27 日）
3	1974 年 1 月 29 日《法国与西班牙关于比斯开湾领海和毗连区划界的公约》（生效日期：1975 年 4 月 5 日）
4	1974 年 1 月 29 日《法国与西班牙关于两国比斯开湾大陆架划界的公约》（生效日期：1975 年 4 月 5 日）
5	1975 年 7 月 10 日关于《法国和大不列颠联合王国签署的仲裁协议》
6	1977 年 6 月 30 日仲裁法院《关于法国和大不列颠联合王国在西侧海峡通道的大陆架边界的仲裁裁决》
7	1978 年仲裁法院关于《1977 年 6 月 30 日裁决的范围的仲裁裁决》

---

①　有关法国向大陆架界限委员会提交的划界申请及相关内容详见本文第二章。

序号	名　称
8	1980 年 4 月 2 日《法国与毛里求斯关于留尼旺岛与毛里求斯间经济区划界的公约》(生效日期：1980 年 4 月 2 日)
9	1980 年 1 月 11 日《法国(瓦利斯和富图纳)与汤加关于经济区划界的公约》(生效日期：1980 年 1 月 11 日)
10	1980 年 7 月 17 日《法国(马提尼克和瓜德罗普)与委内瑞拉的划界协议》(生效日期：1983 年 1 月 28 日)
11	1982 年 1 月 4 日《澳大利亚与法国关于新喀里多尼亚群岛、切斯特菲尔德群岛海洋划界的协议》(生效日期：1983 年 1 月 10 日)
12	1981 年 1 月 30 日《巴西与法国关于法属圭亚那的海洋划界条约》(生效日期：1983 年 10 月 19 日)
13	1981 年 3 月 4 日《法国(马提尼克岛)与圣卢西亚划界的条约》(生效日期：1981 年 3 月 4 日)
14	1982 年 6 月 24 日《法国与英国关于格林威治子午线西部以东 30 度区域大陆架划界的协议》(生效日期 1983 年 2 月 4 日)
15	1983 年 1 月 19 日《法国与斐济关于双方经济区划界的协议》(生效日期：1984 年 8 月 21 日)
16	1983 年 10 月 25 日《关于法国(土阿莫土群岛)与联合王国(皮特凯恩、亨特森、迪埃、奥厄诺群岛)海洋边界的公约》(生效日期：1984 年 4 月 12 日)
17	1984 年 2 月 16 日《摩洛哥与法国海洋划界条约》(生效日期：1985 年 8 月 22 日)
18	1985 年 1 月 31 日和 2 月 7 日马德里《修正作为 1856 年 12 月 2 日关于划定自比达索亚(Bidassoa)河口至法国大西洋岸比利牛斯省与西班牙阿拉贡及纳瓦毗邻处边界的条约补充的 1858 年 12 月 28 日条约附件五的换文》(生效日期：1985 年 2 月 7 日)
19	1985 年 8 月 6 日和 11 月 5 日《图瓦卢外交部与法国驻苏瓦大使馆关于两国临时海洋划界的换文》(生效日期：1985 年 1 月 5 日)
20	1986 年 11 月 28 日《法国与意大利关于博尼法乔海峡海洋边界划界的协议》(生效日期：1989 年 5 月 15 日)

序号	名　称
21	1987 年 9 月 22 日巴黎和 1988 年 6 月 10 日马德里《法国与西班牙修正作为 1856 年 12 月 2 日关于划定自比达索亚河口至法国大西洋岸比利牛斯省与西班牙阿拉贡及纳瓦拉毗邻处边界的条约补充的 1858 年 12 月 28 日条约附件五的换文》(生效日期：1988 年 6 月 10 日)
22	1987 年 9 月 7 日《法国与多米尼克关于海洋划界的协议》(生效日期：1988 年 12 月 23 日)
23	1988 年 11 月 2 日《法国与英国关于多佛尔海峡领海划界的协议》(生效日期：1989 年 4 月 6 日)
24	1989 年 3 月 30 日《为解决海洋划界设立仲裁庭的协议》
25	1990 年 8 月 3 日《库克群岛与法国关于海洋划界的协议》
26	1990 年 10 月 8 日《法国与比利时关于领海划界的协议》(生效日期：1993 年 4 月 7 日)
27	1990 年 10 月 8 日《法国与比利时关于大陆架划界的协议》(生效日期：1993 年 4 月 7 日)
28	1990 年 11 月 8 日《修订 1983 年 1 月 19 日〈法国与斐济关于双方经济区划界的协议〉的补充文件》(生效日期：1990 年 11 月 8 日)
29	1990 年 11 月 12 日《法国与所罗门群岛关于海洋划界的协议》(生效日期：1990 年 11 月 12 日)
30	1991 年 7 月 23 日《法国与英国关于完成北海南部大陆架划界的协议》(生效日期：1992 年 3 月 17 日)
31	1992 年 6 月 10 日《关于加拿大与法国间海洋划界的仲裁裁决》
32	1992 年 11 月 17 日和 1993 年 1 月 19 日《关于环皮特凯恩、亨特森、迪埃、奥厄诺群岛的经济区建立和划界的换文》(生效日期：1993 年 2 月 1 日)
33	1994 年 1 月 28 日《关于泽西岛与法国间区海划界协商的换文》(生效日期：1994 年 1 月 28 日)
34	1996 年 6 月 27 日《法国与英国关于法属瓜德鲁普岛与英属蒙特塞拉特岛的海洋划界协议》(生效日期：1997 年 1 月 15 日)

序号	名　称
35	1996 年 6 月 27 日《法国与英国关于圣马丁和圣巴泰勒米为一方，安圭拉为另一方海洋划界的协议》(生效日期：1997 年 1 月 15 日)
36	2001 年 2 月 17 日《法国与塞舌尔关于专属经济区和大陆架划界的协议》(生效日期：2001 年 2 月 19 日)
37	2005 年 4 月 14 日《法国与马达加斯加关于留尼汪岛与马达加斯加间海洋区域划界的协议》(生效日期：2007 年 6 月 18 日)

后　记

　　本书是在作者的博士论文基础上修改、补充而成的。《"一带一路"倡议与中国国家权益问题研究丛书》编委会将本书选入出版计划，使本书得以顺利付梓。在此致以诚挚谢意！

　　本书是国际海洋法律制度在国别研究方面的一个生涩探索，涉及的面较为广泛，在结构、内容和篇幅上的把握难度都较大，该书稿仅代表我在该专题研究期间的一些思考和总结。然而，海洋法的国家实践领域参差多样，新问题、新挑战层出不穷，囿于自身十分有限的能力和学识，愈发察觉到书稿中的不足和未尽之处，内中遗憾、缺陷甚至错讹在所难免，期待着批评、指正。

　　回头翻看当年的后记，感慨良多，在武汉大学度过的求学时光，是我人生中的一段黄金岁月。珞珈于我的缘分，并不是从读博开始，在此之前，我在武大度过了六年的中学时光。中学时和同学一起赏樱、登上樱顶鸟瞰珞珈的记忆仍然犹新。攻博期间的我，竟然真的住进了年少时就觉得古朴好看的樱园老斋舍。这种感觉奇妙极了，少时的记忆仿佛在冥冥之中指引着我回到这里。

　　在这里，难忘我的老师杨泽伟教授对我的谆谆教诲。2015 年，我重新回到武汉大学，跟着杨泽伟老师攻读博士，系统地学习国际法。面对一个全新的研究领域、一片浩瀚的知识海洋，我的内心百感交集。刚开始读博的兴奋和喜悦，很快就转化为沉甸甸的压力。幸运的是，我的导师三年间耳提面命，指导我掌握国际法的学习和研究方法。从刚入学确定细化到每一个学期的博士学习计划以及阅读书单，到国际法论文的写作训练，再到博士毕业论文的选题确定、提纲拟定、初稿撰写、修改调整，直到最后定稿。在各个环节中，导师都严格把关、细心指导。

　　回望这段时光，深感自己愚钝有余、勤奋不足，承蒙老师的宽容与谅解，不仅指导我如何做科研，更教我如何摆正心态。老师说，做科研需要沉得下心来，"甘坐冷板凳"。转眼毕业已经 3 年，自己也成为了一名大学教师，每每感到心态浮躁时，就会想起老师对我的那些鞭策。

　　书稿出版在即，需要感谢的人太多。无论是对曾经教导过我的所有老师，还是对一直默默支持我的所有家人和朋友，我都要表示深深的感谢。我是一个幸运的人，何德何能，受到这么多人的支持和帮助。谨将我博士阶段学习的劳动成果献给他们！

付琴雯

2018 年 11 月于武大樱园老斋舍

2021 年 11 月于武汉南湖住所